새로운 공적 합리성의 모색
― 동서 철학으로부터의 새로운 모색

제3차 연도

새로운 공적 합리성의 모색
― 동서 철학으로부터의 새로운 모색

임홍빈(연구책임자) · 김경수 · 김미영 · 김용수 · 김재숙

김종국 · 박원재 · 박재술 · 손병석 · 양운덕

오상무 · 이승환 · 장문정 · 조성택 · 최준호

철학과현실사

서 언

동서 철학의 관점에서 본 공적 합리성

‘동서 철학의 관점에서 본 공적 합리성’이라는 비교적 길고 낯선 제목의 주제가 어떤 경위에서 탄생되게 되었는지 먼저 밝혀두는 것이 독자에 대한 예의일 것이다. 축약해서 ‘공적합리성연구단’으로 칭하게 된 이 연구 모임은 동양 정치철학의 공사(公私) 문제와 서양철학의 합리성 이론에 제각기 관심을 가졌던 일단의 연구자들이 의기투합한 후, 이 기획의 학문적 성과와 통합성을 달성하기 위해 특별히 초빙된 역량 있는 연구자들에 의해 구성되었다. 연구단의 모든 구성원들은 이미 나름대로 독자적인 연구 경험을 축적했을 뿐만 아니라 해당 분야의 전문가들이기 때문에, 문제의 관건은 구성원들의 연구 역량을 결집시켜 명실공히 공동 연구에 합당한 연구 성과를 도출해내는 일이었다. 주지하다시피 이는 개별 단독 연구에 익숙한 인문학 연구자들에게는 새로운 도전이자 흥미로운 과제가 아닐 수 없었다.

따라서 연구단의 구성원들에게 주어진 과제는 단순히 연구비를 지원한 기관이 요구한 형식적 조건을 달성하는 일을 넘어서, 상이

한 전공자 간의 심층적 대화와 상호 비판을 통한 학습, 그리고 기획된 연구 주제와 연구 목표의 공유를 통해서 실질적인 연구 성과를 내놓는 일이었다. 물론 여기 내놓는 연구 성과가 연구단이 처음 출범할 당시의 의욕과 기대에 전적으로 부합하는지는 학계의 판단에 맡겨야 할 것이다. 연구단의 구성원들은 모처럼 착수한 공동 연구가 단순히 형식적이고 의례적인 수준을 넘어서, 더욱 긴밀하고 심층적인 의사 소통 속에서 진행되기를 희망했다. 이러한 공동 연구를 통하여 동서 철학으로 분열되어 있는 철학계 내부의 보이지 않는 장벽을 극복하고, 현대 사회가 당면한 문제의 해결을 위해 공동의 목소리를 내는 일이 필요하다고 보았기 때문이다.

한국에서 동양철학 전공자들과 서양철학 전공자들은 비록 철학이라는 단일한 학적 제도의 틀 안에 동거하고 있음에도 불구하고, 그동안 진정한 의미에서 상호간에 학문적 의사 소통을 진행해왔다고 보기 어렵다. 동양철학과 서양철학을 구별하는 관행 자체가 일본에 의해 주도된 학문적 근대화의 과정에서 비롯한 제국주의 시대의 유물임에도 불구하고, 오랜 제도적 관행과 상이한 지적 전통 사이의 긴장 그리고 방법론적 차이 등은 동양철학자와 서양철학자라는 전공 내부의 구별을 마치 당연한 것처럼 받아들이게 만들었던 것이다. 서양의 학문 체계에 의하면, 상당수의 한국 철학과에는 '철학 전공자'와 종교학자, 아시아지역학 연구자, 사상사 연구자 등이 공존하고 있는 셈이다. 이 점에서 철학이라는 학문의 정체성은 더욱더 혼란스러워졌고, 그 교육적 목표는 물론 연구 성과에 대한 평가도 다양할 수밖에 없었으며, 심지어 기형적이라고 말할 수밖에 없는 어정쩡한 양상이 지속되어 왔다고 해도 과언이 아니다.

그러나 역사적 우연의 결과일 수도 있는 '한국철학계'의 잡종성을 과연 학문적 정체성의 형성을 저해하는 요인으로만 간주해야 하는가? 아니면 동서 철학의 이상한 동거는 새로운 철학, 새로운 학적 전통의 수립을 가능케 하는 촉매로 작용할 수는 없는가? 바로 이 두 번째 물음이 '공적 합리성' 연구 기획에 동참한 연구자들이 지닌 공통된 화두였다. 여기 실린 논문들이 모두 동일한 방법적 관점과 규범적 지평에서 쓰여진 것은 아니다. 인문 정신의 자유로움이 소중하기 때문이기도 하지만, 무엇보다 모든 연구자들은 나름대로 개별적인 관심의 연장선상에서 작업하는 데 익숙했기 때문이다.

연구단 구성원들의 다양한 관심과 영역에도 불구하고, '공적 합리성'이라는 공통된 화두를 축으로 하는 3년간의 공동 연구는 비교적 체계적인 방식으로 구성되었다. 1차 연도 연구의 공통 과제는 동서양에서 공적 합리성의 개념이 어떻게 발생했으며, 사상사적으로 어떠한 이념적·경험적 조건 하에서 이러한 개념이 배태되었는지 그 기원을 규명하는 일이었다. 공적 합리성에 대한 철학적 사유는 근본적으로 인류의 정신이 혼돈을 넘어서 질서를 모색해간 일련의 자기 계몽의 과정을 배경으로 한다. 사회의 규범적 질서를 구축하는 과정에서 고대의 선진 문명이었던 중국과 그리스 그리고 인도 등에서는 서로 다른 경험의 축적과 다양한 세계 해석을 통하여 공적 세계에서 통용될 수 있는 규범적 가능성이 모색되었던 것이다. 이와 같은 공적 합리성의 발생사적 기원에 대한 연구는 현대의 다양한 학문의 분야 중 오직 철학만이 기여할 수 있는 고유 영역이라고 할 수 있다.

2차 연도 연구 단계에서 연구단은 공적 합리성과 관련된 각 전통의 이론 투쟁을 논쟁사 형식으로 재구성함으로써 공적 합리성이 동서 철학사의 전개 과정에서 어떤 방식으로 표출되고 진화해왔는지 분석하고자 하였다. 동서 철학사에 나타난 공적 합리성과 관련된 논쟁의 치열함은 공적 합리성에 관한 담론들이 단순한 사변의 차원에 머물지 않고, 좀더 적극적으로 사회 정치적 현실을 구성하거나 반영해왔다는 추정을 가능케 한다. 논쟁사를 재구성하는 데에서 서양철학을 전공하는 연구진들은 덕과 의무를 둘러싼 고전적 논쟁, 자유주의와 공동체주의 논쟁, 국가와 시민사회 논쟁, 체계 합리성과 행위 합리성에 관한 논쟁, 비판 이론과 포스트구조주의 논쟁 등을 구체적으로 분석함으로써, 서양에서 공적 합리성이 전개되는 논쟁사적 측면을 조명하였다. 그리고 동양철학 전공자들은 유가와 법가의 논쟁, 도학파와 사공학파의 논쟁, 이학과 심학의 논쟁, 그리고 유교와 도교의 논쟁 등을 통하여 동양에서 공적 합리성이 어떠한 이론 투쟁을 거치며 진화해왔는지 조명해보고자 하였다.

3차 연도의 작업은 이전 단계의 작업보다 훨씬 더 체계적이고 실천적인 관점에서 진행되었다. 다시 말해서 정치 행위와 공공성, 경제적 효율성과 공적 합리성, 매체와 민주주의, 개인의 욕망과 공동선, 생태 문제와 공적 합리성 등과 같이 현대 사회에서 간과할 수 없이 중요한 쟁점들을 중심으로, 현대 사회에서 공적 합리성이 구현되기 위한 구체적 조건과 가능성에 대해 실천철학적으로 조망하였다.

이상의 3단계에 걸친 공동 연구를 거쳐 우리는 동서양 공적 합리성의 기원과 전개 그리고 실천적 전망에 대해 나름대로 만족할 만한 연구 성과를 내놓았다고 자부한다. 물론 상이한 영역을 전공하는 연구자들이 모인 탓에 때로는 관점이나 방법론상의 차이가 드러나기도 하였지만, 이러한 차이는 오히려 세계 해석의 다양성을 가능케 하고 규범적으로도 경직성에서 벗어나게 해주는 긍정적인 효과를 지닌다고 생각한다. 모든 연구자들은 자신들의 개별 작업에 못지않게 매달 예외 없이 진행된 공동 토의(workshop)에 적극적으로 참여하였는데, 이러한 의사 소통의 일부 결과물은 연구단의 홈페이지에 실려 있음을 밝힌다.

마지막으로, 한국 사회에 전반적으로 만연해 있는 반지성주의의 탁류에도 불구하고, 철학 서적의 출판에 진력하시는 <철학과현실사>의 전춘호 사장님께 심심한 감사의 말씀을 드리고 싶다. 이러한 노력이야말로 한국이라는 실천의 장에서 공적 합리성을 구현하기 위한 모범적 사례라고 생각한다.

또한 개별 연구자들의 연구 성과에 기초해서 별도로 편집된 '이 저서는 2002년도 한국학술진흥재단에 의해 지원되었음(KRF-2002-074-AM1031)'을 밝히고 싶다. 이러한 언급이 단순한 의무감의 표현이 아닌, 진정으로 학문적 열정을 같이 하는 공동 연구자들의 학문적 성취감과 철학함의 희열에서 우러나온 것임을 알리고자 한다.

2005년 8월 1일
공적합리성연구단을 대표하여
연구책임자 **임 홍 빈** 씀

서 문

공적 합리성
─ 동서 철학으로부터의 새로운 모색

근대 이후, 특히 자본주의 체제가 본격화된 이후의 세계에서 모든 정치적 담론은 하나의 궁극적인 문제 상황에 직면해왔다. 그것은 한 사회의 이성적 정체성을 대표하는 정치 체제의 사회 통합적 대표성이 시장과 매체, 과학 기술 등과 같은 다양한 조직 및 세계 해석의 원리들에 의해서 제한받거나, 의심의 대상이 될 수밖에 없다는 역사적 정황에 기인한다. 그렇다면 공적 합리성의 새로운 모색은 어디까지나 변화된 시대적 조건, 즉 삶의 현실 자체가 변화되었다는 인식을 토대로 전개되어야 하며, 따라서 전통의 권위에 기댄 의고주의나, 전통주의는 지양될 수밖에 없다.

이 점에서 이승환의 '동양에서 공적 합리성의 특성과 근대적 변용'은 성리학의 정치 이념이 우리 한국 사회의 근대화 과정에 이식·수용되는 과정을 심층적으로 논구함으로써 유가 정치 사상의 적실성과 관련된 인상적인 기여로 간주될 수 있다. 그는 특히 유가로부터 현대 민주주의의 형식적 집합주의를 넘어설 수 있는 이론적, 실천적 가능성을 발견한다. 무엇보다 흥미로운 것은 유가의 관점에서 모색된 '진리'와 '관용'의 정치가 봉건 체제로만 간주되어온 전통 사회에 대한 새로운 인식은 물론, 민주주의의 근본적 갱신을 향한 잠재력을 보여주고 있다는 점이다.

비교정치철학적 전망의 한 새로운 가능성은 박원재의 '공사 관념에 대한 전통적 시각과 정치적 자유주의의 접합 가능성'에서 발견된다. 그는 종래 일부 서구 철학자들이 무비판적으로 자유주의를 공동체주의와 동일시한 관행을 비판하면서, 개인의 문제가 유가에서 어떻게 담론화되고 있는지를 섬세하게 서술하고 있다. 무엇보다 유가철학의 가능성을 그는 공적, 사적 영역에 대한 자유주의적 경계 설정을 가로지르면서 통합적인 정치적 인간학을 구축하고 있는 유가의 도덕적 감성론에서 찾고 있다.

그런데 이와 같은 윤리와 정치의 길항 관계 혹은 정합성의 문제는 손병석의 '정치 윤리와 공공성'에서도 쟁점으로 부각되고 있다. 그는 아리스토텔레스의 덕 정치를 중심으로 분석하면서, 이미 그리스철학에서 이론적 분화가 진행되고 있음을 밝히고 있다. 즉, 플라톤과 달리 아리스토텔레스에게서 윤리와 정치는 인간학적 연관에도 불구하고 독립적인 담론의 형식들로 분화되기 시작한다는 것이다.

그런데 오늘날 자본주의 사회에서 정치적 공공성의 한계는 윤리적 차원과의 긴장 관계를 넘어서 시장의 원리와 관련해서 논의되는 경향이 있는데, 이는 경제적 차원의 압도적 영향력을 감안할 때 당연하다고 볼 수밖에 없다. 최준호의 '보수주의와 민주주의의 복지 개념 비교'와 박재술의 '유교자본주의 담론을 통해 본 경제 윤리와 공공성'은 모두 경제의 (비)윤리성에 대한 현대적 논의들이다. 최준호는 특히 경제의 자생적 질서에 자연 법칙과 같은 위상을 부여함으로써 논란이 되고 있는 하이에크의 자유주의 사상을 비판적으로 논하고 있다. 즉, 시장의 설계적, 구성적 차원을 부각시킴으로써 하이에크적 논변의 한계를 지적하고 있는 것이다. 시장의 질서 속에서 이미 항상 작용하고 있는 비시장적 질서를 박재술은 더욱 적극적으로 '공동선'의 이념 하에 부각시키고 있다. 그는 무엇보다 한국 경제의 악몽으로 남아 있는 1997년의 경제 위기를 전후한 유교자본주의, 아시아 가치론 논쟁을 입체적으로 규명하고, 분배 정의의 유교적 정당화를 시도하고 있다.

금융의 위기나 시장 질서의 세계화는 기본적으로 매체 기술의 혁명을 전제하지 않고서는 거론될 수 없을 것이다. 현대 자본주의 사회가 매체 의존적이며, 매체에 의해서 재생산되는 사회라는 점은 공적 합리성의 가능성과 관련해서도 중요한 문제들을 야기한다. 임홍빈의 '비판적 매체 철학의 관점에서 본 공적 합리성'과 김경수의 '정보 혁명과 공공적 이성의 구조 변화'는 매체의 혁명이 가능하게 만든 세계 자본주의 사회의 네트워킹과 재생산 방식을 논하고 있다. 임홍빈의 글은 특히 글자 문화에서 영상 문화로의 이행이 자유주의 정치 문화에 어떠한 변화를 야기하며, 국가 체제를 넘어선 세계 공공성의 차원을 형성함으로써 정치적인 것의 의미 자체를 새롭게 인식하도록 요구하고 있음을 보여주고 있다. 김경수의 글은 마르크스주의의 새로운 이론적 전망으로 간주되는 네그리-하트의 '제국'을 중심으로 수직적 위계 질서를 대신하는 '생체 정치적인 의사 소통적 이성'의 실현 과정을 적나라하게 분석하고 있다.

만약 공적 합리성이 욕망의 저편에서만 작동하는 것으로 전제될 수 있다면, 정치적 인간학의 지형은 좀더 단순하게 설정될 수 있었을 것이다. 그러나 양운덕의 '욕망의 사회적 동학으로 조명하는 공적 합리성'과 김재숙의 '개인 욕망의 자유와 사회 질서의 조화를 위한 유도 호보의 논리'는 공적 합리성에 대한 담론이 합리성이나 이성의 차원에 머물 수 없음을 분명히 보여준다. 양운덕은 주로 프로이트의 무의식 이론의 연장선상에서 라캉과 들뢰즈의 논의에 기대어 욕망의 주체에 대한 심층 심리학적 분석을 시도하고 있다. 정신분석학적 분석의 이론적 동기는 그러나 자본주의 질서에서 비롯하는 욕망의 재생산 방식에 대한 비판적 전망에서 비롯한다. 이와 같은 논의는 공적 합리성에 대한 이론적 성찰이 단순히 공적 영역, 즉 제도화된 정치의 영역에 그칠 수 없다는 인식론적 전제에 근거하고 있다.

김재숙의 도가적 욕망론 역시 욕망을 치도와 규범적 반성의 대상으로 묶어놓은 유가의 관점을 넘어서는 새로운 논의의 지평을 보여주고 있다. 특히 노자의 소국과민론은 욕망의 속성에 대한 도덕일변도의 협소한 해석을 넘어서 자연주의적 욕망론의 연장선상에서 새로운 의미로 다가온다. 왕필과 곽상의 유도회통론은 욕망과 사회 질서의 통합 가능성을 모색함으로써 욕망을 도덕주의적 억압의 대상으로서가 아니라, '욕망의 공적 해석'을 통한 전일적 인간관에 대한 이론적 가능성을 열어주었다고 볼 수 있다.

앞서 소개한 시장과 욕망의 문제가 첨예하게 드러나는 지점 중의 하나는 바로 생태계의 위기 현상이다. 이와 관련해서 조성택의 '불교 연기설에 대한 생태학적 접근'은 김종국의 '생명 윤리에서의 공공책임의 문제', 김용수의 '에코아나키즘과 생태적 공공성'과 함께 공적 합리성의 생태주의적 변용 가능성에 대한 비판적 분석이다. 조성택의 글은 불교에 대한 생태주의적 전망의 이론적 타당성에 대해 회의적이다. 무엇보다 불살생과 연기론, 업설 등에 의존하고 있는 불교적 생태주의의 이론적 토대에 대한 철저한 비판을 통해서 불교의 메타 이론적 특성을 강조하고 있는 것이다. 즉, 초세속적 담론의 현대적 적용의 무리함을 지적하고 있는 것이다. 김종국은 앞의 글과는 대조적으로 지금까지 그 이론적 위상이 의심스러웠던 '집단 윤리'의 가능성을 타진하고 있다. 그의 논변은 법적 차원과 관련하는 '보상 책임'과 '예방 및 배려 책임'의 구별 하에 전개된다. 김용수의 노장 사상의 생태주의적 재해석은 '자유'와 '자연', '자치'란 주축적 개념들을 중심으로 전통적인 이성과 합리성 등의 생태주의적 구성을 시도하고 있다. 따라서 그는 도가 사상의 생태주의적 전환에 대해 적극적이며, 이는 나아가서 에코아나키즘의 정치철학으로 재해석될 수 있다는 것이다.

오늘날 공적 영역, 공적 합리성에 대한 비판의 한 축은 페미니즘을 중심으로 형성되었다고 볼 수 있다. 이와 관련해서 김미영의 '성리학에서 대두된 '공적 영역'에 대한 여성주의적 접근'과 장문정의 '포스트모더니즘과 페미니즘'은 여성주의의 관점에서 본 공적 합리성의 개념과 그 정치적 함축을 주제화하고 있다. 김미영은 임윤지당의 학문적 여정을 되짚어봄으로써, 여성을 존재론적으로 배제해온 성리학의 세계에서 가능했던 여성 성리학자의 개인적 성취를 서술하고 있다. 임윤지당의 행적은 비록 여성주의의 시각에서 행해진 반성적, 의식적 결단이 가시화된 것은 아니라고 할지라도, 여성의 도덕적 성취가 사회적 인정을 확보할 수 있는 원천적 가능성으로 해석되고 있다. 여성 배제의 역사는 비단 동양의 성리학 세계에만 국한되는 것은 아니다. 장문정의 글은 서구 페미니즘이 가부장제의 정치 문화를 전제한 근대 사회에서 어떠한 이론적 전개 과정을 보여왔는지를 간결하게 보여준다. 특히 포스트모더니즘과의 이론적 연대를 통해서 현대의 페미니즘이 여성적 주체의 개념을 어떻게 구축하고, 나아가서 여성주의 정치학의 가능성으로 확장될 수 있는지를 타진하고 있다.

공적 합리성에 대한 비판적 성찰의 정신은 오상무의 '근대 한국의 공사관'에서도 관철되고 있다. 그는 한국 사회의 중첩된 정치 사회적 쟁점들이 대한민국의 건국 초기 모색된 국가철학에서 노정되고 있다는 전제 하에 시범적으로 안호상의 유기체적 국가철학을 조명한다. 그의 비판적인 안호상론은 오늘날 아직도 전체주의적, 집단주의적 담론의 유령에서 완전히 해방되지 못한 한반도의 정치 현실에서 시사하는 바가 적지 않다고 볼 수 있다.

한국 사회는 여타 정치 집단과 마찬가지로 정치 체계의 효율성을 제고하면서 동시에 정치적 합리성의 제도화에 의해서 필연적으로 수반되는 부작용을 최소화해야 하는 이중적 과제에 직면하고 있다. 이 점에서 앞의 글들은 일면적인 기능주의적 합리성이나 효율성을 무비판적으로 맹신하는 정치공학자들의 논의와는 궤를 달리한다. 다시 말해서 앞의 글들을 관통하고 있는 규범적 관점은 성급한 도덕주의를 표방하기 위한 것이 아니라, 이미 항상 현실 속에서 작용하고, 행위자들의 현실을 동시에 규정하고 있는 규범에 대한 명시적·암묵적 해석들이 하나의 실재로서 전제되어야 하기 때문에 정당화될 수 있는 것이다.

앞의 글들은 또한 삶의 역사성에 대한 공통의 인식에서 출발하는데, 이 역시 한국의 정치철학적 담론에서 간과될 수 없다. 한 사회의 정치철학적 분석은 행위자들의 의식과 제도의 운용이 역사적 조건들에 의해서 매개될 수 있다는 방법적 전제에서 출발해야 한다. 서구와는 다른 역사적 맥락을 지닌 한국에서 서구 자유주의의 논쟁이나, 역사와 전통이 일천한 미국의 정치 이론이 일방적으로 적용·이식될 수는 없는 것이다. 정치 이론의 몰역사적인 태도는 이론적 적실성의 한계로 작용할 수밖에 없다. 여기 실린 글들이 그 이념적 배경이나 서술 방식의 차이에도 불구하고 하나로 묶일 수 있다면, 아마도 이상과 같은 공통의 철학적 사유의 특이성에 대한 공통의 인식 때문일 것이다. 마지막으로 '이 저서는 2002년도 한국학술진흥재단에 의해 지원되었음(KRF-2002-074-AM1031)'을 밝히는 바다.

임 홍 빈

제3차 연도
차 례

제 1 장
동양에서 공적 합리성의 특성과 근대적 변용*

이 승 환

1. 서론 : 공적 합리성이란 무엇인가?

  '이성'은 인간의 사유와 행위를 객관성과 타당성으로 인도해주는 인지적·도덕적 능력이다. 한 개인의 성공적인 삶을 위해서 '이성'의 능력이 필수적으로 요구되듯이, 한 정치체(polity)가 질서와 안정을 유지하고 통합과 번영을 구가하기 위해서는 '공적 세계에서의 이성(Reason in the public world)', 즉 '공적 합리성(public Reason)'이 필수적으로 요청된다. '공적 합리성'은 개인들이 간직한 '개별적 합리성(individual Reason)'과 달리, 다음 세 가지 점에서 '공적'이라고 할 수 있다. 첫째, 공적 합리성은 정치체 구성원들이 간직하고 있는 인간 이성의 집합적 표현이라는 점에서 공적이다. 둘째, 공적 합리성이 개입하려는 관심사가 정치체의 공동선

* 이 논문은 2002년도 기초 학문 육성 인문 사회 분야 지원 사업의 일환으로 한국학술진흥재단의 지원(KRF-2002-074-AM1031)에 의해 연구된 것으로, 『철학연구』(고려대 철학연구소) 제29집에 실렸던 것임.

(common good)과 기본 정의(basic justice)라는 점에서 공적이다. 셋째, 공적 합리성이 표현되고 전개되는 과정 및 방식은 공개적이고 절차적이라는 점에서 공적이다.

삶의 방식(ways of life)과 세계관(views of life)의 다원성을 특징으로 하는 자유민주주의 사회에서 공적 합리성은 동등한 자격을 갖춘 민주적 구성원들이 가지는(그리고 가져야만 하는) 시민적 특성이다. 동등한 자격을 가진 시민들은 다원적 사회 안에서 서로간의 충돌을 피하고 질서 있는 삶을 유지하기 위하여, 각기 지니고 있는 관심사 가운데 서로가 중첩적으로 합의할 수 있는 최대 공약수를 추출하여 공동의 규범(예를 들어 헌법)을 제정하거나 개정할 뿐 아니라, 이렇게 성립된 공동의 규범에 의거하여 서로에게 정치적 강제력을 행사한다. 서로 다른 세계관과 가치관을 지닌 다양한 구성원들로 이루어진 자유민주주의 사회에서 공적 합리성이 부과하는 한계는 최소한의 것이 될 수밖에 없다. 따라서 롤즈(John Rawls)와 같은 자유주의자는 공적 합리성이 개입할 수 있는 사안의 범위를 '헌법의 본질적 요건들(constitutional essentials)'과 '기본적 정의의 문제들(questions of basic justice)'로 한정짓는다.[1] 이는 다원성을 특징으로 하는 자유민주주의 사회에서는 공적 합리성이 개인이 지니고 있는 '포괄적인 삶의 방식(comprehensive doctrines of life)'에까지 간여해서는 안 되며, 공적 합리성이 적용될 수 있는 범위는 다양한 '포괄적인 삶의 방식들'간에 중첩적으로 합의될 수 있는 공통된 사안, 즉 '헌법의 본질적 요건'과 '기본적 정의'에 국한되어야 함을 말해준다.

그러면 동등한 자격을 갖춘 시민들로 구성되지 않은, 즉 자유민주주의가 아닌 정치체에도 공적 합리성은 존재하는가? 만약 자유민주주의가 아닌 정치체에도 공적 합리성이 존재한다면, 이러한

---

1) John Rawls, *Political Liberalism* (New York : Columbia University Press, 1996), 장동진 역 『정치적 자유주의』(서울 : 동명사, 1998), 264-265쪽 참조.

합리성은 정치체의 어떤 구성원(어떤 집단 혹은 계층)에 의해 발휘되는 능력이며, 어떠한 방식과 절차를 거쳐서 표현되는가? 그리고 이러한 정치체에서 공적 합리성이 간여할 수 있는 사안의 범위와 효력은 과연 어디까지인가? 이 연구에서는 자유민주주의가 도입되기 이전 유교적(특히 성리학적) 전통 사회가 지닌 공적 합리성의 내용과 특징 그리고 범위를 규명하고, 유교 전통의 공적 합리성이 우리의 근대화 과정에서 어떤 식으로 변용·계승되었는지 살펴보고자 한다. 전통 시대 공적 합리성의 성격을 규명하고 그 변용의 과정을 살펴보는 일은 더 나은 민주주의의 구현을 위하여 현실 민주주의에 내포된 한계를 지적하고 보완하는 일과 별개의 작업이 아니라고 여겨진다. 현실 민주주의에는 모든 인류의 보편적 모델이 될 수 있는 특정한 전범(典範)이 존재하는 것이 아니고, 각 정치체의 정치·경제·사회·가치관의 차이에 따라 일정한 차별성을 지닌 복수(plurality)의 민주주의가 존재할 수 있기 때문이다. 이런 점에서, 전통 유교 사회의 공적 합리성에 대한 조명을 통하여 현대 한국의 민주주의에 내포된 한계를 보완할 수 있는 시사점을 모색하는 일은 이 연구가 지향하는 이차적 목표라고 할 수 있다.

2. 고대 유교 사회에서 공적 합리성의 의미와 특징

고대 유교 사회에서 공적 합리성에 필적하는 개념은 '도(道)'라고 할 수 있다. 일찍이 공자는 "세상에 '도'가 실현되지 않으니 뗏목을 타고 동쪽으로 가겠다"[2]고 하여 당시 정치 세계에 공적 합리성이 결여되었음을 한탄한 바 있다. 여기서 '도'는 개인이 간직한 개별적 이성(individual Reason)이라기보다, 정치 세계와 인류 세계

---

2) 『論語』, 「公冶長」, "子曰：道不行, 乘桴浮于海. 從我者其由與?"

를 포함한 우주 전체에 합리적 질서와 의미를 부여해주는 '우주적 공공 이성(universal public Reason)'이라고 보아야 할 것이다.

그러면 공자가 살았던 고대 사회에서 이러한 공공 이성을 현실 정치 안에 구현하는 책임을 지닌 주체는 과연 누구(혹은 어떤 계급)였는가? 이러한 질문은 결국은 정치 참여의 주체에 관한 물음으로 환원된다. 공자가 살았던 고대 사회에서 정치 행위의 주체는 군주를 정점으로 하는 핵심 권력자와 그를 둘러싼 경(卿)·대부(大夫) 등의 고위 행정 관료, 그리고 군주를 보좌하여 정치의 방향을 자문해주거나 잘못된 정책에 대해 시정을 권고하는 일을 임무로 삼았던 사(士) 계급이었다고 할 수 있다.

고대 유교 사회에서는 우주의 질서와 원리인 '도'를 인간 사회에 구현하는 일을 정치 목표로 삼았으며, 지배 권력의 정당성(legitimacy)을 판단하는 기준 역시 '도'에 있었다. '도'라는 개념에는 정치 윤리적 의미뿐 아니라 형이상학적 또는 종교적 의미까지 간직되어 있어서 현대인의 입장에서 썩 명료하게 이해할 수 있는 개념은 아니지만, 고대 사회에서 '도'의 구현 여부를 판가름하는 일이 그렇게 어려운 일은 아니었다고 보인다. '도', 즉 '공공 이성'의 구현 여부는 현실 사회에서 "법·형과 같은 사법 제도와 조세·부역과 같은 경제 제도가 얼마나 정의롭게 제정되고 공정하게 운영되는가?"에 따라 판단될 수 있기 때문이다. 다시 말해 고대 사회에서 '도'의 구현 여부는 사법적 정의나 분배적 정의와 같은 사회의 '기본적 정의'가 얼마나 '공(公)'의 이념에 부합하는지에 달려 있다고 할 수 있다.

고대 동양 사회에서 '공'은 세 가지 의미를 내포한다. 첫째는 정치 권력이나 제도 그리고 지배 기구와 같은 '정치 영역 일반(political realm in general)'을 가리킨다. 둘째는 공정(justice)이나 공평(fairness)과 같이 인간의 이성에 의해 합리적으로 논의될 수 있는 보편적 도덕 원칙을 가리킨다. 셋째는 정치체에 소속된 대다수의 구성원들이 공통으로 지니고 있는 일반 의지(general will)를 가리킨다.3) 이처럼 고대 동양의 '공' 개념은 세 가지 의미를 복합적으로 내포하고 있으며, 이러한 세 차원의 의미들은 서로 긴밀하게 연관 관계를 유지하면서 총체적 의미를 구성하고 있다. 간략하게 정리 한다면, 동양의 '공' 개념에는 "지배 권력(公權力)은 정치체 구성원 들의 일반 의지(民心이나 公論)에 맞게 공정(公正)하고 공평(公平) 하게 행사되어야 한다"는 정치철학적 의미가 담겨 있는 것이다. 이 처럼 고대 동양에서 '공'은 한편으로는 정치 기구나 제도와 같은 '정치적 지배 영역'을 가리키지만, 다른 한편으로는 이러한 정치적 지배의 대상이 되는 구성원들이 공통적으로 표출하는 '정당성을 갖춘 일반 의지'를 의미하기도 한다.

이렇게 '공' 개념에 내포된 복합적 의미의 차원들을 이해한다면, 고대 동양 사회에서 '도'의 구현 여부를 판단하는 일이 그리 어려운 일은 아니다. 정치체의 기본 제도와 규범에 대해 그 정치체의 구성 원들이 표출하는 의견을 검토함으로써 '도'가 구현되고 있는지 여 부를 판가름할 수 있기 때문이다. 이런 이유에서 고대 동양에서는 '도'의 구현 여부를 판정하는 데에서 종종 '민심(民心)' 또는 '민의 (民意)'를 그 준거로 제시하곤 하였다. 예를 들어 『좌전』에서는 "장 차 나라가 흥하고자 할 때는 '민(民)'의 의견을 듣지만, 장차 멸망하 려고 할 때는 귀신의 의견을 듣는다"4)고 적고 있다. 여기서 "민의 의견을 듣는다(聽於民)"는 말은 곧 정치체에서 압도적 다수를 차 지하고 있는 '민'의 의견을 정당한 것으로 수용한다는 말과 같다. 『좌전』의 다른 곳에서는 "나라가 흥하려고 할 때는 '민' 보기를 다 친 사람 보듯 하니 이것은 나라의 복이다. 나라가 망하려 할 때는 '민'을 먼지 티끌처럼 여기니 이것은 화가 된다."5)

---

3) 전통 동양에서 '공' 개념에 내포된 의미의 세 차원에 대해서는 졸고, 「한국 및 동양의 공사관과 근대적 변용」, 『정치사상연구』 제6집(2002)을 참조하시오.
4) 『左傳』, 「莊公」 32년, "國將興, 聽於民, 將亡, 聽於神."
5) 『左傳』, 「哀公」 1년, "國之興也, 視民如傷, 是其福也 ; 其亡也, 以民爲土芥, 是其

‘민’이 표출하는 공통의 의견을 ‘공적 합리성’의 차원에서 승인하려는 태도는 고대의 민본주의 사상가인 맹자(孟子)에게서 특히 강하게 드러난다. 맹자는 "민이 가장 고귀하고, 사직은 그 다음이며, 군주는 가볍다"[6]고 하여 ‘민’이 정치체에서 차지하는 존재론적 위상을 군주보다 상위에 위치시키고, ‘민’이 공통으로 표출하는 일반 의지에 최고의 정당성을 부여했다. 맹자는 ‘민’이 표출하는 일반 의지를 ‘우주적 공공 이성(道)’을 주재하는 ‘천(天)’의 대리적 표현으로 간주한다. 맹자는 『서경』의 구절을 인용하여 이렇게 말한다. "하늘은 ‘민’의 눈을 통해서 보고, 하늘은 ‘민’의 귀를 통해서 듣는다."[7] 맹자의 이러한 입장에 따르면, ‘민’이 표출하는 공통된 목소리는 곧 하늘의 목소리와 같다. 하늘(天)이 우주적 공공 이성(道)을 관장하는 형이상학적 주재자라면, ‘민’은 정치 세계에 공공 이성이 제대로 실현되고 있는지의 여부를 감지하게 해주는 ‘센서(sensor)’라고 할 수 있다. 즉, ‘천심’이 공공 이성의 최종 근거에 대한 형이상학적 표현이라면, ‘민심’은 정치 세계 안에서 공공 이성이 제대로 구현되고 있는지 파악하게 해주는 감지기인 셈이다. 『서경』의 「반경」편에서는 ‘백성의 목소리’를 아예 ‘하늘의 명령(天命)’에 비유하여 ‘백성의 명령(民命)’이라고 부르기도 한다.[8] ‘백성의 명령’이라는 개념을 통해서 우리는 고대 유교 사회에서 ‘민’ 계층이 표출하는 공통된 목소리가 곧 오늘날 우리가 ‘공적 합리성’이라고 부르는 개념에 필적하는 것임을 알 수 있다.

　그러나 정치체 안에서 ‘민’ 계층이 공통으로 내는 목소리라 해서 그것이 모두 타당한 것이라고 보기는 어렵다. 생산력이 낙후되고 교육이 대중화되지 않았던 고대 사회에서 ‘민’은 문자와 교양을 습

禍也."

6) 『孟子』, 「盡心」, "孟子曰 : "民爲貴, 社稷次之, 君爲輕.""

7) 『孟子』, 「萬章」, "泰誓曰, 天視自我民視, 天聽自我民聽. 此之謂也."

8) 『書經』, 「商書」, 「盤庚」, "恭承民命."

득하지 못한 무정형의 대중일 수밖에 없었으며, 정치체의 중대한 사안에 대해서도 충분한 정보를 가지거나 논증적인 방식으로 자신의 의견을 개진하기 어려운 상황이었기 때문이다. 따라서 '민' 계층이 표출하는 집단적인 목소리는 기성 권력이 사회의 '기본 정의 (basic justice)'를 심각하게 훼손함으로 말미암아 생존의 위기에 직면한 이후에야 부르짖게 되는 단발마적 외침이거나, 아니면 새로이 정권을 잡고자 하는 신흥 세력에 의해 동원되고 활용되는 포퓰리즘(populism)의 기제에 불과하였다. 제도적으로 정치에 참가할 자격을 얻지 못한 사람들이 '들과 밭(在野)'에서 외치는 소리, 자신과 가족의 안위에 심각한 위협이 닥쳐올 때야 비로소 부르짖게 되는 '절박한 소리' — 아마도 이것이 동양의 고대 정치 현실에서 '민심'이 차지했던 솔직한 위상이 아니었을까싶다.

유가 사상가들은 '민심'을 '천심'과 동등한 것으로 간주하기는 했지만, '민' 계층이 집단적으로 표출하는 의견을 모두 다 '합리적인 것'으로 간주했던 것은 아니다. 문자와 교양을 습득하지 못한 무정형의 대중들은 포퓰리즘을 구사하는 권력에 의해 선동되거나 조작되기 쉽기 때문이다. 『서경』에서 "백성의 본성은 원래 돈후하지만 물욕으로 인하여 바뀌게 되어, 위의 명령을 어기고 그들이 좋아하는 바를 좇는다"[9]고 한 것은 곧 '민'의 목소리를 모두 다 합리성을 띤 것으로 간주하기 어렵다는 표현일 것이다. 공자 역시 '민심'의 향배를 정권 안정의 기반이라고 보기는 하였지만, 무정형의 대중들이 표출하는 목소리를 모두 다 합리적인 것으로 여기지는 않았다. 『논어』의 다음 구절에는 공자의 이러한 견해가 잘 드러나 있다.

선생님(공자)께서 말씀하셨다. "대중(衆)이 다 싫다고 해도 반드시 따져볼 것이요, 대중(衆)이 다 좋다고 해도 반드시 따져보아야 한다."[10]

---

9) 『書經』, 「周書」, 「君陳」, "惟民生厚, 因物有遷, 違上所命, 從厥攸好."
10) 『論語』, 「衛靈公」, "子曰 : 衆惡之, 必察焉, 衆好之, 必察焉."

자공(子貢)이 여쭈었다. "마을 사람들이 다 좋아하면 어떻겠습니까?" 선생님께서 말씀하셨다. "가하지 않다." "마을사람들이 다 싫어하면 어떻겠습니까?" "그것도 가하지 않다. 마을 사람 가운데 선한 자가 좋아하고 선하지 않은 자가 싫어함만 못하느니라."[11]

이로 볼 때 공자는 대중들이 집단적으로 내놓는 목소리라고 해서 그것이 다 합리적이라고 여기지는 않았던 것 같다. 아무리 수적으로 다수라 해서 그 목소리가 반드시 합리적이거나 타당하다고 여길 수는 없기 때문이다. 사회의 기본 정의와 법규범의 원칙에 관한 문제는 단순히 다수결만으로는 판정하기 어려울 때가 많으며, 인간과 사회에 대한 더욱 숙고된 성찰과 진지한 탐구를 필요로 한다. 정치체의 의제 설정에서 다수의 목소리가 중요하다고는 하지만, 만약 그 목소리가 합리성과 정의감을 고루 갖춘 진정한 '공적 합리성'의 표현이 아니라면, 그러한 목소리는 우매한 민중(衆愚)의 변덕스런 외침에 불과할 수도 있기 때문이다.[12]

3. 주자 성리학에서 공적 합리성의 의미와 특징

'민'은 정치체에서 압도적 다수를 차지하는 구성원이기는 하지만 그들이 내놓는 목소리가 모두 다 합리적이라고 할 수는 없다. 하늘이 '민'의 목소리를 통하여 세상에서 '도'가 구현되고 있는지 듣는다고는 하지만, 실제로 '민'의 모든 목소리가 다 '하늘의 뜻'이

---

11) 『論語』, 「子路」, "子貢問曰 : 鄕人皆好之, 何如? 子曰 : 未可也. 鄕人皆惡之, 何如? 子曰 : 未可也, 不如鄕人之善者好之, 其不善者惡之."

12) 동양의 정치사상가 중 가장 강하게 민중의 본성을 우매함과 비열함 그리고 변덕스러움과 탐욕스러움으로 간주한 사람은 韓非子라고 할 수 있다. 졸고, 「사회 규범의 공공성에 관한 법가의 인식(2)」, 한국철학사상연구회, 『시대와 철학』 제14권 2호(2003) 참조.

거나 '도'에 부합한다고 할 수는 없다. '민'은 정치의 근본(民本)이기는 하지만 정치의 주체(民主)는 아니며, '민'의 목소리가 '기본적 정의'에 대한 갈망을 담고 있는 경우도 많지만 언제나 합리성과 타당성을 갖춘 것은 아니기 때문이다. 그렇다면 인간 세상에서 '도'의 구현을 촉구하고 그 실현 여부를 감독하는 주체는 과연 누구(혹은 어떤 집단)여야 하는가? 성리학의 시대에 들어 과거 제도가 활성화되면서 사(士) 계급은 독서와 자기 수양을 통하여 합리성과 도덕성을 겸비한 공적 합리성의 담지자로 부상하게 된다. 과거의 '민'과 달리 '사'는 정치 참여의 자격을 갖춘 당당한 주체로서 우주적 공공 이성, 즉 '도(道)'의 수호자로 떠오르게 된 것이다.

성리학에서는 전통적으로 우주적 공공 이성을 지칭하는 데 쓰이던 '도' 개념을 '천리(天理)'라는 존재론적 개념으로 실체화하고, 우주 자연과 인간 세계의 각 영역에는 각기 합당한 질서와 원리가 깃들어 있다고 설파한다. '도'는 고금을 통하여 항구적으로 존재하는 합리성(理) 그 자체라는 것이다.13) 합리성(理)은 그 형이상학적 근원에서는 하나이지만(理一), 경험 세계의 구체적 현실에서는 나뉘어서 여럿이 된다(分殊). 전통적으로 쓰여 오던 '도' 개념은 포괄적이고 모호한 데 반해, '리' 개념은 구체적이고 명료하다. '리'는 '천리지공(天理之公)'14) 또는 '공공지리(公共之理)'15) 등의 표현에서 볼 수 있는 것처럼 '공공성'을 그 특징으로 한다.

'리'는 형이상학적으로는 인간 세계를 포함한 우주 전체에 깃들어 있는 합리성(질서와 원리)을 가리키지만, 정치 세계 안으로 국

---

13) 『朱子語類』 13-62. "道者, 古今共由之理, 如父之慈, 子之孝, 君仁, 臣忠, 是一箇公共底道理."

14) 『朱熹集』 61-12, 「答歐陽希遜」. "蓋言未至於此, 則當强恕以去已私之蔽, 而求得夫天理之公也." ; 『朱子語類』 13-30. "凡一事便有兩端, 是底卽天理之公, 非底乃人欲之私."

15) 『朱子語類』 18-32. "這理是天下公共之理, 人人都一般." ; 『朱子語類』 117-29. "此理亦只是天地間公共之理, 稟得來便爲我所有."

한시켜서 본다면 정치체의 조직 원리와 기본 정의를 의미할 뿐 아니라, 나아가서는 정치 참여자들이 지녀야 할 덕목과 자세를 의미하기도 한다. '리'는 우주 자연의 측면에서 보자면 사실 세계에 깃들어 있는 질서와 원리를 가리키지만, 인간 세계의 측면에서 보자면 가족체에서 정치체에 이르는 인륜 사회의 구성원들이 따르고 존숭해야 하는 규제적 이념의 의미를 지닌다. 특히 정치라는 한정된 영역 안에서 고찰한다면, 정치체의 조직 원리와 운영 방식은 공공 이성에 부합해야(合理) 하며, 정치에 참가하는 모든 참여자들(위로는 군주에서 아래로는 각급 공직자에 이르기까지) 역시 공공 이성에 부합(合理)[16]하는 방식으로 사고하고 행위해야 한다.

성리학에서는 이렇게 정치체의 구성원들이 표출해내는 '리'에 부합하는 공통된 의견을 '공론(公論)'이라고 불렀다. 성리학의 집대성자인 주희는 '공론'을 이렇게 설명한다.

> 이른바 '정치체에서의 옳음(國是)'이란 어찌 '천리(天理)에 따르고 인심(人心)에 부합하여 천하 사람들이 모두 함께 옳다고 여기는 것'이 아니겠습니까?[17]

위 글에서 주희는 '정치체에서의 옳음(國是 : the right of the polity)'이란 천리에 따르고(順天理) 인심에 부합하며(合人心) 천하 사람들이 모두 함께 옳다고 여기는 바(天下之所同是者)라고 정의

---

16) 주희에게서 "합리(合理)"라는 개념은 "理에 부합함"의 의미이고 "불합리(不合理)"라는 개념은 "理에 부합하지 않음"의 의미다. '합리'와 '불합리'의 개념이 『주자어류』에서 직접적으로 사용된 용례에 대해서는 다음을 보시오. 『朱子語類』 32-24. "理에 부합하지 않은 것은 道에서 말미암은 것이 아니다(但才不合理處, 便是不由道)." 『朱子語類』 30-38. "어떻게 하면 理에 부합하고 어떻게 하면 理에 부합하지 않는지 마땅히 경각심을 가지고 성찰해야 한다(只當於此警省, 如何是合理, 如何是不合理)."

17) 『朱熹集』 24-10, 「與陳侍郎書」. "夫所謂國是者, 豈不謂夫順天理合人心而天下之所同是者耶?"

하고 있다. 주희가 말하는 '정치체에서의 옳음(國是)'이란 성리학에서 빈번하게 사용되는 '공론(公論)'과 동일한 개념으로서, 우주적 공공 이성을 의미하는 천리(天理)가 정치체 구성원들의 지지 하에 (合人心) 공개적으로 표현된 것을 의미한다. 여기서 중요한 점은 '정치체에서의 옳음'이 단순히 지지자들의 수적(數的) 다과(多寡)에 의해 결정되는 것이 아니라, '천하 사람들이 다함께 옳다고 여기는 바(天下之所同是者)', 즉 '정치체의 절대 다수가 내리는 합리적 판단'에 달려 있다는 점이다. 주희의 이러한 '공론' 개념은 종래의 '민심' 개념에 부분적으로 함축되어 있던 '합리적이지 못한 집단 의사(irrational collective opinion of the mass)'의 한계를 넘어선 것으로, 그냥 '다수의 의지'가 아니라 '다수의 합리적 의지'라는 의미를 내포하고 있다. 이런 이유에서 주희는 국가 권력의 최고 수반인 군주가 '다수의 합리적 의지'이자 '천리'의 현세적 표현인 '공론'을 존중하지 않으면 안 된다고 말한다.

군왕은 비록 명령을 제정하는 것으로 직분을 삼는 것이나, 반드시 대신과 함께 의논하고 간관의 의견을 참고로 해야 합니다. 그들로 하여금 숙의(熟議)하게 하여 '공론'의 소재를 구한 다음, 조정에 게시하고 명시적으로 명령을 내려 공개적으로 시행해야 합니다. 이로써 조정이 존엄해지고 명령이 자세히 알려지게 되어, 비록 (명령에) 부당한 점이 있더라도 천하의 사람들이 그 잘못이 누구에게서 나온 것인지 환히 알 수 있게 되어, 군왕이 홀로 그 책임을 떠맡지 않게 되는 것입니다. 국정을 의논하고자 하는 신하들은 모두 거리낌없이 자신의 의견을 다 밝힐 수 있는 것이니, 이것이 고금의 상리며 조종(祖宗)의 가법(家法)입니다.[18]

---

18) 『朱熹集』 14-15, 「經筵留身面陳四事箚子」. "蓋君雖以制命爲職, 然必謀之大臣, 參之給舍, 使之熟識, 以求公議之所在, 然後揚于王庭, 明出命令而公行之. 是以朝廷尊嚴, 命令詳審, 雖有不當天下亦皆曉然知其謬之出於某人, 而人主不至獨任其責. 臣下欲議之者, 亦得以極意盡言而無所憚, 此古今之常理, 亦祖宗之家法也."

인용문에서 볼 때, '공론'과 관련된 주희의 주장은 다음 몇 가지로 정리될 수 있다. ① 정치 권력의 행사와 명령의 제정은 반드시 '공론'에 입각해야 한다. ② 국가의 최고 수반은 주요 정책의 결정에서 담당 공직자 및 간관과 충분한 '숙의'를 거쳐야 한다. ③ 담당 공직자는 해당 사안과 관련하여 널리 의견을 수렴해야 한다. ④ 정책의 결정과 시행 과정은 공개적이고 투명해야 한다. ⑤ 정책이 공개적 숙의를 거쳐서 결정된다면 그 정책의 옳고 그름에 대한 책임의 소재가 분명해진다. ⑥ 국정의 주요 사안에 대해 의견이 있는 공직자는 누구나 거리낌없이 자신의 견해를 개진할 수 있어야 한다. 이상 여섯 가지 항목으로 요약될 수 있는 주희의 공론에 대한 견해는 현대 심의민주주의에서 강조하는 "공개적 토론과 합리적 심의를 통한 정책의 결정"과 별로 다를 것이 없어보인다. 비록 주희의 위 글에서는 공론 수렴에 관한 구체적인 방법이나 기술에 대한 언급은 없지만, 정치체에서 '공론'이 간직하는 본질적 의의와 가치에 관해서 매우 직절(直截)하게 그 요체를 제시하고 있는 것을 알 수 있다.19)

주희는 합리성과 도덕성을 고루 간직한 사(士) 계층이야말로 '공론의 담지자'로서 자격이 있다고 보았으며, 공개적이고 합리적으로 정치체의 주요 사안이 논의되고 수렴될 수 있는 공론 영역, 즉 '군자당(君子黨)'이 필요하다고 보았다. 그는 공론을 가장한 사적 이기심을 정밀하게 분별해서 물리쳐야 한다고 강조하고, 공정하고 합리적인 의견만을 '공론'으로 인정해야 한다고 주장했다. 그는 심지어 군주까지도 공론의 수렴장인 '군자당'에 속하도록 이끌어야 한다는 '인군위당설(引君爲黨說)'을 내놓기도 하였다.20) '공론'에

---

19) 주자학적 공론 정치의 현대적 의의에 대해서는 다음을 참조하시오. 이상익, 『유교 전통과 자유민주주의』(서울 : 도서출판 심산, 2004), 제8장 「유교의 公論論과 정치적 정당성의 문제」.

20) 주희의 '引君爲黨'설은 다음 글에 잘 나타나 있다. 『朱熹集』 28-21, 「與留丞相

30 새로운 공적 합리성의 모색

관한 주희의 이러한 견해는 공직자 인사에 관한 주장으로 이어진다. 공직자 인사 문제는 일차적으로 '공직'이라는 제한된 사회적 재화를 공정하게 분배하는 일, 즉 '분배적 정의'와 관련된 문제이지만, 사회가 오늘날처럼 분화되지 않았던 당시에는 정치에서 '제도적 장치'보다 '사람의 자질'에 거는 기대가 더 컸기 때문에 공직자 인사 문제가 정치체의 현안 중 대단히 중대한 사안으로 간주되었던 것이다. 주희를 비롯한 성리학자들의 공직자 인사에 관한 입장은 간결하게 이렇게 정리된다. "군자는 (공직에) 나아가게 하고 소인은 (공직으로부터) 퇴출시켜야 한다(進君子, 退小人)." 성리학의 용어 체계에서 '군자'는 대공무사한 공론의 대변자를 가리키고, '소인'은 사적 이기심의 충족을 위하여 공론을 가장하는 위선자를 가리킨다. 주희는 철저하게 공(公 : public-mindedness)과 사(私 : selfishness), 편(偏 : partial)과 정(正 : impartial), 그리고 시(是 : righteousness)와 비(非 : wrongness)의 구분에 의거하여 군자 / 소인을 변별하고, 오로지 공적 합리성을 갖춘 '군자'만이 공직에 임용될 자격이 있으며, 공적 합리성을 갖추지 못한 '소인'은 공직에서 퇴출되어야 한다고 본 것이다.

4. 조선 성리학에서 공적 합리성의 전개와 굴절

'공론'은 현대 민주주의의 키워드인 '자유'나 '평등'에 못지 않게 조선 성리학적 정치 전통에서 핵심 용어에 해당한다. 조선의 정치는 '공론의 정치'라고 불릴 만큼 사(士) 계급이 표출하는 공개적이

書」. "熹不勝愚者之慮, 願丞相, 先以分別賢否忠邪爲己任, 其果賢且忠耶, 則顯然進之. 惟恐其黨之不衆, 而無與共圖天下之事也. 其果姦且邪耶, 則顯然黜之. 惟恐其去之不盡, 而有以害吾用賢之功也. 不惟不疾君子之爲黨, 而不憚以身爲之黨, 不惟不憚以身爲之黨, 是又將引其君以爲黨而不憚也.

고 합리적인 토론이 국가의 정치 현안과 정책 결정에 심대한 영향을 미쳤다.[21] 조선시대에는 "유자들은 모두 공론을 지니고 있다(儒者皆有公論)"[22] 또는 "사림의 공론(士林之公論)"[23]이라는 말이 일반화될 정도로 사림(士林)의 결집된 의견이 정치체의 주요 의제를 결정하는 데 많은 영향력을 발휘했다. 조선의 정치사를 전기/중기/후기로 나누어서 고찰한다면, 사림 세력이 본격적으로 정치에 등장하는 조선 중기야말로 '공론'이 가장 꽃을 피웠던 시기라고 할 수 있다.

먼저 조선 전기의 공론 정치에 대해 살펴본다면, 이 시기의 공론 정치는 중앙의 행정 영역에 제도적으로 설치된 '중앙 공론 영역', 즉 '삼사(三司 : 司憲府・司諫院・弘文館)'와 지방의 재지사족들이 모여 자치적으로 설립한 '지방 공론 영역', 즉 '유향소(留鄕所)'를 중심으로 하여 이원적으로 전개되었다. 중앙의 삼사에 속한 대관(臺官)과 간관(諫官)들은 정치의 득실(得失)을 논하고 공직자들의 언행을 규찰하며, 나아가서는 고위 공직자의 인선을 논하는 등 국가 중대사의 옳고/그름(是非)을 논박하는 중대한 책무를 맡았다.[24] 이들의 업무는 국가의 주요 정치 사안에 관한 심의와 간쟁에 있었기 때문에 언관(言官)이라고 불렸으며, 이들이 담당했던 업무의 범위와 책임은 오늘의 대법원과 감사원 그리고 국회 청문회와 언론 기관들을 망라한 것만큼이나 막중하였다. (정치학계의 한 연구에서는 조선의 공론 정치가 비록 삼권이 아직 미분화된 단계이기는 하지만 정치체 안에서 차지하는 심의와 언술 행위의 비중이

---

21) 김용직, 「한국 정치와 공론성 : 유교적 공론 정치와 공공 영역」, 한국국제정치학회, 『국제정치논총』 제3집 3호(1998), 66쪽 참조.

22) 『世祖實錄』, 12년 8월(戊辰).

23) 『世宗實錄』, 31년 3월(丙申).

24) 言論 三司의 구체적인 역할과 임무에 대해서는 최승희, 『조선 초기 언관・언론 연구』(서울 : 서울대 출판부, 1976)를 보시오.

대단히 막중하여 입헌주의적 근대성의 맹아를 지니는 것으로 파악하기도 한다.[25]) 이들 언관이 공론의 대변자로서 지녔던 막중한 위상은 『조선왕조실록』의 다음 구절에 잘 드러나 있다. "대간은 군주의 눈과 귀며 공론이 있는 곳이다."[26])

하지만 조선 전기에는 이들 언관이 내놓는 청론(淸論)이 나라 전체의 공론과 직접적으로 연결되었던 것은 아니다. 아직 사림(士林)의 정계 진출이 시작되기 이전인 이 시기에는 조정 밖에서 집단적으로 국가의 중대사를 논하거나 여론을 조성하는 행위는 사당(私黨) 결성의 행위로 간주되어 법적으로 금지의 대상이었다.[27] 따라서 조선 전기에 합리성과 도덕성을 갖추고 국가의 주요 정치 현안에 대해 간쟁하거나 토론할 수 있는 유자격자는 국왕과 대신 그리고 언론 3사에 속한 언관들로 한정되었다고 할 수 있다. 언관들은 국가 주요 정책의 득실을 논하고 국왕을 포함한 고위 공직자들의 언행에 대해 간쟁하는 역할을 맡았기 때문에 자주 재상권과 충돌하였고 때로는 국왕권과 대립하기도 하였다. 따라서 이들 언관에게는 강직한 성품과 높은 수준의 비판적 합리성이 요구되었으며, 진정으로 나라 전체의 공론을 대변하는 공공 이성의 소유자일 것이 기대되었다. 한편, 지방의 향촌 사회에서 재지사족들이 자치적으로 결성한 유향소는 지방 정부가 수행하는 정책과 행정의 득실에 관해 공론을 조성하면서 지방 정부의 권력을 견제하거나 감시하는 역할을 수행했다. 중앙의 행정 영역에 설치된 '삼사'가 국가와 민간을 매개하는 제도적 공론 영역이었다면, 지방에서 재지사족들이 자치적으로 결성한 '유향소'는 지방 정부와 향촌 사회를 매개하

---

25) 최대권, 「입헌주의와 민주주의」, 안청시 외, 『현대한국정치론』(서울 : 법문사, 1986), 374쪽 참조.

26) 『太宗實錄』, 4년 12월(乙亥), "臺諫, 人主之耳目, 公論之所在."

27) 조선의 형률(刑律)은 중국의 『대명률(大明律)』을 그대로 준용하였으므로, 『대명률』의 「吏律・奸黨條」에 적시되어 있는 붕당 결성 금지에 관한 조항도 조선에서 그대로 적용되었다고 보아야 할 것이다.

는 자발적 공론 영역이었다고 할 수 있다. 조선 전기에는 이처럼 중앙의 공론 영역과 지방의 공론 영역이 이원적으로 분리되어, 각자의 영역 안에서 공적 합리성을 구현하기 위해 기능을 수행했다.

조선에서 '공론 정치'가 본격적인 궤도에 오르게 되는 시기는 사림(士林)이 삼사의 언관직에 대거 등장하는 15세기말 성종(成宗) 조부터며, 그 절정기는 16세기의 중종(中宗)~선조(宣祖)~광해군(光海君) 대라고 할 수 있다.[28) 중종 대에 들어 조광조를 필두로 한 사림 세력은 정부의 요직에 대거 진출하여 공론의 담지자로 자임하면서 훈구공신(勳舊功臣)에게 대항하며 유교의 비판적 합리성에 의거한 개혁 정치를 펴고자 했다. 사림파가 정계에 진출하여 훈구파에 대한 탄핵을 추진할 당시 그 이론적 기반이 된 것은 '군자소인변(君子小人辨)'이었다. 사림파는 군주에게 "다스림의 도는 오직 군자 / 소인을 분별하는 데 있다"고 강조하면서 부패한 훈구 세력을 소인으로 몰아 탄핵을 추진하였다. 사림파는 특히 조선 유학의 정통성을 정몽주에서 길재-김숙자-김종직-김굉필·정여창으로 이어지는 도통(道統)의 계보로 파악하고, 도통을 이어받은 자신들이야말로 도학(道學)의 정치 이상을 현실에 실천할 수 있는 정통성을 지니고 있다고 자임하였다.[29) 군자 / 소인 논변은 새롭게 부상하는 사림 세력이 훈구 세력과의 주도권 다툼에서 자신들이야말로 진정으로 도통의 계보를 이어받은 '공적 합리성의 대변자'임을 내세우기 위해 내놓은 이론적 무기라고 할 수 있다. 이 시기 조선 사회에서 정국의 주도권을 둘러싼 다툼은 결국 "누가 진정으로 '공적 합리성'을 담지한 군자인가?" "누가 진정으로 나라 전체의 공론을

---

28) 조선 중기의 공론 정치에 관해서는 최이돈, 『조선 중기의 사림 정치 구조 연구』(서울 : 일조각, 1994)를 참조하시오.

29) 조선조에서 학문적 정통성(道統)과 정치적 정통성(政統)의 관계를 담론분석의 차원에서 조명한 글로는 졸고, 「조선조의 道統 담론과 학문·정치 권력」, 『유교 담론의 지형학』(서울 : 도서출판 푸른숲, 2004)을 참조하시오.

대변하는가?" 그리고 "철저한 수기(修己)를 통하여 대공무사한 자세로 정치에 임할 수 있는 적격자는 누구인가?"라는 문제로 귀결되었다.

　사림파의 공격에 직면한 훈구 세력은 사림파가 내놓는 군자 / 소인의 논변이 너무 주관적이고 독선적인 것이라고 반박하였다. 예를 들어 훈구 공신의 일원인 남곤(南袞)은 중종에게 "지금의 군자라고 하는 사람들이 어찌 모두 참으로 군자이겠습니까?"[30]라고 비난하고, 권균(權鈞)은 "지금 사람들이 군자와 소인의 진퇴를 밝게 가리지 않으면 안 된다고 말들 하지만, 신은 어떤 사람이 군자이고 어떤 사람이 소인인지 잘 모르겠습니다. 군자와 소인은 참으로 확실하게 구별할 수는 없는 것입니다"[31]라고 진언한다. 또한 이성언(李誠彦)은 "자기와 뜻을 같이 하는 사람은 선한 사람(善人)이라 하고 뜻을 같이 하지 않는 사람은 악한 사람(惡人)이라 하며, 일을 의논할 때 말에 혹 거슬리는 것이 있거나 서로 다른 것이 있으면 공론을 막는다고 비난하곤 합니다"[32]라고 하면서, 사림 세력이 내놓는 군자 / 소인 논변이 결국은 '동당벌이(同黨伐異)'를 위한 이념적 구실에 지나지 않는다고 치부한다. 사림 세력이 자신을 도학적 정통성을 계승한 군자당으로 자임하고 훈구 세력을 소인당으로 규정했던 반면, 훈구 세력은 사림 세력을 "같은 편끼리 모여서 생각이 다른 사람을 내쳐버리는" 사당(私黨)으로 몰아 반격하였던 것이다.

　훈구 세력의 반격에 직면한 사림파는 스스로를 방어할 수 있는 대응 논리를 마련하지 않을 수 없었다. 윤세호(尹世豪)는 "소인이 군자를 모함할 때는 붕당(朋黨)의 죄목을 뒤집어씌우기 마련"이라고 강조하며, 국왕이 이러한 소인의 모함에 넘어가지 말도록 촉구

---

30) 『中宗實錄』, 12년 4월 4일(己酉).
31) 『中宗實錄』, 12년 10월 19일(辛酉).
32) 『中宗實錄』, 12년 10월 10일(壬子).

한다.[33] 조광조(趙光朝)는 경연 석상에서 임금에게 군자 / 소인을 밝게 구별할 것을 요청하면서, 사림의 입장을 이렇게 변호한다. "예로부터 소인들이 군자를 배척하고자 할 때는 명분을 찾기 어려우므로 '당(黨)'이라는 한 글자를 가지고 죄를 꾸며 끌어넣었으며, '이들이 붕당(朋黨)을 만들어 조정을 비난한다'고 모함하였습니다."[34] 사림파는 이렇게 군자 / 소인 논변에 의거하여 도학적 정통성과 도덕적 선명성을 내세우며 자신을 방어했지만, 결국은 현실 정치 권력을 장악한 훈구 세력의 모함에 의하여 기묘사화(己卯士禍 : 中宗 14년)를 계기로 정계에서 축출되고 말았다. 이때 조광조를 필두로 한 사림 세력이 숙청되는 구실은 바로 붕당(朋黨)을 결성했다는 죄목이었다.

기묘사화에서 타격을 받은 사림 세력은 다시 한 번 을사사화(乙巳士禍 : 明宗 원년) 때 외척 세력에게 박해를 받았으나, 명종 20년 문정왕후가 죽은 후 권신(權臣) 윤원형을 축출하고 선조(宣祖)를 국왕으로 옹립하면서 새롭게 정계의 주도 세력으로 등장하였다. 하지만 선조 대에 들어 사림이 정치적 주도권을 장악한 이후에는 곧 사림 내부에서 서로 자기파가 공론의 담지자임을 내세우며 다투게 되는 자기 분열 현상이 생겨나게 되었다. 동인(東人)과 서인(西人)의 분당(分黨)이 그것이다. 동·서의 분당은 처음에는 김효원(金孝元)과 심의겸(沈義謙)의 개인적 시비로부터 시작되었지만, 이들을 갈라서게 한 더 중대한 이유는 '이조전랑(吏曹銓郎)'이라는 요직을 둘러싼 갈등 때문이었다. 이조전랑은 비록 품계는 낮았지

---

33)『中宗實錄』, 12년 2월 23일(己巳). 참찬관 윤세호가 아뢰기를, "소인들이 군자를 모함할 적엔 반드시 '붕당(朋黨)'이란 한마디면 다 되었습니다. 한(漢)나라 때에 이응(李膺)·진번(陳蕃)이 있었는데 붕당이란 이름으로 모함되었고, 송(宋)나라 때는 정주(程朱)의 이학(理學)도 붕당으로 몰렸습니다. 한때 임금들이 분명하게 가리지 못하면 반드시 의심하여 배척하게 되는 것이니, 한나라나 송나라 일을 거울삼아야 할 것입니다."

34)『中宗實錄』, 13년 2월 2일(辛未).

만 사헌부·사간원·홍문관의 대각(臺閣)을 추천할 수 있는 인사권을 지닌 자리였으며, 심지어 자신의 후임자를 지명할 수 있는 막중한 권한을 가지고 있었다. 이처럼 이조전랑은 청현직(淸顯職)의 인사권과 언론권을 장악하고 정국의 향배를 좌우할 수 있는 중요한 자리였으며, 여기에 청론(淸論)을 중시하는 조선 특유의 정치 분위기 때문에 이조전랑의 인선에 관한 문제는 정치권의 지대한 관심사가 될 수밖에 없었다. 처음에 김효원이 이조전랑에 추천되었을 때 심의겸은 그가 권신 윤원형과 친분이 있는 자라 해서 반대하였고, 나중에 심의겸의 아우 심충겸이 전랑에 추천되었을 때는 김효원이 그를 왕비의 인척이라는 구실로 반대하였다. 김효원과 심의겸의 갈등에는 양측 모두에게 그럴 만한 사유가 있었지만, 당시의 사류(士類)는 두 사람 중 한 편을 지지하며 갈라서게 되었다. 이것이 바로 동·서 분당의 발단이다.

동·서의 분당 이래 사림은 둘로 나뉘어 자기편을 군자당으로 그리고 상대편을 소인당으로 비난하게 되었다. 성리학 특유의 군자 / 소인론이 점차 정치 권력을 장악하기 위한 이념적 구실로 동원된 것이다. 동인은 "동인이 옳고 서인은 그르다(東是西非)"라고 주장하며, "동인은 올바르고 서인은 사악하다(東正西邪)"라는 극단적인 입장을 당시 '정치체에서의 옳음(國是)'으로 확정하고자 하였다. 동인의 이러한 입장은 자신을 군자당으로 확정하고 서인을 소인당으로 내몰아서 "군자는 진용하고 소인은 물리친다(進君子, 退小人)"는 성리학적 임용 원칙에 따라 서인을 정계에서 축출하고자 한 것이다.[35] 그러나 서인은 자신의 무리를 소인당으로 매도하는 동인의 입장에 승복할 수는 없었다. 따라서 정국은 동인·서인 간에 서로 자기편을 군자당이라 하고 상대편을 소인당이라고 하는 극한 논쟁으로 치닫게 되었다.[36]

---

35) 정만조, 「16세기 사림계 관료의 붕당론」, 국민대 한국학연구소, 『한국학논총』 (1989), 111쪽 참조.

그러나 한편에서는 동·서인의 화해를 통하여 난국을 수습하려는 움직임이 있었다. 이러한 움직임을 주도한 인물은 당시 사림의 신망을 얻고 있던 율곡 이이(李珥)였다. 그는 동·서의 타파와 사류(士類)의 보합(保合)을 위하여 분쟁 당사자인 심의겸과 김효원을 외직으로 전출시키는 한편, 동인의 대표격인 이발(李潑)과 서인의 대표격인 정철(鄭澈)의 화해를 주선하였다. 동인과 서인은 서로 자신을 군자라 하고 상대방을 소인이라 비난했지만, 이이는 양측 모두에게 옳은 점(是)도 있고 그른 점(非)도 있다는 '양시양비론(兩是兩非論)'을 펼쳤다. 즉, 심의겸은 과거에 박순(朴淳)과 같은 도의적인 선비가 정치적 곤경에 처했을 때 보호해주었던 공이 있고, 김효원은 명류(名流)를 끌어다 등용함으로써 조정을 맑게 만든 공이 있어서 '둘 다 옳다(兩是)'는 것이다. 그러나 심의겸은 왕실의 외척으로서 행동을 조심하지 못하고 정치에 너무 깊이 간여한 잘못이 있고, 김효원은 유자(儒者)로서 한때 권간(權奸)과 가까이 지냈던 허물이 있으니 '둘 다 그르다(兩非)'는 것이다.[37]

　이이의 '양시양비론'을 대하는 동·서인의 반응은 서로 달랐다. 명분상 상대적 수세에 몰려 있던 서인은 이이의 입장에 수긍하였지만, 젊고 과격한 선비가 많았던 동인에서는 이이의 입장이 '서인을 도와서 동인을 무력화시키려는(扶西抑東)' 숨은 의도에서 나온 것이라고 의심하였다.[38] 이렇게 험악한 분위기 속에서 이이는 시비를 분

---

36) 김영수 교수는 동·서 분당의 과정에서 드러난 담론의 형태를 '군자-소인론'-'군자-군자론'-'소인-소인론'-'적(敵)-적(敵)론'의 전개 과정으로 정리하고 있다. 다소 도식화되고 과장되었기는 하지만 매우 재미있는 해석이다. 김영수, 「정치와 진리 : 이이의 '공론 정치론'과 아렌트의 '정치적인 것'을 중심으로」, 성균관대 동아시아학술원 유교문화연구소 주최, 「유교와 정치학과의 만남」 학술회의 자료집(2004. 11. 19).
37) 이와 관해서는 『栗谷先生全書』 卷11, 書3, 「答成浩原」(己卯)을 참조하시오.
38) 東人 가운데서 예외적으로 金宇顒은 李珥의 保合調劑論을 公心에서 나온 것으로 이해해주었다. 하지만 그는 保合調劑의 선행 조건으로 먼저 동·서인간의 是是非非를 철저하게 가릴 것을 주장했다. 이에 관해서는 설석규, 「東岡 金宇顒

명히 가리지 못하고 모호하기 그지없다는 비판을 받게 된다.

어떤 이가 이이에게 말하기를 : "천하에는 둘 다 옳고 그른 적이 없는 법인데 공께서는 옳고 그름을 가리지 않고 둘 다 온전하게 하려고 힘쓰니 인심이 불만스럽게 여깁니다." 이이가 답하기를 : "천하에 진실로 둘 다 옳고 둘 다 그른 것도 있으니, 백이(伯夷)와 숙제(叔齊)가 서로 나라를 사양한 것과, 무왕(武王)과 백이·숙제가 서로 뜻이 합하지 않은 것은 둘 다 옳은 것이고, 춘추(春秋)시대와 전국(戰國)시대에 의(義)로운 전쟁이 없었던 것은 둘 다 그른 것이다. 김효원과 심의겸의 일은 국가에 관계되는 일이 아닌데도 서로 불화하여 알력을 빚음으로써 조정이 평온하지 못하게 되었으니, 이는 둘 다 그른 것이다. 그러나 이들이 모두 그르지만 본시 다 같은 사류(士類)들이니 당연히 화해하고 융합하는 것이 옳다. 그런데 반드시 저쪽은 그르고 이쪽은 옳다고 하면 자꾸만 생겨나는 말과 서로 알력을 빚는 정상이 어느 때나 그치겠는가?"[39]

동·서 분당에 관한 이이의 입장은 '보합조제론(保合調劑論)'이라고 할 수 있다. 사림간에 동·서로 나뉘어 분쟁하는 일은 나라를 혼란케 할 뿐 아니라, 분쟁의 사안이 국가의 안위에 관계되는 일도 아닌 만큼 서로 다투지 말고 화해해야 한다는 것이다(保合). 그리고 동·서의 구분 없이 유덕하고 능력 있는 군자라면 당색을 가리지 말고 섞어 써야 한다는 것이다(調劑). 이이는 특히 동·서의 논쟁이 민생과 관련된 일도 아닐뿐더러, 극단적으로 시비를 구분하려는 태도는 오히려 분쟁을 격화시키는 일이라고 보아, 양측이 동·서의 구분을 버리고 화합할 것을 주장했다. 그는 "동인이 옳고 서인은 그르다(東是西非)"는 독선적 주장은 나라 전체의 공론이 아니라 동인만의 편파적 의견(偏論)이라고 지적하고, 이러한 독선적 자세로 공론을 선점하려고 하다가는 오히려 서인의 반발만 격

의 정치철학과 朋黨論의 전개」, 『남명학 연구논총』(1999)을 참조하시오.
39) 『宣祖修訂實錄』, 9년 2월 1일(乙丑).

화시킬 것이라고 지적한다.[40] 이이의 이러한 입장은 독선적인 시／비 논쟁과 극단적인 군자／소인 논쟁으로 난국을 향해 치닫는 소모전을 종식시키고 당시 정치체에서 정작 중요하게 대두되던 민생 문제로 논의를 돌리기 위한 현실적 자세였다고 할 수 있다.

이이는 옳음(是)과 그름(非)을 끝까지 추궁하여 명료하게 시비를 가려낼 수 있다고 보는 분쟁 당사자들의 진리관에 동의하지 않는다. 그는 복잡다단한 정치 상황 속에서 실타래처럼 얽혀 있는 시비 다툼이 쾌도난마(快刀亂麻) 식으로 명쾌하게 결론이 날 수 있다고 여기지 않은 것이다. 그는『주자어류』를 인용하여 "때로 옳다고 여기는 일이 그를 수도 있고, 때로 그르다고 여기는 일이 옳을 수도 있다"고 피력하면서, 도리를 알고 분별력이 있는 사류(士類)들마저도 때로는 '이유 있는 불일치(reasonable disagreement)'에 도달할 수 있음을 강조한다. 그렇다면 이렇게 분별력 있는 사람들끼리 의견의 불일치에 도달했을 때 그 해법은 과연 무엇인가? 이이는 극단적인 시비 다툼 대신에 '너그러움(寬弘)'을 그 해법으로 제시한다. 이이는 성혼(成渾)에게 보낸 편지에서 너그러움의 필요성에 대해 이렇게 말한다.

근래에『주자어류』[41]를 보다가 사람을 반성케 하는 한 단락을 얻었습니다. "『논어』「홍의」장에 나오는 '너그러움(弘)'의 의미는 관대하고 인내심이 있어서 사사(事事)에 모두 성취가 있는 것이니, 도리(道理)에

---

40) 이와 관련해서는『栗谷先生全書』卷7, 疏箚5,「辭大司諫兼陳洗滌東西疏」(乙卯)를 참조하시오.

41)『朱子語類』35-91. 問 : "弘毅." 曰 : "弘是寬廣耐事, 事事都著得 : 道理也著得多, 人物也著得多. 若著得這一箇, 著不得那一箇, 便不是弘. 且如有兩人相爭, 須是寬著心都容得, 始得. 若便分別一人是, 一人非, 便不得. 或兩人都是, 或兩人都非, 或是者非, 非者是, 皆不可知. 道理自是箇大底物事, 無所不備, 無所不包. 若小著心, 如何承載得起. 弘了卻要毅. 弘則都包得在裏面了, 不成只恁地寬廣. 裏面又要分別是非, 有規矩, 始得."

서도 성취가 많게 되고 인물(人物)에서도 성취가 많게 된다. 만약 이쪽 하나만 취하고자 하여 저쪽 하나는 취하지 않는다면 이는 곧 너그러움 (弘)이 아니다." 지금 경함(景涵 : 李澄)을 따르는 자들의 흉중을 보면 다만 동인 한쪽만 취하고 서인 한쪽은 취하지 않으니 어찌 '너그럽다 (弘)'고 하겠습니까? "두 사람 사이에 분쟁이 있을 때는 모름지기 마음 을 관대하게 하여 모두를 용납해야 한다. 만약 한 사람은 옳고 한 사람 은 그르다는 식으로 분별하려고 한다면 안 된다. 지금 사람들은 거친 마음으로 드러난 사태의 일부분만 대충 보고서 시비를 판단하고자 하 니, 어찌 정답을 얻을 수 있겠는가? 혹 두 사람이 모두 옳을 수도 있고 두 사람이 모두 그를 수도 있는 법이다." 지금 천하의 사류들은 입을 크게 벌리고 말하기를 "천하에 어찌 '양시양비'의 도리가 있겠는가?"라 고 말하는데, 숙부(肅夫 : 金宇顯) 같은 사람이 이같이 말합니다. 지금 주자의 말씀이 이와 같으니 그 사람들이 어찌 감당하겠습니까? 노형께 서도 또한 양측 사람들이 반드시 한 사람은 옳고 한 사람은 그르다고 생각하시니, 이치를 정밀하게 살피지 못하신 것 아니겠습니까? 모름지 기 책은 널리 읽지 않으면 안 된다는 것을 비로소 알게 되었습니다. "혹 옳다고 여긴 것이 그를 때도 있고, 혹 그르다고 여긴 것이 옳을 때도 있다."[42]

복잡다단한 정치 현실에서는 시와 비가 명료하게 이분법적으로 판명될 수 없다고 보는 이이는 극단적인 시비 다툼 대신에 '너그러 움(弘)'을 그 대안으로 제시한다. 그는 선조에게 지어 바친 『성학집

---

42) 『栗谷先生全書』卷11,「書」3,「答成浩原」(己卯). "近日覽朱子語類, 得一段議 論, 使人有省. 其言曰 : 在『論語』「弘毅」章, 弘是寬廣耐事, 事事都著得, 道理也著得 多, 人物也著得多 ; 若著得這一箇, 著不得那一箇, 便不是弘. (今者而見, 景涵輩胸 中, 只著得東一邊, 不著西一邊, 豈非不弘乎?) 且如有兩人相爭, 須是寬著心, 都容 得, 始得. 若便分別一人是一人非, 便不得. (今者, 粗心略見事理彰迹, 而便欲判斷是 非, 安能得其正乎?) 或兩人都是, 或兩人都非. (今之士類, 張口大言曰 : 天下安有兩 是兩非之理乎? 如肅夫亦有此言. 今見朱子之言如此, 則彼輩何以抵當得乎? 如吾 兄亦以爲兩邊人必有一是一非者, 無乃察理未精乎? 始知讀書不可不博也.) 或是者 非, 或非者是."

요』에서, 정치 세계에서 극단적으로 시비를 규명하려는 태도는 포용(含)과 관용(弘)의 덕이 없게 되어 대중을 다스리는 데 적합한 도가 아니라고 말한다. 따라서 그는『주역』의 명이(明夷)괘를 인용하여 "어두움(晦)을 써서 밝게 하는(明)" 치술을 써야 한다고 강조한다.

> 『주역』에 이르기를 "군자는 대중을 다스리는 데 어둠(晦)을 써서 밝게 한다"고 하였습니다[『周易』明夷괘의 象辭]. 정자께서 말씀하시기를 "밝음을 지나치게 쓰면 살피는 데 손상이 있게 된다. 지나치게 살피면 사태는 규명할 수 있겠지만 포용(含)과 너그러움(弘)의 도량이 없게된다. 그러므로 군자는 밝게 살피는 것을 극단까지 하지 않고 어둠을 쓰는 것이다. 그런 후에야 능히 사물을 용납하고 대중을 화합케 하여, 많은 사람이 서로 친하고 안정하게 된다. 이것이 어둠을 쓰는 것이 곧 밝음이 되는 까닭이다. 만약 스스로 밝다(明)고 자부하여 끝까지 살피려 한다면 관후(寬厚)와 함용(含容)의 덕이 없게 되어 사람들이 서로 의심하며 불안하게 될 것이니, 이는 많은 사람(衆)을 다스리는 도를 잃는 것이다. 이런 태도야말로 밝지 못한 것이다"라고 하였습니다.[43]

『주역』의 명이괘는 태양(離괘)이 땅(坤괘)속에 잠기어 사방이 어두워진 상태를 뜻한다.『주역』의 「상전」(象傳)에서는 명이괘를 정치 지도자가 지녀야 할 치술(治術)로 해석한다. 즉, 내면에는 밝은 지혜와 아름다운 덕(明)을 갖추고서 밖으로는 흐릿하게 어두운 듯(晦) 처신함으로써 많은 사람(衆)을 너그럽게 포용하는 태도를 말한다. 이이는 이 글에서 선조에게 시 / 비를 끝까지 따지려는 '밝음(明)의 덕'보다는 관용(弘)과 포용(含)으로 모두를 감싸안는 '어

---

43)『栗谷先生全書』卷22, 「聖學輯要」4, 「修己」第二下. "易曰：君子莅衆, 用晦而明. (明夷之象辭.) 程子曰：用明之過, 則傷於察. 太察, 則盡事而無含弘之度. 故君子不極其明察而用晦, 然後能容物和衆, 衆親而安. 是用晦乃所以爲明也. 若自任其明, 無所不察, 則無寬厚含容之德, 人情睽疑而不安, 失莅衆之道, 適所以爲不明也."

둠(晦)의 덕'을 시비 다툼으로 혼란해진 난국을 헤쳐나갈 수 있는 정치의 기술로 권고하고 있다. 만약 국왕이 정치 세계에서 일어나는 시시비비를 끝까지 따지려들다가는 관용과 포용력을 상실하여 정치체에 혼란이 찾아올 뿐 아니라, 국왕 자신이 시시비비에 말려들어 분쟁 당사자의 어느 한쪽으로 기울게 되는 편파성(partiality)에 빠질 수 있기 때문이다. 이런 점에서 이이는 '진리의 정치(politics of truth)'의 신봉자라기보다 '관용의 정치(politics of tolerance)'의 신봉자였다.44)

이이가 내세웠던 '양시양비론'과 '관용의 정치'는 그동안 주자학적 군자／소인론에 의거하여 엄격하게 시／비를 분간하려던 붕쟁 당사자들의 입장과 크게 구별된다. 붕쟁 당사자들(특히 동인)은 정치적 사안의 옳고／그름뿐 아니라 공직자의 자격을 군자／소인이라는 엄격한 기준에 의하여 선명하게 가릴 수 있다고 보았다. 그들은 '진리의 정치'의 신봉자였으며 '의견의 다원성'을 용납하기 싫어하는 비타협의 정치가들이었다. 이에 반해서 이이는 각 당내에 군자와 소인은 물론, 정(正)과 사(邪) 그리고 옳음(是)과 그름(非)까지 함께 존재한다고 보는 혼용론자였다. 이이는 사림이 동·서로 나뉘게 된 배경에는 '시'와 '비'가 너무도 복잡하게 얽혀 있어서 단칼에 시／비를 판별하기 어렵다고 보고, 분쟁의 당사자들이 배타적이고 독선적인 진리 주장에서 벗어나 서로가 상대를 '나름대로 합리성을 띤 대화의 상대(reasonable discussant)'로 인정해야 한다는 입장이었다. 그는 정치의 본질을 '진리에 대한 추구'라기보다 '타협과 조정의 기술'로 보고, 상호간에 의견이나 신념의 다원성을 인정해주어야만 '정치의 가능성'이 확보될 수 있다고 보았던 것이다.

---

44) 붕쟁을 '진리의 정치'와 '관용의 정치'의 측면에서 조명한 글로는 다음을 보시오. 김영수, 「정치와 진리 : 이이의 '공론 정치론'과 아렌트의 '정치적인 것'을 중심으로」, 성균관대 동아시아학술원 유교문화연구소 주최, 「유교와 정치학과의 만남」 학술회의 자료집(2004. 11. 19).

관용(寬弘)과 조제(調劑)를 통하여 동·서의 화해를 이루기 위한 노력에도 불구하고 이이의 노력은 수포로 돌아가고 말았다. 이이의 양시양비론에 불만을 품은 동인은 이이가 임금의 부름을 받고도 즉시 입대하지 못한 일 등을 빌미로 삼아 탄핵을 추진하였다(선조 16년).[45] 동인은 심지어 이이를 '나라를 망치는 소인(誤國小人)'으로까지 규탄하였다. 동인의 이러한 탄핵에 당면하여 평소 이이와 가까웠던 서인계 인사들은 이이를 옹호하게 되었고, 이이는 자신의 문제를 둘러싸고 공방이 거듭되는 과정에서 지금까지 지녀온 중립적 자세를 상실하고 서인 편으로 기울 수밖에 없었다. 그리고 그가 그토록 애써 추진하던 '보합조제'의 화합책은 그의 갑작스런 죽음으로 인하여 결실을 맺지 못하고 말았다(선조 17년 : 1584). 그의 죽음을 전후하여 동·서 분당의 단초가 되었던 이조전랑의 자천제(自薦制)는 폐지되고 말았다. 원래 이조전랑의 자천제는 의정부의 권력 집중을 방지하고 이조판서의 인사권을 견제하기 위한 권력 분립의 목적에서 시작된 제도였지만, 오히려 이조전랑에게 너무도 막중한 권한이 돌아가고 동·서 분당의 불씨가 되었던 만큼 어떤 식으로든 개선되어야 할 필요가 있었던 것이다.

이후 동·서로 나뉜 붕당은 역사의 전개와 더불어 학파별로 더욱 세분화되어 격렬하게 대립하게 되었다. 날로 치열해져 가는 붕당 대립은 결국 나라를 해치는 심각한 폐해로 인식되었고, 영·정조대에 들어서는 이를 해소하기 위하여 '탕평책'이라는 정치적 대안이 등장하게 되었다. 탕평책의 시행과 더불어, 사림이 내놓는 다양한 목소리는 공론으로 인정받을 수 없게 되었고, 대신 국왕 자신이 진정한 공론의 대변자임을 자처하며 절대 권력을 행사하는 군주 독재로 나아가게 되었다.[46] 이에 따라 중앙 공론 기관인 삼사의

---

45) 이 사안에 대해서는 李珥가 서거한 뒤 그의 문인 李貴가 스승을 변호하기 위해 올린 상소문에 잘 설명되어 있다. 『宣祖修訂實錄』 권21, 20년 3월. 「成均進士趙光玹李貴等上疏」 참조.

언관 기능도 폐지되고 재야 사림의 공론 형성 기능은 급속하게 위축되었다. 상호 비판과 견제를 통한 공적 합리성의 구현이라는 성리학적 공론 정치의 이상에서 본다면, 아무리 영명한 군주라 할지라도 군주 1인에 의한 독재 체재는 '공론의 폐색(closure of public opinions)'에 의해 '정치적인 것(the political)'을 사상시켜버리는 '비정치적인 정치 체제'라고 할 수 있다. 조선 후기에 들어 영·정조와 같은 영명한 군주가 더 이상 나타나지 않게 되자 붕당간에 그나마 세력 균형을 유지해주던 탕평 정치도 종언을 고하게 되었다. 그리고 국왕 1인을 향하여 집중되었던 절대 권력은 노론(老論)에 의해 전유되어 일당 독재로 흐르다가, 종국에는 10여 개의 벌열가문에 의해 권력이 분할되는 세도(勢道) 정치로 이어지게 되었다. 이는 조선 중기에 최고조에 달했던 '말의 정치(politics of discourse)'가 막을 내리고, 대신 그 자리에 '힘의 정치(politics of power)'가 들어서게 되는 것을 의미한다.

5. '조국의 근대화' 시기 남한에서 공적 합리성의 왜곡과 변용

우리의 근대화 시기에 '공적 합리성'은 존재하였는가? 이 시기의 공적 합리성은 누구(혹은 어떤 집단)에 의해 대변되었고 그 내용은 무엇이었는가? 또한 공적 합리성이 발휘되는 절차와 방식은 어떠하였으며, 공적 합리성이 간여할 수 있는 정치적 사안의 범위와 한계는 어디까지였는가? 그리고 근대화 시기에 한국 사회가 지녔던 공적 합리성의 내용과 성격은 근대 이전까지 이어져온 조선의 정

---

46) 졸고, 「조선조의 도통 담론과 학문·정치 권력」, 『유교 담론의 지형학』(서울: 푸른숲, 2004).

치 문화와 어떤 관련이 있는가? 이런 의문과 관련하여, 아래에서는 군사 정권에 의해 '조국의 근대화'가 진행되던 시기에 나타난 공적 합리성의 내용과 특징을 집중적으로 살펴보기로 한다.

우리 근대화 시기의 지배 이념은 반공주의, 성장주의, 권위주의라는 세 요소로 짜여 있다.[47] 이 시기에 '반공'은 정치체의 모든 구성원들이 진리로 받들고 따라야 하는 '정치체의 옳음(國是)'이었으며, '성장'은 모든 구성원들이 희구하고 갈망하는 '공동선(common good)'으로 간주되었다. 그리고 '권위'는 사회의 질서와 안정을 유지하기 위해 필수적으로 요청되는 '정치체의 기본 규범'으로 여겨졌다.

먼저 '반공'은 제2차 세계대전 이후 세계가 자본주의와 사회주의라는 두 개의 체제로 재편성되는 과정에서 외부로부터 부과된 이데올로기다. 해방 후 미 군정기 때부터 형성되기 시작한 반공주의가 남한 사회의 지배 이데올로기로 자리잡게 된 것은 한국전쟁이라는 비극을 겪고나서부터였다. '반공'이라는 국시가 동족 상잔의 비극을 경험한 남한 주민들의 피해 의식에서 비롯된 '자발적 의지'의 표현이었는지, 아니면 세계 자본주의의 중심인 미국과 5·16쿠데타로 정권을 잡은 군사 정부에 의해 위로부터 부과된 '동원 이데올로기'였는지에 대해서 (진보와 보수로 나뉜) 학계에서 의견이 일치하고 있지 않다. 하지만 결과만으로 본다면, 반공을 국시로 삼음으로 말미암아 군대·경찰·정보부와 같은 억압적 국가 기구와 행정부는 엄청나게 비대해진 반면 입법부의 기능과 (자유민주주의라는) 헌법의 정신은 대폭 축소되었다는 점에 대해서는 이견이 있을 수 없다. 정권의 안보에 위협이 되는 모든 목소리는 '정치체의 옳음(國是)'에 거스르는 '빨갱이'로 치부되었고, 인간으로서 대접받아야할 '기본적 권리'는 반공이라는 이름 아래 무참하게 짓밟혔다. 1960

---

47) 임현진·송호근, 「박정희 체제의 지배 이데올로기」, 『한국 정치의 지배 이데올로기와 대항 이데올로기』(서울 : 역사비평사, 1994), 182쪽 참조.

년대 말부터 시작하여 1980년대 중반에 최고조에 달했던 민주화의 목소리는 그동안 국시로 받들어왔던 '반공'이 군사 정부의 정권 안보를 위한 동원 이데올로기에 불과했다는 점을 반증해준다. 이런 점에서 본다면 근대화 시기 '반공'이라는 국시는 정치체 구성원들의 자발적 동의에 의해 표출된 '공적 합리성'의 결과라기보다는 정권을 유지하기 위해 발휘된 '이성의 사적 사용'이라고 보아야 할 것이다. 1986년의 민주화 대투쟁을 계기로 그동안 억압받아오던 노동자와 민중 그리고 양심적 지식인들의 목소리는 '정당성을 갖춘 다수의 의지', 즉 '공론'으로 인정받게 되었다. 이와 더불어 그간 합의되지도 않았던 '국시'라는 이름 아래 매몰되었던 국민의 '기본적 권리'는 점차 존중받게 되었다.

다른 한편으로 '성장'은 쿠데타로 정권을 장악한 군사 정부가 취약하기 그지없던 '정치적 정당성'을 확보하기 위해 내걸은 공적인 약속이었다. 국민들이 이러한 범국가적 의제를 설정하는 데 명시적으로 동의한 것은 아니었지만, 오랫동안 전쟁과 빈곤에 시달리던 국민들에게 '풍요로운 사회'라는 약속은 대단히 설득력이 있는 것이었다. 하지만 정치체의 구성원들이 '선성장 후분배'라는 구체적 발전 노선에까지 묵시적으로 동의했다고는 할 수 없다. '선성장 후분배'는 곧 '불균형을 통한 효율성의 추구'를 의미했으며, 성장의 그늘 아래서 신음하던 노동자와 민중들은 노동 3권의 보장을 요구하며 목소리를 높일 수밖에 없었다. 이런 점에서 본다면 '선성장 후분배'라는 경제 드라이브는 정치체의 구성원들이 공개적 토론과 합의를 통하여 도출해낸 '정치체의 공동 목표'가 아니라, 일극화된 정치 권력을 이끌고 나가던 소수의 지배 집단이 제시한 '독단적 진리'에 불과했다. 이 시기에 노동자와 민중이 민주적 시민으로서 정당하게 요구할 수 있는 주장과 권리는 '선성장 후분배'라는 합의되지도 않은 '범국가적 진리'에 가려 용공으로 매도되기 일쑤였고, 정치의 민주화와 기본권의 보장을 요구하는 재야 지식인들의 외침은 아이러니컬하게도 '자유 수호'의 이름으로 탄압을 받았다.

권위주의는 물질적 성장의 추구와 체제의 공고화를 위해 권력 행사의 효율성을 추구하는 과정에서 배태된 남한 정치체의 지배 규범이었다. 근대화의 시기에 국가의 권위, 관의 권위 그리고 군대와 경찰의 권위는 헌법적 권위를 능가하였으며, 상명하복 식의 병영식 권위주의는 자유 민주 사회에서 국민이 누려야 할 기본권보다 상위에 위치하였다. 제도권 내의 야당과 제도권 밖의 재야에서 터져나오는 항거의 목소리는 번번이 계엄령과 위수령에 의해 진압되었고, 독재 정권에 항거하는 민주화의 목소리는 간첩과 용공 분자로 조작되어 고문을 받아야 했다.

반공과 성장 그리고 권위주의로 요약될 수 있는 근대화 시기 남한의 정치 상황에서 '공(the public)'은 지배 권력에 의해 독점된 불가침의 성역이었다. 이 시기 남한의 정치 담론에서 '공'은 '국가'와 '민족' 또는 '국민 전체의 의사'와 동일시되어 '남한이라는 민족 국가가 지향해야 할 지고무상의 공동선'을 의미하였다. 반면에 전통적으로 '공' 개념을 구성하던 또 다른 의미의 차원들, 즉 "다수(公共)의 합리적 의지(公論)"는 오히려 억압과 타도의 대상이 되었다. 군사 정권은 전통의 '공' 개념에 내포된 다양한 의미의 차원들을 은폐한 채, 오로지 국가 권력만을 '공'의 유일한 의미로 부각시켰다. 이에 따라 '다수의 정당한 의지'를 의미하는 '공'의 차원은 무시되고, '국가 권력'을 지시하는 '공'만이 유일하게 강조되었다. 이 시기에 '공적 합리성'은 소수의 지배 집단에 의해 탈취 당했으며, 민주화와 기본권을 갈망하는 정치체 구성원들의 일반 의지는 "강고한 국가와 취약한 시민사회"라는 한계 상황에서 번번이 좌절을 겪어야만 했다.

근대화 시기 한국의 정치 문화를 규정하는 중요한 특징 중의 하나는 "무엇이 진정으로 정치체에서의 옳음인가?"에 대한 대답이 마치 조선시대의 군자 / 소인 이분법과 마찬가지로, 반공 / 용공이라는 배타적 이분법에 의해 규정되었다는 점이다. 철저한 시 / 비 구분에 의해 군자와 소인을 변별하려고 했던 조선시대와 마찬가지로, 근대화 시기의 정치 문화는 극단적인 반공 / 용공의 구분에 의해 '정치체에서의 옳음'을 규정하고자 하였다. '타협의 정치'나 '관용의 정치'와는 거리가 먼 이러한 '진리의 정치'는 민주화 운동의 전개 과정에서도 동일한 방식으로 반복되었다. 지배 권력은 지속적으로 반공 / 용공이라는 극단적 이분법을 '정치체에서의 옳음'을 규정하는 기준으로 제시했던 반면, 민주화를 염원하는 대다수 구성원들은 민주 / 반민주라는 또 다른 이분법을 진리의 기준으로 제시했다. 어찌 보면 지체된 민주화의 과정에서 이러한 이분법간의 충돌은 피할 수 없는 것이었는지도 모른다. 하지만 (형식적) 민주화가 어느 정도 달성된 현시점에도 남한의 정치는 아직도 극단적 이분법에 기초한 '진리의 정치'에서 벗어나지 못하고 있다. 참여 정부는 진보 / 보수의 이분법에 기초하여 개혁 정치를 주도하고, 이에 저항하는 구집권 세력은 친북 / 반북 그리고 친미 / 반미 등의 색깔론에 기반하여 잃어버린 과거의 영화를 되찾으려 하는 중이다.

6. 성리학적 공론 정치가 현대 민주주의에 던져주는 밝은 빛과 어두운 빛

공적 합리성은 정치체의 구성원들이 공동으로 표출하는 인간 이성의 집합적 표현이다. 위에서 살펴보았듯이, 유교적 전통에서 공적 합리성은 '천명', '민심', '공론' 등의 이름으로 불려왔으며, 조선 중기의 성리학적 공론 정치는 우리의 역사상 공적 합리성이 최고도로 발휘된 정치 모형이라고 할 수 있다. 이조전랑의 추천을 두고 벌어진 김효원-심의겸 간의 시비는 동 · 서인 간의 군자 / 소인 논쟁으로 번짐으로 말미암아 붕쟁을 유발하였다. 하지만 이러한 붕쟁을 부정적인 시각에서만 보아서는 안 될 것이다. 일본의 호소이 (細井肇)는 붕쟁이 싸움을 좋아하는 조선인들의 더러운 피 때문이라고 보았지만,[48] 이나바(稻葉君山)는 붕쟁을 조선적 특성을 갖는 여론 정치의 한 형태로 보고자 했다.[49] 또 다른 일본 학자인 이시이 (石井壽夫)는 붕쟁의 출현으로 조선의 정치는 진일보하게 되었으며, 오히려 조선 후기에 노론(老論) 독재에 의해 공론이 막히면서 정치가 빈곤해지게 되었다고 말한다.[50] 이와 비슷하게 안확(安廓) 은 붕쟁이 절대 군권을 견제하고 정치적 참여의 범위를 확대하는 성과를 가져왔으며, 조선 후기에 들어 붕당이 두절되고 공론이 폐색됨으로 말미암아 오히려 정치가 쇠퇴하였다고 본다.[51] 이러한 평가와 걸맞게, 붕쟁이 대단히 활발했던 숙종 연간은 정치·경제·문화의 각 방면에서 조선 역사상 가장 흥성했던 시기였으며, 역으로 공론이 억압되는 영·정조 이후는 사실상 조선 왕조가 몰락을 예고하는 시기였던 것이다.[52]

동·서 분당의 발단이 되었던 이조전랑의 적격자 시비는 단순한 권력 다툼으로 볼 수는 없다. 공직자를 선발하는 데에서 '능력'만을 위주로 할 것인가 '도덕성'까지 더불어 따질 것인가 하는 문제는 현대 민주주의 사회에서도 쉽게 결말이 날 수 있는 문제는 아니다. 더욱이 이조전랑이라는 자리가 오늘날의 대법원·감사원·국회 청문회 등과 같이 정치 권력을 감시하고 견제하는 막중한 역할을 수행하던 당시에는 사소한 정실주의나 연고주의의 혐의도 용납할 수 없는 일이었다. 심지어 절차적 민주주의가 어느 정도 궤도에 오

---

48) 細井肇,『朋黨·士禍の檢討』(京城 : 自由討究社, 1926), 80쪽 참조.
49) 稻葉君山,「朝鮮黨爭史に對おる一考察」(京城 : 朝鮮總督府, 1926), 7쪽 참조.
50) 石井壽夫,「後期 李朝黨爭史における一考察」, 李泰鎭 編,『朝鮮時代 政治史 의 再照明』(서울 : 汎潮社, 1985), 50쪽에서 재인용.
51) 安白山(著), 李泰鎭(校),『朝鮮文明史』(서울 : 중앙일보사, 1983), 189쪽 참조.
52) 이러한 평가에 대해서는 신복룡의 「당쟁과 식민지사학」,『한국정치학회보』 (1990)를 참조하시오.

른 오늘날에도 대법원장이나 감사원장 또는 교육부장관과 같은 청요직(淸要職) 공직자를 임명할 때는 인사청문회를 통하여 피추천인의 업무 수행 능력과 도덕성에 대한 검증을 통하여 적격자를 엄선하는 것이 관례다. 이러한 고위 공직자의 인선을 둘러싼 적격자시비는 정치체의 기본 정의에 관한 사안이며, 이에 관해 공개적인 토론과 합리적인 심의가 이루어져야 하는 것은 지극히 당연한 일이다. 이런 점에서 볼 때 붕당간의 시 / 비 논쟁은 그저 비합리적인 권력 쟁탈전으로 읽혀서는 안 되며, 오히려 사회에 기본 정의를 실현하고자 하는 공적 합리성의 추구 과정으로 읽혀져야 할 것이다.

다만 이러한 논쟁의 과정에서 아쉬운 점이 있다면, 이조전랑에 추천된 자의 적격 여부를 가리려는 시 / 비 논쟁이 집단적인 군자 / 소인 논쟁으로 이어짐으로 말미암아, 피추천된 '개인'에 대한 적격성 논쟁이 아닌 '집단'에 대한 적격성 논쟁으로 비화되었다는 점이다. 실상 이러한 논쟁은 인사청문회라는 제도를 새로 도입한다든지 아니면 이조전랑의 권한을 삭감·조정함으로써 해결될 수도 있는 일이었다. 하지만 '제도적 장치'의 보완보다는 '인물의 자질과 덕성'에 더 큰 기대를 걸었던 성리학적 정치 문화에서 이러한 발상의 전환은 쉽지 않았다.53)

다른 한 가지 아쉬운 점은 이이가 애써 화합책으로 제시하였던 '너그러움(寬弘)의 정치'가 빛을 보지 못했다는 점이다. 이이는 동인·서인이라는 집단 자체를 군자당 / 소인당이라는 이분법으로 구분할 수는 없다고 보고, 양측 모두를 '나름대로 합리성을 띤 대화의 상대(reasonable discussant)'로 보아야 한다고 주장했다. 그는 논쟁의 당사자였던 김효원과 심의겸에게 각기 옳은 점과 그른 점이 있다고 보는 한편(兩是兩非), 이들을 둘러싼 동인과 서인 안에

---

53) 중국 성리학에서 군자 / 소인 담론의 한계에 대해서는 다음 글을 참고하시오. 김미영, 「성리학에서 '공적 합리성'의 연원 : 군자 / 소인 담론을 중심으로」, 한국철학회, 『철학』 제76집(2003).

도 각기 옳음(正)과 그름(邪)이 섞여 있다고 판정했다. 따라서 그는 논쟁의 당사자들에게 배타적인 군자 / 소인 논쟁을 멈추고 당시 정치체에서 정작 중요하게 대두되던 현안인 민생 문제로 논의를 돌릴 것을 요구했다. 사실 이이가 파악한 것처럼 현실의 정치 세계에서는 합리적 대화와 토론을 통해서도 시비를 판정하기 어려운 '이유 있는 불일치(reasonable disagreement)'에 봉착하게 되는 경우가 많다. 이러한 인식의 불확실성 속에서 지속적으로 자기파의 견해만 고집하다가는 '독선적인 진리 주장'의 함정에 빠지기 쉽다. 이렇게 될 경우 소모적인 정쟁으로 말미암아 정치체의 다른 중요한 사안이 논의되지 못하고, 오히려 정치적 불안과 혼란만 가중될 수 있다. 이런 상황에서 필요한 것이 바로 이이가 주장했던 '관용의 정치'인 것이다. 아쉽게도 논쟁의 양측은 '진리의 정치'에 함몰되어 '관용의 정치'를 보지 못했다. 지나치게 도덕성 논쟁(淸論)에 매몰되어 시의적 현안에 대한 논의(時論)를 외면했고, '말의 정치'에 휩쓸려 '일의 정치'를 도외시한 것이다.

그러면 자유민주주의의 시대를 사는 우리에게 성리학적 공론 정치가 던져주는 밝은 빛과 어두운 빛은 무엇인가? 첫째는 공적 토론(公論)의 중요성이다. 정치체의 기본 정의와 공동 목표에 대한 시민들의 민주적 대화와 합리적 토론은 권력의 남용을 방지하거나 부정 부패를 감시하기 위해서도 중요하지만, 나아가서는 공동선의 증진과 공동 목표의 수립을 위해서도 필수적으로 요청되는 사항이다. 이제 어느 정도 (형식적) 민주주의를 성취한 현 단계의 한국에서는 시민사회의 성숙과 더불어 '공론의 장'은 정치체의 모든 구성원들에게 활짝 개방되었다. 그러나 활성화된 공론 영역에도 불구하고, 거금의 혈세를 들여 시행하는 대규모의 '국책 사업'이나 '공적 투자'와 같은 중요한 정책이 사전에 공개적 논의나 범국민적 합의도 없이 행정 권력에 의해 독단적으로 진행됨으로써 정치체 구성원들의 심각한 반발을 초래하곤 한다. 특히 '개발'에 못지 않게

'환경'에 대한 관심이 날로 증대하고 있는 현시점에서, 과거 개발 독재 시대에나 행해지던 밀어붙이기 식의 국책 사업은 이제는 사전에 공개적 논의와 합리적 토론을 통해 더욱 신중하게 심의되고 조율될 필요가 있다. 이런 점에서, 정치체의 주요 정책을 결정할 때는 반드시 담당 공직자와 대간의 숙의를 거쳐야 하고 나아가서 널리 공론의 합의를 얻어내야 한다는 성리학적 공론 정치의 이상은 오늘날에도 여전히 유효한 것으로 남아 있다.

둘째로 성리학적 공론 정치는 집합민주주의(aggregative democracy)의 한계를 보완하기 위해서도 훌륭한 시사점을 제공해준다. 집합민주주의는 '민주주의'를 공직자와 공공 정책을 선택하는 데에서 단순히 유권자의 선호를 결집시키는 과정으로 해석한다. 따라서 집합민주주의는 그저 "얼마나 많은 사람들이 표를 던지는가?"에 따라 사안을 결정하기 때문에, 의사 결정의 정당성 확보에 필요한 도덕적 기반을 결여하고 있다.54) 또한 추가적인 정보와 합리적인 설득에 의해 개인의 선호가 바뀔 수 있음에도, 집합민주주의는 이러한 의사 소통의 기회를 제공하지 않는다. 이런 점에서 본다면 집합민주주의를 통해서는 진정한 '공적 합리성'을 구현하기 어려우며

---

54) 집합민주주의에서 다수결 제도가 지닌 패러독스를 지적하기 위해서 볼하임 (Richard Wollheim)은 다음과 같은 예를 제시한다. 예를 들어 A · B · C라는 세 가지 정책적 대안이 있는데, 이 가운데 하나를 시민들이 선택해야 하는 상황이라고 가정해보자. 40%의 시민들은 A를 선택하고, 35%의 시민들은 B를 선택했으며, 25%의 시민들이 C를 선택하였다. 이러한 경우 다수결의 원리에 의거한다면 정책 A가 최종적으로 선택될 것이다. 그런데 B를 선택한 시민들은 정책 A보다 정책 C를 더 선호하며, C를 선택한 시민들은 정책 A보다 정책 B를 더 선호한다고 하자. 이러한 상황에서 총 다수의 지지를 얻은 정책 A가 과연 합리적이고 타당한 선택이라고 할 수 있는지는 분명치 않다. 왜냐 하면 결과적으로 60%의 시민들이 정책 A보다는 B나 C를 선호하고 있기 때문이다. 이런 예에서 볼 수 있듯이 다수의 지지를 획득했다고 해서 그러한 결정이 언제나 올바른 것은 아니다. Robert M. Stuart, ed., *Readings in Social and Political Philosophy* (Oxford : Oxford University Press, 1986), 박효종 역, 『정치철학의 제 문제』(서울 : 인간사랑, 1990), 355-356쪽 참조.

다만 분산되어 있는 '개별적 이성'을 양적으로 집합시킬 수 있을 따름이다. 뿐만 아니라 집합민주주의는 다수결에서 배제된 소수에게 결정된 사안을 수용하게 할 수 있는 동기적 기반을 결여하고 있다. 다수의 결정에서 배제된 소수는 왜 그러한 결정에 따라야 하는지 이유를 모른 채 그저 소수이기 때문에 복종할 수밖에 없다고 생각하기 마련이다.[55] 그러나 공론의 정치는 합리적 대화와 민주적 토론을 거쳐 합의를 도출하고자 하기 때문에, 단순히 지지자의 수(數)에 의해서가 아니라 제출된 안건의 '합당성(reasonableness)'에 의해 의사 결정에 도달하게 된다. 따라서 공론의 정치는 의사 결정의 정당성을 확보하기 위해 요구되는 합리적 근거와 도덕적 기반을 모두 확보할 수 있게 된다. 이런 점에서 성리학적 공론 정치가 지향했던 '숙의에 의한 의사 결정'의 모델은 집합민주주의의 한계를 보완하기 위해서 많은 시사를 준다고 할 수 있다.

셋째로 성리학의 공론 정치는 배타적인 이분법으로 일관하는 현대 한국 정치에 반면교사로 작용할 수 있다. 민주화의 진전과 더불어 다행히 배타적인 지역 갈등은 자취를 감추고 있지만, 한국의 정치는 아직도 친미 / 반미 또는 친북 / 반북과 같은 극단적 이분법에 의거하여 이념 논쟁으로 일관하고 있다. 군사 정권의 피를 물려받은 구집권 세력은 새롭게 등장한 개혁 세력을 좌경·용공 또는 친북·반미 세력으로 몰아붙이고, 상대방을 대화와 타협의 대상이라기보다 타도와 제압의 대상으로만 여긴다. 오로지 반공만을 불변하는 '정치체의 옳음'으로 여기고 여타의 가치는 인정치 않으려는 이러한 자세는 자신의 집단만을 군자라고 여기고 상대방을 소인이라 여기던 조선시대 일부 당인(黨人)들의 '독선적 진리 주장'과 다를 바가 없다. 아직도 우리 시대의 정치인들은 '진리의 정치'를 신봉하는 광신자들인 것이다. 과거사의 진상을 규명하고 역사를 바

---

55) 윤경준·안형기, 「심의민주주의적 의사 결정의 효과성」, 『한국행정학보』 제38권 제2호(2004), 151-152쪽 참조.

로잡는 일은 '보상적 정의(compensative justice)'의 사안에 해당한
다. 따라서 과거의 부정의(injustice)를 규명하고 암울했던 시대에
억울하게 피해를 당했던 사람에게 적절한 보상과 신원(伸寃)의 대
책을 강구하는 일은 뒤늦게 정의를 회복하려는 일이라고 할 수 있
다. 이렇게 정치체에 기본적 정의를 구현하는 일조차 용공·친북
행위로 매도한다면 어떻게 이러한 정치인들을 공적 합리성을 소유
한 대의민주주의의 대변자라고 할 수 있을 것인가? 세계 사회가
탈냉전의 길을 걸은 지 어언 20여 년이 지났지만, 한국의 정치는
아직도 독선적이고 배타적인 '진리의 정치'에서 벗어나지 못하고
있다. 이이가 자기 시대의 당인들에게 제안했듯이, 이제는 배타적
이분법과 독선적 진리 주장에서 벗어나 상대방을 '나름대로의 합
리성을 띤 대화의 파트너'로 인정하는 너그러운(寬弘) 자세가 필요
하다.

정치의 세계는 종종 양립 불가능하거나 심지어 통약 불가능한
의견들이 공존하는 '대립적 입장들의 공동 경비 구역'이다. 만약 칼
슈미트가 말하는 것처럼 정치에는 '적과 동지의 구분'밖에 없다
면,[56] 정치의 장에는 무자비한 권력 다툼과 피비린내 나는 숙청밖
에 남지 않을 것이다. 이이가 강조했던 '너그러움(寬弘)의 정치'와
'어두움(晦)의 덕'이 지닌 의의는 바로 여기에 있다. '너그러움의 정
치'와 '어두움의 덕'은 상이한 입장들간의 차이를 인정하면서 토론
참가자들의 상호성을 유지시켜 '정치의 가능성'을 회복하는 데 그
목적이 있다. 공적 합리성이 정치 세계에서 지니는 근본 의의도 바
로 여기에 있다. 공적 합리성은 다양한 의견을 지닌 참가자들의 상
호성을 인정하면서 민주적 토론과 대화를 통하여 '온당한 합의
(reasonable agreement)'를 도출해낼 수 있는 규범적 능력이다. 정
치의 세계에서 '완전한 진리'를 구현하려는 욕망은 '정치의 탈정치

---

56) 칼 슈미트, *Der Begriff des Politischen*, 김효전 역, 『정치적인 것의 개념』(서
울 : 법문사, 1995), 31쪽 참조.

화'를 초래하기 마련이다. 정치란 대립하는 입장들을 하나의 '완전한 진리'에 의해 제압하는 것이 아니라, 대립하는 의견들의 차이를 존중하면서 대화와 협력을 통하여 원만한 합의를 이끌어내려는 조율 행위다. 그리고 정치의 장이란 상이한 진리들이 맞서 투쟁하는 공간이 아니라, 대립하는 입장들이 전면적 투쟁으로 비화하지 않도록 막아주면서 상호 관용 속에서 원만한 합의에 이를 수 있도록 하는 토론의 장이다. 이런 점에서 성리학적 공론 정치의 현실과 이상에 내포된 '진리의 정치'와 '관용의 정치'라는 두 측면은 민주주의의 시대를 살아가는 우리에게 밝은 빛과 어두운 빛을 동시에 던져준다고 할 수 있다.

□ 참고 문헌

『서경(書經)』.
『주역(周易)』.
『논어(論語)』.
『맹자(孟子)』.
『좌전(左傳)』.
『주희집(朱熹集)』.
『주자어류(朱子語類)』.
『태종실록(太宗實錄)』.
『세종실록(世祖實錄)』.
『중종실록(中宗實錄)』.
『선조수정실록(宣祖修訂實錄)』.
『율곡선생전서(栗谷先生全書)』.

김미영, 「성리학에서 '공적 합리성'의 연원 : 군자 / 소인 담론을 중심으로」, 한국철학회, 『철학』 제76집(2003).

김영수, 「정치와 진리 : 이이의 '공론 정치론'과 아렌트의 '정치적인 것'을 중심으로」, 성균관대 동아시아학술원 유교문화연구소 주최, 「유교와 정치학과의 만남」 학술회의자료집(2004. 11. 19).

김용직, 「한국 정치와 공론성 : 유교적 공론 정치와 공공 영역」, 한국국제정치학회, 『국제정치논총』 제3집 3호(1998).

설석규, 「동강(東岡) 김우옹(金宇顒)의 정치철학과 붕당론의 전개」, 『남명학 연구논총』(1999).

신복룡, 「당쟁과 식민지 사학」, 『한국정치학회보』(1990).

안백산(저) · 이태진(校), 『조선문명사』(서울 : 중앙일보사, 1983).

윤경준 · 안형기, 「심의민주주의적 의사 결정의 효과성」, 『한국행정학보』 제38권 제2호(2004).

이상익, 『유교 전통과 자유민주주의』(서울 : 도서출판 심산, 2004).

이승환, 「한국 및 동양의 공사관과 근대적 변용」, 『정치 사상 연구』 제6집(2002).

이승환, 「사회 규범의 공공성에 관한 법가의 인식」(2), 한국철학사상연구회, 『시대와 철학』 제14권 2호(2003).

이승환, 「조선조의 도통(道統) 담론과 학문 · 정치 권력」, 『유교 담론의 지형학』(서울 : 도서출판 푸른숲, 2004).

이현출, 「사림 정치기의 공론 정치 전통과 현대적 함의」, 『한국정치학회보』 제36집 3호(2002).

임현진 · 송호근, 「박정희 체제의 지배 이데올로기」, 『한국 정치의 지배 이데올로기와 대항 이데올로기』(서울 : 역사비평사, 1994).

정만조, 「16세기 사림계 관료의 붕당론」, 국민대 한국학연구소, 『한국학논총』(1989).

정태욱, 「롤즈에 있어서 '정치적인 것'의 개념」, 한국법철학회, 『법철학연구』 제4권 제2호(2001).

최대권, 「입헌주의와 민주주의」, 안청시 외, 『현대한국정치론』(서

울 : 법문사, 1986).

최승희,『조선 초기 언관·언론 연구』(서울 : 서울대 출판부, 1976).

최이돈,『조선 중기의 사림 정치 구조 연구』(서울 : 일조각, 1994).

칼 슈미트 저, 김효전 역,『정치적인 것의 개념』(서울 : 법문사, 1995).

細井肇,『朋黨·士禍の檢討』(京城 : 自由討究社, 1926).

稻葉君山,「朝鮮黨爭史に對おる一考察」(京城 : 朝鮮總督府, 1926).

石井壽夫,「後期 李朝黨爭史における一考察」, 李泰鎭 編,『朝鮮時代 政治史의 再照明』(서울 : 汎潮社, 1985).

Rawls, John. *Political Liberalism* (New York : Columbia University Press, 1996), 장동진 역,『정치적 자유주의』(서울 : 동명사, 1998).

Stuart, M. Robert, ed., *Readings in Social and Political Philosophy* (Oxford : Oxford University Press, 1986), 박효종 역,『정치철학의 제 문제』(서울 : 인간사랑, 1990).

제2장
공/사 관념에 대한 전통적 시각과 정치적 자유주의의 접합 가능성*
― 유학과 자유주의

박 원 재

1. 들어가는 말

유학과 자유주의는 해방 이후 현대 한국 사회가 경험하고 있는 사회적 갈등의 근본적인 구도를 상징하는 가장 대표적인 제유적 요소들이다. 이것은 해방 이후 한국 사회가 일관되게 걸어온 방향을 감안할 때 금방 그 맥락이 드러난다. 식민지를 경험한 대부분의 나라들이 그렇듯이, 이 시기 한국 사회가 꾸준히 다가서고자 한 것은 '서구'였으며, 그를 위해 시종일관 벗어나고자 한 굴레는 '전통'이었다. 이 과정에서 자유주의는 언제나 '서구'로 상징되는 풍요와 진보의 세계로 인도하는 이정표였던 반면, 유학은 빈곤과 수구를 상징하는 '전통'이라는 가난한 집안의 적자(嫡子)였다. 그 결과 유

* 이 논문은 2002년도 기초 학문 육성 인문 사회 분야 지원 사업의 일환으로 한국 학술진흥재단의 지원(KRF-2002-074-AM1031)에 의해 연구된 것으로, 「유학과 자유주의 ― 정치적 영역을 중심으로 한 비교적 검토」라는 제목으로 『철학연구』 (고려대 철학연구소) 제29집에 실렸던 것을 수정·보완한 것임.

학은 근대화 과정에서 권위주의와 정실주의, 연고주의 등 갖가지 부정적 유산의 온상으로 매도되었다.

그러나 '1989년'의 사건은 역설적으로 자유주의의 완승을 알리는 개선곡이 아니라 그것의 쇠락을 알리는 서곡일 수도 있다는 한 연구자의 예언적인 발언을 입증이라도 하듯이,[1] 냉전 체제 붕괴 이후 신자유주의로 본격 말을 바꾸어 탄 자유주의의 독주는 우리 사회에서도 그것의 정치철학적 지위에 대한 논의를 새로운 지평으로 확장시키는 역할을 하였다. 자유주의의 장단점에만 주목하는 제한된 시각이 아니라 자유주의가 딛고 서 있는 기본 전제의 정당성 자체를 되짚어보는 한층 근본적인 접근이 필요하다는 성찰이 그것이다. 근대성을 극복하고자 하는 탈근대적인 관심의 열풍에 힘입은 점도 있기는 하지만, 자유주의에 대한 우리 사회의 근래의 논의들이 자유주의를 넘어 그것을 탄생시킨 서양 근대의 철학적 성과 자체에 대한 담론과 맞물리면서 전개되는 이유가 여기에 있다. 이런 점에서 지금 우리시대를 풍미하고 있는 자유주의라는 화두의 성격은 한층 분명해진다. 앞서의 예언자의 표현을 빌려 말한다면, 그것은 '자유주의 이후'의 진로를 진지하게 모색해보고자 하는, 또 그러기 위해서 그것의 생애를 냉철하게 되돌아보아야 한다는, 즉 자유주의에 대한 총체적인 반성 및 평가라는 모습을 띠는 것이다.

구시대의 부정적인 유산으로 치부되었던 유학이 '전통'이라는 창고로부터 새롭게 불려나와 자유주의와 함께 전혀 어울릴 것 같지 않은 자리를 연출하는 기이한 모습을 근래에 심심찮게 접하게 되는 것은 바로 이와 같은 맥락 때문이다. 자유주의에 대한 논의가 그것이 딛고 서 있는 서구적 근대성이라는 발판 자체의 정당성을 문제 삼는다는 점에서 그것과 여러모로 대척점을 형성하는 유학이 그 자유주의 이후를 모색하는 과정에 자연스럽게 발언권을 얻게

---

1) 이매뉴얼 월러스틴, 강문구 옮김, 『자유주의 이후』 2부 참조.

된 것이다.

이 글 역시 그런 발언권의 연장선상에 서 있다. 이 글을 통하여 우리는 자유주의와 관련된 유학적 논의들의 현재적인 모습을 살펴보고 그것이 어떤 문제점들을 지니고 있는지를 하나하나 점검해볼 것이다. 그리고 이런 작업들을 통하여 특히 우리의 '역사적 심성'을 고려할 때 자유주의 이후에 접근하는 유학의 키워드는 궁극적으로 무엇이어야 하는가 하는 문제를 함께 고민해보려고 한다.

2. 유학과 자유주의, 그 만남을 바라보는 시선들

우리 사회에서 유학과 자유주의를 비교 검토하는 현재까지의 논의를 일별해보면 크게 네 가지 유형으로 나누어볼 수 있다. 첫째는 유학을 전근대적인 폐습의 온상으로 지목하고 그 대안으로 자유주의의 가급적 신속하고도 완전한 구현을 주장하는 견해다. 이는 이른바 근대화지상주의와 맥을 같이 하는 생각으로, 해방 이후 상당 기간 우리 사회를 풍미하던 견해다. 둘째는 유학의 사상적 전통 속에서 자유주의적 요소를 발견해내고 거기에 긍정적인 의미를 부여하면서 양자를 조화시키려고 하는 시각이다. 이 시각은 유학적 전통과 자유주의적 전통 모두에 대해 우호적이거나 최소한 비판적이지는 않은 태도를 보이는 것이 특징이다. 셋째는 자유주의의 문제점을 주목하고 그것을 극복할 수 있는 대안적 가능성을 유학에서 읽는 시각이다. 따라서 여기서는 자유주의에 대해서 비판적인 시각을 유지하면서 상대적으로 유학에 대해서는 긍정적인 시선을 드러내는 경향이 강하다. 마지막 넷째는 자유주의에 대한 대안이라기보다는 절충 혹은 보완의 가능성을 탐색하면서 유학적 전통과 자유주의를 조우시키는 입장이다. 이것이 앞의 경우들과 다른 점은 유학과 자유주의 모두에 대해 비교적 '비판적' 태도를 견지하면서 양자의 만남을 주선한다는 점이다.

이 네 가지 유형 가운데 우리가 그 논의의 완성도 여부를 검토할 대상은 뒤의 세 가지다. 첫 번째 경우는 모종의 이론적 토대 위에서 학문적인 형식을 갖추고 전개된 논의라기보다는 해방 이후 우리 사회를 전반적으로 휩쓴 무반성적인 서구화의 물결을 타고 형성된 하나의 시대적인 조류라고 보는 것이 여러모로 타당하기 때문이다. 따라서 이것은 우리 현대사 속에서 이루어진 유학과 자유주의의 조우를 학문적 토대 위에서 반성적으로 평가해보고자 하는 우리의 관심에는 부합하지 않는다. 이런 까닭에 우리의 관심은 자연스럽게 뒤의 세 입장에 초점이 맞추어진다. 이 가운데 여기서는 우선 두 번째와 세 번째 주장의 요지와 그 한계를 일차로 살펴보고, 네 번째 입장은 이 과정에서 도출된 문제 의식들을 토대로 삼아 다음 장에서 그 내용을 검토해보기로 한다. 이렇게 하는 이유는 네 번째 입장의 경우 앞의 두 입장을 비판적으로 넘어서면서 자신들의 논지를 구축하는 담론들이기 때문이다.

먼저 유학과 자유주의는 소통 가능하다고 생각하는 사람들은 자유주의를 지탱하는 핵심적인 원리들 가운데 개인주의, 특히 그 중에서도 칸트에게서 두드러지게 나타나는 '도덕적 개인주의'를 주목하고, 이런 도덕적 개인주의의 전통을 유학의 역사 속에서 발견할수 있다는 입장을 취한다. 그러니까 이 입장의 요점은 한마디로 그런 도덕적 개인주의가 유학적 전통 속에서도 전혀 낯설지 않다는 것이다.[2] 이런 관심 때문에 이들은 유학적 전통, 그 가운데에서도 도덕적 수양에 대한 담론이 발달한 성리학에서 그런 도덕적 개인주의와 연관된 요소들을 추출해내고, 그것을 자율적 도덕 주체로서의 개인주의와 연결시키려 한다. 이 과정에서 주목받는 대표적인 요소들이 자기 스스로 책임을 떠맡음을 의미하는 '자임(自任)'

---

2) Wm. 시어도어 드 배리의 『중국의 자유 전통(The Liberal Tradition in China)』이 이런 입장을 취하는 대표적인 저서다.

의 정신, 도덕적 주체의 확립과 직결되는 '자득(自得)'의 정신 등이다. 특히 이 가운데 '자득'은 도덕의 핵심 원리를 외부가 아닌 자기 내부에서 찾으려는 시도라는 점에서 자유주의의 중요한 특징 가운데 하나인 '전통'에 대한 자유로운 비판 정신과도 소통된다고 본다.[3]

이들의 견해에 따르면, 유학적 전통에서 '자유'라는 가치와 별로 조화될 것 같지 않은 '예(禮)'를 준수하는 행위도 다음과 같은 의미로 해석된다. 예를 지킨다는 것은 사람이 자신의 도덕적 판단을 가능하게 하는 주어진 개념의 체계 속에서 적절한 도덕적 언어를 이해하고 거기에 상응하게 처신한다는 뜻이다. 이런 점에서 '예의롭게' 행동하는 것은 적절한 도덕적 언어 체계에 맞게 개념적 움직임을 한다는 의미이고, 따라서 이는 곧 '자연스럽게' 행동하는 것이며, 또 그런 맥락에서 이는 다시 '자유롭게' 행동함으로 연결된다는 것이다.[4] 그러므로 유학에서 주장하는 '극기복례(克己復禮)'와 같은 덕목은 개인적인 사욕을 극복하고자 하는 각 개인들 스스로의 자기 반성과 인격 도야에서 예의 정신이 시작된다는 점을 강조한 것이고, 또 그런 관점에서 보면 이는 곧 개인의 가치와 존엄을 중요시하는 최선의 개인주의의 꽃에 해당한다고 볼 수 있다는 것이다.[5]

여기서도 충분히 드러나고 있듯이, 유학에서 도덕적 개인주의의 전통을 발견하고 이를 자유주의와 연결시키려는 시각은 자유주의가 서구의 역사를 통하여 차례로 거쳐온 경제·도덕·정치의 세 가지 담론 영역 가운데 '도덕'의 영역에 초점을 맞추는 특징을 보인다. 그러니까 여기서 논의의 중심이 되는 것은 자유주의의 핵심적

---

3) Wm. 시어도어 드 배리, 표정훈 옮김, 『중국의 '자유' 전통』, 92-127쪽.

4) 이광세, 『동양과 서양: 두 지평선의 융합』, 48쪽.

5) 이광세, 앞의 책, 50쪽. 여기서 필자는 개인주의를 민주주의의 중심 개념으로 언급하고 있다. 하지만 그가 말하는 민주주의는 곧 자유민주주의라는 점에서, 이는 자유주의도 염두에 둔 말로 보아도 무방하다.

인 코드인 '권리'의 문제보다는 인격적 성숙이라는 도덕철학적 주제인 것이다. 따라서 이 입장은 유학과 자유주의의 상관성을 정치적 영역을 중심으로 살펴보려는 우리의 문제 의식으로부터는 일정 정도 비켜서 있다고 볼 수도 있다. 그러나 정치의 윤리화를 강하게 표방하였던 유학의 사상적 이력을 고려한다면 개인의 도덕적 자율성을 중시하는 자유주의의 전통과 유학의 상관성을 강조하는 이런 시각의 타당성을 점검해보는 일이 전혀 무의미하지만은 않을 듯싶다.

이런 관심에서 이들의 주장을 들여다볼 때 이 입장에 서 있는 사람들이 자신들의 주장을 견지해나가기 위해서는 적어도 다음과 같은 몇 가지 측면의 비판에 대해 성공적으로 응답할 수 있어야 할 듯싶다. 그 중에서도 가장 우선적으로 눈에 띄는 것은 이 입장이 경쟁하는 다양한 가치들을 자신들의 기호에 따라 임의로 선택하여 조합하는 잘못을 범하고 있다는 점이다. 즉, 본래 서로 이질적인 사회 역사적 맥락을 가지고 있는 유학과 자유주의의 특정한 측면들을 탈맥락화시킨 후 전적으로 개인적인 기호에 입각하여 이들을 결합시키고 있는 것이다. 그러니까 사회의 외면적인 질서는 자유주의적이기를 바라면서도 삶의 궁극적인 가치는 유학적이기를 원하는 식이다.[6] 따라서 이런 입장들이 주장하는 유학의 긍정적인 요소들은 그 가치가 제한적일 수밖에 없다. 같은 요소들이 구체적인 콘텍스트 속에서는 전혀 다른 의미 연관을 형성할 수도 있기 때문이다. 이 점과 관련하여 우리가 주목해볼 필요가 있는 콘텍스트는 유학의 역사 속에 존재하는 두 가지의 반자유주의적인 전통, 즉 가부장주의와 도통론적 사유다.

---

6) 이진우, 「유가적 공동체주의」, 294-295쪽. 이진우는 자신의 가치를 주관적인 기호에 따라 선택하는 이와 같은 태도를 '실용적 심미주의'라고 부르면서, 이는 개인의 사회적 행위를 정당화하는 다양한 합리성이 존재하지만 그것을 객관적으로 판단할 수 있는 확고부동한 토대는 더 이상 존재하지 않는 탈관습적인 사회에 우리가 살고 있기 때문에 비롯되는 현상이라고 지적한다.

먼저, 가부장주의의 경우 이는 단순히 권위주의를 의미하는 차원을 넘어 유학적 실천철학의 핵심 영역인 정치에 관한 유학의 생각과 깊숙이 관련되어 있다는 점을 우리는 항상 염두에 두어야 한다. '교화(敎化)'라는 말에서도 알 수 있듯이, 유학에서 정치는 기본적으로 교육의 장이다. 정치는 도덕적으로 개명한 통치자가 아직 몽매한 피통치자들을 계발시키는 계몽적 행위여야 한다고 보기 때문이다. 따라서 이런 목적에서 행사되는 국가 권력의 간섭은 언제나 정당화된다. 그러므로 "국가는 마땅히 개인들의 사적인 일에 관여할 수 있는 자격이 있다고 생각하는, 즉 모든 개개인들, 심지어 어른일지라도 그 자신의 취향과 동기를 거스르는 어떤 보호가 국가에 의해서 주어질 필요가 있다고 보는 정치적인 신조"를 가부장주의라고 한다면,7) 이것은 유학이 정당화하는 이와 같은 유형의 '온정적 간섭주의'에 대한 직접적인 정의라고 보아도 무방하다. 그렇다면 유학의 이러한 요소와 자유주의의 핵심 성분인 개인의 자율은 어떻게 조화될 수 있을까? 가령, 그것이 사람들의 일상 생활과 사회 생활의 세세한 측면까지 규율하는 광범하고 부드러운 전제정(專制政)에 빠질 위험이 있다는 이유 때문에, 주인을 선택할 수 있다고 해서 노예가 노예의 지위를 벗어나는 것은 아니라는 신념에서 민주주의조차도 자유주의의 잠재적인 적으로 간주했던 서양 근대의 자유주의자 토크빌의 태도와8) 유학의 이런 가부장주의는 어떤 타협점을 찾을 수 있을까?

다음으로, 이 입장을 옹호하는 사람들은 유학의 도통론적 사유와 자유주의의 관용의 정신을 조화시킬 수 있어야 한다. 이들의 주장대로, 유학적 전통에서 도통 의식은 "개인이 전통 가운데에서 그 새로운 의미를 발견하고 그것을 근거로 하나의 비판적인 입장을 정리한 뒤, 세상에 횡행하고 있는 악을 공격하여 개혁을 추진하는

---

7) 노르베르토 보비오, 황주홍 옮김, 『자유주의와 민주주의』, 73쪽.
8) 강정인, 『자유민주주의의 이념적 초상』, 82-85쪽.

과정을 표현하는 관념"이라고 하더라도,9) 이것은 어디까지나 유학을 중심으로 볼 때나 성립할 수 있는 가설이다. 도통론에 입각하여 이른바 '사문(斯文)'과 '이단(異端)'을 칼로 두부 자르듯 구분하고 이단을 향해 매번 불퇴전의 전의를 불태웠던 유학적 전통 속에서 과연 진정한 자유주의적 관용이 가능할까?10) 예를 들어, 양명학조차 이단으로 내치고, '금수(禽獸)'라고 지칭하면서 '서양'을 또 하나의 문화가 아니라 '비(非)문화' 그 자체로 치부했던 조선 성리학자들의 결연함을 우리는 어떻게 설명해야 할까? 그들이 추구했던 리(理)의 보편성은 기본적으로 세계와 인간에 대한 다른 신념들을 포용하는 보편성일까? 자유주의와 유학의 조화 가능성을 주장하는 진영에서는 적어도 이 문제에 대해서 만큼은 명쾌한 해명이 있어야 할 듯싶은데, 유감스럽게도 그런 문제 의식은 별로 보이지 않는 느낌이다.

한편, 이와 달리 자유주의에 대한 비판적 시각에서 자유주의의 문제점을 지적하고 그것의 대안으로서 유학을 부각시키는 진영은 개인주의를 포함하여 자유주의가 딛고 서 있는 세계관 자체를 주로 문제삼는 데에서부터 출발한다. 이런 맥락에서 이들은 자유주의는 결정론적 성격과 유물론적 성격을 동시에 가지고 있는 서양 근대의 기계론적 자연관의 산물이라는 점을 무엇보다 강조한다.11) 기계론적 자연관의 핵심은 모든 자연 현상을 그것을 구성하는 기

---

9) Wm. 시어도어 드 배리, 『중국의 '자유' 전통』, 130쪽.

10) 유학의 도통 의식은 孔子의 유명한 '斯文'에 대한 자각(『論語』, 「子罕」 5)에서부터 시작하여 孟子의 이른바 '五百世王者必興論'(「盡心下」 38)을 거쳐 韓愈의 「原道」, 朱熹의 「中庸章句序」 등을 면면이 관통하는 유구한 역사를 자랑한다. 한편, 드 배리가 가장 자유주의적인 신유학자였다고 평가하는 黃宗羲조차 이단에 대한 관용의 정신은 주장하지 않았다는 점은 이 문제에 대해 시사적이다. 드 배리, 앞의 책, 161쪽 참조.

11) 정연교·한형조, 「동서양의 자연과 정치 — 서구 자유주의와 그에 대한 동양의 응답」, 42쪽.

본 요소들의 차원으로 환원시켜 설명하는 환원주의에 있다. 그러
므로 자유주의가 딛고 서 있는 개체 중심적 인간관과 그 개체적
인간의 불가침적 권리라는 생각은 전체는 단순히 부분의 총합에
지나지 않는다고 보는 이런 환원주의로부터 자연스럽게 도출된다.
　자유주의의 근본적인 문제점을 이처럼 기계론적 자연관과 거기
서 수반되는 원자론적 개인주의로 보고 있기 때문에, 그 대안으로
서 이들이 주목하는 유학적 요소는 자연스럽게 유기체적 자연관과
관계 지향적 인간관으로 모아진다. 이들의 주장에 따르면, 유학의
자연관은 세계를 언제나 그 움직임에서 포착하고 생성의 측면에서
이해하려는 유기체적인 자연관이다. 따라서 여기서는 세계를 구성
하는 각 유기적인 단위들이 독립성과 종속성을 동시에 지니면서,
그를 통하여 전체적으로 생명이 약동하는 보편적 화해의 장으로서
의 세계를 연출해낸다.12) 따라서 세계에 대한 유학의 이런 시각
속에서는 당연히 고립된 섬처럼 떠도는 자유주의적인 개인주의는
들어설 자리가 없다. 세계의 존재 방식이 그렇듯이, 인간 또한 선천
적으로 이미 주어진 관계 중첩적인 그물 망 위에서 자신의 존재를
시작하기 때문이다. 이런 점에서 기계론적 자연관과 원자론적 인
간관에 기초한 자유주의가 초래한 부정적인 결과들을 극복하기 위
해서는 결론적으로 유학이 강조하는 인간과 사회의 그런 유기성에
대한 새로운 인식론적 통찰이 필요하다고 이들은 주장한다.13)
　자유주의의 문제점을 인식하고 그 대안적 가능성을 유학에서 찾
으려는 이런 입장들은 일단 자유주의의 철학적 토대를 비교적 정
확하게 인식하고 있다는 느낌을 준다. 하지만 그럼에도 불구하고
여기에도 다음과 같은 중요한 문제점들이 눈에 띤다. 첫째, 논의의
성격상 어쩔 수 없는 측면도 있겠지만, 이런 주장들은 대부분 설득
력 있는 논거 없이 '좋은 나라 / 나쁜 나라' 식의 전형적인 가치 이

---

12) 정연교・한형조, 앞의 논문, 48-51쪽.
13) 정연교・한형조, 앞의 논문, 61쪽.

분법으로 유학과 자유주의를 대비시킨다는 점이다. 여기에 따르면, 자유주의는 현대 사회가 지니고 있는 모든 문제의 근원이고 유학은 그것을 치유할 수 있는 대안, 그것도 때로는 유일한 대안인 것처럼 보인다. 그러나 이런 방식의 접근 역시 또 다른 유형의 오리엔탈리즘이라는 점은 굳이 언급하지 않아도 될 것이다.

둘째, 유학에 대한 긍정적인 관심 때문에 이 진영에서도 앞의 경우와 마찬가지로 유학을 탈역사적인 그 무엇으로 기술하는 면이 강하다. 그러니까 여기서 언급되는 유학의 여러 장점들은 그것이 호흡하였던 시대적인 맥락은 사상된 채, 그리하여 그것들이 지니고 있는 현실 적응력의 부정적인 측면은 은폐된 채 탈역사적인 특징들로 추상화되고 미화되곤 하는 것이다. 이런 논의들이 대부분 자유주의에 대해서는 거꾸로 그것의 활동 무대인 서양 근대라는 시대적인 맥락 속에 위치시켜 그 이데올로기적인 성격을 시종일관 부각시키려 한다는 점을 보더라도 이것은 부정할 수 없는 하나의 편향이다.[14]

셋째, 이들 주장이 지니고 있는 가장 중요한 아킬레스건은 유학을 통한 자유주의 이후에 대한 논의가 당위적이며 선언적인 차원에만 머물고 있다는 점이다. 유학을 통해 자유주의에 대한 대안을 모색하는 작업이 비록 오리엔탈리즘적인 요소가 있고 추상화되어 있더라도 그것이 현실적으로 구체화될 수 있는 실천적인 방법론을

---

14) 예를 들어, "사상을 연구하는 데 가장 중요한 방법론적 원리는 모든 개념을 고유명사로 볼 줄 아는 안목"이라고 강조하면서도 이 원리를 서구의 근대 사상에만 적용시키고 유학적 전통은 시종일관 보통명사화시키고 있는 일부의 모습에서 그런 편향성을 읽을 수 있다(함재봉, 『탈근대와 유교』, 215-273쪽, 「근대 사상의 해체와 통일 한국의 정치 이상」 참조). 유교와 자유주의 정치 사상의 철학적 토대를 고찰하는 과정에서 자유주의는 17~18세기의 고전적 자유주의자들을 검토 대상으로 하면서도 유교는 기원전 6세기 중국의 선진 시대를 살았던 공자에서부터 19세기 말의 조선 유학자 유인석의 경우까지 아우르면서 논의하는 일부의 작업도 역시 이에 해당한다(이상익, 「유교와 자유주의 정치 사상의 철학적 토대」 참조).

담지하고 있다면 문제는 달라질 수도 있다. 그러나 애석하게도 이런 논의들의 현재까지의 진행 상황은 비슷비슷한 내용만을 중심으로 서로 맴돌 뿐 구체적인 현실로는 한 걸음도 나아가지 못하고 있는 형편이다. 이런 점에서 본다면, 자유주의에 대한 유학의 대안적 논의가 그리고 있는 현재적인 좌표는 자유주의에 대한 또 다른 형태의 대항 담론으로서 유학적 논의와 종종 연결되는 공동체주의가 그리고 있는 그것과 유사한 측면이 있다. 공동체주의가 아직도 자유주의에 대한 부정적 비판의 수준에 머무르고 있을 뿐 그 공동체주의적인 가치의 실현을 위한 구체적인 현실적 전략이 결여하고 있는 것처럼15) 유학적 논의 역시 그런 상황에서 정체되고 있는 것이다.

이런 정체 현상이 생기는 이유는 아마도 근본적 대안이라는 것 자체가 이미 사회 경제사적 측면을 포괄한 거시적 논의 구조를 전제로 하는 것이므로 좀더 많은 학제간적 노력과 현실과 교섭할 시간을 필요로 하기 때문일 것이다. 그렇다면 이런 상황에서 지금 필요한 것은 이 주제에 대한 비슷한 또 하나의 당위적인 선언을 첨가하는 것이 아니라 전체 담론을 지탱하는 세부 주제들을 찬찬히 들여다보면서 그 논의의 방향을 한층 분명히 하는 것이 더 필요한 작업이 아닌가 하는 생각이 든다. 다시 말해서, 그 현실적인 전략이 아직 마련되지 않고 있는 이런 상황에서는 자유주의뿐만 아니라 공동체주의까지를 포함하는 근래의 정치철학적 담론 속에서 유학적 대안은 어느 방향으로 그 전략의 출구를 뚫어야 할 것인가를 더욱더 분명히 하는 작업이 필요할 것이라는 말이다.

---

15) 이진우, 「자유의 한계 그리고 공동체주의」, 57쪽, "자유주의의 한계를 밝힌 것이 공동체주의의 의미라고 한다면, 새로운 사회 질서의 패러다임을 제공하지 못하고 있는 것은 바로 공동체주의의 한계다."

3. 자유주의, 공동체주의 그리고 유학

현재 진행되고 있는 정치철학적 담론의 두 축은 두말할 필요도 없이 자유주의(Liberalism)와 공동체주의(Communitarianism)다. 정치철학적인 측면에서 볼 때 자유주의는 국가로 대표되는 공동체를 바라보는 어떤 독특한 시각과 관련된 것으로, 이는 구성원들에게 행사되는 공동체의 권력과 기능은 제한적이어야 한다고 보는 신념의 체계다. 즉, 국가는 권력을 가장 적게 행사하는 국가여야 하고, 그리고 그것의 논리적 귀결로서 소극적 자유의 영역이 가장 확대되어야 한다는 입장이 자유주의가 견지하는 신념의 기본적인 내용이다.16) 여기에는 물론 앞에서 말한 기계론적 자연관과 개인주의로 대표되는 원자론적 인간관이 그 철학적 토대로 깔려 있다. 이에 반해 공동체주의는 무엇보다도 자유주의가 딛고 서 있는 그런 개인주의적 전제들 자체를 비판한다. 왜냐 하면 이들은 이 문제에 대하여 개인의 자아를 규정하는 사회적 관계가 개인에 앞서 존재하며 따라서 개인은 그들이 속한 공동체에 의해 적어도 부분적으로 구성된다는 입장을 취하고 있기 때문이다.17) '개인'의 성격에 대한 이와 같은 기본 인식상의 차이, 그리고 그로부터 파생되는 개인과 공동체의 우선 문제로 말미암아 자유주의와 공동체주의 사이에는 도덕적 규범의 성격과 정당성의 근원 문제 그리고 정치적 공동체의 지위와 목적 등에 대한 뚜렷한 시각 차가 존재한다.

자유주의와 공동체주의의 이와 같은 대립 구도를 정치철학적 담론의 절대적인 범주로 받아들인다면, 그리하여 이 주제에 관한 유학적 전통을 이 둘 가운데 어느 하나에 배속시켜야 한다면 우리는 심정적으로 공동체주의로 기울게 된다. 가령, 외부로부터의 강제가 부재하는 소극적 자유보다는 공동체의 도덕 규범으로의 적극적인

---

16) 노르베르토 보비오, 앞의 책, 99쪽.

17) 황경식, 「자유주의와 공동체주의」, 425쪽.

일치와 동화를 중시하는 적극적 자유를 지향하고, 이를 위해 권리 주장보다는 덕의 함양을 필수적인 것으로 받아들이며, 공동선을 위해 개인적 이익의 무분별한 추구를 자제함으로써 궁극적으로 타자와의 조화로운 화해를 꿈꾸는 유학적 전통은 분명 자유주의적이라기보다는 공동체주의적이기 때문이다.18) 그리고 그런 유학적 사고 방식의 밑바닥에 가로놓여 있는 유기체적 자연관이나 관계 지향적 인간관 역시 자유주의적이기보다는 공동체주의적이다. 그러므로 자유주의와 공동체주의의 논쟁에서 유학이 공동체주의 쪽으로 경도되는 것은 유학적 사고의 이런 특성들을 염두에 둘 때 지극히 자연스러운 현상이다.

그러나 여기서 우리는 지극히 자연스러운 것으로 받아들여지는 그런 현상이 과연 타당한 것인가 하는 문제를 심각하게 되묻지 않을 수 없다. 이것은 다음과 같은 이유 때문이다. 만약 근래의 정치철학적 담론에서 유학적인 전통이 그처럼 공동체주의로 자리매김되는 것이 지극히 당연한 것이라면 우리가 굳이 '유학'을 이야기해야만 하는 당위성은 무엇인가? '유학'은 서구적 공동체주의로는 결코 환원될 수 없는 그 무엇을 가지고 있는 것일까? 그렇다면 그것은 무엇인가? 만약 이 문제를 분명하게 정리하지 못한다면 유학적 전통에 대한 근래의 정치철학적 논의들은 그 현실적인 적실성을 잃고 말 것이다.

관심을 이쪽으로 돌렸을 때 서구의 정치철학적 전통 속에서 자유주의와 공동체주의는 기본적으로 동일한 사고 방식의 산물이라는 일부의 지적이 우리의 눈길을 끈다. 여기에 따르면, 자유주의와 공동체주의가 비록 기계론적 자연관과 목적론적 자연관이라는 상이한 자연관적 토대 위에 있는 듯이 보이지만, 이 둘 모두는 그러한 외양의 차이만 있을 뿐 근본적으로는 분리와 지배를 핵심으로 하

---

18) 이승환, 『유가 사상의 사회철학적 재조명』, 232-253, 「유가는 '자유주의'와 양립 가능한가」.

는 서구의 유구한 사유 형태인 본질주의의 양태 가운데 일부에 지나지 않는다. 이들이 딛고 서 있는 기계론적 자연관과 목적론적 자연관의 근저에는 공통으로 설명 대상의 본질을 발견하고 거기에 배타적인 지위를 부여하려는 본질주의가 가로놓여 있는 것이다.19)

이 점은 무엇보다도 자유주의든 공동체주의든 논의의 무게 중심은 여전히 '개인'에 놓여 있다는 데에서 확연히 드러난다. 개인과 공동체를 분리해서 볼 수는 없다는 공동체주의자들의 주장은 자유주의자들이 강조하는 개인의 자율성을 폐기해야 한다는 주장을 함축하지는 않는다. 그보다 이들은 다만 개인의 자율성에 절대적인 우선권을 부여하고 또 그것을 보편적으로 적용하려고 하는 자유주의자들의 관심에 이의를 제기하는 것이다. 즉, 이들의 비판은 개인의 자율성이 지니는 매력과 가치의 한계를 분명히 하려는 것이지 이를 전적으로 부인하려는 것은 아닌 것이다.20) 이렇게 본다면 자유주의와 공동체주의의 차이는 다만 개인의 삶에서 공동체의 역할에 비중을 어느 정도로 둘 것인가 하는 문제에서 견해가 갈린다고 할 수 있다.

요컨대, 공동체주의는 인간에 대한 자유주의의 근본적인 시각인 권리 지향적 인간관을 반대하는 것이 아니라 그런 '권리'가 특정한 사회 문화적 문맥에서 의지할 수밖에 없는 선(善)에 대한 고유한 견해를 전제하지 않고는 성립할 수 없다는 점을 강조하는 것이

---

19) 정연교・한형조, 앞의 논문, 56-59쪽. 이러한 진단을 토대로 이 글의 필자들은 만약 자유주의의 근본적인 문제가 이처럼 본질주의적인 사고 방식에서 비롯되었고 그것의 대항 담론인 공동체주의도 결국 같은 뿌리에서 나온 것이라면 서양철학의 전통 안에서 문제를 해결할 수 있는 가능성은 요원하다고 볼 수밖에 없다고 덧붙인다.

20) 스테판 뮬홀・애덤 스위프트, 김해성・조영달 옮김,『자유주의와 공동체주의』, 217쪽. 이것은 이 책의 저자들이 대표적인 공동체주의자들로 평가받는 샌들(M. Sandel)과 매킨타이어(A. MacIntyre), 테일러(C. Taylor), 왈쩌(M. Walzer)의 사상을 비교 검토한 후 내리고 있는 결론이다.

다.[21] 따라서 공동체주의에서도 공동체는 역시 목적이 아니라 어디까지나 개인을 둘러싸고 있는 조건, 즉 '환경'에 지나지 않는다. 결국 이렇게 본다면 공동체주의와 자유주의는 다만 전자가 후자보다 상대적으로 자아를 구성적으로 보는 경향이 더 강하다는 차이만 있을 뿐이다. 이런 점은 자아는 어디까지나 자신이 몸담고 있는 공동체의 규범적 가치들을 내면화시켜나가는 과정을 통해 비로소 하나의 '인간'이 되어간다고 보는 유학적인 시각과 분명히 대조되는 부분이다.[22]

공동체주의와 유학 사이에 존재하는 이런 거리는 이 양자 사이에서만 발견되는 특수성이 아니라 근본적으로 바람직한 사회적 개인에 대한 서구적인 시각과 유학의 그것 사이에 존재하는 거리라고 보는 것이 여러모로 타당하다. 이 점은 서구의 현대 윤리학에서 공동체주의와 함께 자유주의에 대한 비판적 대안으로 자주 거론되는 여타의 이론들과 유학 사이에서도 확인할 수 있기 때문이다. 예를 들어, 덕 윤리(virtue ethics)에서 상정하는 자아관 역시 여전히 개인주의적이며 이성주의적이라는 점에서 자신의 내면에서 선천적인 도덕적 감성을 확인하고 이를 사회적 관계를 통하여 구현해 나가는 유학적인 자아관과 대비된다. 여기서도 초점은 여전히 개인적인 행복이며, 공동체는 그런 개인의 행복을 실현하기 위한 배경일 뿐인 것이다.[23] 감성적 측면을 중시한다는 점에서 유학적인

---

21) 이는 공동체주의에 초석을 놓았다는 평가를 받는 샌들이 롤즈 식의 정치적 자유주의에 대해 제기하는 비판의 핵심이다. Michael Sandel, *Liberalism and limit of Justice*, pp.ix-xi.

22) 가령, 나이 70에 비로소 완전한 도덕적 자율의 경지에 도달했다는 공자의 자전적 술회를 떠올릴 때 이 점은 한층 분명해진다. 『論語』 「爲政」 4 참조.

23) 허란주·김영철, 「서구 윤리학의 새로운 동향과 유가」, 334-336쪽. 이 글에서 필자들은 서구적 자아관과 유학적 자아관의 특징을 각각 '실체주의-이성주의-개인주의-도덕적 원천의 외재성'과 '과정주의-감성주의-공동체우선주의-도덕적 원천의 내재성'이라는 구도로 대비시켜 그 차이점들을 고찰하고 있다.

윤리관과 소통되는 측면이 있는 보살핌의 윤리(care ethics) 역시 마찬가지다. 보살핌의 윤리관이 지향하는 자아관이 비록 실체주의적인 시각으로부터는 어느 정도 벗어나 있다 하더라고 그렇다고 그것을 과정적인 자아관이라고 보기는 힘들기 때문이다.[24]

근래 우리 사회에서 진행되고 있는 유학과 자유주의에 대한 담론들 가운데 네 번째 유형은 바로 이와 같은 문제 의식 위에 서 있다. 이들 역시 방법론적 개인주의를 특징으로 하는 자유주의가 사회적 행위와 구조 그리고 그와 관련된 제반 조건들을 그 사회를 구성하는 개인들의 특성으로부터 설명할 수 있다고 생각하는 데 반해, 공동체주의는 개인의 정체성은 오직 일반적으로 인정된 공동선의 토대 위에서만 가능함을 주장하는 담론이라는 점을 직시하고 있기 때문이다. 다시 말해서, 이들은 자유주의와 공동체주의의 차이는 각각 자아와 정체성에 관한 상이한 모델, 즉 구체적인 사회적 콘텍스트로부터 분리된 원자적 자아와 그 콘텍스트에 묶여 있는 정황적 자아의 대립에 기초할 뿐, 자아의 존재론적 성격 자체를 과정적으로 보는 반실체론적 사유는 아니라는 점을 분명히 하고 자신들의 논의를 전개한다.[25]

일반적으로 '유가적 공동체주의'라고 불리기도 하는 이 입장은, 이에 관심이 있는 한 연구자의 정의에 따르면, "전통적인 유가적 정치 사상을 현대 사회에 적용할 때 드러나는 치명적인 약점을 내재적으로 비판하고 동시에 이를 보완하기 위하여 서양 자유주의를 적극적으로 수용한 정치 이념"이다.[26] 이 정의에서도 알 수 있듯

24) 허란주·김영철, 앞의 논문, 341-345쪽. 아울러 이 글의 필자들은 유학의 차별애적 요소와 보살핌의 윤리 사이에는 간과할 수 없는 괴리가 있을 수 있다는 점도 함께 지적한다.
25) 이진우, 「공동체주의의 철학적 변형」, 247쪽.
26) 이진우, 「유가적 공동체주의」, 297쪽. 이승환은 이것을 '혁신 자유주의적 공동체주의'라고 명명하기도 한다. 이승환, 「한국 사회의 규범문화 : 위기, 진단 그리고 처방」 참조.

이, 이 입장을 견지하는 사람들의 가장 큰 특징은 공동체주의적인 시각에서 유학과 자유주의의 만남을 모색하되, 어디까지나 그 작업을 비판적으로 수행한다는 점이다. 따라서 이들은 먼저 유학과 공동체주의가 관계 지향적인 이념 체계를 가지고 있다는 점에서는 일치하는 듯이 보이지만 실제적으로는 대립적인 관계에 있다는 점을 분명히 한다. 서구의 공동체주의자가 한국의 자유주의자보다 더 자유주의적이며, 한국의 자유주의자가 서구의 공동체주의자보다 더 공동체주의적이라는 이들의 비판은 동아시아적인 사유로서의 유학과 서구적인 사유로서의 자유주의 및 공동체주의 사이에 존재하는 그런 이질성을 그 어떤 이론적 논거보다 훨씬 간단 명료하게 드러내는 아포리즘이다.[27]

이런 까닭에 이 입장에 서 있는 사람들은 현대적인 시각에서 보았을 때 하나의 정치철학적 담론으로서 유학이 지니고 있는 한계와 그것이 우리의 현실에서 구체화된 부정적인 양태들을 지적함으로써 유학과 공동체주의의 무반성적으로 결합시키려는 섣익은 시도들에 대해 주의를 환기시킨다. 이 과정에서 유학의 아킬레스건으로 가장 자주 지목되는 것은 유학 특유의 뿌리 깊은 가족주의적 요소와 그에 수반되는 연고주의 문화다. 이러한 요소들로 말미암아 유학의 전통에서 정치적 공동체의 상징인 국가는 확대된 가정으로서 그 위상이 정립된다는 점은 이미 익히 알려져 있는 사실이다.[28] 비판적 시각에서 유학에서 자유주의를 보완할 수 있는 공동체주의적 요소를 끄집어내고자 하는 시도들은 유학의 이런 측면들을 주목하고 이를 직시할 것은 요청한다. 예를 들면, 과도한 가족주

---

27) 이진우, 앞의 논문, 같은 곳.
28) 통상 '가-국 체제'로 불리는 이와 같은 국가 관념은 역사적으로 중국 선진 유학의 토양에서 그 싹이 발아한 후 진·한 교체기를 거쳐 한나라 시대에 들어와 본격 뿌리를 내리면서 이후 동아시아 역사를 관통하는 일반적인 형태로 자리를 잡았다. 이 과정에 대한 자세한 논의는 박원재, 「공/사의 우선성 무제에 대한 유가와 법가의 논쟁」을 참조하라.

의적 성향으로 말미암아 유학은 서구 민주의의의 핵심적인 특징인 사적 영역과 공적 영역의 분리를 발전시키지 못했다거나, 정치적으로 수기치인(修己治人)의 덕치와 도덕주의를 근간으로 하는 유학의 특성상 사회적 갈등의 사전 예방은 몰라도 민주주의가 지향하는 사후적인 합리적 해결 장치를 거기에서 기대하는 것은 무리라는 지적 등이 이에 해당한다. 이들이 볼 때, 유학의 이런 요소들은 가족 또는 가정과 정치적 공동체인 국가 사이에는 질적인 차이가 있다고 보는, 자유주의를 잉태한 서양의 정치철학적 전통과 정확히 대비되는 부분이다.[29]

물론 유학에 대한 이들이 비판이 유학의 내재적인 한계를 들추어내는 데에만 맞추어져 있지는 않다. 그것은 그에 못지않게 유학적 전통의 현대적인 왜곡에도 초점을 맞춘다. 이런 점에서 이들은 오늘날 유학의 부정적 전통으로 치부되는 가족주의는 본래적인 것이라기보다는 우리의 근대화 과정에서 파행적으로 진행되어온 자본주의의 영향으로 말미암아 변질된 '도구적 가족주의'며, 또 그런 점에서 '유사 가족주의'라는 점을 간과해서는 안 된다고 지적한다.[30] 아울러 이들은 예의 날카로운 비판적 시각을 적용하여 우리의 그런 왜곡된 근대화 과정은 자유주의의 온전한 구현에도 장애로 작용하였음을 깊이 인식해야 한다고 강조한다. 그 결과 우리 사회에서 '자유'는 한갓 레토릭으로만 남거나 정치와 절연된 영역에서 고립된 개인의 '관념적 자유'로만 존재하게 되었다는 것이다. 이런 점에서 한국의 자유주의자들은 현존 자유주의 사회에서 존재할수 있는 자유주의자들 가운데 가장 타락한 자유주의자 유형에 속할 것이라고 이들은 질타한다.[31] 요컨대, 우리 사회는 자유주의도 공동체주의도 아닌, '유사 자유주의'와 '유사 공동체주의'의 혼합체

---

29) 이진우, 「유가적 공동체주의」, 310-303쪽.
30) 이승환, 「한국 사회의 규범 문화 : 위기, 진단 그리고 처방」, 421-422쪽.
31) 이승환, 「한국에서 자유주의-공동체주의 논의는 적실한가?」, 69-70쪽.

라는 진단이다.[32]

자유주의가 지니고 있는 폐해를 보완할 수 있는 새로운 공동체주의적 요소를 유학이라는 우리의 역사적 경험 속에서 찾아보려는 시각들은 기본적으로 이와 같은 '비판적이며 맥락적인' 문제 의식 속에 자신들의 담론학적 좌표를 설정한다. 이것이 유학과 자유주의를 연결시키는 여타의 논의들과 비교할 때 이들이 지니고 있는 미덕이다. 다만 아쉬운 것은 공동체주의 담론의 일반적인 한계가 그렇듯이, 이들 역시 아직 그런 문제 의식을 온전히 담아낸 규범론적 패러다임을 제시하지 못하고 있다는 점이다. 일부에서는 시론적인 차원에서 『대학』의 '중리(衆理)' 개념 속에서 공동적 이성의 흔적을 발견하고, '친민(親民)' 개념에서 구성원들의 자발적인 신뢰를 토대로 한 수평적인 사회적 관계의 구축 가능성을 모색하며, '수신(修身)' 개념 속에서 인간의 신체적 훼손과 사회적 관계에 의한 인격적 훼손을 막을 수 있는 관용의 유대 관계를 읽어내려고 시도하기는 하지만 아직은 여러모로 가능성의 탐색에 머물러 있는 감이 강하다.[33] 이런 느낌이 드는 것은 일부에서 지적하는 대로, 공동체주의에 대한 작금의 논의에서 조화로운 공동체적 삶에 대한 요구가 개인적 이익을 추구할 수 있는 주관적 자유에 대한 '개인'들의 요구와 어떻게 결합될 수 있는가가 문제의 핵심인데, 유학을 공동체주의적인 시각에서 독해하려는 시도들은 아직 이 문제에 대해 충분한 답을 제공해주고 있지 못하고 있는 것이 사실이기 때문이다.[34]

이상의 논의를 통해서도 확인할 수 있듯이, 그 유사성이 수시로

---

32) 이승환, 앞의 논문, 63쪽.

33) 이 시론적인 작업의 구체적인 내용에 대해서는 이진우, 「유가적 공동체주의」를 참조하라.

34) 장은주, 「인권과 민주적 연대성 ─ 유가 전통과 자유주의-공동체주의 논쟁」, 309쪽.

강조되는 유학과 서구적인 공동체주의 사이에도 무시하지 못할 간극이 존재하는 것이 현실이다. 아마도 이 간극은 자유주의를 비롯한 서구의 정치철학적 전통과 유학으로 대표되는 동아시아적인 정치철학적 전통 사이에 존재하는 어떤 근본적인 차이를 반영하는 것인지도 모른다. 따라서 이런 점을 무시하고 현대의 정치철학적 담론의 논의 지형도에서 유학을 '공동체 중시'라는 그 담론의 표면에만 주목하여 서둘러 공동체주의 편에 세우는 것도 여러 모로 신중을 요하는 판단이라고 할 수 있다. 결국 현대의 정치철학적 담론의 지형도 속에서 유학적 전통을 이야기하는 작업이 생산성을 확보하려면 그 전통의 근원으로부터 개인과 사회에 대한 사유의 메시지를 새롭게 길어 올리려는 관심이 필요한 것이다.

4. 새로운 '자유'에 대한 전망

현재 서구의 대표적인 공동체주의자 가운데 한 사람인 매킨타이어는 불가공약적인 가치들 사이에 생산적인 대화가 오가려면 두 가지 전제 조건이 충족되어야 한다고 말한다. 하나는 특정한 가치 체계가 본래 가지고 있는 기준과 척도를 철저하게 적용할 때 비로소 나타날 수 있는 결정적 오류와 이론적인 비정합성이 내면적으로 드러나야 한다는 것이고, 다른 하나는 특정한 문화적 전통의 추종자들은 다른 가치를 추구하는 문화적 전통이 특정한 문제를 해결하는 데 자신들의 기준보다 합리적으로 우월하다는 점을 인정해야 한다는 것이다.35) 우리 사회에서 유학과 자유주의의 대화 가능

---

35) Alasdair MacIntyre, "Incommensurability, Truth, and the Conversation between Confucians and Aristotelians about the Virtues", in *Culture and Modernity : East-West Philosophic Perspectives*, ed. Eliot Deutsch (honolulu : Univ. of Hawaii Press, 1991), pp.104-122. 여기서는 이진우, 「유가적 공동체주

성을 비판적으로 타진해보려는 시각들이 유사한 시도를 하는 여타의 시각들에 대해 요구하는 것도 이 점이다. 즉, 유학이 자유주의와 생산적인 대화를 하려면 유학의 본래적인 가치 기준을 현재의 우리 사회에 철저하게 적용할 때 나타날 수 있는 오류와 비정합성을 먼저 명확히 드러내는 작업을 수행하는 한편, 다른 한편으로 적어도 특정한 부분에서는 자유주의가 우리 사회가 직면한 문제들을 해결하는 데 유학보다 훨씬 합리적으로 우월하다는 점을 먼저 충분히 인정해야 한다는 것이다. 만약 이것이 전제되지 않는다면, 우리는 유학이 의미 있게 통용되던 사회적 관계의 형식들이 더 이상 존립하지 않는 사회에 살고 있으면서도 유학의 일반성만 공허하게 외치는 모순에 처하게 된다고 이들은 지적한다.[36] 이것은 유학뿐만 아니라 '전통'을 현재화하려는 모든 유형의 작업들이 음미해보아야 하는 의미 있는 충고다. 특히 유학의 장점을 탈맥락적으로 가공하여 선전하는 일부의 무반성적인 시도들은 귀담아들어야 할 것으로 보인다.

그런데 여기서 우리가 이 충고를 눈여겨보는 이유는 이것이 유학뿐만 아니라 역으로 우리 사회에 자유주의를 온전히 착근시키려는 시도들에도 그대로 적용될 수 있다고 보기 때문이다. 그러니까 위의 매킨타이어의 발언에서 '특정한 가치 체계'에 '자유주의'를 대입하고 '특정한 문화적 전통의 추종자들'을 '특정한 문화적 전통의 수용자들'로 대체하면 이는 그대로 자유주의에 대한 의미 있는 성찰도 된다는 점을 한 번 주목해보자는 것이다. 그 성찰의 결과로 만약 자유주의가 본래 가지고 있는 기준과 척도를 철저하게 적용할 때 비로소 나타나는 결정적 오류와 이론적 비정합성을 분명히 드러낼 수 있다면 자유주의에 대한 보완재로서 유학의 가능성을 탐색해보는 작업 역시 그 방향성을 좀더 구체화할 수 있을 것이다.

의」, 295-296쪽에서 재인용하였음.

36) 이진우, 앞의 논문, 296쪽.

이런 관심에서 이하에서는 자유주의가 지니고 있는 근본적인 오류가 무엇이며 유학은 거기에 대해 어떤 발언권을 행사할 수 있는지를 두 사상의 '인간'에 대한 가정들을 중심으로 점검해보고자 한다.

정치철학 분야에서 유학과 자유주의가 근본적으로 부딪히는 부문은 사적 영역과 공적 영역의 관계 문제다. 핵심만 말한다면, 이 두 영역은 분리되어야 한다는 것이 자유주의의 기본 입장인 반면에 유학에서는 이 둘은 절대로 분리될 수 없는 긴밀한 연관성을 지니고 있다고 본다. 아니 분리는커녕 오히려 사적 영역을 관통하는 규범적 원리들은 무매개적으로 공적 영역의 규범 원리로 확장될 수 있고, 또 그렇게 되어야 한다는 것이 이 문제에 대한 유학의 확고한 판단이다.[37] 따라서 도덕적·철학적·종교적 신념의 부분은 철저하게 개인에게 일임하고 정치로 대표되는 공적 영역에서는 그처럼 상이한 신념을 가지고 생활하는 구성원들이 서로 협력을 위해 동의할 수 있는 최소한의 조건의 확정에만 관여해야 한다는 롤즈 식의 생각이 유학에서는 수용될 여지가 전혀 없다.[38]

유학의 이런 성격은 일차적으로 특유의 완전주의(perfectionism) 성향으로부터 비롯된다. 유학적 사유 속에는 누구에게나 적용되는 바람직한 삶이 객관적으로 존재하며 국가는 그것을 보장하고 구현하는 데 일정한 역할을 해야 한다는 완전주의적인 사고가 관통되어 있다.[39] 진리 계보학의 한 유형이라고 할 수 있는 '도통'에 대한

---

37) 이 점에 대해서는 박원재, 「공/사 관념에 대한 유학적 사유의 기원」을 참조하라.

38) 이것이 롤즈의 『정치적 자유주의』를 관통하고 있는 '정치적인 것'의 기본적인 의미다.

39) 유학에서 발견되는 완전주의적 요소와 근래의 대표적인 완전주의적 자유주의자인 래즈(J. Raz)가 주장하는 완전주의 사이에는 일정한 간극이 있다. 래즈의 완전주의가 유학의 그것과 가장 차이나는 점은 국가는 구성원의 행복을 증진시키기 위해 적극적으로 가치판단을 해나가되 그 판단은 어디까지나 '도덕적 다원주의'를 견지하는 것이어야 한다고 주장하는 부분이다. 래즈의 완전주의적 자유주의에 대한 개략적인 내용은 스테판 뮬홀·애덤 스위프트, 김해성·조영달 옮

유학의 강한 자부심 속에서 이 점을 쉽게 확인할 수 있다. 삶의 진리는 '성왕(聖王)'으로 표상되는 이상적인 인격들에 의해 이미 발견되었고 또 그것은 '도통'이라는 형식으로 역사를 통해 전승되고 있다는 확고한 믿음이 그 자부심의 내용이다. 따라서 유학은 바람직한 삶의 형태에 대해 다양한 신념들이 병존할 수 있다는 생각에 반대한다. "같은 곳으로 모여들지만 거기에 이르는 길은 여러 갈래이고, 한 가지 결론으로 귀결되지만 거기까지 도달하게 되는 생각의 방식은 갖가지다"는 말에서도 보듯이,[40] 유학이 허용할 수 있는 신념들의 다양성은 오직 '과정'의 단계에서만 허용될 뿐인 것이다. 이런 까닭에 유학적 전통 속에서 바람직한 삶에 대한 신념의 다양성은 수직적인 모형이다. 그것은 어디까지나 이미 검증된 최선의 바람직한 삶의 경지로 나아가는 과정에서 일시적 혹은 방편적으로 인정되는 다양성일 뿐이기 때문이다.

이에 비하여 자유주의가 긍정하는 다양성은 수평적이다. 롤즈의 경우에서도 보듯이, 자유주의 사회는 내용 면에서 궁극적으로 화해할 수 없는 상이한 도덕적 · 철학적 · 종교적 신념들이 동일한 지분을 가지고 동거하는 장소다. 따라서 여기서는 삶에 대한 어떤 특정한 신념이 다른 것에 비해 우월적 지위를 점하는 것이 불가능하다. 자유주의의 이런 특징은 특유의 자연권 개념으로부터 필연적으로 도출된다. 그 불가침성 속에 이미 다양성의 긍정이라는 정신이 함축되어 있기 때문이다. 자유주의의 또 다른 트레이드마크인 관용의 정신은 바로 이로부터 연역된다.

이런 차이점 때문에 유학과 자유주의 사이에는 또 다른 불가공약성이 성립한다. 그것은 윤리적 담론의 지위 문제다. 자유주의는 윤리적 담론을 철저하게 사적 영역에 귀속시킨다. 이는 화해할 수 없는 신념들 사이의 병존을 긍정하는 자유주의의 기본 입장을 감

김, 『자유주의와 공동체주의』, 384-428쪽을 참조하라.
40) 『周易』 「繫辭下」, "天下同歸而殊塗, 一致而百慮."

안할 때 충분히 예상이 가는 부분이다. 이런 까닭에 자유주의에서 대표적인 공공성의 영역인 정치는 철저하게 탈윤리화된다. 대신 그것은 나름대로 합당성을 지니는 다양한 신념들로 심각하게 분열된 자유롭고 평등한 사회 구성원들 사이에 정의롭고 안정된 사회를 상당 기간 유지시키는 것이 어떻게 가능한가 하는, 다분히 절차적이며 기능적인 문제에 초점을 맞춘다.[41] 따라서 자유주의에서는 원론적으로 볼 때 만약 그런 장치만 마련된다면 정치의 영역은 삶에서 퇴출되어도 무방하다. 극단적으로 말하면 정치는 필요악인 셈이다. 이는 정치에 분쟁 조정 장치라는 소극적인 의미만 부여하는 도구적 정치관의 전형이다.

그러나 유학의 경우는 이와 정반대다. 유학적 전통에서 정치의 본질은 윤리이다. 그것은 갈등하는 다양한 신념들을 조정하는 장치가 아니라 구성원들의 삶을 바람직한 윤리적 상태로 고양시키는데 중심적인 역할을 하는 제도적인 장치다. 이 점은 앞에서도 말했듯이 유학에서 정치의 본질을 사회 구성원들에게 윤리적 덕성들을 '가르쳐서 감화시키는 것[敎化]'이라고 보는 데에서 무엇보다 확연히 드러난다. 유학에서 정치가 강한 윤리적 색채를 띠는 것은 바로 이런 이유 때문이다. 정치란 특별한 무엇이 아니라 부모에게 효도하고 형제 간에 우애를 실천해나가는 것이 바로 정치의 출발점이라고 하는 공자의 발언은 유학의 이런 시각을 잘 보여준다.[42]

이런 까닭에 유학에서 사적 영역과 공적 영역의 경계는 기계적으로 그어지는 것이 아니라 맥락적으로 획정된다. 『논어』의 '충(忠)-서(恕)'의 실천론이나 『맹자』의 차별애(差別愛) 그리고 이의 집대성인 『대학』의 8조목 등의 사례를 통해 확인할 수 있듯이, 아무리 사적인 영역에 속하는 윤리적 덕목이라 할지라도 공적인 영

---

41) 존 롤즈, 장동진 역, 『정치적 자유주의』, 4쪽.
42) 『論語』, 「爲政」21, "或謂孔子曰: '子奚不爲政?' 子曰: '書云, '孝乎惟孝, 友于兄弟, 施於有政.' 是亦爲政, 奚其爲爲政?'"

역에서의 실천을 예비하는 것인 한 그것은 별다른 갈등 없이 그 공적 영역을 지도하는 규범으로 이행되며, 또 그래야만 한다. 이것이 유학적 규범론에서 가정이 핵심적인 위상을 점하는 가장 큰 이유다. 가정은 사적 영역과 공적 영역을 관통하는 규범적 원리들을 교육받는 중심적인 장이기 때문이다.

그런데 사적 영역과 공적 영역의 경계를 둘러싼 유학과 자유주의의 이와 같은 대립은 정치철학적 차원을 넘어 '인간'에 대한 이들의 좀더 근원적인 이해와 연관되어 있다는 점을 주목할 필요가 있다. 그것은 곧 감성과 이성이라는 인간 본성의 견고한 두 성채의 우선권에 대한 문제다. 잘 알려진 대로, 이 문제에서 자유주의는 이성의 손을 들어준다. 특히 자유주의에서 이성은 자아의 이익 증진을 완벽하게 지도하는 원리로 작동함으로써 자유주의 권리 개념의 핵심 내용을 구성하는 소유권의 실질적인 구현자 역할을 한다. 이런 점에서 자유주의에서는 통상 욕망으로 구체화되는 감성의 영역은 표면적으로는 배제되지만 실질적으로는 조장된다. 하지만 유학에서는 이와 반대로 이성이 아니라 감성의 영역에 더 주목한다. 이는 유학적 규범론에서 중심적인 역할을 수행하는 인의예지가 하나같이 '사단(四端)'이라는 불리는 네 가지 선천적인 도덕적 정서에 뿌리를 두고 있다는 데에서 무엇보다 잘 드러난다. 이런 까닭에 유학에서는 바람직한 삶에 이르는 여정에서 감성은 전적으로 배제되거나 혹은 실질적으로 조장되는 것이 아니라 적절한 윤식을 통해 그 동반자로서 동행한다. 우리는 유학의 예(禮) 속에서 그런 동반자의 구체적인 모습을 본다.[43]

그러므로 유학적인 관점에서 본다면, 자유주의가 말하는 자율적 이성은 자아의 감성의 기능을 철저히 은폐시킨 결과다. 이런 점에서 자유주의 이론가들은 자아가 제어하기 어려운 수동적 정념이라

---

[43] 『荀子』 「禮論」 편에 나오는, 예의 기원에 대한 순자의 유명한 언급은 욕망의 사회적 조절 시스템으로서의 예의 기능을 잘 보여준다.

는 사실을 꿰뚫어보고 있었을 것이라는 지적은 자유주의적인 삶의 방식에 대해 여러 가지를 생각하게 한다. 그것은 사유하는 실체로서의 자아가 결코 완전히 분리되지도 않고 완벽하게 지배되지도 않는 자신의 나머지 반쪽을 의식적으로 외면하고자 한 실존적인 고뇌의 산물일 확률이 높다. 그렇지 않다면, 다시 말해서 자유주의라는 것이 인간이라는 존재의 원초적인 비자율성과 거기서 연원하는 제어하기 어려운 파토스를 꿰뚫어 보고서는 "이를 우선적으로 진정시키기 위해 쫓기듯 절박하고 다급하게 내린 처방"이 아니라면, 절대 군주를 옹호한 홉스나 소유를 미화하고자 한 로크나 최소 수혜자에게 거부권을 부여하려고 한 롤즈의 작업은 다르게 이해할 방도가 없는, "가혹하거나 천박하거나 경직된 처방"이라고 할 수밖에 없는 것이다.44)

여기까지 오면 자유주의가 추구하는 자유가 왜 본질적으로 소극적 자유일 수밖에 없는가 하는 점이 분명해진다. 그것은 '소유권'의 절대적 정당화를 통하여 인간이라는 실존을 떠받치고 있는 수동적 정념에게 활로를 열어주기 위한 최소한의 요청인 것이다.45) 그렇다면, 즉 지금까지의 이야기가 일정한 설득력을 지닌다면, 문제의 핵심은 그런 수동적 정념의 새로운 출로, 그 수동성이 능동성으로 고양되는 새로운 출로를 어떻게 터 나가느냐에 달려 있다고 할 수 있다. 그리하여 감성의 피안이 아니라 역설적으로 "최고의 감정, 최고의 느낌이 깃드는 곳"에46) 자유에 대한 새로운 전망의 이정표를 꽂을 수 있어야 한다. 자유주의 이후에 대한 논의에서 유학이 정작 출발해야 하는 지점은 서구적 공동체주의가 그어놓은 출발선

---

44) 이정원, 『의식과 자유』, 156-157쪽.

45) 이정원, 앞의 책, 159쪽, "로크에게서 소유는 수동적 정념으로부터의 출구가 아니라 오히려 수동적 정념의 활로로 이해되어야 한다. … 소유에 대한 추구는 수동적 정념의 '안전한' 살길이기 때문이다."

46) 이정원, 앞의 책, 149쪽.

이 아니라 근본적으로 여기가 되어야 하지 않을까?

공자의 세계 속에서 '인(仁)'은 '인간의 조건'이다. 그러나 그 조건은 이성적 합법칙성에 의해 정초되는 것이 아니라 감성적 순수정감에 의해 지지되는 그런 조건이다. '인'은 피붙이에 대한 친애의 감정과 같은 인간의 자연적 정감이 아무런 왜곡 없이 우리들 삶의 전 영역을 관류할 때 획득되는 덕목이다. 규범과 제도는 인간의 그러한 정감적 세계에 의해 지지되는 이차적인 장식들일 뿐이다.[47] 이런 점에서 보면, 공자의 후예인 맹자가 자신의 도덕론을 인간의 자연스러운 '네 가지 도덕적 정서'에서 출발시켰다는 사실은 결코 새삼스러운 것이 아니며, 순자가 욕망의 존재를 외면하지 않고 그것을 적극 포용하면서 그로부터 사회적 공공선을 가능하게 하는 예(禮)라는 규범적 토대를 구축하였다는 것은 결코 이상한 일이 아니다. 이들은 그렇게 되어야만 윤리적 영역과 정치적 영역을 관통하는 삶의 일관성이 비로소 획득될 수 있다고 생각했던 것이다. 따라서 유학적 전통 속에서 사적 영역과 공적 영역의 구분은 무의미할뿐더러 바람직하지도 않다. 그것은 오히려 삶의 전일성을 추구하는 데 방해가 될 뿐이다.

유학의 이런 경험은 자유주의가 둥지를 틀고 있는 서구의 철학적 전통 속에서는 확실히 낯선 것이다. 그것은 감성을 외면하는 것이 아니라 그것을 인간의 현실적인 존재 상황으로 인정하고 그 감성의 파동치는 힘 안에서 적극적으로 '자유'의 가능성을 읽어내려는 시도들이기 때문이다. 그러므로 '자유주의 이후'에 대한 논의에서 유학이 서구적 자유주의와 공동체주의가 모두 놓치고 있는 점을 일깨우는 방향으로 발언권을 행사하려 한다면 유학은 당연히 자신의 역사 속에 스며들어 있는 이와 유사한 경험들을 주목해야 할 것이다. 유학은 '유학일 수 있을 때' 여전히 유익한 참고가 될 수 있기 때문이다.

---

47) 『論語』「八佾」3, "子曰:'人而不仁, 如禮何? 人而不仁, 如樂何?

5. 맺음말

우리는 지금까지 자유주의와 유학을 연계시키는 근래의 몇몇 논의들의 유형을 살펴보고 그것들이 어떤 문제점이 있는가를 간략히 점검하면서, 그런 논의들 속에서 '유학'이 생산적인 역할을 할 수 있기 위해서는 어디에서부터 출발해야 하는가에 대하여 모색해보았다. 그 과정에서 우리가 주목한 것은 이성에만 외곬으로 매달리는 것이 아니라 감성을 매개로 개인적 삶과 사회적 삶을 포괄하는, 더 정확히 말한다면 감성을 오히려 정치철학의 중심 영역으로 삼음으로써 인간의 현실적인 존재 상황을 그대로 끌어안고 나갈 수 있는 새로운 '자유'의 가능성이었다.

우리가 볼 때, 자유주의는 물론 서구의 공동체주의적 사유와도 구분되는 유학의 고유 영역은 '자유'에 대한 그런 확장된 경험일 듯하다. 그러므로 유학은 자유주의 이후에 대한 논의에서 서구적 공동체주의에 대한 섣부른 닮아가기를 그만두고, 전통 속에 녹아 있는 자신의 그런 독창적 영역들을 주목하고 그 의미를 재해석해 냄으로써 그것을 우리 시대의 화두로 던지는 노력을 꾸준히 해야 하리라 본다.

당연히 유학이 말하는 그런 식의 자유가 자유주의가 문제삼는 사회적·정치적 맥락의 자유는 아니다. 하지만 그런 자유는 사회 정치적 맥락을 떠난 지극히 개인적인 자유일 뿐이라고 하는 지적 역시 전적으로 타당한 것은 아니다. 그보다 오히려 사회가 가능한 것은 인간의 이성 때문이 아니라 오히려 감성 때문이라는 점을 솔직히 인정하고, 이성이야말로 개체적인 것이고 타자와의 통로를 뚫는 것은 우리의 감성이라는 점을 인정해야 한다. 우리가 이 점을 인정하고, 따라서 자유주의적 자유의 편협성을 넘어서는 '자유'에 대한 새로운 전망을 목표로 한다면 자유에 대한 이와 같은 유학적 경험은 그 전망의 여로에서 확실히 소중한 것이다.

'자유주의 이후'에 대한 모색이 곧 서구적 근대성에 대한 총체적인 반성을 함축하는 것이라면 그것은 이처럼 '인간'에 대한 새로운 전망을 필연적으로 요청한다. 그리고 그 전망은 인간의 실존적인 존재 방식을 직시하고, 그의 정체성을 사적인 자아와 사회적 자아로 찢어놓지 않는 삶에 대한 숙고된 성찰을 수반하는 것이어야 한다. 만약 그렇지 않고 시시각각으로 밀려들고 밀려나면서 우리의 의식에 자신의 존재를 직접적으로 각인시키는 저 감정의 파도를 사적 영역이라는 성에 유폐시키고 별도로 명석하고 판명한 토대를 구하여 공적 영역을 구성하고 또 구성할 수 있다고 생각한다면 그것이야말로 '명석하고 판명한' 자기 기만일 뿐이다.

물론 그런 총체적인 반성의 과정에서 유학 역시 예외가 될 수는 없다. 특히 유학이 숙명처럼 지니고 있는 역사의 굴레에 대한 비판은 불가피할 것이다. 유학을 위해서라도 그 비판의 칼날은 날카로울수록 좋다. 하지만 동시에 그것은 도려낼 부분과 남겨둘 부분을 헤아려낼 줄 아는 안목도 지녀야 한다. 예를 들어, 역사적으로 가부장적 지배 구조의 온상이었던 '가족'이라는 공간을 가지고 다른 각도에서 한 번 생각해보자. 사적 영역과 공적 영역을 관통하는 유학적 규범론은 누차 이야기되었듯이 가족이라는 사적인 영역에서 요청되는 윤리적 덕목들을 근본 축으로 하여 구성된다. 그리고 유학의 그런 규범론은 역사적으로 공과 사 두 영역 모두에서 가부장제라는 억압적 지배 구조를 산출시키는 주범이기도 하였다는 점 역시 우리는 잘 안다. 따라서 이런 부분들은 당연히 말끔하게 도려내져야 한다.

그러나 그렇게 도려낸 후에 우리는 이렇게 물을 줄도 알아야 한다. 가족 윤리를 출발점으로 하는 유학적 규범론은 그런 억압적 구조를 논리적 혹은 실천적으로 함축하는가? 이 물음은 다음과 같은 두 가지 판단 가운데 어느 것이 유학적 규범론에서 더 근원적인가 하는 문제와 다시 맞물린다. 첫째, '가족'에 대한 유학의 과도한 관심은 그것이 가부장적 지배 구조의 확립을 최종 목표로 하기 때문이다. 둘째, '가족'에 대한 유학의 과도한 관심은 삶의 전과정에서 가정이 개인을 타인과의 소통으로 이끄는 감성을 적절히 윤식하는 능력을 훈련하는 가장 실효적인 공간이기 때문이다. 자유주의 이후를 모색하는 과정에서 유학적 전통이 의미 있는 참고가 되려면 이런 식의 물음에 대해 우리가 언제나 열린 사고를 할 수 있어야 한다.

□ 참고 문헌

『論語』.
『孟子』.
『荀子』.
『周易』.

강정인,『자유민주주의의 이념적 초상』(서울 : 문학과지성사, 1993).
노르베르토 보비오, 황주홍 옮김,『자유주의와 민주주의』(서울 : 문학과지성사, 1994, 4판).
Wm. 시어도어 드 배리, 표정훈 옮김,『중국의 '자유' 전통』(서울 : 이산, 1998).
스테판 뮬홀·애덤 스위프트, 김해성·조영달 옮김,『자유주의와 공동체주의』(파주 : 한울, 2004 3쇄).
이광세,『동양과 서양 : 두 지평선의 융합』(서울 : 길, 1998).
이매뉴얼 월러스틴, 강문구 옮김,『자유주의 이후』(서울 : 당대, 1996).

이승환,『유가 사상의 사회철학적 재조명』(서울 : 고려대 출판부,

1998).

이정원, 『의식과 자유』(서울 : 동녘, 1998).

존 롤즈, 장동진 역, 『정치적 자유주의』(서울 : 동명사, 1998).

함재봉, 『탈근대와 유교』(서울 : 나남출판, 1998).

박원재, 「공 / 사 관념에 대한 유학적 사유의 기원 — '가(家)'와 '국(國)'의 관계를 중심으로」, 『동양철학』 제19집(한국동양철학회, 2003. 7.).

_____, 「공 / 사의 우선성 문제에 대한 유가와 법가의 논쟁 — '가-국' 체제의 규범론적 토대에 대한 검토」, 『철학연구』 제66집(철학연구회, 2004 봄).

이상익, 「유교와 자유주의 정치 사상의 철학적 토대」, 『동양철학』 제17집(한국동양철학회, 2002. 7.).

이승환, 「한국에서 자유주의-공동체주의 논의는 적실한가? — 아울러 '유사 자유주의'와 '유사 공동체주의'를 동시에 비판함」, 『우리사상연구소 논총 제2집 : 이 땅에서 철학하기』(서울 : 솔, 1999).

이진우, 「공동체주의의 철학적 변형 — 공적과 정체성의 개념을 중심으로」, 『철학연구』 제42집(철학연구회, 1998).

_____, 「자유의 한계 그리고 공동체주의」, 『철학연구』 제45집(철학연구소, 1999).

_____, 「유가적 공동체주의」, 『우리사상연구소 논총 제2집 : 이 땅에서 철학하기』(서울 : 솔, 1999).

장은주, 「인권과 민주적 연대성 — 유가 전통과 자유주의-공동체주의 노쟁」, 『시대와 철학』 제13집(한국철학사상연구회, 2002).

정연교 · 한형조, 「동서양의 자연과 정치 — 서구 자유주의와 그에 대한 동양의 응답」, 송영배 외, 『인간과 자연』(서울 : 철학과 현실사, 1998).

황경식, 「자유주의와 공동체주의」, 『사회철학대계』 II(서울 : 민음
     사, 1993).
허란주·김영철, 「서구 윤리학의 새로운 동향과 유가」, 『철학』 제
     61집(한국철학회, 1999 겨울).

제 3 장
정치 윤리와 공공성*
─ 윤리의 정치화, 정치의 윤리화

손 병 석

1. 서 론

공적인 영역에서 정치와 윤리의 바람직한 관계는 어떤 것일까?
공공성의 분야에서 윤리는 어떤 효용 가치를 가질 수 있는가? 정치
적 판단 결정은 과연 윤리성에 조회되어 이루어져야만 할까? 근대
이후, 특히 마키아벨리적인 관점을 통해 본다면, 정치는 윤리로부
터 자유로울 필요가 있다. 윤리는 정치가 추구하는 '공동 이익'과
'공동선'의 실현에 족쇄가 될 수 있기 때문이다. 마키아벨리가 과연
어느 정도까지 윤리와 정치의 단절성을 주장했는지에 관해선 이견
이 있을 수 있지만, 그럼에도 불구하고 공적이며 정치적인 영역에
서 정치의 메커니즘이 윤리와는 다른 논리 구조를 갖고 있고, 따라

* 이 논문은 2002년도 기초 학문 육성 인문 사회 분야 지원 사업의 일환으로 한국
학술진흥재단의 지원(KRF-2002-074-AM1031)에 의해 연구된 것으로, 「정치 윤
리와 공공성 ─ 아리스토텔레스의 덕 정치를 중심으로」라는 제목으로 『철학연
구』(고려대 철학연구소) 제29집에 실렸던 것을 수정·보완한 것임.

서 도덕이 정치에 우선되어서는 안 됨을 역설하였다는 점은 부정되기 힘들 것 같다.[1] 그런데 흥미로운 점은 이러한 '도덕 정치(moral politics)'에 대한 강한 회의가 고대 그리스의 폴리스 사회에서도 제기되었다는 점이다. 일찍이 트라시마쿠스는 '정의는 강자의 편익(to tou kreittonos sumpheron)'이며, 따라서 '부정의가 덕'임을 설파하였고,[2] 칼리클레스는 '강자가 약자를 지배하는 것이 자연의 이치'이기 때문에 정치가와 같은 강자는 자신의 무소불위의 권력을 통해 다수의 약자를 지배하는 데에 "인위(nomos)"적인 관습적 도덕률을 따를 필요가 없다고 주장하였다.[3] 윤리와 정치의 이분법적 단절을 역설하는 이러한 소피스트들의 도전에 대해 소크라테스와 플라톤이 강하게 반발한 것은 익히 잘 알려진 사실이다. 무엇보다 플라톤이 최선의 이상 국가를 현실 정치 속에 건설하기 위한 소위 철학자 왕의 아르키메데스적인 기준으로 요구한 것이 윤리적인 최고의 이데아로서의 "선의 이데아(idea tou agathou)"였음이[4]

---

1) 소위 마키아벨리즘은 그 당시나 이후에도 비도덕적인 이론이 되는 것으로 지속적인 비판을 받아온 것이 사실이다. 그러나 마키아벨리가 부정한 것은 중세 기독교 윤리지 윤리 일반 자체를 거부한 것으로 보기는 어려운 점이 있다. 현실 정치적인 관점에서 보았을 때 정치의 논리가 중세 신 중심의 윤리적인 당위로부터 벗어날 필요가 있음은 당시의 역사적 정황을 고려할 때 이론적 설득력을 갖고 있었던 것으로 보인다(진원숙,『마키아벨리와 국가 이성』, 신서원, 1996, 7장 14장 참조).

2) Plato, *Politeia*, 338c-339e. 344c.

3) Plato, *Gorgias*, 482c4-486d1. 칼리클레스는 서구철학사에서 탈도덕주의를 주창한 최초의 인물이다. 탈도덕주의자로서 그가 제시하는 것은 쾌락이나 '멋대로의 자유'보다 더 우월할 수 있는 존재론적 원리는 존재하지 않는다는 것이다(492c). 자연은 철저하게 강자들의 권익을 옹호하며, 약자들의 복종을 강제한다. 절제니 정의니 하는 것들은 다수의 약자들이 만든 관습적 규범일 뿐이다(491e-492c). 자연의 질서에 역행하는 규범적인 도덕은 자연적 정의를 왜곡하는 장애물이다. 그러기에 가장 의미 있는 세계는 인간적인 욕망과 쾌락이 자유롭게 발산되고 충족되는 그런 세계인 것이다.

4) 플라톤의 선의 이데아가 정치적 기술과 관련하여 행하는 기능에 관해선 이미

이를 뒷받침한다. 그는 이러한 정의로운 국가의 실현이 기본적으로 개인 영혼의 정의로운 상태와 구조적 유사성을 띤다는 가설에 주목하여, 윤리와 정치의 일치에 관한 치밀한 철학적 논증을『국가(Politeia)』라고 하는 단일한 작품 속에 제시하고 있다.

아리스토텔레스 역시 공적인 영역을 윤리와 정치가 조우하는 아레테(arete), 즉 덕 정치의 장으로 보았다는 점에서, 정치는 윤리성에 기반하고 윤리는 정치를 통해 그 공공성을 실현한다는 플라톤까지의 그리스인의 전통적인 생각을 따르는 것으로 보인다.5) 그러나 아리스토텔레스의 경우 문제가 그리 단순하게만 보이지는 않는 것 같다. 그것은 그가 플라톤과 달리『정치학(Politica)』을『니코마코스 윤리학(Ethica Nicomachea)』(이하 EN)이나『에우데모스 윤리학(Ethica Eudemia)』(이하 EE)과 같은 일련의 윤리학 작품들과 분리시켜, 독립된 하나의 작품으로 서술했기 때문이다. 윤리와 정치에 관한 논의가 별개의 텍스트에서 이루어지고 있다는 사실은, 왜 우리가 아리스토텔레스의 윤리학과 정치학을 함께 읽어야 하는지에 관한 이해를 어렵게 한다.6) 본 논문은 아리스토텔레스 실천철학 내에서 제기될 수 있는 이러한 윤리와 정치의 일치 여부에 관한 이론적 해명에 일차적인 목적을 둔다. 그러나 아리스토텔레스의 윤리학과 정치학에 관한 방법론적인 고찰이 본 논문의 궁극적인 목적은 아니다. 이 주제를 다루는 더욱 중요한 이유는 아리스토텔레스의 윤리와 정치의 관계에 대한 견해가 오늘날 공공성의

본 공동 연구 1년차 논문에서 밝혔기 때문에 여기서는 다루지 않는다. 손병석,「정치적 기술과 공적 합리성 ; 프로타고라스와 플라톤의 견해를 중심으로」,『철학』제75집(2003), pp.69-73 참조.

5) A. Mpagionas, "Politike kai ethike", *Philosophia kai Politike, ellenike philosophike etaireia*, Athena, kardamitsa, 1982, pp.37-38.

6) A. W. H. Adkins, "The Connection between Aristotle's Ethics and Politics", *A Companion to Aristotle's Politics*, D. Keyt and F. D. Miller(eds.,), Blackwell, Oxford 1991, pp.75-76 참조.

바람직한 실현 방식과 관련하여 유의미한 사고의 단초를 우리에게 제공할 수도 있지 않을까 하는 기대감에서다. 이런 목적을 갖고 본 논문은 먼저 아리스토텔레스의 *politikē phronesis*, 즉 '정치적 실천이성'에 근거한 '덕 정치(virtue politics)'에 초점을 맞추어 논의를 진행시킬 것이고, 그런 다음에 그의 덕 정치가 공적 영역에서 함의하는 현재적 의미를 생각해볼 것이다.

2. 윤리와 정치의 관계

아리스토텔레스에 따르면 인간과 폴리스(polis)는 별개의 독립된 두 실체가 아니다. 이것은 양자의 정체성이 서로의 존재를 전제로 해서 규정됨을 의미한다. 달리 말해 인간은 "폴리스적 동물(politikon zōon)"로서, 인간의 자족적인 잘삶은 여타의 공동체가 아닌 폴리스라는 공동체에서만 실현 가능하다.[7] 마찬가지로 폴리스는 "다수의 시민들(politōn ti plēthos)"로 이루어진 자율적인 공동체라는 점에서 폴리스의 정체성은 그 구성원인 시민 모두의 "본성(physis)"과 분리되지 않는다.[8] 이런 이유로 아리스토텔레스에게서 인간과 폴리스는 '자족적이며 윤리적인 잘 삶'이라는 동일한 목적을 추구한다.[9] 양자의 이러한 관계는 "정체에 관한(peri tēs politeias)" 탐구를 주된 대상으로 삼는 정치학(politics)과 인간의 "행위(praxis)"에 주목하는 윤리학(ethics)이 마찬가지로 동일한 "학문(epistēmē)"에 속하는 것으로 이해되어야 함을 의미하는 것

---

7) *Pol.*, I₂, 1252b27-1253a3.

8) *Pol.*, III₁, 1274b41. III₆, 1279a21. II₂, 1261a18, 1261a30-34. VII₈, 1328a35-7.

9) *Pol.*, VII₄, 1326b8-9. I₁, 1252b27-1253a2. 이 주제와 관련된 더 자세한 논의는 손병석, 「폴리스는 개인에 우선하는가?」, 『철학연구』 제22집(1999), pp.41-75 참조.

같다.

앞서 언급한 것처럼 플라톤에게서 이 점은 어렵게 않게 받아들여질 수 있다. 정의로운 이상 국가의 실현이 개인 영혼의 내적 조화가 실현된, 즉 정의로운 상태와 본질적으로 다르지 않음이『국가』라고 하는 하나의 작품 속에서 논증되고 있기 때문이다. 그러나 아리스토텔레스의 경우 윤리학과 정치학이 별개의 작품으로 다루어지고 있다는 사실이 선뜻 양자를 단일한 논문으로 볼 수 있는가에 대한 강한 의문을 갖게 한다. 이런 이유로 Gauthier와 Jolif는 아리스토텔레스의 *EN*이나 *EE*와 같은 윤리학 작품들을『정치학』으로부터 상대적으로 독립된, 일종의 자율적인 "윤리학(la science morale)"으로 볼 것을 주장한다.10) 이들에 의하면 윤리학과 정치학이 다루는 "주제(hypokeimenē hylē)"는 기본적으로 다르다. 윤리학 관련 작품들은 행위의 자발성, 성격과 욕구 그리고 개인에게 바람직한 행복한 삶의 형태 등 인간 행위와 관련된 가치 문제를 주된 탐구 대상으로 다루는 반면에,『정치학』은 폴리스와 관련된 내용, 즉 시민의 자격, 정체의 종류, 법률 그리고 이상적인 정체에 관한 내용이 주되게 논구되고 있기 때문이다. 그래서 이들 학자들은 윤리학 작품들을 "도덕의 법칙(la loi morale)"으로, 정치학을 "정체의 법칙(la loi constitutionelle)"으로 명명한다. 그러나 대부분의 아리스토텔레스 고전 연구가들은 Gauthier의 주장에 동의하지 않는다. 예를 들어 Newman과 Ross11)는 아리스토텔레스가 윤리학과 정치학을 공히 "인간 철학에 관한(peri ta anthropina philosophia)"12) 탐구로 규정한 것에 주목하면서, 윤리학과 정치학이 단일한 논문을 구

---

10) R. A. Gauthier et J. Y. Jolif, *L' Éthique à Nicomaque*, Louvain 1959, vol. 2.1, pp.1-2, 10-12, 498-500.

11) W. L. Newman, *The Politics of Aristotle*, Clarendon Press, Oxford 1887, vol. 1. p.3. D. Ross, Aristotle, London 1923, p.187.

12) *EN.*, X₉, 1181b15.

성하는 것으로 본다. 이들에 따르면 아리스토텔레스는 한편으론 *EN*에서 인간이 그 본성상 공동체의 부분으로서 기본적으로 폴리스적 동물이며, 다른 한편으론 『정치학』에서 폴리스의 성공적인 행복 실현이 그 구성원인 시민들의 행복에 의존함을 결코 잊지 않았다는 것이다. Barker 역시 "한 사회의 목적을 다루는 것은 한 개인의 목적을 다루는 것"이며, 그렇게 때문에 "시민의 도덕적 삶을 다루는 논문으로서의 『윤리학』"은, "궁극적으로 『정치학』에서 절정을 이룬다"고 보면서13) 윤리학과 정치학이 대조되는 것이 아니라 서로 보완하는 논문으로 간주되어야 함을 강조한다.

　필자는 이들 학자들의 윤리학과 정치학의 상관 관계에 대한 긍정적인 견해를 기본적으로 공유한다. 그러나 윤리학과 정치학의 더 명확한 관계가 아리스토텔레스에게서 어떻게 규정되고 있는지에 관한 이들 학자들의 설명은 미약하다고 생각한다. 다시 말해 윤리학과 정치학의 관계가 부분과 전체의 관계인지, 또 윤리학이 정치학의 부분이라면 그것은 전자의 후자에 대한 종속성을 의미하는지, 그렇지 않고 만약 양자가 동등한 위상을 가진다면, 이 둘을 '인간 철학'이라는 유적인 학문에 포섭되는 종적인 의미에서의 두 종류의 논문으로 보아야 하는지에 관한 설명이 불분명하다는 것이다. 양자의 관계에 대한 이러한 고찰은 윤리학과 정치학 관련 모든 작품들을 망라한 실천 철학의 방법론에 관한 심도 있는 분석을 필요로 하기 때문에 여기서 단정적인 결론을 내리기는 어려울 것 같다. 그러나 윤리학과 정치학이 아리스토텔레스에게서 어떤 관련성을 맺는지에 관한 이해는 본 논문이 관심을 갖는 공공성의 실현을 위한 바람직한 정치 윤리를 모색하는 데 필히 밝혀져야 할 선결 작업으로 판단된다. 그래서 필자는 윤리와 정치의 관계가 최종적으로 어떻게 이해되어야 하는 가의 결론을 내리기 전에, 이들 작품들

---

13) E. Barker, *The Political Thought of Plato and Aristotle*, New York : Dover Pub., Inc, 1906, p.240.

속에서 양자의 밀접한 관계를 부정하는 듯한 아리스토텔레스의 몇 몇 언급들에 주목하여, 그러한 모순된 듯한 표현들이 윤리와 정치의 틀 속에서 어떻게 이해되어야 할지를 우선 밝혀보도록 하겠다.

무엇보다 먼저 우리는 아리스토텔레스에게서 윤리학과 정치학이 "실천적 학문(praktikē dianoia)"으로 분류되고 있다는 점을 지적해야 할 것 같다. 그에 따르면 윤리학과 정치학은 형이상학이나 자연학과 같은 필연적인 대상에 대한 "앎(gnosis)" 자체를 추구하는 "이론적 학문(theorētikē dianoia)"도 아니고, 유용성과 미적인 것들의 생산을 위해 이루어지는 건축술이나 시학과 같은 "제작적 학문(poiētikē dianoia)"과도 다르다.14) 그래서 그는 윤리학과 정치학을 특히 "인간에 관한 철학(hē peri ta anthrōpina philosophia)"으로 규정하면서, 양자는 "인간적인 선(to anthrōpinon agathon)"을 추구한다고 말한다.15) 그리고 이러한 인간적인 선은 좀더 구체적으로 "숭고함과 정의로운 것들(ta kala kai ta dikaia)"로 표현된다. 그런데 흥미로운 점은 아리스토텔레스가 '인간적인 선'으로서의 '숭고함과 정의로운 것들'을 폴리티케(hē politikē)16)의 대상이

14) 아리스토텔레스에 따르면 이론적 지식은 진리와 앎 자체를 목적으로 하며, 그 대상은 영원하고 필연적인 것이다. 제일철학, 즉 형이상학이나 수학 그리고 자연학이 여기에 속한다. 한편, 제작적 지식은 유용성이나 미적인 것의 생산을 목적으로 하며, 그 대상은 '장차 가능한 것(esomenon)'이다. 의술, 조선술, 체육술, 시학 그리고 음악과 같은 쓸모와 모방에 관련되는 분야가 여기에 속한다(*Metaphysica*, 993b19-21, 1025b25, 1026a18-32, 1064a16-1064b3. *EN*., 1139a21-1139b5, 1140a35-1140b7. *Pol*., 1288b10-21. *Ars Rhetorica*, 1371b4-8). 그러나 아리스토텔레스의 논리학은 어떤 지식의 종류에도 속하지 않는다. 그는 논리학이 모든 지식들에 필요로 되는 도구(organon)로 생각한 것 같다(*Metaphysica*, 1005b2-5).

15) *EN*., X9, 1181b15. I2, 1094b7.

16) politikē는 아리스토텔레스 텍스트에서 epistēmē나 technē 또는 philosophia와 함께 결합되어 나타난다. 따라서 이 말은 '정치적 지식', '정치술' 또는 '정치철학'으로 각각 말해질 수 있다(*Pol*., 1288b10-1289a25, 1282b23. *EN*., 1094a24-29). 또 이 말은 윤리학과 대비되는 좁은 의미의 정치학이 아닌 넓은 의미에서의 **정치학** (political science)으로 번역될 수도 있다. 더 나아가 politikē라는 말의 어원이

되는 것으로 말하고 있다는 점이다. 여기서 중요한 것은 **폴리티케**라는 말이 단순히 좁은 의미의 정치학만 의미하는 것이 아니라, 윤리학까지 포함한 '인간 철학'과 동의어라는 사실이다. 만약에 이때의 전문어 폴리티케가 단순히 정치학만 그 대상으로 삼는 말이라면, 우리는 윤리학에 상응하는 에티케(hē ēthikē) 혹은 에티케 에피스테메(ēthikē epistēmē. 윤리학 또는 윤리적 지식)와 같은 전문어를 발견할 수 있어야 할 것 같다. 달리 말해 아리스토텔레스가 플라톤과 달리 윤리학을 실질적인 하나의 독립된 학문으로 자리매김코자 했다면, 추정컨대 윤리학에 관한 전문적인 용어를 사용하였으리라는 것이다. 그러나 적어도 아리스토텔레스 전집(Corpus Aristotelicum) 속에서 이러한 표현들은 부재하다.17) 이것은, 달리 말해 아리스토텔레스가 윤리학에 관한 탐구를 정치학과 분리시켜 별개의 학문으로 인정하지 않았음을 의미하는 것으로 해석할 수 있게 해준다. 실제로 그는 *EN*에 대한 탐구는 "정치적인 것(methodos tis politikē)"18)임을 같은 책 시작 부분에서 밝히고 있다. 또한 그는 같은 책 10권 마지막 부분에서 "이제 우리는 다시 탐구를 시작해야 한다(legōmen oun arxamenoi)"고 말하고 있는데, 이 말은 인간 철학에 관한 고찰의 종결점이 아니라 탐구의 새로운 시작을 선언하는 말로 이해할 수 있다. 다시 말해 *EN*의 마지막 말은 '인간 철학'의 끝이 아니라 새로운 반의 시작임을 암시하는 말이며, 따라서 인

기본적으로 polis와 관련된다는 점에서 '폴리스학'이나 '시민학(술)'으로 말할 수도 있다. 이처럼 politikē라는 말이 아리스토텔레스 철학에서 다양한 의미를 가지고 사용되기 때문에, 어느 하나의 번역어를 채택하여 사용하기는 어려운 점이 있다. 본 논문에서는 일단 politikē 또는 이것의 음역어인 **폴리티케**라는 말을 그대로 사용하고, 문맥에 따라 위의 번역어들 중에서 적절한 말을 채택하여 사용할 것이다.

17) P. A. Vander Waerdt, "The Political Intention of Aristotle's Moral Philosophy", *Ancient Philosophy*, vol.5 / 1(1985), p.77.

18) *EN*., 1094b10-11.

간 철학의 완성을 위해 정치학으로의 "이행(metabasis)"이 필요함을 역설하고 있는 것으로 보아야 한다는 것이다.

그러나 윤리학과 정치학의 일치에 반대되는 다음과 같은 몇 가지 아리스토텔레스의 언급들이 텍스트 속에서 발견된다. 첫째, 아리스토텔레스는 『토피카(*Topica*)』에서(105b19-21) "명제들(protaseis)"의 종류를 "자연학적(physikai)", "윤리학적(ēthikai)" 그리고 "논리학적(logikai)" 명제들로 나누고 있는데, 이러한 구분은 각각 자연학, 윤리학 그리고 논리학이라는 학문의 종류를 염두에 두고 이루어지는 것이 아닌가 하는 점이다. 다시 말해 이때의 ēthikai라는 말이 윤리학의 의미를 배제치 않는 것으로 볼 수 있다는 것이다. 이러한 가능성은 또한 『분석론 후서(*Analytica Posteriora*)』(89b6-9)의 인식의 다양한 종류에 관한 언급에서도 뒷받침된다. 이곳에서 아리스토텔레스는 인식의 종류들 중에 어떤 것은 자연학적 탐구에 의해, 또 다른 어떤 것들은 *ēthikē theoria*에 의해 더 잘 이루어질 수 있는 것으로 보고 있는데, 이때의 *ēthikē theoria*가 윤리학을 의미하는 것으로 볼 수 있지 않은가 하는 것이다. Gauthier가 플라톤의 윤리학과 정치학에 대한 혼동을 제거하면서 윤리학을 창시한 철학자로 아리스토텔레스를 평가하는 것도 바로 이러한 언급들에 근거해서다.[19] 그런데 여기서 우리가 중요하게 물어 볼 수 있는 것은 이때의 '윤리적 탐구'의 성격을 지니는 *ēthikē theoria*라는 말이 독립된 학문으로서의 윤리학을 의미하는가 하는 것이다.

이와 관련하여 우리는 『형이상학(*Metaphysica*)』에서(987b1-3) 소크라테스의 철학함에 대한 아리스토텔레스의 평가에 주목할 필요가 있을 것 같다. 왜냐 하면 이곳에서 그는 소크라테스를 다른 철학자들처럼 "자연 전체(holē physis)"에 대한 탐구를 행한 자가

---

19) R. A. Gauthier et J. Y. Jolif(1959), 2.1.1, pp.498-500. S. Cashdollar, "Aristotle's Politics of Morals", *Journal of the History of Philosophy*, vol.11(1973), p.150 참조.

아니라, *ēthika*에 관한 탐구를 처음 시도한 철학자로 규정하고 있는데, 이때의 *ēthika*라는 말의 의미를 어떻게 새겨야 하는지에 관한 힌트를 얻음으로써 그 가능한 답을 찾을 수 있기 때문이다. 일반적으로 학자들은 아리스토텔레스 이전 철학자들, 예컨대 소크라테스나 플라톤에게서조차 *ēthika*라는 말이 사용되지 않았다는 점에 동의한다.20) 그렇다면 이때의 *ēthika*란 말은 아리스토텔레스 자신의 표현이라고 보아야 할 것 같다. 그러면 소크라테스와 동시대의 철학자들은 *ēthika*의 영역을 무엇으로 불렀을까? 소크라테스와 친밀한 관계를 유지했던 크세노폰의 전언에 따르면, "그 자신은(소크라테스) 항상 인간적인 것들에 관해(peri ta anthrōpina) 조사하고 토론하였다"고 한다. 크세노폰은 소크라테스의 이러한 인간적인 문제와 관련된 물음들로, 한편으론 '경건함'이나 '정의' 또는 '용기'와 같은 윤리적인 덕을, 다른 한편으론 "폴리스란 무엇이고, 정치가란 무엇인가(ti polis, ti politikos)"와 같은 정치적인 것들을 그 예들로 제시하고 있다.21) 플라톤 역시 『파이돈』편에서 소크라테스가 인간 삶에 관한 가치적 문제에 관심을 갖고 자연에 관한 탐구를 거부하였다고 보고하고 있다.22) 상술한 모든 것들을 고려할 때, 위에서 아리스토텔레스가 언급한 *ēthika*란 말은 *physika*, 즉 '자연적인 것들'에 반대되는 말로써, 단순히 좁은 의미의 윤리학이 아니라 인간 덕과 정치 공동체에 관련된 '인간적인 것' 전반을 포괄하는, 즉 아리스토텔레스가 말하는 "인간에 관한 철학(he peri ta anthrōpina philosophia)"을 의미하는 것으로 보아야 할 것 같다. 요컨대 소크라테스가 "윤리적인 것에 대해 탐구하면서(peri ta ēthika pragmateuomenos)"란 아리스토텔레스의 말은 결국 "인간적인 것에 관한 탐구(skopon peri ta anthrōpina)"와 동의어로 이해

---

20) S. Cashdollar(1973), p.152.

21) Xenophon, *Memorabilia*, 1.1.12, 16.

22) *Phaidon*, 95e-100a.

되어야 한다는 것이다. 이런 점으로 미루어, 앞서 인용한 *ēthikē theoria*란 말은 정치학과 구별되는 학문으로서의 윤리학의 의미라 기보다는, 일반적으로 가치와 관련된 인간적인 모든 문제들에 관한 '윤리적 탐구'라는 의미로 이해되어야 하는 것이 타당하다.

다음으로 문제가 되는 부분은 『정치학』 VII권에서(1324a20-23) 발견되는 *politikē theoria*라는 표현의 의미다. 이곳에서 아리스토 텔레스는 *politikē theoria*의 "기능(ergon)"을 "정체에 관한 고찰"로 보면서, 개인에게 어떤 삶의 방식이 더 선택할 만한 것인지에 관한 논의는 정치적 탐구에 단지 "부차적(parergon)"인 주제가 되는 것으로 말하고 있다. 이러한 언급은 그 반대의 경우를 생각해볼 수 있게 한다. 다시 말해 우리는 정체에 관한 논의를 부차적인 것으로 여기면서, 개개인에게 바람직한 삶의 유형에 관한 탐구를 주된 기능으로 삼는 *ethike theoria*, 즉 '윤리적 탐구'를 생각해볼 수 있다. 요컨대 정체에 관한 주된 탐구를 "정치적 탐구(politikē theoria)"로, 개인의 삶의 방식에 관한 문제를 "윤리적 탐구(ēthikē theoria)"로 보면서, 전자를 정치학으로, 후자를 윤리학으로 볼 수 있지 않은가 하는 것이다. 일견 이러한 해석은 *EN*에서 주되게 다루어지고 있는 덕(aretē)에 관한 "윤리적 논의(ēthikoi logoi)"와 『정치학』에서 핵심적으로 논의되고 있는 "정체에 관한(to peri politeias)" "정치적 논의(politikoi logoi)"를 염두에 둘 때 설득력이 있다. 또한 『정치학』에서 발견되는 "윤리서들 속에서(en tois ēthikois)"라든지 "윤리적인 것과 관련해서(peri ēthikon)"란 표현들 역시 이 주장을 뒷받침할 수 있는 논거로 볼 수 있다.[23]

그러면 탐구 대상의 차이성에 기반한 위의 인용된 표현들은 과연 어떤 식으로든 윤리학과 정치학의 상대적 자율성이 아리스토텔

---

23) *Pol.*, II, 1261a30-32, III, 1280a17-19, 1295a36-37, 1332a8-10, 1332a22-25, 1282b18-20. 이와 같은 해석은 von Fritz and Kapp에 의해 제시된다. K. von Fritz and E. Kapp, *Aristotle's Constitution of Athens*, New York 1950, p.46.

레스에 의해 인정되고 있음을 논증하는 것으로 이해되어야 할까? Jaeger의 연대기적인 해석 방식을 고려하여, 위에서 언급한 "윤리서들 속에서"라는 말을 아리스토텔레스의 초기 작품에 해당되는 *EE*에 적용하면, 우리는 일단 위의 물음에 긍정적인 답을 줄 수 있을 것 같다. 그러나 이 해석은 후기 작품으로 간주되는 *EN*에는 적용되기 어렵다. 이미 언급되었지만, 분명 아리스토텔레스는 *EN*이 *politikē*의 탐구 주제며, 또한 같은 책 끝 부분에서 '인간 철학'의 완결을 위해서는 윤리에 관한 탐구가 정치학적인 탐구로 이행되어야 함을 강조하므로, 양자의 밀접한 관계를 부정할 수 없기 때문이다. 그렇다면 우리는 아리스토텔레스가 초기엔 윤리학의 상대적 자율성을 인정하였다가, 후기에 가선 다시 윤리와 정치를 결합시키는 방향으로 입장을 바꾸었다고 이해해야 할까? 그러나 이 해석은 우리에게 다른 해석의 가능성이 남아 있지 않을 경우에 채택해볼 수 있을 것이다.

　이 문제와 관련하여 생각해볼 수 있는 가능한 해석 중의 하나는 앞서 언급한 '*politikē theoria*가 개인의 삶의 방식의 선택 문제를 그 탐구 영역에서 완전 배제하는 것으로 볼 수 있는가' 하는 점이다. 필자가 생각하기에 *politikē theoria*가 개인의 삶의 선택과 관련된 탐구를 부차적으로 생각한다는 말은 일차적인 의미에서의 주된 탐구 대상이 안 된다는 말이지, 배제한다는 의미가 아닌 것 같다. 이것은 단지 공동체의 공적인 업무를 담당하는 정치가나 입법가는 개인으로서의 X나 Y에게 어떤 삶의 형태가 바람직한 것인가에 대한 관심보다는, 시민 전체에 바람직한 삶의 방식을 좀더 중요한 탐구 대상으로 삼는다는 것이다. 달리 말하면 소크라테스나 클레온과 같은 개인에게 더 나은 삶의 유형에 대한 정치적 탐구가 불가능하다는 의미가 아니라, 단지 불필요하다는 것이다. 이는 정치적 탐구의 대상이 사적 이익과 같은 "개별(to hekaston)"이 아니라, 공동선과 같은 "보편(to katholou)"이 되어야 하기 때문이다.[24] 그렇지만 개인의 삶의 방식이 *ēthikē theoria*, 즉 윤리적 탐구의 주된 주제가 되고 있다는 점은 여전히 정치적 탐구와는 다른 독립된 분야로서의 윤리학을 주장할 수 있게 한다는 점에서 여전히 문제로 남는 것 같다.

여기서 필자는 Cashdollar의 주장이 이 문제의 해소를 위한 중요한 도움을 준다고 생각한다. 그에 따르면[25] 위에서 언급된 용어들 중에서 '탐구'와 '논의'를 의미하는 *theoria, methodos* 그리고 *logoi*는 그러한 탐구를 가능케 하는 학문으로서의 폴리티케(*hē politikē*), 즉 '정치적 지식' 혹은 넓은 의미의 '정치학(political science)'과 구별되어야 한다는 것이다. 달리 말해 *ēthikē theoria*나 *ēthikoi logoi*, 즉 '윤리적 탐구'나 '윤리적 논의'는 *EN*이나 *EE*에서 다루어지고 있는 다양한 '지적인 덕들'과 '성품적 덕들', 고통과 쾌락, 친애 그리고 행복에 관한(peri) 것이다. 마찬가지로 *politikē theoria*나 *politikoi logoi*, 즉 '정치적 탐구'나 '정치적 논의'(설명)는 시민과 정체의 종류 그리고 최선의 정체에 관한 것이다. 그러나 이러한 다양한 구체적인 항목에 관한 탐구나 논의가, 곧 전자를 독립된 학문으로서의 윤리학으로, 후자를 정치학으로 규정되어야 함을 의미하는 것은 아니다. 이것은 아리스토텔레스가 *politikē theoria*나 *ēthikē theoria* 둘 중 어느 것도 폴리티케에 관해(peri) 탐구하는 것으로 보지 않는다는 점에서도 알 수 있다. 그 반대로 정치적이며 윤리적인 탐구가 가능한 것은 바로 그것들의 현실태로서의 지식 내지 학이 되는 폴리티케에 의해서다. 이것이 바로 *EN*에서 아리스토텔레스가 윤리학과 정치학을 자연학과 대비시키면서, 양자를 '인간 철학'으로서의 폴리티케(he politike)에 포함시키는 이유다.

이것은 폴리티케가 추구하는 '인간적인 선'으로서의 "숭고한 것들과 정의로운 것들 그리고 일반적으로 정치적인 것들"이 구체적

---

24) *EN.*, 1108b7-16.

25) S. Cashdollar(1973), pp.151-155.

으로 무엇을 의미하는지를 통해 확인될 수 있다. 먼저 ta kala, 즉 '숭고한 것들'은 아리스토텔레스에게서 모든 덕(aretē)의 목적이 되는 것으로서, 행위 그 자체를 위해 추구되는(tou kalou heneka, dia hauta) "선(agathon)"이 된다.[26] 다른 한편으로 ta dikaia, 즉 '정의로운 것들'은 윤리적으로 최고의 완벽한 덕이다. 아리스토텔레스에 게서 '정의'는 특히 폴리티케가 그 "목적(telos)"으로 추구하는 "정치적 선(to politikon agathon)"이며, 이는 또한 "공동 이익(to koinē sumpheron)"과 같은 말이다.[27] 그런데 아리스토텔레스는 숭고함과 정의를 실천하기 위해서는 그것이 무엇보다 '덕에 따라(kat' aretēn)' 이루어져야 함을 강조한다. 즉, 아레테를 소유한 자만이 정의와 숭고함의 실천자가 될 수 있다는 것이다.[28] 아리스토텔레스는 이처럼 "정의롭고 숭고함의 실천자"가 덕에 따라 이루어진다는 점에서 폴리티케를 기본적으로 "에토스에 관한 논문(pragmateia peri ta ēthē)"[29]으로 규정한다. 폴리티케가 이처럼 에토스, 즉 '성격' 내지 '성품'에 관한 지식이라는 이유 때문에, 아리스토텔레스는 '폴리티케에 대해 철학적 논구를 하려는 자는 쾌락과 고통에 대한 올바른 욕구와 감정에 관해 연구해야 한다'고 말한다.[30] 이것은 곧 폴리티케가 인간의 "성격(ethos)"과 "감정(pathē)"을 포함하는 '인간 덕(human arete)'에 대해 "고찰하는 것(theoresai)"을 그 고유한 기능으로 삼음을 뜻한다. 그리고 인간 덕에 관한 지식이 폴리티케가 된다함은 아리스토텔레스에게 곧 폴리티케가 최종적으로 "영혼에 관한 탐구(theoria tēs psychēs)"임을 말한다.[31] 잘 알려진 것처럼,

---

26) *EN.*, 1115b11-15 , 1094b17, 1120a23-24. *EE.*, 1248b16-20, 1110b9, 1119b16.

27) *Pol.*, 1282b17-18. *EN.*, 1094b4, 1110b9, 1119b16, 1234b22-23.

28) *EN.*, 1099b28-32, 1248b37-38.

29) *Ars Rhetorica*, 1356a21-29. 아리스토텔레스에게 있어 ēthos, 성격은 쾌락과 고통에 대한 올바른 욕구와 감정의 상태다(*EN*, 1105a11-12, 1195a10-11).

30) *EN.*, 1152b1.

31) *EN.*, 1102a23-24. 1109b30-34.

아리스토텔레스에게 인간적인 덕은 영혼의 탁월성 이외에 다른 것이 아니기 때문이다. 따라서 『니코마코스 윤리학』 10권 전체에 걸쳐 다루어지고 있는 영혼의 상태, 욕구, 쾌락과 고통, 자발적이고 강제적인 행위에 관한 '윤리학적 논의'는 폴리티케와 분리된 것이 아니다. 왜냐 하면 이러한 덕에 관한 모든 윤리학적 설명은 기본적으로 폴리티케가 다루는 중요한 주제가 되기 때문이다. 이미 위에서 누차 강조한 것처럼, 아리스토텔레스가 EN을 정치적 탐구로 간주하면서, 이것에 관한 연구가 정치가에 의해 이루어져야 하는 것으로 보는 이유도 폴리티케의 윤리적 성격을 뒷받침한다. 마찬가지로 정체에 관한 탐구를 고유한 기능으로 삼는 정치적 탐구 역시 폴리티케와 분리된 것이 아니다. 그것은 다만 폴리티케의 목적이 되는 "행복(eudaimonia)"의 실현을 공동 이익이라는 정의론의 틀 속에서 접근할 뿐이다. 각각의 정체는 그에 걸맞는 공동선을 실현코자 하며, 이것은 가치에 따른 분배적 정의를 통해 실현할 수 있기 때문이다. 그리고 이때의 정의는 또한 노모이(nomoi), 즉 법률과 동의어가 된다. 아리스토텔레스에 따르면 정의의 구체적 실현 형태인 법은 그 불편부당한 특성 때문에 한편으론 폴리스의 조직과 건설에서, 다른 한편으론 시민들의 덕 함양에서 중요한 역할을 한다.[32] 즉, 법이 공동 이익이나 공동선의 중요한 수단이 된다는 것이다. 이런 점에서 법에 관한 탐구 역시 폴리티케가 다루는 중요한 주제라고 말할 수 있다.

상술한 것을 종합할 때, 결국 폴리티케는 "덕(aretē)"과 "정체(politeia)" 그리고 "법률(nomoi)"에 관한 지식이자 학문이라 말할 수 있다. 그리고 덕에 관한 논의는 EN 10권에 걸쳐, 그리고 정체 (부분적으로 법률)에 관한 논의는 『정치학』 8권에 걸쳐 이루어지는 것으로 볼 수 있다. 결국 폴리티케는 윤리학부터 정치학까지의 전체 18권에 걸쳐 연속적으로 이루어진 하나의 논문이라 말할 수

---

32) *Pol.*, III15, 1286a17-20. 1287a28-32. 1287a41-b5.

있다. 그리고 윤리학과 정치학은 **폴리티케**라는 단일한 논문에 관한 논의를 위해 그 가능한 방법으로 제시된 하위 주제로 볼 수 있다. 물론 이것은 윤리학과 정치학이 내포하는 상대적 특성이 부정되어야 한다는 말은 결코 아니다. 그것은 단지 윤리학과 정치학이 상대적인 독립성을 가진 **폴리티케**의 두 종류의 학문이자 지식으로 간주되어서는 안 된다는 의미다. 이제 우리는 **폴리티케**가 그 본질상 윤리와 정치가 통일된 하나의 논문임을 알 수 있다. **폴리티케**에 의해 시민들은 정의롭고 숭고함을 실천할 줄 아는 선한 시민이 될 수 있다(agathoi kai praktikoi tōn kalōn)[33]는 아리스토텔레스의 말도 윤리와 정치의 밀접한 관계성을 역설한 것으로 이해되어야 할 것이다.[34] 그리고 바로 이러한 인간 선을 위한 주요한 기능 때문에 **폴리티케**는 "첫 번째 기술 자격(architektonikē)"의 "가장 주되고 (kyriotatē)" "최고(malista)"의 지식이자 학문(politikē epistēmē)이 되는 것이다.[35]

그러면 아리스토텔레스가 **폴리티케**를 '에토스에 관한 논문'으로 규정하면서, 정치적 지식에 윤리적 덕의 특성을 강하게 부여하는 이유는 무엇일까? 이 물음은 현재 우리의 논의 주제, 즉 왜 탈윤리의 정치가 아닌 윤리의 정치 또는 정치의 윤리화가 이루어져야 하는가의 문제 해결을 위해 중요하게 다루어질 필요가 있다. 그래서 필자는 계속해서 아리스토텔레스의 정치적 실천이성에 관한 논의를 통해 그의 덕 정치가 함의하는 정치 윤리적 의미를 구성해보도록 하겠다.

---

33) *EN.*, 1099b28-32.

34) D. Koutras, *He koinonike ethike tou Aristotelous*, Athene 1973, pp.29-30.

35) *EN.*, 1094b17. 1094a18-1094b10. 1359b13. 이것은 폴리티케가 다른 모든 지식과 학문을 이용하고 그것들을 명령할 수 있기 때문이다. 또한 폴리티케는 원인과 보편을 아는 학문이라는 점에서 단지 생산만을 위해 이루어지는 수기술적인 (cheirotechnike) 제작술과 다르다.

3. 정치적 실천이성과 덕 정치

아리스토텔레스의 '덕 정치(virtue politics)'에 접근하기 위한 좋은 단초는 『정치학』 4권에서[36] 논의되고 있는 '선한 인간과 훌륭한 시민의 동일성 문제'에서 발견된다. 이곳에서 그는 폴리스의 시민을 배의 선원에 비유하면서, 전자의 "훌륭한 시민(spoudaios politēs)"을 배의 안전한 항해에 기여하는 선원에 유사한 것으로 본다. 예를 들어 배의 구성원인 노 젓는 사람이나 조타수 그 밖의 다른 선원들이 각각의 업무에 필요한 기능을 탁월하게 발휘하여 배의 순조로운 항해에 기여할 때 훌륭한 선원이 될 수 있는 것처럼, 훌륭한 시민이란 각자가 맡은 기능을 "공동체의 보존(hē sotēria tēs koinōnias)"(1276b27-29)과 폴리스의 목적 실현을 위해 탁월하게 수행하는 자다. 그런데 아리스토텔레스에 따르면 훌륭한 시민이 될 수 있는 덕은 그가 속한 정체에 따라 다를 수 있다. 즉, 참주정 하의 훌륭한 시민이 민주정의 훌륭한 시민이 될 수는 없다. 이는 결국 정체에 따른 다양한 훌륭한 시민이 있을 수 있음을 의미한다. 그러나 아리스토텔레스에 따르면 "선한 사람(agathos anēr)"은 정체에 상관없이 안정되고 확고한 아레테를 갖고 있기 때문에 어느 정체에서나 같다. 결국 훌륭한 시민과 선한 인간의 덕은 일반적으로 같지 않게 된다.[37]

그렇다면 아리스토텔레스는 여기서 윤리적으로 이상적인 인간으로서의 선한 사람, 그리고 정치적으로 훌륭한 시민이라는 두 종류의 인간 모델을 제시하는 것일까? Düring은 이 물음에 긍정적으로 응답하면서, 선한 사람을 다루는 탐구를 "개인윤리학(individualethik)"으로, 그리고 훌륭한 시민에 관한 탐구를 "사회윤리학(sozialethik)"

---

36) *Pol.*, 1277a 이하 계속. 1332a35 이하 계속 참조.

37) R. Develin, "The good man and the good citizen in Aristotle's Politics", *Phronesis* 18(1973), pp.71-79.

으로 볼 것을 주장한다.[38] 그러나 여기서 아리스토텔레스가 '개인으로서의(qua individual)' 선한 인간과 사회적인 차원에서의 훌륭한 시민이라는 두 종류의 인간을 말하는 것으로 보는 해석은 옳지 않다. 왜냐 하면 아리스토텔레스적인 의미에서의 인간적인 덕은 관계 지향적인 탁월성으로 이해되어야 하며, 따라서 선한 사람 역시 폴리스적 공동체를 떠난 외딴 섬의 고독한 존재로 이해되어서는 안 되기 때문이다. 요컨대 그에게서 '선한 사람' 역시 '폴리스적 동물'로서 그의 윤리적인 '자족적 잘삶' 역시 폴리스를 떠나 가능한 것이 아니다.[39] 그러면 선한 사람이 여기서 이상적인 윤리적 인간의 모델로 해석될 수 있는 오해의 가능성이 있음에도 불구하고, 아리스토텔레스가 굳이 '시민의 정의'를 논하면서 '선한 인간'을 거론하는 이유는 무엇일까? 필자가 생각하기에 그것은 공동체가 지향하는 훌륭한 시민의 모델이 윤리적인 차원에서 접근되어야 함을 강조하기 위한 의도가 강하다. 아리스토텔레스는 실제로『정치학』1277a14-31행에서 선한 인간과 훌륭한 시민이 정치적 공동체 속에서 가능한 인간 유형으로 "훌륭한 통치자(spoudaios archōn)"를 제시한다. 즉, 이때의 훌륭한 통치자는 가정에서와 같은 사적인 영역에서 "가정경영술(oikonomia)"을 발휘하는 사람이 아니라, 정치적이며 공적인 영역에서 적극적으로 politikē, 즉 '정치술'을 발휘하는 "적극적인 시민(active citizen)", 즉 참된 정치가나 입법가라고 말할 수 있다.[40] 그런데 여기서 우리가 주목해야 할 점은 아리스토텔

---

38) I. Düring, Aristoteles : *Darstellung und Interpretation seines Denkens*, Heidelberg, 1966, p.435.

39) 아리스토텔레스에 따르면 폴리스적 인간이 아닌 자는 짐승에 가까운 존재이거나, 인간보다 우월한 신적인 존재가 된다(*Pol.*, I₂, 1253a2-4).

40) Irwin은 정치적인 참여를 통해 이러한 정치술을 적극적으로 발휘하는 정치가나 입법가를 그렇지 않은 다수의 소극적 시민과 구분하여 "적극적 시민(active citizen)"으로 부른다(T. Irwin, "The Good of Political Activity", *Aristoteles' Politik*, G. Patzig(ed.,), Gőttingen 1990, pp.81-83참조).

레스가 이러한 훌륭한 공동체의 리더가 될 수 있는 자격 기준을 바로 phronēsis, 즉 '실천이성'[41]이라는 덕에서 찾고 있다는 사실이다. 그는 이러한 실천이성을 소유한 공동체의 전형적인 인물로 페리클레스를 언급한다.[42] 그러면 아리스토텔레스가 페리클레스와 같은 공적인 영역의 지도자를 실천이성과 같은 덕의 관점에서 평가하는 이유는 무엇일까? 우리가 실천이성이라는 덕을 살펴보아야 할 이유가 여기에 있다.

아리스토텔레스에 따르면 실천이성(phronēsis)는 인간 영혼 분류에서 이성적인 부분의 탁월함으로서의 "지적인 덕(dianoetikē aretē)"에 속하면서도, 유일하게 비이성적인 영혼에 속하는 인간의 "욕구적(epithymitikon)" 탁월성과 관련된 "성품적 덕(ēthikē aretē)"과 관련을 맺는 덕이다.[43] 그래서 실천이성은 지적인 덕들에 속하는 "지식(epistēmē)"이나 "누스(nous)" 그리고 "완전지(sophia)"처럼 필연적이며 "다르게 될 수 없는 것들(to mē endechomenon allōs echein)"이 아니라 다르게 될 수 있는 것들, 특히 인간 행위와 관련된 "실천적인 것(to prakton)"을 그 인식 대상으로 삼는다고 말해진다.[44] 요컨대 실천이성은 '인간이 주어진 구체적인 상황 속에서 중용을 적중시켜 올바른 행위'를 가능케 할 수 있는 덕이라 말할 수 있다.

아리스토텔레스는 이러한 실천이성의 주요한 특성으로 먼저 "숙고(bouleusis)" 능력을 든다. 불레우시스, 즉 숙고란 주어진 구체적인 상황 속에서 목적 실현을 위한 구체적인 "수단(pros to telos)"에

---

41) phronesis는 일반적으로 '실천지'나 '실천적 지혜'(practical wisdom) 로 번역된다. 여기서는 공적 합리성이나 공적이성과의 연관성을 위해 '실천이성'으로 번역한다.

42) *EN.*, VI, 1140b8. "dia touto Periklea kai tous toioutous phronimos."

43) *EN.*, VI_{13}, 1144b21-32, II_5, 1106b14 계속.

44) *EN*, VI_2, 1139a11-15.

대한 탐구와 검토 과정이라 말할 수 있다.[45] 예를 들어 전투의 목적이 승리라 할 때, 어떤 전술적 행위가 "가장 쉽고 가장 훌륭하게"[46] 적을 섬멸시킬 수 있는지에 관한 가능한 수단들을 비교, 검토하는 지적인 판단 과정이다. 실천이성의 두 번째 중요한 특성은 올바른 "선택, 결정(proairesis)"을 할 수 있다는 것이다.[47] 이것은 숙고의 과정이 있은 다음에 이루어지는 단계로서 가장 적합한 수단을 선택하거나 결정하는 과정이다. 그런데 아리스토텔레스는 이러한 선택결정의 과정이 숙고의 과정과는 달리 단순히 이성적인 판단 과정만이 아니라 여기에 욕구의 일치가 필요한 과정임을 강조한다. 행위 주체가 숙고를 거쳐 참된 이성적 판단에 이르렀어도 여기에 올바른 욕구가 함께 하지 않으면 올바른 실천이 뒤따를 수 없기 때문이다. 아리스토텔레스가 덕행은 "올바른 이성에 따르는 것이 아니라 올바른 이성과 함께 하는 것이다"[48]라고 말하는 이유도 바로 "참된 이성(alēthes logos)"뿐만 아니라 "올바른 욕구(orthē orexis)"의 중요성을 강조한 말이라고 이해할 수 있다.[49] 상술한 것을 종합할 때 우리는 실천이성은 한편으론 대상에 대한 인식적 앎의 측면과 다른 한편으론 대상에 대한 올바른 욕구 지향성의 측면을 함께 포괄하는 덕으로 이해할 수 있다. 이런 이유로 아리스토텔레스는 phronimos, 즉 '실천이성을 가진 자'는 자신의 로고스(logos)적 능

---

45) Th. Scaltsas, *Ho chrusous aion tes aretes : aristotelike ethike*, Athens, 1993, p.28.

46) *EN.*, III_5, 1112b17.

47) *EN.*, III_5, 1113a4-5, VI_2, 1139a31

48) *EN.*, VI_13, 1144b26-27.

49) 이런 이유로 아리스토텔레스는 proairesis를 "욕구적 지성(orektikos vous)"이나 "이성적 욕구(orexis diavoetike)" 또는 "숙고된 욕구(bouleutike orexis)"라고 표현한다(*EN*, VI_2, 1139b4-5. III_5, 1113a9-14). 실천지와 관련된 더 자세한 설명은 손병석, 「아리스토텔레스에 있어서 실천지의 적용 단계」, 『철학연구』 제48집(2000), pp.21-43 참조.

력에 기반하여 실천적인 문제에 대해 잘 숙고할 줄 아는 자면서 동시에 쾌락과 고통에 대한 욕구 구조가 올바르게 내재화된 "성품(ēthos)"에 근거하여 선택과 결정을 올바르게 내릴 수 있는 자라고 말한다.[50]

상술한 실천이성의 윤리적 특성들은 아리스토텔레스가 왜 공적이며, 정치적 영역에서 훌륭한 통치자가 필히 실천이성이라는 덕을 가져야 함을 주장했는지를 짐작케 해준다. 그것은 무엇보다 실천이성이 단순히 윤리적인 차원에서의 추상적인 덕이 아니라, 기본적으로 공적 영역에서 정치적인 문제들을 참되게 숙고하고 올바르게 결정할 수 있는 중요한 기능을 담당하는 탁월성이기 때문이다.[51] 그는 공적 영역에서 작동하는 이러한 실천이성을 *EN* VI권에서, 특히 "정치적 실천이성(politikē phronēsis)"이라 말한다. 정치적 실천이성은, 달리 말하면 '공적 이성' 내지 '합리성(public reason or rationality)'이란 말로 이해될 수 있다. 그리고 아리스토텔레스는 이러한 정치적 실천이성을 다시 분류하여 폴리스의 통치자가 가져야 할 최고의 규율적, 기획적인 것으로서의 "입법적 실천이성(nomothetikē phronēsis)"과 다수의 시민들이 갖춰야 할, 법령과 같은 개별적인 것들과 관련되는 "숙고적-사법적 실천지(bouleutikē, dikastikē phronēsis)"로 구분한다.[52] 다시 말해 전자의 실천이성은 폴리스의 삶의 방식과 관련되는 정체의 기본적인 구조와 체계에 관한 입법과 그리고 후자의 실천이성은 말 그대로 민회와 법정

---

50) *EN.*, VI₂, 1139b4-5. III₅, 1113a9-14.

51) bouleusis는 원래 정치적인 용어로서 일종의 원로원을 지칭하는 boule에서 유래한다(R. A. Gauthier et Y. A. Jolif, 앞의 책, vol.2.2. J. M. Cooper, *Reason and Human Good in Aristotle*, Indianapolis 1986, p.5 참조). 그리고 선택 결정의 능력인 proairesis 역시 호머에 따르면 왕들이 숙고에 의해 결정된 사항들을 시민들에게 공포된 것으로 보았다는 점에서 기본적으로 공적인 정치적 영역에서 사용된 용어임을 알 수 있다(*EN.*, III₅, 1113a8-9).

52) *EN.*, VI₈, 1141b23-9, 1141b33.1140b7-10. *Pol.*, VII, 1324a33-35. 1292a36-7.

에서 공공의 문제에 대한 심의와 공정한 것에 관해 잘 판단할 수 있는 덕이라 말할 수 있다. 이런 이유로 정치적 실천이성은 아리스토텔레스에 의해 폴리스의 모든 시민들이 필히 갖춰야 하는 것으로 강조된다. 그러면 이러한 정치적 실천이성이 왜 정치 윤리의 관점에서 중요한 것으로 평가되어야 할까?

그것은 무엇보다 공적인 문제에 대한 참된 숙고와 올바른 결정이 단순히 효율성의 극대화를 위한 전문적인 기능적 차원에서만 이루어질 수는 없기 때문이다. 이것은 *EN* VI권 5장(1140a25-28)에서 아리스토텔레스가 실천이성을 가진 자의 숙고가 "부분적인 것에 따라서(kata meros)"가 아니라 "전체적으로 잘사는 것(to eu zen holōs)"을 고려하면서 이루어져야 한다고 말하는 가운데서 분명하게 알 수 있다. 다시 말해 실천이성에 의한 숙고와 결정 과정은 가치를 배제한 그래서 기능적인 효율성만을 염두에 두고 이루어지는 단순한 기술적 탐구 과정이 아니다. 그 반대로 그것은 무엇보다 삶 전체와 다양한 도덕적 가치들이 종합적으로 고려되면서 목적 실현을 모색하는 복합적이며 유기적인 과정인 것이다.53) 요컨대 아리스토텔레스의 실천이성은 수단뿐만 아니라 선한 목적을 함께 고려하는 덕이라 말할 수 있다. 그에게서 목적에 관계없이 단순히 수단에 대해서만 잘 판단하는 능력은 "영리함(deinotēs)"이지 실천이성이 아니다. 그래서 그는 수단에 대한 참된 숙고와 올바른 선택 과정이 이루어지기 위해선, "성품적 덕(ēthikē aretē)"들이 필요하다고 말한다. 이것은 목적에 대한 올바른 파악이 바로 성품적 덕들에 의해 가능하기 때문이다. "아레테는 목적을 보존하고, 악들은 그것을 파괴한다"54)거나, "왜냐 하면 덕은 목적을 성취하게 해주고

---

53) J. Vincenzo, "Aristotle and the Politics of Technique", K. J. Boudouris(ed.,), *Aristotelian Political Philosophy*, Athens 1995, vol.2 p.233. D. Wiggins, "Deliberation and Practical Reason", A. Rorty(ed.,), *essays on aristotle's ethics*, Univ. of California Press, 1980, pp.221-240. R. Boéüs, *The Political Dimensions of Aristotle's Ethics*, State Univ. of New York, 1993, pp.27-46 참조.

실천이성은 그 목적을 향한 것들(수단들)을 성취하게 해주기 때문이다"55)는 아리스토텔레스의 말들은 바로 실천이성과 성품적 덕의 밀접한 상호 협조 관계를 강조하기 위한 말이다. 아리스토텔레스 덕론의 중핵을 차지하는 소위 '덕의 통일성 테제', 즉 "실천이성 없이는 완전히 선하게 될 수 없고, 성품적 덕 없이는 사려있게 될 수 없다"56)는 말 역시 실천이성이 기본적으로 목적과 관련된 특성을 가진 덕임을 알 수 있게 해준다.

상술한 것을 통해 우리는 공적인 영역에서 왜 훌륭한 통치자와 훌륭한 시민들이 정치적 실천이성을 담보해야 하는지 알 수 있다. 그것은 폴리스의 목적이자 형상이 되는 공동선이나 공동 이익의 실현이 기본적으로 정치나 입법가의 윤리적 에토스, 즉 성품을 전제로 해서 실현될 수 있기 때문이다. 다시 말해 쾌락과 고통 또는 정의와 불의에 관한 올바른 욕구 구조를 내재화시키지 못함으로써 올바른 성품을 담지 하지 못한 정치가는 그 자신의 결여된 덕, 즉 악으로 인해 모든 시민들의 에우다이모니아, 즉 잘삶이나 행복 또는 공동 이익이나 공동선이 폴리스의 첫 번째 존재 원리가 되어야 함을 명확하게 인식할 수 없기 때문이다.57) 그는 그의 도덕적 결함으로 인해 폴리스의 최고선과 같은 보편에 대한 올바른 통찰을 할 수 없고, 그래서 폴리스에 최대의 선을 베푸는 시혜자58)가 아니라,

---

54) *EN.*, VII₉, 1151a15-16.

55) *EN.*, VI₁₃, 1144a7-9. 1145a4-6.

56) *EN.*, VI₁₃, 1144b30-32. 덕의 통일성 테제에 관한 더 자세한 설명은 손병석, 「아리스토텔레스에 있어서 덕의 통일성과 민주주의」, 『철학』 제68집(2001), pp.84-94 참조.

57) 아리스토텔레스가 『정치학』 3권 11장에서 다수 시민들의 집합적 지혜를 인정하여 그에 적합한 숙고적 업무와 사법적 업무의 권한을 인정하면서도, 입법적 역할을 배제시킨 것도 바로 다수 시민의 윤리적 성품(ethos)이 완벽하지 않기 때문이다. 다수의 시민들은 훌륭한 시민이 될 수는 있지만, 선하고 훌륭한 시민이 되기는 어렵다는 것이 아리스토텔레스의 판단이다(다중의 집합적 판단의 지혜와 그 한계에 관해선 손병석(2001), p.99 볼 것).

그 반대로 폴리스에 '최대의 악'을 가져다주는 사악한 참주가 되는 것이다. 소크라테스가 말하는 것처럼 폴리스 전체의 ethos는 폴리스 지도자의 ethos와 다른 것이 아니며, 폴리스가 잘 경영되는 것은 법령에 의해서가 아니라 바로 공적 지도자의 ethos에 의해서 가능한 것이다.[59] 아리스토텔레스가 공동체의 공적인 문제를 해결하기 위해 다수의 시민을 설득할 때, 특히 웅변하는 정치가의 성품이 중요함을 강조하는 것도 같은 맥락에서 이해할 수 있다.[60] 요컨대 아리스토텔레스에 따르면 윤리적 "습성(hexis)"을 가진 선하고 훌륭한 시민만이 결과적으로 폴리티케가 목표로 하는 폴리스 전체의 잘삶을 실현할 수 있는 것이다. 상술한 모든 것을 통해 우리는 아리스토텔레스가 폴리스의 공동선의 실현을 위해 왜 훌륭한 통치자가 실천이성과 같은 덕을 소유해야 함을 강조했는지 알 수 있다.

4. 덕 정치의 현재적 의미

그러면 아리스토텔레스의 실천이성에 근거한 덕 정치는 과연 오늘날의 공공성의 올바른 실현과 관련하여 어떤 의미를 지닐 수 있을까? 필자가 생각하기에 그것은 무엇보다 공적 영역이 다루는 문제들의 유형에 관한 분석에서 규범적 평가에 대한 고려가 배제될 수 없다는 것이다. 달리 말해 공공성의 성격을 띤 중요한 정책은 효율성의 관점에서 기능적인 수단에만 주목할 수 있는데, 공적 영

---

58) *Pol.*, VI$_{14}$, 1325b40-1326a5. II12, 1273b32-3.

59) Isoc., *Nicocles* 2.31, 7.41. 4.122.

60) 아리스토텔레스에게 수사술은 설득을 목적으로 하며, 이러한 설득의 중요한 요소가 성격(ethos), 감정(pathos) 그리고 이성(logos)이다. 아리스토텔레스는 수사술의 세 종류로 숙고적(bouleutikon), 법정(dikanikon) 그리고 의식수사술(epideiktikon)을 든다(*Ars Rhetorica*, 1355b40-1356a4).

역에서의 효율성만의 강조는 흔히 목적 전체에 대한 통찰력을 간과할 수 있다는 문제점을 노정시킨다. 그러나 어떤 방법들이 효율적인 수단들로 간주될 수 있는 것은, 그것들이 주어진 목적과 관련해서만 그 순기능이 인정될 수 있다. 이것은 달리 말해 어떤 하나의 목적에서 수용된 효율성은 다른 목적과 관련해선 비효율적인 것으로 평가될 수도 있음을 의미한다. 기능적인 효율성에 대한 이러한 강조는, 또한 Cooper가 말하는 것처럼,[61] 공적 이익이나 공동선을 목적으로 하는 "내적 선(internal Goods)"이 아닌, 직위나 돈 그리고 권력과 같은 "외적 선(external Goods)"에 대한 과도한 집착을 갖게 함으로써 공직자의 윤리적 타락을 조장하여, 전체적으로 공적 책임에 의한 공공성의 올바른 실현을 어렵게 하는 결과를 초래할 수 있다. 따라서 오늘날의 공적 영역에서 이루어지는 공적인 정책과 관련해서 강조되는 효율성이라는 것은, 인간의 규범적 사고와 판단에 의해 이루어지는 가치 체계의 문맥 속에서만 그 긍정적인 측면을 인정받을 수 있다. 아리스토텔레스가 말하는 것처럼 공적 영역에서 추구되는 효율성의 극대화는 전체 시민들의 행복과 덕의 증진을 위한 제일원리에 항상 조회되어 이루어져야 할 필요가 있는 것이다.

이런 맥락에서 아리스토텔레스의 덕 정치는 그것이 윤리적인 덕에 근거하여 이루어진다는 점에서 비현실적인, 이상적 목표만을 추구하는 것으로 평가되는 것은 잘못된 이해다. 아리스토텔레스의 '실천이성을 가진 정치가(phronimos politikos)'는, 플라톤의 소위 철학자 왕처럼 천상에 그려진 선의 이데아를 "본(paradeigma)"으로 삼아 공동선을 실현코자 한 것이 아니기 때문이다. 그 반대로

---

61) 아리스토텔레스 덕론에 대한 매킨타이어의 해석을 내적 선과 외적 선의 구도로 원용하여, 현대의 공적인 행정 조직에서 발생하는 정치 윤리에 대한 Cooper의 접근은 이런 점에서 흥미롭다. T. L. Cooper, "Hierarchy, Virtue, and the Practice of Public Administration : A Perspective for Normative Ethics", *Public administration review*, vol. 47 / 4(1987), pp.320-328 참조.

아리스토텔레스의 '사려 있는 정치가(prudent politician)'는 어디까지나 그의 정치적 실천이성에 근거하여 목적(보편)과 수단(개별)을 총체적으로 보면서,[62] 인간 본성에 내재한 자연적 "충동(horme)"의 "목적(telos)"이 되는 "잘삶(eu zen)"을 정치 현실 속에 구현코자 한 것으로 볼 수 있다. 이런 점에서 아리스토텔레스의 덕 정치란 '정치는 정치고, 윤리는 윤리다'라는 이분법적 사고가 아닌, '정치는 윤리고, 윤리는 정치다'라는 양자의 조화를 지향한다.

□ 참고 문헌

▷ 1차 자료

Aristoteles, *Politica*, W. D. Ross(ed,), Oxford 1957.
        Ethica Nicomachea, I. Bywater(ed.,), Oxford 1970.
        Ars Rhetorica, W. D. Ross(ed.,), Oxford 1959.
        Metaphysica, W. Jaeger(ed.,), Oxford 1957.
        Topica, W. D. Ross(ed.,), Oxford 1958.
Plato,   *Opera* I-IV, Oxford, 1900~1907.
Isocrates, I-III, Harvard University Press, 1985.
Xenophon, *Memorabilia*, E. C. Marchant, Harvard University Press, 1968.

---

62) 정치적 실천이성이 개인과 국가가 추구하는 보편으로서의 삶의 목적에 대한 총체성을 염두에 두고 발휘된다는 점에서 아리스토텔레스의 실천이성은 마키아벨리적인 수단적 이성과 다르다. 요컨대 아리스토텔레스의 실천이성은 한편으로 선한 목적을 고려함으로써 단순한 수단에 관한 개별지가 되지 않으면서도, 다른 한편으론 구체적인 실현 수단에 대한 숙고적 판단을 함으로써, 단순히 목적에 관한 추상적인 보편지가 아니다. 실천이성의 개별과의 밀접한 관련성과 관련해선 M. C. Nussbaum, *Love's Knowledge*, Oxford Univ. Press, 1990, pp.54-105 참조

▷2차 자료

손병석, 「정치적 기술과 공적 합리성 : 프로타고라스와 플라톤의 견해를 중심으로」, 『철학』 제75집, 2003.

_____, 「폴리스는 개인에 우선하는가?」, 『철학연구』 제22집, 1999.

_____, 「아리스토텔레스에 있어서 덕의 통일성과 민주주의」, 『철학』 제68집, 2001.

_____, 「아리스토텔레스에게 있어서 실천지의 적용 단계」, 『철학연구』 제48집, 2000.

진원숙, 『마키아벨리와 국가 이성』, 신서원, 1996.

Adkins, A. W. H., "The Connection between Aristotle's Ethics and Politics", *A Companion to Aristotle's Politics*, D. Keyt and F. D. Miller(eds.,), Blackwell, Oxford 1991.

Barker, E., *The Political Thought of Plato and Aristotle*, New York : Dover Pub., Inc, 1906.

Boéüs, R., *The Political Dimensions of Aristotle's Ethics*, State Univ. of New York, 1993.

Cashdollar, S., "Aristotle's Politics of Morals", *Journal of the History of Philosophy*, vol.11(1973), pp.145-160.

Cooper, T.L., "Hierarchy, Virtue, and the Practice of Public Administration : A Perspective for Normative Ethics", *Public administration review*, vol. 47 / 4, 1987, pp.320-328.

Develin, R., "The good man and the good citizen in Aristotle's Politics", *Phronesis* 18, 1973, pp.71-79.

Düring, I., *Aristoteles : Darstellung und Interpretation seines Denkens*, Heidelberg, 1966.

Gauthier, R. A. et. Jolif, J. Y., *L' Éthique à Nicomaque*, Louvain 1959, vol.2.

Irwin, T., "The Good of Political Activity", *Aristoteles' Politik*, G. Patzig(ed.,), Gőttingen 1990, pp.73-98.

Fritz, K. von and Kapp, E., *Aristotle's Constitution of Athens*, New York 1950.

Koutras, D., *He koinonike ethike tou Aristotelous*, Athene, 1973.

Mpagionas, A., "Politike kai ethike", *Philosophia kai Politike*, ellenike philosophike etaireia, Athena, kardamitsa, 1982, pp.37-42.

Newman, W. L, *The Politics of Aristotle*, Clarendon Press, Oxford 1887, vol.1.

Nussbaum, M. C., *Love's Knowledge*, Oxford Univ. Press, 1990.

Ross, D., *Aristotle*, London, 1923.

Scaltsas, Th., *Ho chrusous aion tes aretes : aristotelike ethike*, Athens, 1993.

Vincenzo, J., "Aristotle and the Politics of Technique", K. J. Boudouris(ed.,), *Aristotelian Political Philosophy*, Athens 1995, vol.2, pp.232-242.

Waerdt, P. A. Vander., "The Political Intention of Aristotle's Moral Philosophy", *Ancient Philosophy*, vol.5 / 1, 1985, pp.77-89.

Wiggins, D., "Deliberation and Practical Reason", A. Rorty(ed.,), *Essays on aristotle's ethics*, Univ. of California Press, 1980, pp.221-240.

제 4 장
보수주의와 민주주의의 복지 개념 비교*
— 하이에크와 기든스를 중심으로

최 준 호

1. 머리말

최근 우리 사회에는 시장 질서의 극대화를 상징하는 이른바 글
로벌 스탠더드에 부응하지 않는 삶의 방식은 고려할 가치가 없는
것으로 간주하는 경향이 대단히 강하다. 현실 사회주의의 몰락 이
후, 특히 IMF 위기 이후 그 기세가 더욱 등등해진 이러한 경향은
이제 한국 사회에서 확고부동한 신념으로 자리잡아가고 있는 듯이
보이기도 한다. 주지하다시피 이러한 흐름은 '신자유주의'로 일컬
어지는 세계관과 분리해놓고 생각하기 어렵다. 그리고 그럴 경우 그
중심에 진화적 자유주의자로 알려진 하이에크(F. A. Hayek)의 철학
이 놓여 있다고 얘기되곤 한다.1) 하이에크에 따르면 이른바 시장 질

* 이 논문은 2002년도 기초 학문 육성 인문 사회 분야 지원 사업의 일환으로 한국
학술진흥재단의 지원(KRF-2002-074-AM1031)에 의해 연구된 것으로, 「시장 질
서와 경제적 합리성 — 하이에크의 논의를 중심으로」라는 제목으로 『철학연구』
(고려대 철학연구소) 제29집에 실렸던 것을 수정·보완한 것임.
1) 이러한 관점에서 하이에크의 자유주의를 비판적으로 검토하려는 글로는 『자

서의 자생성이 삶의 요체며, 따라서 그 어떠한 이유에서든 정부가 시장 질서에 개입하는 것은 삶의 몰락을 재촉하는 것을 의미한다.

한편, 기든스(A. Giddens)는 신자유주의가 득세하고, 복지 국가(welfare state)로 특징지어지는 서구의 전통적인 사회민주주의가 그 한계를 노정한 상황에서 어느 한쪽으로 경도되지 않는 제3의 길을 제시한 바 있다. 그러나 실상 그가 말하는 제3의 길이란 신자유주의의 영향력이 걷잡을 수 없이 커져 가는 상황에서 낡은 사회민주주의를 넘어서서 새로운 사회민주주의의 가능성을 제시하는 것이라 할 수 있다. 다시 말해서 기든스가 이른바 세계화의 진전 등 외적 요건의 급격한 변화를 고려할 때 전통적인 사회민주주의의 틀을 고수하는 것은 곤란하다는 입장을 견지하고 있다고 하더라도, 그에게 핵심적인 요소는 시장의 힘이 제 아무리 강력하고도 하더라도 모든 것을 시장 질서의 원리에만 맡겨둘 수는 없다는 점이라 할 수 있다.

이 논문은 하이에크와 기든스의 복지 개념에 대한 고찰을 통해서 궁극적으로는 현재 한국 사회에서 요구되는 복지에 대한 철학적 성찰로 나아가는 것을 목표로 한다. 그러나 이를 위해서 복지에 대한 양자의 견해를 나열하고, 그로부터 외적인 동일성과 차이를 평면적으로 언급하는 방법을 취하지 않는다. 복지 문제의 핵심은 정부가 시장 질서에 개입하면서까지 복지 정책을 추구하느냐 그렇지 않으면 복지를 시장 질서에 순응하는 한에서만 고려하느냐 하는 데 놓여 있다고 본다. 기든스가 '요람에서 무덤까지'로 대표되는 전통적 사회민주주의의 복지를 비판하면서 제3의 길로서의 복지를 주장하고 있다고 하더라도, 그의 복지 개념의 저변에는 복지를 시장 질서에만 맡겨둘 수는 없다는 생각이 깔려 있다. 반면 최소 안전망으로서의 복지를 염두에 두고 있는 하이에크에게 시장 질서

유주의 비판』(김균 외, 풀빛 1996)에 실린 다음의 논문들을 참조할 것, 김균, 「하이에크 자유주의론 재검토 : 자생적 질서론을 중심으로」 ; 이병천, 「진화론적 자유주의와 자생적 시장 사회의 유토피아」.

의 자생성을 침해하는 복지란 궁극적으로 사회 전체의 빈곤화와 몰락을 의미하는 것이다.

이러한 사실을 간과한 채 양자의 복지 개념을 그저 외적으로, 평면적으로 비교·고찰하는 것은 헛바퀴가 도는 자전거 페달을 밟아대는 것과 마찬가지일 수 있다고 생각된다. 그래서 여기서는 일단 기든스가 말하는 제3의 길이 사회민주주의와 신자유주의를 뛰어넘는 새로운 길이라기보다는, 전통적인 사회민주주의를 이른바 세계화로 특징지워지는 조건에서 실용적으로 변모시키고자 하는 것에 다름아니라는 사실을 분명히 함으로써,[2] 그의 "적극적 복지 사회"가 마치 과거의 복지 개념과는 전혀 다른 복지 개념에 근거한 사회라고 받아들일 경우 단지 수사적 놀음에 매몰될 수 있음을 분명히 하고자 한다. 이를 바탕으로 이 글에서는 주로 하이에크의 복지관이 과연 설득력 있는 복지 개념에 기초하고 있는가를 고찰하기 위해서, 설계적 요소가 배제된 시장 질서의 자생성이 가능한가를 살펴보도록 하겠다. 이를 통해서 설계적 요소가 배제된 시장 질서의 자생성에 기초한 복지 개념 자체가 이미 하나의 설계의 산물임을 들추어내 보도록 할 것이다.

2. 기든스의 제3의 길과 적극적 복지 사회

1) 제3의 길

동서 냉전의 시기에, 독일이나 스웨던 등 서구 사회민주주의 정당들은 노동자 세력을 정치적 기반으로 삼아 개혁을 선도했다. 이

---

2) 신광영, 「제3의 길 신자유주의의 대안인가? 앤토니 기든스의 논의를 중심으로」, 『노동사회』, 1998년 12월, 67쪽 참조. 신광영에 따르면 기든스의 제3의 길은 실용주의적 사회민주주의의 변형이다.

런 과정에서 생겨난 것이 바로 서구의 복지 국가다. 그것은 인류의 이상을 담고 있는 것처럼 보이기도 했다. 그러나 그러한 평가는 시간이 지나면서 바뀌어갔다. 누적되는 국가의 재정 적자, 비대해진 국가관료제, 시민의 노동 의욕 감소, 국가 경쟁력 하락 등으로 인하여 복지 국가는 공격의 대상이 되었다. 신자유주의가 힘을 얻게 된 것도 이와 맥락을 같이 한다. 서구 복지 국가가 위기에 빠진 커다란 이유 중 하나는 자본의 자유로운 이동을 들 수 있다. 자본의 자유로운 이동 앞에서 개별 국가는 무기력한 것처럼 보이게 된 것이다. 이러한 상황에서 기존의 복지 국가를 뛰어넘는 새로운 비전이 필요하게 되었고, 이로부터 기든스의 이른바 제3의 길이 제시되기에 이른다.3) 달리 말하자면 1970년대 말까지 서구 사회의 저변에 깔려 있던 '복지에 대한 합의'의 파괴와 세계화로 특징지어지는 급격한 사회 · 경제 · 기술적 변화가 사회민주주의자들로 하여금 제3의 길을 촉구하게 한 것이다.4)

기든스가 모색하는 제3의 길 저변에는 사회주의적 이상과 가치가 여전히 깔려 있다. 그가 보기에 사회주의를 추동시켰던 가치와 이상 중 어떤 것은 여전히 좋은 삶의 본질을 이루고 있으며, 실현해야 할 사회적 · 경제적 발전의 핵심이다.5) 기든스는 마르크스로 대표되는 사회주의의 실패 원인을 두 가지로 지적하고 있다. 첫째, 사회주의는 자본주의가 탄력적으로 생산성을 증가시킬 수 있는 능력을 갖고 있다는 점을 과소평가하였다. 둘째, 시장의 중요성을 포착하지 못했다.6)

---

3) 한상진 · 박찬욱, 「『제3의길』을 어떻게 읽을 것인가?」, A. Giddens, 『제3의 길』 (한상진, 박찬욱 옮김), 생각의 나무, 1998, 9-23쪽 참조.
4) A. Giddens, 『제3의 길』(한상진, 박찬욱 옮김), 생각의 나무, 1998, 25-26쪽 참조.
5) A. Giddens, 앞의 책, 32쪽 참조.
6) A. Giddens, 앞의 책, 36쪽 참조.

자본주의의 탄력성에 대한 과소평가는 복지 국가로 대표되는 서구의 사회민주주의의 위협으로까지 이어졌다고 기든스는 본다. 이른바 신자유주의의 위협이 그것이다.[7] 이러한 사태에 직면하여 기든스는 전통적인 사회민주주의의 문제점을 지적하면서, 새로운 사회민주주의의 추구를 제안한다.

전통적인 사회민주주의는 국가의 시장 개입을 통해서 자본주의의 문제가 완화·극복될 수 있다고 본다.[8] 고전적 사회민주주의에서 국가의 시장 개입은 필수적이다. 이에 기반한 이른바 복지 국가는 ① 더욱 평등한 사회를 창조하는 것과 ② 개인의 생활을 주기적으로 보호하는 두 가지 목표를 갖는다.[9]

이에 반해 신자유주의는 시장의 방임이 사회에 최대 선을 가져다준다고 본다. 동시에 이러한 시장주의를 전통적 제도, 특히 가족과 민족의 옹호에 연결시킨다.[10] 이러한 신자유주의의 가장 두드러진 특징은 복지 국가에 대한 적개심이다. 즉, 복지 국가는 모든 악의 근원으로 간주된다.[11] 이들에 따르면 복지란 "국가의 혜택이 아니라, 시장이 기적을 만들어냄으로써 경제 향상, 즉 전체적인 부를 극대화하는 것"을 의미한다. 그리하여 세계는 시장이 전혀 간섭받지 않고 내버려둔다면 가장 잘 움직여간다고 본다.[12]

기든스는 이러한 신자유주의는 근본적으로 시장자유주의에 담

---

7) 신자유주의와 사회민주주의에 대한 기든스의 구분을 복지 개념에 초점을 맞추어서 말해보면, 사회민주주의가 시민을 요람에서 무덤까지 보호하는 포괄적 복지 국가를 추구하는 데 반해, 신자유주의는 안전망으로서의 복지 국가를 추구한다. 중요한 것은 이 둘의 구분의 핵심에 놓인 사안은 역시 시장에 대한 국가의 개입 여부라는 점이다.

8) A. Giddens, 앞의 책, 40쪽 참조.

9) A. Giddens, 앞의 책, 42쪽 참조.

10) A. Giddens, 앞의 책, 45쪽 참조.

11) A. Giddens, 앞의 책, 46쪽 참조.

12) A. Giddens, 앞의 책, 47쪽 참조.

긴 영구 혁명과 보수적인 이념의 옹호라는 자기 모순을 안고 있다고 본다.13) 그렇다면 전통적인 사회민주주의는 어떠한가? 한마디로 말해 복지 국가는 오늘날 그것이 해결하는 것만큼이나 많은 문제들을 만들어내고 있다.14) 1987년 이후 영국 노동당의 변화는 이를 잘 말해준다. 기업 공유화를 확대하겠다는 종래의 약속은 폐기되었고, 케인즈적 수요 관리는 명시적으로 포기되었으며, 노조 의존도는 약화되었다.15)

이러한 상황에서 사회민주주의 정당들은 더 이상 의존할 만한 일관된 계급 블록을 갖고 있다고 기든스는 본다.16) 즉, 그는 지난 20~30년간에 걸쳐 근본적으로 변화된 세계에서 사회민주주의를 적응시키고자 하는 사고와 정책 형성의 틀을 가리킨다. 이는 전통적 사회민주주의와 신자유주의를 뛰어넘는 시도라는 의미에서 제3의 길이다.17) 기든스는 다섯 가지 딜레마(화두)의 제시를 통해서 자신의 길을 개진하고 있다.18)

2) 적극적 복지 사회

기든스의 제3의 길 정치는 전통적인 복지 국가의 문제점을 지적하면서 새로운 복지 개념, 이른바 적극적 복지 사회를 제안하고 있다. 기든스에 따르면, "복지 국가의 동력은 보호와 관심이지만, 개인의 자유에 대해 충분한 공간을 제공하지 않는다. 몇몇 복지 제도

---

13) A. Giddens, 앞의 책, 49쪽 참조.
14) A. Giddens, 앞의 책, 50쪽 참조.
15) A. Giddens, 앞의 책, 52쪽 참조.
16) A. Giddens, 앞의 책, 59쪽 참조.
17) A. Giddens, 앞의 책, 62쪽 참조.
18) 기든스는 세계화, 개인주의, 좌파우파, 정치적 행위체, 생태 문제들과 관련하여 자신의 입장을 개진하고 있다. 이와 관련된 자세한 내용은 다음을 참조할 것.
A. Giddens, 앞의 책, 67-115쪽.

의 형태는 관료적, 비효율적이고 소외를 유발시킨다. 그리고 복지 혜택은 애초에 이루고자 했던 목표를 손상시키는 잘못된 결과를 낳을 수 있다."19)

기든스는 오늘날 복지에서 핵심적인 문제는 인위적인 요소에 있다고 본다. 그래서 그는 방어적 복지가 아니라 적극적 복지를 제안한다. 달리 말하자면 전통적인 복지 국가는 오늘날의 기술적·사회적 변화로부터 야기되는 사태에 적극적으로 대처할 능력이 없다는 것이다. 예컨대 오늘날에는 흡연이라는 인위적 요인에 의한 암 발생을 줄이기 위해 적극적으로 금연을 유도하는 것처럼 복지에 대한 전향적 사고가 필요하다는 것이다.20)

이러한 맥락에서 기든스는 적극적 복지 사회는 경제적인 개념으로서의 복지뿐만 아니라, 심미적 개념으로서의 복지까지 고려해야 한다고 주장한다. 복지는 경제적 혜택의 육성뿐만 아니라 심미적 혜택의 육성까지도 포괄하는 것이어야 한다는 얘기다. 이런 맥락에서 그는 직접적인 경제적 요소에 초점을 두는 복지 국가 대신에 인적 자본(human capital)의 투자에 초점에 두는 사회 투자 국가(social investment state)의 건설을 주장한다.21)

문제는 기든가 주장하는 이러한 적극적 복지 사회가 기존의 복지 국가의 복지 개념을 뛰어넘는 이른바 제3의 길로서의 복지 개념에 기초하고 있는가 하는 점이다. 그러나 애석하게도 앞서 언급한 바와 같이 기든스의 적극적 복지 사회는 세계화로 상징되는 변화된 사회적 조건 속에서 전통적 사회민주주의의 복지 개념을 실용적으로 변용시킨 것으로 보인다.

---

19) A. Giddens, 앞의 책, 173쪽.
20) 신광영, 앞의 논문, 65쪽 참조.
21) A. Giddens, 앞의 책, 177-178쪽 참조.

3. 하이에크의 자생적 질서의 사회와 복지

1) 자생적 질서로서의 시장 질서

하이에크에 따르면 인간 사회 질서의 요체는 자생적 질서로서의 시장 질서다. 그는 사회의 질서를 자생적인 질서(cosmos)와 계획된 질서(taxis)로 나눈다.[22] 계획된 질서는 이성의 설계로 특징지워지는 질서다. 하이에크는 그러한 사회는 우리가 통상 생각하는 것과는 달리 조화롭고 균형 잡힌 사회로 나아가는 것이 아니라, 획일적인 사회로 귀결된다고 본다. 계획경제에 기초한 사회주의 질서가 그 대표적인 경우다.[23]

하이에크는 계획된 질서를 추구하는 합리주의를 구성주의적 합리주의(constructivist rationalism)라고 일컫는다. 구성주의적 합리주의는 "모든 사회 제도는 심사숙고한 설계(deliberate design)의 산물이거나 산물이어야만 한다"고 본다.[24] 그럴 경우 사회 제도 내의 인간의 삶은 투명하게 파악 가능하고, 더 나아가 미래의 삶의 질서가 훌륭하게 설계될 수 있다. 혹은 그래야만 한다. 달리 말해

---

22) F. A. Hayek, *Law, Legislation and Liberty*, Routledge 1982, pp.32-54 ; F. A. Hayek, *The Fatal Conceit*, Routledge 1989 [번역본(신중섭 역, 『치명적 자만』, 자유기업센터, 1996)을 참조하였으며, 이하에서 인용할 경우 FC로 약하고 원문의 쪽수를 기입함], p.45 참조.

23) 하이에크가 말하는 계획된 질서는 포퍼가 말하는 닫힌 사회와 거의 동일하다고 얘기되곤 한다. 그래서 하이에크의 자유주의와 포퍼의 사회 이론 간에는 거의 차이가 없는 것처럼 간주된다. 그러나 그렇게만 말할 수 없는 측면이 있는 것 또한 사실이다. 하이에크와 포퍼 모두 사회 질서의 자생성을 인정한다. 이 점에서는 동일하다. 그러나 하이에크가 사회 질서의 자생성을 사회 발전의 동력으로 보는 데 반해서, 포퍼는 그것을 극복의 대상으로 본다고 말하는 것이 타당해보인다. 이와 관련된 좀더 자세한 언급은 다음을 참조할 것. 민경국,『자유주의와 시장경제』, 위즈비즈 2003, 49-56쪽.

24) F. A. Hayek, *Law, Legislation, and Liberty*, Routledge 1982, p.5.

구성주의적 합리주의는 인간에게 문화를 설계할 수 있는 지적·도덕적 능력이 주어져 있다고 가정한다.25)

그러나 이 같은 생각은 인간 이성의 불완전성을 간과한 오만에 불과한 게 하이에크의 견해다.26) "인간이 자신의 문명(civilization)을 창조했다는 것은 사실이지만, 그러한 사실이 문명이 인간 설계의 산물이라든지 혹은 인간이 문명의 기능과 지속적 존속이 무엇에 의해 좌우되는가를 알고 있다는 것을 의미하지는 않는다."27) 인간 이성은 문명의 진화에 앞서 있는 선험적인 어떤 것이 아니라, 문명의 진화에 의한 결과에 불과하다는 것이다. 문명은 시행착오를 거치면서 누적된 것을 어렵사리 획득한 결과다.28) 따라서 이렇게 볼 때 구성주의적 합리주의(계획된 질서)는 이성에 대한(혹은 인간에 대한) 잘못된 관점에서 출발한 것이라는 주장이 가능해진다.29)

---

25) F. A. Hayek, *The Constitution of Liberty*, Chicago 1978 [번역본(김균 역, 『자유헌정론』, 자유기업센터 1998)을 참조하였으며, 이하에서 인용할 경우 CL로 약하고 원문의 쪽수를 기입함], pp.59-60.

26) 이런 점에서 하이에크는 무지의 자각이 지혜의 출발점이라는 소크라테스의 격언이 중요하다고 본다. 그는 '알지 못하는 것에 대해서 언급하는 것이 어떻게 가능한가'라는 소극적 인식론에 대한 전형적인 비판적 물음에 대해서 다음과 같이 답변하고 있다 : "암흑 속에서는 아무것도 볼 수 없겠지만, 깜깜한 지역의 경계선이라도 그을 수 있기를 바란다." CL, p.23.

27) CL, p.23. 하이에크는 "중세의 조상, 아니면 우리들의 할아버지들이 오늘날의 삶의 방식을 예측할 수 없었던 것과 마찬가지로, 우리들 역시 500년 후, 아니 50년 후 이 문명이 어떻게 될 것인가를 거의 알 수 없다"(CL, 같은 곳)고 말하고 있다.

28) CL, p.60 참조.

29) 하이에크는 이러한 합리주의를 잘못된 주지주의(intellectualism)에서 연유한 것으로 본다(CL, p.24). 이와 관련하여 인간 정신과 문명·문화에 대한 하이에크의 다음과 같은 주장은 시사적이다 : "인간의 정신은 문명 속에서 성장해온 문명의 산물이다. 문명은 문명을 형성하는 대부분의 경험(습관, 관행, 언어)과 도덕적 신념에 의해 체계화됨으로써, 인간 정신은 문명을 형성하는 경험을 의식하지 못한다"(CL, 같은 곳).

계획된 질서와 달리 자생적 질서는 인간 개개인의 자발적 · 자율적 행위에 기초한 질서다. 흥미로운 것은 그 질서가 각 개인의 차원에서 볼 때는 합리적 설계와 치밀한 계획을 수반한다고 하더라도, 전체적인 차원에서 볼 때 그와 같은 설계나 계획으로 제어 · 통제되지 않는 질서라는 점이다. 자생적 질서로서의 시장 질서는 이성의 숙고와 사려를 통해서 조화 · 균형을 이룬 질서와 거리가 멀다. 또한 그것은 인간의 양심이나 혹은 이성의 자기 성찰에 기초한 도덕성에 바탕을 둔 사회와도 거리가 멀다.

인간 사회 질서의 요체를 자생적 질서로서의 시장 질서로 파악하는 하이에크 사상의 근저에 놓인 개념은 자유, 좀더 정확하게 말하면 사유 재산의 인정과 그에 기초한 자유로운 상거래(교역)다. 시장 질서는 어떤 합리적 존재자나 혹은 몇몇 특별한 사람들의 이성적 숙고를 통해서 어느 날 갑자기 계획적으로 생겨난 것이 아니라, 그러한 계획과는 무관하게 개인의 자유에 기초한 부단한 교역을 통해서 역사적으로 형성 · 발전돼온 것이라고 하이에크는 본다.[30]

이런 까닭에 시장 질서는 몇몇 사람의 심오한 이성적 통찰에 의해서 혹은 어떤 특별한 존재자의 이성적 성찰을 통해서 낱낱이 파악되거나 설계될 수 있는 것이 아니다. 각 개별자들의 합리적 선택과 숙고에 기초한 행위들로 이루어지는 질서는 역설적이게도 그러한 합리적 숙고나 선택 너머에서 그 둥지를 튼다. 시장에서 어떤 특정인의 시장 활동의 성공과 실패를 이성의 통찰을 통해서 미리 확정지을 수 없다는 사실은 하이에크가 말하는 자생적 질서의 특징을 잘 드러내준다.

자생적 질서로서의 시장 질서는 생물학적 본능에 의존하는 본능

---

30) 이 점에서 그는 이른바 진화론적 자유주의자 혹은 진화론적 합리주의자다. 그리고 이런 관점에서 데카르트적인 합리주의, 구성주의적 합리주의를 비판한다. 하이에크는 사회주의 역시 데카르트주의의 변형으로 본다.

적 질서와도 구별된다.31) 자생적 질서로서의 시장 질서는 결코 그러한 질서가 아니다. 그 질서는 오히려 생물학적 본능을 벗어남으로써 생겨나는 질서다. 만일 인간이 생물학적 본능에만 의존하려고 했다면, 오늘날과 같은 시장 질서의 성립은 불가능했을 것이라고 하이에크는 말한다.32)

더 많은 사유 재산을 추구하는 자유로운 상거래를 통해서 형성되는 시장 질서는 이성에 의해 투명하게 파악되거나 통제될 수 있는 것이 아니지만, 그렇다 하더라도 그 질서가 그 어떤 원칙이나 규칙을 추구하는 것과는 무관하게, 본능적인 것만을 좇음으로써 생겨날 수 있다고 하이에크는 보지 않는다. 그 질서는 인간 본능의 유혹(?)을 벗어나서 앞선 세대로부터 이어져 내려오는 관습과 행동 규칙33)들을 따르는 데서 생겨난다. 그러한 관습이나 행동 규칙들을 따르기 위해서는 본능의 달콤한 유혹은 접어두어야 한다.34) 물론 본능의 유혹을 떨쳐버리고 그와 같은 관습과 행동 규칙을 따르게 되는 것이 사회 질서를 합리적 설계하고자 하는 이성의 명령을 따르는 것을 의미하는 것은 아니다. 이성의 명령을 따랐기 때문

31) 이뿐만 아니라 시장 질서는 초자연적인 지성의 설계로부터 생겨났다는 주장에 대해서도 하이에크는 동의하지 않는다(CL, p.59 참조).

32) 이 점에서 그는 생물학적 진화론자들과 분명하게 구별된다. 사회 진화에서 결정적인 것은 육체적으로 유전 가능한 인간 속성의 선별이 아니라, 성공적 제도와 습관의 모방을 통한 선별이라는 것이 하이에크의 주장이다(CL, p.59). 그가 인간의 차이를 언급하고 있는 곳에서는 생물학적 차이를 중요시하게 여기고 있는 듯이 보이기도 한다(CL, pp.86-87 참조). 그러나 하이에크가 개인의 차이와 관련해서 말하고자 하는 진정한 의미는 개인의 생물학적인 차이를 말하고자 하는 것이라기보다는 "인간간의 차이가 아무리 클지라도, 특정 순간의 한 사람의 정신이 다른 사람의 정신이 할 수 있는 모든 것을 완전히 이해할 수 있을 정도로 그 차이가 크다고 믿을 근거가 없다"(CL, p.88)는 것이다.

33) 물론 이는 사유 재산의 추구에 기초한 자유로운 상거래의 성공을 보장해주는 관습이나 규칙을 의미한다.

34) 그렇다고 해서 하이에크가 본능으로부터 우리가 끊임없이 이익을 얻어왔다는 사실을 전적으로 간과하고자 한 것은 아니다. FC, pp.17-18 참조.

에 시장 질서가 형성된 것이 아니라, 세대를 거치면서 자연스럽게 이어져온 규칙과 관습들을 따랐을 때 성공적인 삶이 보장되었고 시장 질서의 형성과 확대는 그러한 과정 속에 놓여 있다고 하이에크는 주장한다.

이렇게 볼 때 자생적 질서로서의 시장 질서는 이성과 본능의 사이에서 형성되는 질서라 할 수 있다. 이 질서는 생물학적 본능에 의존하지 않는다는 점에서 합리적·이성적이지만, 이성의 합리적 설계에 의해서 통제되지 않고 자연 선택의 과정을 통해서 진화해 왔다는 점에서 자생적이다.[35]

하이에크는 시장 질서의 이러한 특징이야말로 삶의 근간이 되는 질서임을 강조[36]하면서, 그러한 자생적 질서로서의 시장 질서를 이성적이고, 합리적인 사유에 기초해서 설계된 사회를 건설하려고 했던 전통적인 구성주의적 합리주의, 특히 사회주의자들의 태도를 "치명적 자만(fatal conceit)"[37]이라고 일컫고 있다.

---

35) FC, p.19 참조. 우리는 보통 인간이 목적 의식적으로 고안하고 계획하고 창안한 것을 '인위적인(artificail)' 것이라고 부른다. 이에 반해 인간의 손길이 닿지 않아 비계획적이고 무규칙적인 것을 '자연적인(natural)' 것이라고 부르곤 한다. 이런 의미에서 보자면 하이에크가 말하는 자생적 질서로서의 시장 질서는 세 번째 유형의 것이라 할 수 있다. 즉, 그것은 인간 행위로부터 독립적이지 않은 까닭에 단지 자연적인 것만도 아니고, 동시에 인간 설계의 산물도 아니라는 점에서 인위적인 것만도 아니다. Kurt R. Leube, "Hayek's Spontaneous Order and the Ethics of Free Markets", in : *Hayek Revisited* (ed. by Boudewijn Bouckaert), Edward Elgar, 2000, p.8 참조.

36) 하이에크는 오늘날 우리들 대부분이 삶을 영위할 수 있는 것은 시장 질서 덕택이라고 말한다. FC. p.133.

37) FC, p.21. 하이에크는 시장 질서가 유지되는 데 기여하는 이성의 역할마저 부정하지 않는다. 그에게서도 "이성은 의심할 바 없이 인간이 지닌 것 중 가장 소중하다." 다만 그가 말하고자 하는 바는 "그것(이성 — 필자 주)이 전능하지는 않으며, 이성이 그 자신의 주인이 되어서 스스로의 발달을 통제할 수 있다는 신념은 이성을 파괴할지도 모른다"는 점을 지적코자 함이다(CL, p.69). 하이에크에게 "정당하게 사용된 이성이란 이성의 한계를 인정하고, 경제학이나 생물학이 보여

이상의 하이에크의 견해를 합리성 개념에 초점을 맞추어 얘기해 보자면, 그가 말하는 자생적 질서로서의 시장의 합리성은 역설적이게도 예측 불가능성으로서의 합리성(혹은 우연성으로서의 합리성)이라 할 수 있을 것이다.[38] 왜냐 하면 시장 질서는 이성의 설계·계획으로부터 벗어난 데서 꽃을 피우며, 시장 질서의 그와 같은 자생성은 부정되어야 할 것이 아니라 삶의 발전의 원동력으로써 보호되어야 할 그 무엇이기 때문이다. 다시 말해 우리가 시장 질서를 유지·발전시키려고 하는 한, 예측 불가능한 시장의 자생성을 적극적으로 보호·장려하는 것이 합리적인 자세라 하지 않을 수 없다는 것이다. 인간 사회의 기본 질서에 대한 하이에크의 이러한 생각은 그의 법치 사상에 의해서 보완되고 있으며, 현실 정치에서 작은 정부의 추구, 시장 질서에서 정치 논리의 배제 등으로 이어진다.

2) 자유, 법치 그리고 복지

하이에크에게 (개인적) 자유는 다른 도덕적 가치들과 병렬적 관계에 놓인 가치가 아니다. 그것은 모든 개인적 가치의 원천이다.[39] 그래서 그는 자유의 성공적 방어는 교조적(dogmatic)이어야 하며, 결코 편리함에 양도되어서는 안 된다고 본다. 그에게 자유는 국가

주는 놀라운 사실의 함의를 받아들이고, 설계 없이 만들어진 질서가 인간이 의식적으로 고안한 질서보다 훨씬 더 낫다는 것을 인정하는 이성을 의미한다"(FC, p.8). 하이에크는 이러한 자신의 입장을 비합리주의나 신비주의와는 다른 반합리주의적 입장(antirationalistic position)로 일컫고 있다(CL, p.69).

38) 이러한 관점에서 하이에크가 말하는 시장의 질서를 보자면 그것은 어떤 특정한 가치로 정향지워진 질서가 아니라, 단지 "선택의 논리(logic of choice)"로부터 귀결되는 가치 중립적인 질서라고 볼 수 있다. Kurt R. Leube, 앞의 글, pp.7-8 참조.

39 CL, p.6 참조.

의 최고의 선이다.

그렇다면 그가 말하는 자유란 구체적으로 무엇을 의미하는가? 하이에크에게서 "자유란 억제와 강제의 결여로 정의"[40]될 수 있다. 자유의 상태란 "사회에서 타인에 대한 강제가 가능한 한 줄어든 상태", 달리 말하면 "자유란 사람이 항상 자신의 결정과 계획에 따라서 행동할 수 있는 가능성을 의미한다." 또 이는 "타인의 임의적 의지로부터의 독립"을 의미하는 것이기도 하다.[41]

자유에 대한 하이에크의 생각을 이 정도로만 압축시켜 말할 수는 없다. 하이에크가 말하는 자유는 사람들(people)이 자신의 정부를 선택하고, 입법 과정에 참여하고, 행정부의 통제에 참여하는 이른바 정치적 자유가 아니다.[42] 또한 어떤 내면적·형이상학적 자유도 아니다. 그렇다고 해서 권력으로서의 자유, 달리 말해 원하는 것은 무엇이나 할 수 있는 실질적인 힘을 의미하는 것이거나 혹은 부(富)와 동일시 될 수 있는 것도 아니다.[43] 하이에크가 말하는 자유는 무엇보다도 법률의 지배를 받으면서 사유 재산을 획득할 수 있는 자유를 의미한다.[44]

하이에크는 이와 같은 개인적 자유에는 개인이 의도하지 않았던 사태가 함축되어 있다는 사실에 주목한다. 예를 들면 개인의 자유로운 행위는 그 개인의 의도와는 무관하게 공동체 전체에 이로움

---

40) CL, p.17. "어떤 사람이 자기 자신의 목적이 아니라 타인의 목적을 위해서 다른 사람의 의지에 복종할 때 강제가 발생한다"(CL, p.133). "강제는 한 개인이 자신의 정신적 능력을 완전하게 이용하고, 공동체를 위해 최대한으로 기여하는 것을 막기 때문에 나쁜 것이다." CL, p.134.

41) CL, p.12. 하이에크에 따르면 사회에서 자유의 완벽한 실현은 불가능하고, 따라서 자유 정책의 과제는 강제나 그것의 해로운 효과를 최소화하는 것에 국한되어야 한다. CL, pp.11-12 참조.

42) CL, pp.13-14 참조.

43) CL, pp.15-17 참조.

44) CL, p.20 참조.

을 가져다줄 수 있다는 것이다. 이러한 맥락에서 그는 모두가 제한된 자유를 누리는 것보다는 모두는 아닐지라도 다수가 완전한 자유를 향유하는 것이 더 낫다고 본다.45) 그는 앞선 사람과 뒤진 사람을 균등화함으로써 그 간격을 메우려고 하는 것은 장기적으로 뒤진 사람들의 지위를 악화시킬 것이라고 주장한다.46) "맨 꼭대기의 진보를 막는 것은 우리가 결코 바라지 않는 결과인 그 아래 모두의 진보를 막는다는 점을 유념해야 한다"47)는 것이다.

하이에크가 자유를 이렇게 보는 데에는, 자유의 가치 역시 이성에 의한 설계와는 무관한 것으로, 사회 제도·관습·습관 등을 통해서 성장한다는 진화론적 관점이 스며들어 있다.48) 이러한 사실은 그 의미를 정확하게 의식하고 있지 못하고 있다 하더라도, 계승된 문화의 제도·관습·관행을 자발적으로 따르는 것은 자유의 가치가 실현되기 위한 필연적 조건49)이라고 말하는 데서 잘 확인된다. 계획되지 않은 관습·관행의 준칙이 자발적으로 준수되는 곳에서만 강제가 최소한으로 줄어들 수 있다는 것이다.50) 하이에크

---

45) CL, p.32.

46) CL, pp.48-49.

47) CL, p.51. 또 다른 언급을 보자 : "어떤 사람들은 그들의 영역에 새로 등장한 경쟁자의 우월한 능력 때문에 이전보다 못해질지도 모른다는 것은 사실이지만, 공동체의 그러한 추가적 능력은 다수에게 이득이 될 것이다"(CL, p.88). 하이에크의 이러한 견해는 다음과 같은 데서 그 절정에 다다른다. "우리 시대의 최대의 비극 중 하나는 대중이 부유층을 끌어내림으로써 스스로 물질적 복리의 최고 수준에 도달했다고 믿게 된 것이며, 그런 계급이 유지되거나 등장하면 그렇지 않을 경우 그들이 얻은 무엇, 그들이 자신의 몫이라고 보는 무엇을 박탈당할까 두려워하게 된 것이다"(CL, p.130).

48) CL, p.61 참조.

49) CL, p.62 참조.

50) 하이에크가 이성에 의한 설계에 대해서 비판적 입장을 취하는 것과 개인의 자유에 대해서 적극적으로 옹호하는 것 간의 연결 고리는 다음과 같은 언급에서 분명히 드러난다 : "전지전능한 인간이 있다면, 우리가 현재의 욕구뿐만 아니라, 미래의 필요와 욕구의 성취에 영향을 끼치는 모든 것을 다 알 수 있다면, 자유는

는 흄의 견해를 좇아 이러한 준칙들을 자율적·자발적으로 따르는 것을 도덕적인 것이라고 일컫고 있다. 즉, 그에게 도덕적인 것도 철저하게 진화론적인 것이다. "다른 모든 가치와 마찬가지로 도덕 역시 이성의 산물이 아니라 그 전제며 지금껏 발전되어온 지성이 라는 도구가 봉사하는 목적의 일부다."[51]

하이에크가 보기에 사유 재산권의 추구는 국가가 개인의 사적 영역을 타인의 침해로부터 보호할 때만 가능한데,[52] 이 목적을 위 해서 정부가 사용할 수밖에 없는 강제는 최소한으로 줄여야 한 다.[53] 이것이 '법률의 지배를 받으면서 사유 재산을 획득할 수 있는

정당화되지 못할 것이다. 그러나 개인의 자유는 완전한 예측을 불가능하게 할 것이다. 자유란 예측 불가능한 여지를 남겨놓기 위해서도 필수적이다"(CL, p.29).
51) CL, p.63. 하이에크의 저작을 통해 계속해서 그리고 일관되게 긍정적으로 평 가되고, 인용되고 있는 철학자가 있다면 그 철학자는 아마도 흄(D. Hume)일 것이 다. 하이에크는 모두 측면에서(인식론, 윤리학, 정치철학, 법철학 등에서) 흄의 입장 을 견지하고 있다고 해도 지나치지 않다. 흥미로운 점은 흄의 철학과 칸트의 철학은 날카롭게 대립하고 있음에도 불구하고, 종종 하이에크는 칸트적인 입장을 견지하고 있다는 점이다. 그 대표적인 예가 '다른 사람에 의한 강제 혹은 장애로부터의 자유' 에 대한 견해다. 하이에크는 롤즈의 구성주의에 대한 명시적 비판과는 달리, 칸트의 구성주의에 대해서는 명시적인 비판을 하고 있지 않다. Chandran Kukathas, *Hayek and Modern Liberalism*, Oxford 1989, p.45, 66 참조.
52) 하이에크에게 자유는 전적으로 좋은 것 또는 모든 해악들이 없음을 뜻하지 않는다. 그에게 자유로움은 굶어죽을 자유, 값비싼 실수를 행할 자유, 운명적 위 험을 감수할 자유를 함축한다(CL, p.18). 물론 하이에크가 다른 모든 사람이 굶어 죽는 데도 한 개인의 자유가 추구되어야 한다는 사실을 언급하고 있는 것은 아니 다. 그는 다음과 같이 말한다 : "자유를 위한 변론은 인간 이성이 만든 가장 강력 한 수단인 조직을 반대하는 주장이 아니라, 모든 배타적·특권적·독점적 조직을 반대하고, 다른 사람들이 더 나은 것을 시도하지 못하도록 막는 강제를 반대하는 주장이다"(CL, p.37). 그러나 이러한 의미의 자유가 어떤 다른 가치보다 우선하 며, 그러한 자유가 최대한 보장될 수 있도록 해야 한다는 주장 이면에는 한 인간 의 삶의 기본적 생존권에 대해서 무관심한 태도가 배어 있음을 부정하기 어렵다.
53) CL, p.21 참조. 대표적으로 과세와 국방의 의무는 불가피한 강제라고 하이에

자유'의 근간에 놓인 내용이다.

하이에크가 말하는 법률은 입법 기관에 의해 제정된 법의 의미로 한정되지 않는다. 그는 법률의 기원도 인간 이성의 선험적 설계의 산물이 아니라, 시장·화폐·언어와 마찬가지로 사회적 삶의 진화의 산물로 본다.[54] 인간의 삶은 특정한 준칙을 따르는 개인들 때문에 가능하다. 그런데 지력의 성장과 함께, 이러한 준칙들은 무의식적인 습관에서 명시적이고 분명한 언술로, 그리고 이와 함께 점점 추상적이고 일반적으로 되어간다.[55] 이로부터 법률이 생겨났다는 것이다. 요컨대 하이에크에게 법률이란 그것의 구체적인 적용과는 상관없이 확립된 일반적이고 추상적인 준칙이라 할 수 있다.[56]

이러한 추상적인 준칙의 의미를 갖는 법률을 준수하면 다른 사람의 의지에 종속되지 않고 자유로운 것인 바, 이것이 이른바 법 아래서의 자유(liberty under law)다.[57] 법 아래에서의 자유가 함축하는 바는 "자유는 우리의 행위가 다른 사람이나 권력 기관의 승인에 의존하지 않으며, 단지 모두에게 동일하게 적용되는 추상적 준칙에 의해서만 제한될 수 있다는 것을 의미하고, 또 의미할 수 있

크는 본다. CL, p.143 참조.

54) 이런 까닭에 하이에크는 자연법 전통과 법실증주의에 대해서 비판적이다. 하이에크의 입장은 그 중간쯤에 위치하고 있다고 말할 수 있다. 이와 관련된 자세한 내용은 다음의 글을 참조할 것. Paul B. Cliteur, "Spontaneous Order, Natural Law, and Legal Positivism in the Work of F. A. Hayek", in : *Hayek Revisited*, Edward Elgar 2000, pp.14-31.

55) CL, p.148 참조. 하이에크에 따르면 이러한 법률은 의도적으로 어떤 설계에 의해 만들어진 것이 아니기 때문에 그것이 어떻게 해서 만들어졌는가를 알지 못하며, 안 적도 없다. CL, p.157 참조.

56) 법률의 구체적인 적용에 대해서 우리는 무지할 수밖에 없다. CL, p.158 참조. 이런 맥락에서 극단적인 공리주의는 불합리하다는 주장이 가능하다. 그러한 공리주의는 법률의 계획성을 함축하기 때문이다. CL, p.159 참조.

57) CL, p.153.

다"는 것이다.58) 우리를 자유롭게 하는 법률이라면 그것은 일반 준칙이라는 의미의 법률에만 해당된다는 것이다.59) 달리 보자면 단순히 입법 기관에서 나온 것으로서 법률은 억압의 수단일 수 있다는 것이 하이에크의 견해다.60) 이러한 법 아래서의 자유에 대한 하이에크의 생각의 핵심은 다음과 같은 사실로 요약된다 : ① 법 아래서의 자유는 어떤 사람에 의한 다른 사람의 강제(coercion)가 최소화될 수 있는 인간의 상태다. ② 이런 까닭에 그것은 불가피하게 제한들(limits)을 함축한다.61)

그런데 자유가 법 아래서의 자유라 하더라도, 법이 자유보다 우월한 가치를 갖는 것은 아니다. 법은 자유의 보호를 그 목적으로 실현해야 하는 수단을 의미한다.62) 즉, 법의 목적이란 합법적 규범을 강제하는 것뿐만 아니라 자유를 촉진하는 것을 의미한다. 하이에크는 법이 방어하고 지지하는 질서(자생적 질서)의 내용에 대해서는 의심하지 않았다. 어떤 한 사회에서 가능할 수 있는 자유의 최대화를 위한 질서가 그가 말하는 법이 방어하고 지지하는 질서다. 이처럼 하이에크에게 법은 "자유의 토대"다. 자유는 법의 목적(purpose)이고 법은 궁극 목적으로서의 자유의 성취를 위한 수단이다.63)

법에 대한 하이에크 견해의 핵심은 법치(the rule of law)를 언급

---

58) CL, p.155.

59) CL, p.155.

60) CL, p.156.

61) 조세와 국방의 의무가 불가피한 강제라면, 폭력과 사기, 기만의 금지는 자유를 위한 불가피한 제한들이다.

62) 법률의 주요한 특징들에서 뿐만 아니라(CL, p.158 참조) 법의 목적에 대한 이러한 하이에크의 생각은 흄의 견해에 가장 가깝다. Gottfried Dietze, "Hayek on the Rule of Law", in : *Essays on Hayek* (Ed.) Fritz Machlup, Routledge 1977, p.114 참조.

63) Gottfried Dietze, 앞의 글, p.115 참조.

하는 데서 잘 드러난다. 법치란 (불가피한 예외적 경우를 제외하고는) 정부가 개인에게 강제를 행사하지 말아야 한다는 것으로, 입법부의 권력을 포함한 모든 통치 권력의 제한을 의미한다. 이런 점에서 하이에크의 법치는 법률의 준칙(a rule of law)이 아니라, 법이 어떠해야 하는가와 관련된 준칙, 메타-법률적(meta-legal) 원칙 혹은 정치적 이상을 의미한다.[64] 하이에크는 이러한 법치에 기초한 사회를 자유롭지 못한 목적 지배적(teleocratic) 사회 질서와 구별해서 법 지배적(nomocratic) 사회라 불렀다.[65]

중요한 것은 하이에크가 말하는 법치의 이상에 상응하는 질서란 결국은 자생적 질서로서의 시장 질서를 의미한다는 사실이다. 그리고 그렇게 보자면 그가 말하는 법치란 결국 자생적 질서 내에서의, 자생적 질서를 위한 것 이상을 의미하지 않는다. 그가 이상적인 법치의 상태는 법률 제정(legislation)에 의해 계획될 수 없고 관습과 법의 발견에 의해 점진적으로 전개될 수 있다고 본 것은 법을 진화론적으로 봤다는 관점에서 볼 때 자연스러운 것이지만, 그 이면에 놓인 내용을 헤아려보자면 이상적인 법치의 상태에 상응하는 질서는 결국 시장 질서임을 함축한다고 말할 수 있다.

하이에크가 말하는 법 지배적 사회가 사실상은 시장 질서와 동전의 양면에 다름아니라는 사실은 마이클 폴라니(M. Polany)의 "다중심적 질서"를 인용하면서 그 질서를 자생적 질서(로서의 시장 질서)에 견주는 데에서 잘 드러난다. 폴라니의 다중심적 질서는 자발적인 개인들이 상호 작용하는 가운데 자생적으로 형성되는 질서다. 이러한 질서에서 개인의 자유로운 행동은 자체적으로 조정되는(self-co-ordination) 공적 토대 위에 놓여 있다.[66] 따라서 이러한 질서에서 입법자의 임무는 특정한 질서를 확립하는 데 있는

---

64) CL, p.205 참조.
65) Gottfried Dietze, 앞의 글, p.122 참조.
66) CL, p.160.

것이 아니라, 단지 질서 잡힌 제도 장치가 확립되고 스스로 갱신할 수 있는 조건을 창출하는 데 있다. 이러한 질서에서는 개별 원자의 행태를 예측할 필요도 없고 예측할 수도 없다. 필요한 것은 그러한 행태의 제한된 규칙성뿐이다. 법률의 목적은 이러한 제한된 규칙성을 보장하여 그러한 질서를 형성하는 것이다.67) 다시 말해 다중 심적 질서가 유지될 수 있는 조건이 개인의 자유를 위한 본질적인 조건이며, 그것을 보장하는 것이야말로 법률의 주된 기능이라는 것이다.68) 법치는 (시장 질서에 기초한) 자유 체계와 양립할 수 있는 정책과 그렇지 못한 정책을 구분할 수 있도록 해주는 기준을 제공해준다는 하이에크의 언급69)은 이런 맥락에서 보면 조금도 이상스러운 얘기가 아니다.

그러나 시장 질서와 법치의 관계가 샴쌍생아에 다름아니라는 사실은 역설적이게도 법치는 시장 질서의 원활한 작동을 위한 충분 조건이 아니라 필요 조건이라는 데서,70) 나아가 시장 질서가 잘 작동하기 위해서는 법치가 일반 준칙에 머무르는 것이 아니라, 그 법치의 내용이 시장이 잘 작동할 수 있게끔 해주는 것이어야 한다고 말하는 데71) 가장 분명하게 드러난다. 다시 말해 법치가 시장 질서에 우선하는 것이 아니라, 시장 질서가 법치에 우선하는 것임을 강조하는 데서 역설적이게도 시장 질서와 법치는 한 몸에 결합되어 있는 쌍생아라는 사실이 분명해진다는 것이다.

---

67) CL, p.161.

68) CL, p.161 참조. 하이에크에 따르면 이것이야말로 흄에게서 정확하게 표현된, "의지의 통치에서 법의 통치"로의 진화를 함축한다(CL, p.172). 달리 말해 위와 같은 법률의 의미야말로, 자유란 인간이 아니라 법에 의한 통치라고 했을 때의 법의 의미다.

69) CL, p.222.

70) CL, p.228 참조.

71) CL, p.228. 물론 하이에크에 따르면 이러한 세부적인 것은 경험과 진화에 맡겨진 것이다. CL, p.229 참조.

복지에 대한 하이에크의 견해 역시 이러한 생각의 연장선상에 놓여 있다. 그가 보기에 시장 질서의 자생성을 깨뜨리면서까지 복지 정책을 추구하는 것은 사회 전체의 빈곤화는 물론이고, 궁극적으로 사회의 몰락을 야기하는 것이다. 하이에크의 이러한 생각은 사회주의에 대한 비판에서는 물론이고, 그가 사회주의와 구별하고 있는 이른바 복지 국가에 대한 양면적 입장에서도 잘 드러난다.

하이에크는 오늘날 "현대의 모든 정부들은 빈민, 낙오자, 무능력자들을 위한 규정을 갖고 있으며, 의료 문제와 지식의 확산에 관심을 기울인다"[72]고 말하고 있다. 그런데 그는 이러한 사태는 시장 질서가 발전함에 따라 자연스럽게 생겨나는 현상이어야지, 정부가 의도적으로 시행하는 결과여서는 곤란하다고 본다.[73] 다시 말해 하이에크는 시장 질서의 발전에 따른 결과물로서의 복지 국가의 추구에는 반대하지 않지만, 시장 질서의 전개 과정에 개입하면서까지 복지 국가에 추구되어야 한다는 주장에는 분명한 선을 긋고 있다는 것이다.[74]

3) 확장된 시장 질서와 정치적 설계

하이에크는 인류사의 전개를 개인의 소유의 확대 과정이라는 단일한 잣대를 갖고 개괄한다. 이 점에서 인류사의 전개 과정에 대한 그의 견해는 대단히 명쾌해보인다. 그에 따르면 역사를 움직인 동력은 인간의 이성이나 시대 정신도 아니며, 그렇다고 인간의 생물

---

72) CL, p.257.

73) CL., p.258 참조.

74) 하이에크의 이러한 생각은 『자유헌정론』 제3부 「복지 국가에서의 자유」 곳곳에서 나타나고 있다. 일례를 들자면, 하이에크는 복지 국가의 목표와 관련하여 "오늘날 주된 위험은 정부의 목표가 일단 정당한 것으로 수용되면, 자유의 원칙(시장 질서의 원칙 — 필자 주)에 위배되는 수단들조차도 정당하게 이용되는 것으로 간주된다는 데 있다"고 주장한다. CL., p.260.

학적 본능도 아니다. 또한 이른바 상부 구조와 토대 간의 긴장 관계도 아니다. 그것은 개인의 소유의 확대에 기초한 교역에 다름아니다.[75]

이러한 관점에 기초해서 역사의 전개를 파악하는 그의 논의는 상식을 뒤엎는 내용을 담고 있다. 예를 들면 아테네의 번성에 대한 설명이 그러하다. 일반적으로 그리스 아테네의 번성을 낳게 한 가장 중요한 요인 중 하나로 꼽는 것은 합리적·이성적 사유 및 그에 기초한 질서라 할 수 있다. 그러나 하이에크에 따르면, 이성적·합리적 사유와 숙고에 기초한 질서의 추구는 아테네의 번성이 아니라 오히려 몰락을 앞당기는 요인이었다.[76] 잘 조직된 국가에서 문명의 초기 발전이 절정에 도달했다는 생각은 오류라고 그는 주장한다. 다시 말해 아테네가 최고로 번영하고 성장하였을 때, 정부가 무역을 관리하고 협정을 체결하여 규제하고 고정된 가격을 관리하였다는 것은 잘못된 주장이라는 것이다.[77]

하이에크는 고대 사회의 발전은 물론이고 근대 이후의 사회, 즉 자본주의의 본격적인 발전의 결정적인 요소가 바로 사유 재산의 옹호에 기초한 교역(상거래)이라고 본다. 이는 강력한 정부에 의해서 무역과 거래가 치밀하게 계획·설계되는 것과 근대 자본주의의 발전과는 무관하다는 의미를 함축한다. 근대 자본주의가 발전한

---

75) 하이에크는 고고학의 성과를 바탕으로 교역이 상식적으로 알고 있는 것보다 오래 전부터 시작되었으며, 농업이나 다른 정기적인 생산보다도 더 오래 전부터 이루어졌음을 지적하고 있다. FC, pp.38-39 참조.

76) 하이에크는 아리스토텔레스 이후 2000여 년간 아리스토텔레스적인 생각이 서구를 지배한 것은 흥미로운 일이라고 지적을 하면서도, 아테네가 몰락을 재촉했던 것은 아테네가 자생적 질서로서의 코스모스(kosmos)를 배격하고, 계획된 질서로서의 탁시스(taxis)를 주장한 아리스토텔레스의 견해를 따랐기 때문이라고 지적하고 있다. FC, p.46 참조.

77) FC, p.44 참조. 하이에크는 중국이 유럽에 뒤진 이유도 이와 같은 사실에 있다고 본다. 즉, 중국의 경우 정부가 질서를 너무 완벽하고 강력하게 밀고 나가려 했기 때문에 개혁이 불가능하게 된 많은 사례를 보여준다는 것이다. FC, p.44 참조.

곳이 바로 그러한 곳이라고 하이에크는 말한다. 그래서 그는 강력한 정부야말로 문화의 전성기를 가능하게 했다는 역사가의 설명은 옳지 못한 견해의 가장 판에 박힌 설명이라고 밝히고 있다. 그러한 강력한 정부는 문명·문화의 종말을 가져왔다는 것이다.[78] 요컨대 하이에크는 "정치적 무정부 상태(political anarchy)"야말로 가장 바람직한 정치의 모습이며, 이로부터 이른바 확장된 질서(the extended order)로서의 시장 질서가 가능했다고 보고 있다.[79] 19세기 이후 그리고 이른바 세계화가 화두가 되고 있는 작금의 국제 상황과 관련해서도 하이에크의 이러한 견해는 마찬가지라 말할 수 있다.

위와 같은 하이에크의 견해에 따를 경우 이른바 작은 정부,[80] 달리 말해 정치 논리가 개입되지 않은 시장 질서야말로 국가 발전의 원동력이자 우리 모두의 존립을 가능하게 해주는 것처럼 보인다. 삶의 발전의 동력은 자생적 질서로서의 시장 질서며, 따라서 한 국가는 물론이고 더 나아가 인류 전체가 더 번성하고 잘 살기 위해서는 가능한 한 정치의 논리를 배제하고, 시장이 자율적으로 유지될 수 있게끔 해야 한다는 것이다. 작금의 우리 사회에 팽배해 있는 주장, 즉 우리의 삶을 이른바 글로벌 스탠더드에 맞추어야 한다는 주장은 그 좋은 예라 할 수 있을 것이다.

그러나 19세기 이후 이른바 세계화의 문제가 국제 사회에 본격적으로 등장한 이후 오늘날까지의 국제 관계를 보자면 하이에크의 견해에 동의하기 어려운 것이 사실이다. 아니 하이에크의 견해는 19세기 이후 세계 경제 질서의 전개 과정을 지나치게 편의적으로 해석하고 있다고 말하거나 혹은 내재적으로 자기 모순을 담고 있

---

78) FC, pp.32-33 참조.
79) FC, p.33 참조. 하이에크는 제도로서의 정치 질서 역시 설계 없이도 매우 복잡한 정책 체계가 세워질 수 있음을 언급하고 있기도 하다(CL, p.57 참조).
80) FC. p.63 참조.

다고 말해야 더 타당할 것이다.

오늘날 영국이나 미국은 자유 무역의 대명사처럼 보인다. 다시 말해 그 두 국가는 이른바 보호 무역과는 거리가 먼 것처럼 보인다. 그러나 19세기 이후 서구의 경제 성장과 발전의 과정을 잘 살펴보면 그러한 주장은 사실과 동떨어진 것임을 알 수 있다. 시장 질서를 배제하고 21세기 국가의 장래를 생각하기 어려운 것이 현실이기는 하지만, 그렇다고 해서 흔히 생각하기 쉬운 것처럼 이른바 순수 결정체로서의 시장 질서, 즉 이른바 국가의 의도적이고 계획적인 개입이 배제된 시장 질서가 존재했고, 그로부터 오늘날과 같은 세계 시장 질서가 형성되었다는 것은 하나의 허구라는 것이다. 다시 말해 19세기 이후(그리고 어떤 면에서는 근대 자본주의의 성립기부터 이미) 시장 질서의 확장은 정치의 논리 혹은 정부의 의도적이고 계획적인 개입과 동전의 양면을 이루어왔다는 것이다. 하이에크 식으로 말하자면 오늘날의 세계화 요구는 시장 질서의 자생적 결과물이라기보다는 정치적 설계의 결과물이라는 것이다. 이런 까닭에 세계화는 정치라는 주장이 자연스럽게 나올 수 있는 것이다.81)

---

81) 장하준에 따르면 영국은 16세기까지만 해도 당시 첨단 산업이던 모직물 공업의 중심지인 네덜란드와 벨기에에 양모를 수출하고, 모직물을 수입하던 유럽의 후진국이었다. 그래서 1721년 이후 19세기 중반까지 영국은 보호 관세 및 보조금 지급, 수출품 원재료에 관한 관세 환급, 수출보조금 지급 등의 일련의 계획경제를 폈다. 영국이 자유 무역을 시작한 것은 자국의 경제적 우위가 공고해진 19세기 중반 이후의 일이라는 것이다. 그에 따르면 미국도 이런 면에서는 영국과 조금도 다를 바가 없다. 아니 오히려 영국보다 더 철저했다고 말할 수 있다. 즉, 많은 사람들이 자유 방임의 개방 경제를 통해 미국이 성장한 것처럼 생각하지만 이는 사실과 다르다는 것이다. 1830년대부터 제2차 세계대전 전까지 미국은 적극적으로 자국의 산업의 보호하는 보호무역주의를 폈으며, 미국 정부는 필요하다면 언제든지 시장에 개입했다는 것이다. 장하준은 풍부한 실증적 사례를 통해서 이러한 사실을 밝히고 있으며, 같은 맥락에서 그는 오늘날 지상 명령처럼 주장되는 세계화 구호는 시장 질서 자체만의 필연적 결과가 아니라 강대국의 정치적 결정의 결과임을 주장하고 있다. 따라서 사태가 이러하다면 당연한 말이겠지만 한 국가의 경제 도약을 위해서 시장 원칙만 있으면 된다는 견해는 수정되어야 마땅

앞서 살펴봤듯이 하이에크에서 시장의 합리성은 도구적 합리성을 의미하지 않는다. 그에게서 시장의 합리성이란 예측 불가능성·계산 불가능성을 그 본질적 특성으로 하는 시장의 자생성을 의미한다. 하이에크는 공공선의 문제 역시 시장의 그러한 특성에 내맡겨야 한다고 본다. 자유로운 개인들 간의 거래와 무역을 통해서 성립하는 시장 질서는 각 개인들이 의도하지 않은 타인에 대한 친절과 봉사 그리고 공공의 이익에 기여하는 면을 지니고 있다[82]는 것을 전적으로 부정할 수 없는 한에서 그러한 생각은 일견 그럴 듯해 보인다.

그렇지만 이른바 공공선의 문제가 하이에크가 말하는 시장의 자생성에만 내맡겨질 수는 없다. 이는 공공선에 대한 하이에크의 견해에는 그와 다른 관점에서 볼 때 무자비하다고 말할 수 있는 냉혹함을 함축하고 있다는 점 때문만은 아니다.[83] 그 이유는 무엇보다도 우리가 앞서 확인했듯이 하이에크가 자생적 성장의 결과라고만

하다. 오히려 경우에 따라서는 주도면밀한 계획과 그 계획에 입각한 시스템의 가동이 더 절실하게 요구된다고 말할 수 있다. 이와 관련된 좀더 자세한 논의는 다음을 참조할 것. 장하준, 『사다리 걷어차기』(형성백 옮김), 부키, 2004 ; 장하준, 『개혁의 덫』, 부키, 2004.

82) 하이에크는 흄의 말을 빌어 다음과 같이 언급한다 : 시장은 "다른 사람에게 실제적인 친절을 베풀지 않거나, 다른 사람을 알지 않고서도 그에게 봉사하는 것"을 가능하게 하고, "어떤 행동을 통해서 의도적으로 공공의 이익(the advantage of public)에 기여하지 않는다고 할지라도", 공공의 이익에 기여하는 것을 가능하게 하며, "비록 나쁜 사람이 자신을 위해 행한 행동이 공공선(the public good)에 기여하는" 질서를 가능하게 한다. FC, p.47 ; FC, p.81 참조.

83) 왜냐 하면 그럴 경우 삶의 모든 것이 전적으로 시장의 우연적 선택에 내맡겨지기 때문이다. 이러한 사실은 "진화는 정의로울 수 없다"는 언급에서 잘 드러난다. 같은 맥락에서 하이에크는 롤즈(J. Rawls)는 행운에 기초한 차이를 없애버림으로써, 새로운 가능성의 세계를 뭉개버렸다고 말한다(FC. p.74). 요컨대 하이에크에 따르면 어떤 시장의 결과는 정의롭고, 어떤 시장의 결과는 정의롭지 못하다고 단정적으로 말할 수 없다. 중요한 것은 시장의 우연적 선택으로부터 야기되는 결과다. Kurt R. Leube, 앞의 글, pp.9-12 참조.

보는 오늘날의 시장 질서가 자생성만으로는 설명되지 않는 설계적 요소를 함축하고 있다는 사실에서 찾을 수 있을 것이다. 달리 말해 인간의 삶의 질서가 유지되는 한, 그 질서 및 그 질서로부터 파생되는 여러 문제의 해결책에 대해 합리적으로 설계하려는 인간의 부단한 노력은 불가피할 것일 수밖에 없을 것이라는 얘기다.

4. 맺음말

계획성에만 기초해서 삶의 질서를 유지하는 것이 성공적으로 귀결되기 어렵다는 사실이 역사적으로 드러난 마당에 시장 질서에 함축된 비계획적 요소를 간과하려고 하는 것은 현명한 처사로 보이지 않는다. 그러나 중요한 것은 시장 질서는 단지 시장 질서만의 산물이라고 보기 어렵다는 점이다. 이른바 순수 결정체로서의 시장 질서라는 것은 사실상 하나의 신기루에 불과할 수 있다는 얘기다. 달리 말해 시장 질서의 자생성은 비시장적 요소(비자생적, 비자유 방임적 요소)로 간주될 수 있는 것, 예컨대 정치적 설계를 그한 계기로 함축하고 있다는 것이다.

이와 같은 사실을 간과한 채, 시장 질서의 자생성이 마치 지상명령인 양 맹종하면서 이른바 글로벌 스탠더드에 모든 것을 내맡기려고 할 경우, 삶의 극단으로 내몰리는 사람들이 더욱 늘어나는 것은 둘째 치고라도, 심한 경우 다시금 철저한 계획성에 기초해서 삶의 질서를 재편하려는 해일로부터 혹은 그러한 해일의 여러 변종으로부터 결코 자유롭지 못할 것이라는 사실은 충분히 짐작 가능하다.

그리고 이렇게 본다면 시장 질서의 자생성을 저해하는 복지의 추구는 사회 전체의 빈곤화와 몰락을 가져온다는 주장에 담긴 허구성은 물론이고, 복지 문제와 관련하여 계획적·설계적 접근하는

것과 자유 방임적으로 접근하는 것을 뛰어넘는 제3의 길이 존재할
수 있다는 주장은 하나의 수사에 불과하다는 사실을 충분히 간파
할 수 있다.

□ 참고 문헌

김균 외, 『자유주의 비판』, 풀빛, 1996.
민경국, 『자유주의와 시장경제』, 위즈비즈, 2003.
민경국, 「하이에크의 진화론적 자유주의와 민주주의」, 『사회철학
　　　대계』2, 민음사, 1993.
신광영, 「제3의 길 신자유주의의 대안인가? 앤토니 기든스의 논의
　　　를 중심으로」, 『노동사회』, 1998년 12월.
장하준, 『사다리 걷어차기』, 비즈위즈, 2004.
장하준, 『개혁의 덫』, 비즈위즈, 2004.
조순외, 『하이에크 연구』, 민음사, 1995.
Bouckaert, Boudewijn (ed.), *Hayek Revisited*, Edward Elgar
　　　2000.
Gray, John, *Hayek on Liberty*, Blackwell 1984.
Giddens, Anthony, *The Third Way*(한상진, 박찬욱 옮김), 1998.
Hayek, F. A., *Fatal Conceit The Errors of Socialism*, Routledge
　　　1988.
Hayek, F. A.(신중섭 역), 『치명적 자만』, 자유기업센터, 1996.
Hayek, F. A., *The Constitution of Liberty*, the Univ. Chicago
　　　1978.
Hayek, F. A.(김균 역), 『자유헌정론』, 자유기업센터, 1998.
Hayek, F. A., *The Road to Serfdom*, Routledge 2000.
Hayek, F. A., *Law, Legislation and Liberty*, Routledge 1982.

Kukathas, Chandran, *Hayek and modern Liberalism*, Oxford 1989.

Machlup, Fritz (ed.), *Essays on Hayek*, Routledge 1977.

Mouffe, Chantal (ed), Dimensions of radical democracy, London ; New York : Verso 1992.

Petsoulas, Christina, *Hayek's Liberalism and its Origins*, Routledge 2001.

제 5 장
유교자본주의 논리를 통해 본 경제 윤리와 공공성*

박 재 술

1. 유교 경제 윤리는 아직 유효한가?

전통 유교에서 지향한 이상적인 사회로서 '대동 사회(大同社會)'란 사회 구성원들에게 골고루 재화가 분배되어 공유되고, 사회적 빈약자에게 복지 혜택이 골고루 제공되며, 사회 구성원들간에 혈연적 친소 관계를 넘어선 화해가 구축된 사회다.1) 그런데 유교 사상을 토대로 운영되어온 국가의 어제와 오늘 모습에서 이러한 경제적 분배 정의를 통한 공동선이 구현된 경우를 좀처럼 찾아보기

* 이 논문은 2002년도 기초 학문 육성 인문 사회 분야 지원 사업의 일환으로 한국학술진흥재단의 지원(KRF-2002-074-AM1031)에 의해 연구된 것으로,「유교 자본주의 담론을 통해 본 공동선」이라는 제목으로『철학연구』(고려대 철학연구소) 제29집에 실렸던 것을 수정・보완한 것임.

1)『禮記』,「禮運」. "大道之行也, 天下爲公, 選賢與能, 講信, 修睦. 故人不獨親其親, 不獨子其子, 使老有所終, 壯有所用, 幼有所長, 矜寡孤獨廢疾者皆有所養. 男有分, 女有歸. 貨惡其弃於地也不必藏於己, 力惡其不出於身也, 不必爲己. 是故謀閉而不興, 盜竊亂賊而不作, 故外戶而不閉, 是謂大同."

어렵다. 오히려 탐관과 부호들의 모진 착취와 탄압으로 인해 도탄에 빠진 백성들의 암울했던 생활상이 과거 우리 사회의 모습이고, 실업자 및 비정규직 종사자들이 소외의 그늘 속에서 긴 한숨을 몰아 내쉬는 동안, 부유층들은 초호화 주거 생활과 사치성 해외 여행 등 그들만의 부를 만끽하는 실태가 현재 우리 사회의 자화상이다.

한편, 자본주의에서 상정된 이상 사회는 사유 재산·이윤 극대화·시장과 가격 시스템에 의한 조절 등이 실현되는 사회다. 그러나 이러한 자본주의 경제 기초가 구현된 경우를 지난 역사 속에서 확인할 수 없듯이, 자본주의는 그 자체로 사회적 이상향이다.[2] 아울러 자유로운 사익의 추구를 조절하여 공익을 확보해준다는 '보이지 않는 손'이 작용한 예도 없다. 오히려 '제로-섬 게임(zero-sum game)'에 입각한 자본주의 시장 원리는 빈부 격차의 불평등과 물질만능주의로 인한 인간성 상실 및 환경 파괴 등을 불러일으켜서 온전한 삶의 근거를 송두리째 뒤흔들고 있을 뿐이다. 그럼에도 불구하고 자본주의는 신자유주의에 편승하여 세계적으로 유일한 경제 체계로 굳어가고 있으며, 그에 따라 자본주의가 지닌 모순 또한 전지구적으로 확산되고 있다.

이러한 신자유주의적 자본주의가 주류 경제 체제로 지배하기 이전, 일부 동아시아 국가가 이룩한 고도 경제 성장의 동력을 구명하는 과정에서 '유교자본주의'라는 가설 담론이 전개되었다. 담론을 통해서 서구적 근대화를 지향하는 데 걸림돌로만 여겨졌던 유교적 가치는 경제 성장에 디딤돌 역할을 담당했다는 찬사를 받기도 하였지만, 외환 금융 위기로 인한 경제 파탄에 봉착하면서 유교적 가치는 '아시아적 가치'라는 이름으로 국가 파산의 주범으로 낙인찍

---

2) 폴라니(K. Polanyi)는 자기 조정적 시장의 이념 속에는 순진한 유토피아 이념이 내포되어 있다고 하면서, 그러한 제도는 한 사회의 인적·자연적인 바탕을 말살하지 않고서는 잠시도 존재할 수 없다고 비판한다(Karl Polanyi 지음, 박현수 옮김, 『거대한 변환(*The Great Tranformation*)』, 18쪽 참조).

했다. 그리고 정경인들은 경제 전반에 걸쳐서 신자유주의적 경제 모델을 좇아 구조 조정을 단행하고, 그 효율적인 경제 운영을 본받아야만 위기에서 벗어나 정상 궤도에 오를 수 있다고 보았다.

삶에서 경제가 전부인가? 과연 자본주의가 인간의 '더 나은 사회'를 위한 최선의 경제 질서인가 하는 회의는 자본주의 진행 과정에서 끊임없이 제기되어 왔다. 오늘날 신자유주의적 자본주의가 범세계적으로 확장, 그로 인한 폐단을 성토하는 비판과 함께 자본주의 위기론이 심각하게 대두되면서, 새로운 변화와 대안을 모색하는 것이 현대 사회의 주요 과제로 떠올랐다. 거론되는 대안들 가운데 하나는, 그간 사회적 가치를 외면한 경제 원리에 윤리적 가치를 조화시킴으로써, 자본주의가 발생시킨 폐단을 개선할 수 있다는 견해다. 이러한 경제 원리와 윤리적 가치의 상관성에 대한 논의가 바로 자본주의와 유교적 가치를 둘러싸고 찬반 논쟁을 일으켰던 '유교자본주의' 담론이다. 따라서 유교자본주의 담론은 그 적실성을 떠나서, 경제와 윤리의 관계에 대한 지속적인 사회철학적 고찰의 계기로 삼을 수 있을 것이다.

2. 유교와 자본주의의 어긋난 만남

구한말 서구 근대 자본주의가 강제로 유입된 이래, 식민지 찬탈과 전쟁 파괴 등 처참한 상황의 연속 때문에 국민은 절대 빈곤으로 허덕일 수밖에 없었고, 그러한 절체절명 상황에서 경제 정책의 최우선 목표는 '성장'이었다. 1970년대 이후 지속적으로 눈부신 성장을 이룩하자, 경제 성장의 동력을 유교적 가치(아시아적 가치)라는 문화적 요인에 초점을 맞추어서 전개한 담론이 '유교자본주의론'이다.[3] 유교자본주의자들이 동아시아 경제 성장의 동력으로써 지목한 유교 문화에 내재된 문화적 요인들은, '높은 교육열'·'근면과 절약'·'강력한 국가 주도력'·'우수한 관료'·'가족주의'·'집단주의' 등이다.4) 그러나 이러한 성장 요인들은, 근대화라는 기치 아래 전개된 경제 발전의 전략에 도용되어 본연의 유교 문화 모습을 잃은 변질된 것들로, 오히려 공동선의 근간을 약화시킨 주요 요인들이었다고 볼 수 있다.

우리 사회에서 제기된 유교자본주의론에 의하면, '유교자본주의'의 역동성은 국가의 시장 개입과 연고주의에 의한 기업에 의해 담보되었고, 그 과정에서 경제 활동에 필요한 신뢰가 국가의 보증과 혈연·학연·지연이라는 연결망에 의지하는 정경 유착에 의해 구축되었으므로, '정경 유착'은 유교 전통과 자본주의의 필연적 결합 기제라고 제기된다.5) 그러나 이러한 국가 주도에 의해 사적 자본이 견인되고 정격 유착의 구조가 성장에 오히려 효율적이었다는 주장은, 경제 위기의 원인으로써 정경 유착과 재벌의 문제가 첫 손가락으로 지적된 것을 감안하면 일면적이었음을 반증한다.6) 성장에 순기능적 요인으로 지목되던 유교적 가치들이 외환 금융 위기 이후에는 역기능 요인으로 평가 절하된 것에서 볼 수 있듯이, 유교 자본주의는 개념 자체의 성립부터 객관성을 담보하기 어려운 가설 담론이었다.

국가독점자본주의 체제에서 시행된 성장 위주 경제 정책은 유교

---

3) '동아시아 발전 모델'에 대한 연구 경향은, '유교 자본주의' 이외에, 시장 기제의 역할을 강조하는 '시장중심론', 자율적 국가의 시장 개입을 강조하는 '발전국가론', 동아시아 지역의 특수한 지경학적 및 지정학적 조건에 주목하는 '국제주의적 시각' 등 네 가지로 분류된다. 신용옥,「박정희 정권기 경제 성장에 대한 비판적 고찰」,『한국 자본주의의 역사』, 311쪽 참조.

4) 이러한 요인들과 연결되는 본연의 유교 문화 요소로서는 '교육 중시'·'중앙집권제의 유풍'·'절용 사상'·'공동체 의식'·'가족에 대한 헌신'·'기강과 절약'·'화해의 중시' 등을 들 수 있다.

5) 유석춘,「'유교 자본주의'의 가능성과 한계」, 84쪽 참조.

6) 신용옥,「박정희 정권기 경제 성장에 대한 비판적 고찰」,『한국 자본주의의 역사』, 338-341쪽 참조.

전통의 공동체 유대를 유지하고 발전시키는 것과 본래 궁합이 맞지 않았다. 혈연과 지연을 바탕으로 유대 관계가 자연 발생적으로 유지되었던 친족과 마을의 정서적 공동체에서는 자기 몫을 내세우거나 공정한 분배를 요구하기보다는, '양보'나 '헌신'과 같은 덕목을 공동체의 화합에 바람직한 것으로 강조해왔다.[7] 그러나 이러한 공동체를 유지하는 데 근간을 이루는 덕목들은 시장경제의 원리를 통하여 유지되는 산업 도시의 급격한 발달과 함께 타인의 권리와 이익보다는 자신의 권리와 이익을 우선 추구하는 개인주의가 돌출되면서 사라지고, 연고주의·지역주의·정실주의 등과 같은 배타적 집단이기주의 행동 양식이 만연하게 되었다. 이러한 가산제적 요소들은 유교 가족주의에 기인한 호혜성이 부정적으로 발현된 반유교적인 양상들이다.[8]

압축적 근대화를 목표로 삼은 경제 정책을 펼친 권력자들과 재벌 기업가들은 야합 형식인 정경 유착과 노동 착취를 통하여 경제 자본을 축적하였다. 공적 책임에 충실해야 할 정책 수행자들은 정부의 공금 지출을 공동선 구축의 목적으로 편성하지 않고, 자신들의 권력을 유지하거나 재산을 증축시키기 위해서, 사적 이익으로 무장한 집단인 재벌에게 금융과 관급 공사 입찰 등과 같은 불공정한 특혜를 제공하였다. 그리고 기업은 정치 자금을 공급하기 위한 재원을 불법 비자금을 통한 마련하였기 때문에 탈세를 저지르곤 하였다. 이러한 관료와 기업가의 비도무법(非道無法)적 행위로 국가 재정이 바닥난 상태에서 금융의 순환이 왜곡된 결과 경제 위기가 발생한 것이다. 이렇게 경제 위기를 자초한 가장 큰 원인이 재벌 중심의 파행된 경제 구조와 경제 정책에 있는 것으로 진단되었으면, 재벌에 대한 정책이 지닌 불투명성·불공정성·불형평성에 대한 개혁을 결연하게 단행하는 것이 안정된 경제 토대 구축을 위한

---

7) 이승환,『유가 사상의 사회철학적 재조명』, 64쪽 참조.
8) 이승환,『유교 담론의 지형학』, 246-247쪽 참조.

첫 과제였음이 자명하다. 그러나 막강한 초자본 세력의 강압과 성장 신화의 좌초로 인한 무력감 및 기득권의 완강한 거부에 부닥쳐 성장 위주의 신자유주의 경제 정책을 채택함으로써 재벌에 대한 개혁 의지는 퇴색되고, 오히려 재벌들에게 부가 더욱 귀속되었다. 그리고 시장 중심의 자유 경쟁을 주장하는 신자유주의적 자본주의에 휩쓸리면서 저임금과 사회복지액의 삭감 등 복지 정책이 열악해지고, 이에 공동선을 우선적 가치로 지향하는 유교의 현실적 입지는 옹색해졌다.

이처럼 개별적인 인간들의 상호 호혜를 통한 공동체적 유대를 중시하는 유교적 가치와 공동체 유대보다는 개인의 이익과 권리를 진작시키는 것을 목적으로 하는 자본주의 경제 원리의 근대화 과정에서의 만남은 엇박자로 점철되었다. 유교 본연의 가치와 자본주의의 가치 그 어느 것도 온당한 모습을 유지하지 못하였다. 서구 자본주의가 중요 가치로 내세우는 자유와 평등의 실현은 소수의 독점 현상에 의해 좌초되었고, 유교적 가치 또한 반유교적 모습으로 변질되어 사회안전망의 악화를 부채질하였다. 그렇지만 유교 윤리와 자본주의의 엇나간 만남으로 인한 혼돈의 접점에서, 유교적 가치가 경제 현상에 부정적인 기제로 작용할 수밖에 없다는 견해를 그대로 용인할 수 있는 것은 아니다. 유교자본주의론에서 경제 동력으로 제시된 유교 문화 요인이 전통 유교적 가치와 전혀 걸맞지 않는 것이라면, 본연의 유교가 지니는 경제 윤리를 새롭게 재해석하고, 아울러 자본주의가 지닌 병폐를 간파하여, 현대 사회를 '더 나은 사회'로 인도하기 위한 적절한 안내자로서의 미래 지향적인 가치를 지니고 있음을 보여주어야 한다. 자본주의 사회에서의 재화와 자본의 불평등으로 인한 양극화 현상을 불식시키고 공동선으로 선회하는 데 역할을 담당할 수 있는 새롭게 재해석될 유교적 경제 정책과 윤리는 '균분(均分)'의 분배 정책과 의(義)·예(禮)·공(公)·서(恕) 등의 분배 정의 및 '과욕(寡慾)'·'절용(節用)' 등이다.

3. 유교에서의 경제와 윤리의 조화[9]

한자어 '경제(經濟)'는 '경세제민(經世濟民)'의 준말로, '세상을 경영하여 백성을 구제함'을 뜻한다. '경세제민(혹은 經國濟民)'에 통치자가 공동체(가정 / 국가 / 천하)의 안전을 도모한다는 폭넓은 의미가 담겨 있듯이, 유교에서 경제는 정치나 윤리로부터 독립되지 않고, 국가 통치자의 중앙 '관리' 차원에서 부수적 의미로 규정된다. 정치가 유교 규범을 실현하는 주요 방편이었다면, 경제(財)는 도덕적 삶(德)과 도덕적 교화를 위한 전제 조건이었다. 이러한 유교의 경제관은 인간의 생존권을 보장하기 위한 물질적 욕구 충족 차원에서의 경제 생활(민생 안정)을 중시하면서도, 한편으로는 윤리적 의미에서 물욕(사리 추구)의 활동을 억제하도록 관리하는 등 양면성을 지닌다.[10]

인간은 끊임없이 부(富)를 추구하는 존재로서,[11] 재화의 한정과 욕망의 끝없음 사이에서 사회적 갈등이 조성되므로,[12] 이러한 갈등을 방지하면서 인간의 욕망을 가능한 한 채워줄 수 있는 효율적 분배 방법이 요청된다. 분배 문제는 성장과 같은 경제적 요인에 국한되지 않고, 비경제적 요인까지 아우른 사회 경제적 관점에서 볼 필요가 있다. 왜냐 하면 불평등 문제는 궁극적으로 계층간의 마찰

---

9) 폴라니(K Polanyi)는 인간 경제의 주요한 통합 형태로서 시장 교환과 아울러 가족 관계나 공동체 내 유대 관계의 형성·유지를 기본 목적으로 하는 호혜, 지배 기구에 의한 잉여 물자 노동력의 집중과 재분배를 포함하는 재분배를 들고 있다 (이헌창, 「유학 경제 사상의 체계적 정립을 위한 시론」, 221쪽 재인용).

10) 폴라니(K Polanyi)에 의하면, 경제 개념은 두 의미의 복합물로, 그 형식적 의미는 희소한 자원으로 인간의 무한한 욕망을 축적하기 위한 합리적 선택 행위이고, 실체적 의미는 인간의 물질적 욕구의 충족 과정이다(이헌창, 「유학 경제 사상의 체계적 정립을 위한 시론」, 226쪽 재인용).

11) 『孟子』, 「萬章上」. "富, 人之所欲, 富有天下, 而不足以解憂."

12) 『荀子』, 「富國」. "欲惡同, 物欲多而物寡, 寡則必爭矣."

을 일으켜서 사회안전망을 와해시키는 결과로 이어지기 때문이다.[13] 당시 자급 자족의 농업 경제에 기반을 둔 사회 질서의 붕괴와 기근 등의 악조건 속에서 생존과 사회 통합을 관리하기 위한 합리적 양식으로서 유교가 취한 경제 정책과 경제 정의는 바로 '균분'과 '분배 정의'(義 / 禮 / 公)였다.

1) 공동선 실현을 위한 경제 정책 : 균분

유교의 정치적 이상은 인정(仁政. 德治)이고, 그 왕도 정치 실현의 전제가 바로 경제였다. 토지 중심으로 경제가 운영되는 사회에서, '위민(爲民)'(安民 / 治人)이라는 지고의 정치 이념을 실현하는 데 목표를 둔 왕도 정치의 선결 과제는 바로 생존을 위한 경제 성장의 기반이 되는 생산 여건(生業)을 보장해주는 것이었다. 이렇게 실물 경제 차원에서의 물질적 욕구 충족의 여건을 중시하는 가운데 공동선 실현을 위한 정책으로 제시된 것이 '균등(均等)'(均分)이라는 자산(토지)분배론이다.

공자는 "나라와 가정을 다스리는 자는 적음을 걱정하지 말고 고르지 못함을 걱정할 것이며, 가난을 걱정할 것이 아니라 안정되지 못함을 걱정해야 한다. 고르게 분배가 이루어지면 가난과 적음이 없어지고, 안정되면 국가나 가정이 기울어지지 않는다"[14]고 하여, 재화의 많음(성장)이 아니라 고른 분배 정책을 통해서만 공동선이 유지되고 나아가 국가의 안전이 유지될 수 있다고 보았다. 이는 절대적 빈곤보다 분배의 불균등으로 인한 상대적 빈곤을 사회 통합을 해치는 중요 요인으로 생각한 것으로, 자신이 지닌 능력과는 상관없이 불공정한 상황으로 인해 자신이 곤궁에 처할 때, 상대적 박

---

13) 邊衡尹, 『분배의 경제학』, 161쪽 참조.

14) 『論語』, 「季丘」. "氏也聞有國有家者, 不患寡而患不均, 不患貧而患不. 蓋均無貧, 和無寡, 無傾."

탈감에 휩싸이게 되고, 나아가 사회 통합이 분열되는 결과를 낳는다고 본 것이다.

맹자의 경우, 인정(仁政)을 실현하기 위해서는 기본적인 생존 여건이 갖추어져야 하고, 그것은 자연 경제에서 재화의 생산 기반으로써 유일한 자산 가치를 지녔던 토지에 대한 균등한 분배를 통해서 가능하다고 판단하여, 토지 재분배 정책인 '정전제(井田制)'를 주장하였다.15) 이후 유교를 신봉하는 국가들은 민생을 안정시키기 위해서 정전제·균전제 등과 같은 자산 재분배 정책을 경제 정책의 중심 과제로 삼았는데, 조선조 건국의 일등 공신이었던 정도전은 사전(私田)이 극도로 성행하였던 고려말 형국을 비판하면서 기존 권력자들이 겸병한 토지를 줄여서 기층민에게까지 불하받도록 하는 과전법을 시행할 것을 주장하였다.16) 유교에서는 '생산 활동의 기반'(恒産)을 보장해주면, 그러한 경제적 안정을 근간으로 하여 '일정한 도덕 의식'(恒心)을 지니게 되므로,17) 공동선 구현의 기반을 이룰 수 있다고 본 것이다. 이러한 '균분' 정책은 조세 제도에도 적용되어, 국가 재정 확보의 주요 수단으로 백성에게 부과되던 부세(賦稅)와 요역(徭役)을 가볍게 해야 한다는 '경요박부(輕徭薄賦)' 정책을 펼쳐야 한다고 하였다. 농산품 실물 납부 형식이었던 부세의 경우에는 '균부(均賦)' 정책이 제기되었는데, 맹자는 농업 생산에 종사하는 야인(野人)에게는 정전제에 의한 노역 지대(助)

15) 『孟子』, 「滕文公上」. "孟子曰 : 子之君將行仁政, 選擇而使子, 子必勉之! 夫仁政, 必自經界始. 經界不正, 井地不鈞, 穀祿不平. 是故暴君汙吏必慢其經界. 經界旣正, 分田制祿可坐而定也. 夫滕壤地褊小, 將爲君子焉, 將爲野人焉. 無君子莫治野人, 無野人莫養君子. 請野九一而助, 國中什一使自賦. 卿以下必有圭田, 圭田五十畝. 餘夫二十五畝. 死徙無出鄕, 鄕田同井. 出入相友, 守望相助, 疾病相扶持, 則百姓親睦. 方里而井, 井九百畝, 其中爲公田. 八家皆私百畝, 同養公田. 公事畢, 然後敢治私事, 所以別野人也. 此其大略也. 若夫潤澤之, 則在君與子矣."

16) 이종호, 『조선시대의 경제 사상』, 367쪽 참조.

17) 『孟子』, 「梁惠王上」. "無恒産而有恒心者, 惟士爲能, 若民則無恒産因無恒心, 苟無恒心放, 邪侈無不爲已."

를 납부하도록 하고, 지배 계층이라 할 수 있는 국인(國人)에게는 수확량의 10분의 1을 현물 지대(賦)로 과세를 부과할 것을 권장하였다.[18] 그리고 흉년과 풍년 상황에 맞게끔 적절하게 과세를 부과할 것을 주장하였다.[19] 순자는 부세를 형평에 맞게끔 등급에 따라 부과하여 세금을 합리적으로 거두는 '등부(等賦)'와 과도한 세금 징수를 삼가라는 10분의 1의 경세(輕稅) 정책 및 세관이나 시장에서의 관세 철폐를 제시하였다.[20] 정도전 또한 이러한 전통적 세법인 10분의 1을 타당한 기준으로 받아들이고, 아울러 소득의 정도에 따라서 공평하게 과세할 것도 주장하였다.[21]

이와 같은 분배 차원에서의 균분 정책 이외에, 소비 차원에서의 유교 경제 정책은 '절용(節用)'을 권장하는 데 초점이 놓인다.[22] 공자는 물욕의 충족을 통한 안락은 수신(修身)에 장애가 되는 것으로 생각하고, 낭비와 사치를 악덕으로 여기면서, 검소한 것이 예(禮)에 가깝다고 보았다.[23] 지배층의 지나친 사익 축적을 강하게 비판한 맹자 역시 쓰는 것을 예(禮)로써 규제한다면 재물을 다 쓸 수

---

18)『孟子』,「滕文公上」. "夫滕壤地褊小, 將爲君子焉, 將爲野人焉. 無君子莫治野人, 無野人莫養君子. 請野九一而助, 國中什一使自賦. 卿以下必有圭田, 圭田五十畝. 餘夫二十五畝. 死徙無出鄕, 鄕田同井. 出入相友, 守望相助, 疾病相扶持, 則百姓親睦. 方里而井, 井九百畝, 其中爲公田. 八家皆私百畝, 同養公田. 公事畢, 然後敢治私事, 所以別野人也. 此其大略也."

19)『孟子』,「滕文公上」. "子曰 : 治地莫善於助, 莫不善於貢. 貢者校數歲之中以爲常. 樂歲, 粒米狼戾, 多取之而不爲虐, 則寡取之 ; 凶年, 糞其田而不足, 則必取盈焉. 爲民父母, 使民盼盼然, 將終歲勤動, 不得以養其父母, 又稱貸而益之. 使老稚轉乎溝壑, 惡在其爲民父母也?"

20)『荀子』,「王制」. "王者之法 : 等賦、政事、財萬物, 所以養萬民也. 田野什一, 關市幾而不征, 山林澤梁, 以時禁發而不稅. 相地而衰政. 理道之遠近而致貢. 通流財物粟米, 無有滯留, 使相歸移也, 四海之內若一家."

21) 이종호,『조선시대의 경제 사상』, 367-368쪽 참조.

22)『論語』,「學而」. "節用而愛人."

23)『論語』,「述而」. "奢則不遜, 儉則固 ; 與其不遜也, 寧固." ;「八佾」. "禮, 與其奢也, 寧儉."

없다고 하였다.[24] 이와 같은 유교의 소비 정책에 비추어보면, 이윤을 도모하여 부를 축적한 후에 공동선을 마련하고자 한 것이 아니라, '과욕(寡慾)'과 '절용'을 통한 한도에서의 만족이 공동선을 구축하는 중요한 요소였음을 알 수 있다. 아울러 재화의 원활한 조달을 위해서는 사사로운 욕망 충족을 위해 쉼 없이 획득하는 생산 행위는 근절되어야 한다고 하여,[25] 자연의 순환적 재생산 구조를 거스르지 않는 범위에서 물질 생활을 영위할 것을 주장한다. 그리고 교환 정책에서는, 맹자는 '있는 것과 없는 것을 서로 교환(有無上通)', 즉 모자란 생필품을 서로 충당하는 데 진정한 의미를 둔다. 그는 유통(상업)의 필요성을 인정하되, 유통을 통한 이익이 확대될 경우에 발생하게 되는 소수의 이익 독과점 현상을 비판하면서, 이익을 독점하는 이를 '천장부(賤丈夫)'로 규정하여 상인에 대한 멸시의 태도를 보인다.[26] 이외에 유교에서는 약자의 공공 복지를 위한 구휼 정책을 경제 정책의 핵심으로 삼았는데, 주자는 향약을 통해서 향촌의 호혜적인 상호 부조와 구휼 활동을 제도화할 것을 주장하고 아울러 사창(司倉)의 곡물 대여 기능을 통해 농가 정책의 안정을 도모하였다.[27]

이상에서 살펴본 것처럼 유교의 주요 경제 정책인 토지 분배와 농업 생산 장려 및 절용 그리고 구휼 정책 등은 사회적 공동선을 구현할 수 있는 토대라고 할 수 있는 국가의 재분배를 안정적으로

---

24) 『孟子』, 「盡心上」. "食之以時用之以禮財不可勝用也."

25) 『孟子』, 「梁惠王上」. "不違農時, 穀不可勝食也 ; 數罟不入洿池, 魚鼈不可勝食也 ; 斧斤以時入山林, 材木不可勝用也. 穀與魚鼈不可勝食, 材木不可勝用, 是使民養生喪死無憾也. 養生喪死無憾, 王道之始也. 五畝之宅, 樹之以桑, 五十者可以衣帛矣 ; 雞豚狗彘之畜, 無失其時, 七十者可以食肉矣. 百畝之田, 勿奪其時, 數口之家可以無飢矣."

26) 『孟子』, 「公孫丑下」. "古之爲市也, 以其所有易其所無者, 有司者治之耳. 有賤丈夫焉, 必求龍斷而登之, 以左右望而罔市利. 人皆以爲賤, 故從而征之."

27) 이헌창, 「유학 경제 사상의 체계적 정립을 위한 시론」, 235쪽 참조.

수행하기 위한 대책이었다고 볼 수 있다.

2) 공동선 실현을 위한 경제 윤리 : 의·예·공

경제 활동은 기본적으로 욕구를 충족시키는 과정을 의미한다. 유교 전통에서 생산과 욕구 충족을 설명하는 데 중요한 개념이 '리(利)'다. '리(利)'의 어원은 '칼로 벼를 베다'는 뜻으로, 재화 획득(수확)을 의미한다.[28] 이러한 인간의 생활에 필요한 생산물을 의미하는 차원에서 인간의 욕망에 의한 소유의 개념으로 확산되었다.[29] 그런데 문제는 이러한 재화(利)는 유한하고 인간의 욕망은 무한하다는 데서 갈등이 빚어지고, 나아가 재화를 독점하려는 탐욕에서 비롯된 소유욕이 분배의 불평등을 초래하고, 불공정한 분배는 백성들의 원성을 끓게 함으로써 사회 공공 질서를 무너뜨린다는 점이다.[30] 이러한 경제적 부정의에 대한 예방 차원에서 제시된 가치 규범 개념이 '의(義)'다.

의(義)는『설문통훈정성』에 "세세히 잘라서 고르게 하여 질서 있는 것"라고 풀이되어 있는데, 양을 죽여서 고기를 고르게 나눈다는 차원에서 '의'의 의미가 정의됨을 추측할 수 있다. 이것은 곧 "재화를 고르게 분배한다"는 의미를 띤다.『설문해자(說文解字)』에서 "공(公)은 공평한 분배(平分)를 뜻한다"[31]고 하는데, 이처럼 분배 정의 차원에서 의는 공(公)과 어원 차원의 의미에서 일맥 상통한다. 이후 의는 '옳음'·'마땅함' 등 사회의 공공 질서를 바로 세우는 윤리적 잣대로 함의를 넓히게 된다.[32] 요컨대 '리'는 '생산'을 의미

---

28)『國語』,「周語上」. "夫利 百物之所生也, 天地之所載也."

29) 이철승,「선진 유가 사상에 나타난 경제와 윤리의 관계 문제」, 164쪽 참조.

30)『國語』,「晉語二」. "貪者怨之本也, … 厚貪則怨生, … 貪則民怨."

31)『說文解字』. "公, 平分也."

32) 周桂田, 문재곤 외 옮김,『중국철학』, 286쪽 참조.

하고 '의'는 그 재화의 '분배'를 가리키는 것으로써, 유교의 경제 윤리는 이 '리'와 '의'의 길항 관계 속에서 잘 드러난다.

"덕(德)과 의(義)는 리(利)의 근본이다"[33]는 언급에서 유추할 수 있듯이, '분배'는 '이익'의 걸림돌이 아니라 초석이 된다. 분배를 전제하지 않는 한 이익 추구는 정당화될 수 없고, 부의 축적도 이룰 수 없다.[34] 그리고 분배는 효율성과 더불어 공정성이 수반되어야 한다. 왜냐 하면 분배가 공정성을 잃는다면 효율성은 공동선을 유지하는 데 별 의미가 없기 때문이다. 유교는 지배층이 갖추어야 할 중요한 덕목으로 '백성과 더불어 즐길 것'[35]을 제시하여, 자신들의 사사로운 부를 축적하는 행위는 사회 질서 유지에 반하는 행위이기 때문에 강한 비판 대상이 된다. 공공 질서 유지를 선도할 세력들이 고른 분배를 외면한 채 이익을 독점한다면(專) 그 해가 막심하여,[36] 다수의 궁핍을 낳고 이에 사회 불평등 구조가 이루어지고 결국 사회 공공 질서는 무너진다. 지도자가 사익 충족에 연연하지 않고 공공 차원에서 분배 정의에 입각하여 이익을 추구할 경우에 하나의 전범이 되어 기타 분배 과정에서 공정성을 확보할 수 있다는 것이다. 이에 선진 유학자들은 고른 분배의 객관적 판단 기준으로 '예(禮)'를 제시하고, 이러한 '분배 정의'에 입각하여 '고른 분배(義)'를 함으로써 성장이 이루어질 수 있으며, 이러한 성장을 통해서 삶이 풍요롭게 되고 사회가 안정된다고 본다.[37] 공자의 경우, 이익 추구의 역기능에 주목하여 "리를 보면 그것이 의에 합당한가를 생각하라"[38]는 경제 윤리를 제시하면서, 비록 부귀를 원할지라

---

33) 『春秋左傳』,「僖公27年」. "德義, 利之本也."
34) 『國語』,「晋語二」. "夫義者, 利之足也. 廢義則利不立, 反義則富不爲賴."
35) 『孟子』,「梁惠王下」. "今王與百姓同樂, 則王矣."
36) 『國語』,「周語上」. "而或專之, 其害多矣, 天地百物, 皆將取焉, 胡可專也."
37) 『春秋左傳』,「成公2年」. "禮以行義, 義以生利, 利以平民, 政之大節也."
38) 『論語』,「憲問」. "見利思義";「季氏」. "見得思義."

도 자신의 몫이 얼마인가를 공정한 분배 기준(道)에 근거하여, 그 기준에 맞을 때만 취해야 한다고 한다.[39] 공자는 경제 정의 규범(義 / 道)이 이익을 추구하는 행위에 반드시 수반되어야 한다고 역설한 것이다. 순자에 의하면 인간은 끊임없이 욕망을 추구하는 존재로서, 적절한 한계(몫, 정도)를 정하지 않는다면 경쟁이 일어나고, 경쟁으로 인해 혼란이 생기며, 혼란으로 가난하게 된다고 한다.[40] 이러한 혼란을 피하기 위해서 지도자들은 예와 의를 제정하여 몫을 분할하였고, 재화와 욕망 사이를 적절하게 조정시켜야만 한다고 본다.[41] 순자의 이러한 입장은 개인의 욕구 지향과 무한한 경쟁을 통해서 공동선이 이루어질 수 있다고 보는 서구 근대 자본주의 경제 원리와는 상충되는 것이라고 볼 수 있다. 그리고 이러한 예는 현대 분배 정의 요소 가운데 '공정성(fairness)'에 해당된다고 볼 수 있으며,[42] 결국 '공정성'이라는 분배 정의를 통해서 공동선이 구축될 수 있다는 것이다.

그리고 유교에서는 분배 정의를 실현하기 위해서는 생산 수단(토지)의 질적 차이와 식구 수 차이 등 현실적 여건을 고려해서 토지를 분배하고 세금을 부과하는 등 제도적 보완을 취할 것을 요구한다.[43] 이러한 조치는, 효율적 분배의 원리를 적용하여 상황에 따라서 차등을 두는 것이 더 공평하다고 본 것으로서, 형식적인 평등

---

39) 『論語』,「里仁」. "富與貴是人之所欲也, 不以其道得之, 不處也 ; 貧與賤是人之所惡也, 不以其道得之, 不去也."

40) 『荀子』,「王制」. "埶位齊, 而欲惡同, 物不能澹則必爭 ; 爭則必亂, 亂則窮矣. 先王惡其亂也, 故制禮義以分之, 使有貧富貴賤之等, 足以相兼臨者, 是養天下之本也."

41) 『荀子』,「禮論」. "禮起於何也? 曰 : 人生而有欲, 欲而不得, 則不能無求. 求而無度量分界, 則不能不爭, 爭則亂, 亂則窮. 先王惡其亂也, 故制禮義以分之, 以養人之欲, 給人之求. 使欲必不窮乎物, 物必不屈於欲. 兩者相持而長, 是禮之所起也."

42) 李俊求, 『소득 분배의 이론과 현실』, 45쪽 참조.

43) 李相益, 『儒家 社會哲學 硏究』, 340쪽 참조.

이 아니라 실질적인 균등을 통해서 생존권을 부여해야 한다고 주장한 것이라고 볼 수 있다. 순자 역시 사회 질서를 위해서는 사회적 분업(分)이 필요하며, 그러한 직분에 따른 차등 분배를 제시한다.44) 현대 분배 정의에 입각하면, 특별한 사정 때문에 더 큰 물질적 필요(needs)를 가질 경우에 적용되는 '받을 만한 자격(desert)'에 따른 편익의 분배에 해당한다고 볼 수 있다.45)

그리고 맹자는 자신의 노력(功德) 없이 대가를 받는 것은 의롭지 못한 행동이므로 아무리 높은 관직일지라도 관심조차 기울여서는 안 된다고 한다.46) 맹자는 노력이나 사회적 기여에 상응하여 분배가 정해지는 것을 바로 정의로운 분배로 여긴 것이다. 순자 또한 각자 자신의 능력껏 최선을 다해 맡은 바 역할의 소임을 완성한 다음에 '예(禮)'에 따라서 그에 상응하는 대가를 받아야 한다고 주장하였다.47) 정도전은 관료에게 봉록(俸祿)을 주되 공이 있는 자와 일정의 직책이 있는 자에게만 줄 것을 강조하고 있다.48) 불로소득은 곧 부의 불평등을 지적한 것으로, 잉여 수익으로 인해 재산 소득의 불평등을 초래하고 나아가 공동선을 해친다는 점에서 정의롭지 못한 분배인 것이다. 일반적으로 재산 소득은 노동 소득에 비해 불평등이 심한 편인데, 소득 분배의 평등을 실현함으로써 사회 공공질서를 유지하기 위해서는 이러한 부의 부당한 소유를 분산시키는

---

44) 『荀子』, 「榮辱」. "故先王案爲之制禮義以分之, 使有貴賤之等, 長幼之差, 知愚能不能之分, 皆使人載其事, 而各得其宜. 然後使穀祿多少厚薄之稱, 是夫群居和一之道也."

45) 李俊求, 『소득 분배의 이론과 현실』, 47쪽 참조.

46) 『孟子』, 「告子下」. "爲其事而無其功者, 髡未嘗睹之也."

47) 『荀子』, 「王覇」. "君臣上下, 貴賤長幼, 至於庶人, 莫不以是爲隆正 ; 然後皆內自省, 以謹於分. 是百王之所以同也, 而禮法之樞要也. 然後農分田而耕, 賈分貨而販, 百工分事而勸, 士大夫分職而聽, 建國諸侯之君分土而守, 三公總方而議, 則天子共己而止矣. 出若入若, 天下莫不平均, 莫不治辨. 是百王之所同, 而禮法之大分也."

48) 이종호, 『조선시대의 경제 사상』, 368쪽 참조.

것은 중요한 경제 정의의 실천 과정이라고 볼 수 있다.[49] 이러한 맹자와 순자의 입장은 노력(efforts)과 능력(ability) 등 '받을 만한 자격(desert)' 요건을 갖춘 다음에 물리적 가치를 소유하는 분배 정의와 유사하다.[50]

한편, '균분'의 경제 정책과 분배 정의(禮)에 입각한 '고른 분배(義)'라는 경제 윤리를 통하여 공동선을 마련하고자 하였던 유교 경제관의 기저에는 '인(仁)'의 사회적 실천 방법인 '호혜(恕)' 관념이 흐르고 있다. 공자는 인을 사회적으로 실천하는 방법으로 "자신이 서고자 하면 다른 사람도 서게 하고, 자신이 달성하고자 한다면 다른 사람도 달성하게 해야 한다"[51], "자신이 바라지 않는 것은 남에게도 베풀지 말라"[52]고 하였으며, 맹자는 백성이 원하는 것을 모아다 주고 백성이 싫어하는 것을 베풀지 않는 '호혜' 정책을 통하여 민심을 얻고 나아가 천하를 다스릴 수 있다고 하였고,[53] 『대학』에서는 '혈구지도(絜矩之道)'를 통해 상호 배려를 권장하고 있다.[54]

---

49) 이정우, 『소득분배론』, 203쪽 참조.

50) 李俊求, 『소득 분배의 이론과 현실』, 46쪽 참조. 현대의 분배적 정의 개념을 형성하는 요소를 자기의 몫에 대한 정당한 권리와 평등성과 공평성 그리고 받을 만한 자격 요건으로 요구하는 것으로 나눌 때, 관점에 따라서 분배 정의에 대한 사상은, 전통적 평등성에 가장 중요성을 부여하는 평등주의(equlitarianism)와 개인의 자유나 권리가 무엇보다 우선한다는 자유주의(libertarianism) 및 사회 전체 후생의 관점에서 정의를 파악하는 공리주의(utilitarianism)로 나뉜다(『소득분배론』, 27쪽 참조).

51) 『論語』, 「雍也」. "子貢問曰 : 有一言而可以終身行之者乎? 子曰 : 其恕乎! 己所不欲, 勿施於人."

52) 『論語』, 「雍也」. "子貢曰 : 如有博施於民而能濟衆, 何如? 可謂仁乎? 子曰 : 何事於仁, 必也聖乎! 堯舜其猶病諸! 夫仁者, 己欲立而立人, 己欲達而達人. 能近取譬, 可謂仁之方也已."

53) 『孟子』, 「離婁上」. "得天下有道, 得其民, 其得天下矣. 得其民有道, 得其心, 斯得民矣. 得其心有道, 所欲與之聚之, 所惡勿施爾也."

54) 『大學』. "所惡於前, 毋以先後, 所惡於後, 毋以從前, 所惡於右, 毋以交於左, 所惡於左, 毋以交於右."

이러한 공자의 '서(恕)'와 맹자의 '여민락(與民樂)' 및 『대학』의 '혈구지도'는 바로 '호혜성'이라는 유교의 인정(仁政) 실현을 위한 경제 관리 정책 및 경제 윤리의 이념적 기반으로서 작용하였다. 이것은 곧 공동선을 유지시키기 위해서는 타인의 이익을 배려하는 분배 정의의 실천이 선행되어야 함을 의미하는 것으로, 현대의 분배 정의 가운데 어느 누구의 정당한 권리도 보호되어야 한다는 권리(right) 차원에 근접한 것으로 추측할 수 있다.[55]

그리고 유교 경제 윤리에 의하면, 사회적 지도자들에게는 자신의 이익에 엄격하게 의(義)의 잣대를 적용할 뿐만 아니라, 분배 정의가 사회에 실현될 수 있도록 힘써야 하는 '책임성'이 강조된다. 즉, 관직에 나가는 목적은 재화의 획득에 있는 것이 아니라 사회 정의(의)를 실현하는 데 있다.[56] 그렇기 때문에 공자는 공정한 분배 정의에 밝은 사람이 군자이고, 자신의 이익에 매몰되는 사람은 소인으로 간주한다.[57] 맹자 또한 모범을 보여야 할 왕이 이익만 좇는다면 결국 상/하가 '의'는 아랑곳하지 않고 극단적인 '리'를 추구하는 데 혈안이 되기 때문에, 결국 사회는 투쟁의 장이 되고 이에 사회의 공공 질서가 파괴되어 국가가 위태롭게 된다고 본다.[58] 순자는 권력자 자신들이 솔선수범하여 '의를 중시하고 리를 가볍게 여길 것'[59]을 주문하면서, 권력자로서의 올바른 경제 윤리 실천 강령을 제시하고, 공적 책임성을 진 관리들이 백성들과 이익을 다투어서는 안 되며, 베푸는 데 관심을 쏟을 뿐 재산을 축적하는 행위를 수치스럽게 생각해야 한다고 하였다.[60]

---

55) 李俊求, 『소득 분배의 이론과 현실』, 45쪽 참조.

56) 『論語』, 「微子」. "君子之仕也, 行其義也. 道之不行, 已知之矣."

57) 『論語』, 「里仁」. "君子喩於義, 小人喩於利."

58) 『孟子』, 「梁惠王上」. "萬取千焉, 千取百焉, 不爲不多矣. 苟爲後義而先利, 不奪不饜."

59) 『荀子』, 「成相」. "重義輕利."

60) 『荀子』, 「大略」. "義與利者, 人之所兩有也. 雖堯舜不能去民之欲利, 然而能使

앞에서 언급한 바와 같이 공동선을 어지럽히는 주범 가운데 하나는 재화(이익)를 소수가 독점하는 것이었다. 그런 까닭에 사사로운 이익 추구는 분배적 정의를 통해서 제어되어야 할 요소였다. 이러한 입장이 성리학에 이르러서 강화되어 의와 리는 대립의 위치에 놓이게 되어, 의와 리의 관계는 공동선(公)과 사사로움(私)의 관계로 병립된다. 주자는 실체적 의미의 경제 활동인 기초적인 물질생활을 인정하는 가운데, 사적 영역에서의 사리 추구를 제한적으로 긍정하면서, 공적 영역에서의 사리 추구는 단호하게 부정한다.61) 그러한 공동선을 구현하기 위해서 경제 정의와 조화되는 한도에서 개인의 욕망 추구를 허용하고, 나아가 공을 의나 천리(天理)로 긍정하면서 사를 리나 인욕(人慾)으로 부정하는 주자의 논리는,62) 결국 경제 활동에서의 개인의 사적 권리를 공동체 생활의 규범 원칙으로 제한한 셈이다.

이렇게 선진 유학자 및 성리학자들에게는 한결같이 사리의 추구(사)는 분배 정의(공)를 위협한다는 부정적 인식이 팽배하였으므로, 생업 가운데 사리 추구를 조장하는 상업은 말(末)로써 억제 대상이 되고, 시장 발달은 비우호적이었으며, 시장의 기능이 경시될 수밖에 없었다. 반면에 생필품을 생산하는 농업이 본(本)으로 권장되었다.63) 그러나 사리사욕을 철저하게 부정하는 성리학의 윤리

其欲利不克其好義也.雖桀紂亦不能去民之好義, 然而能使其好義不勝其欲利也. 故義勝利者爲治世, 利克義者爲亂世. 上重義則義克利, 上重利則利克義. 故天子不言多少, 諸侯不言利害, 大夫不言得喪, 士不通貨財.有國之君不息牛羊, 錯質之臣不息雞豚, 卿不俯幣, 大夫不爲場園, 從士以上皆羞利而不與民爭業, 樂分施而恥積臧.然故民不困財, 貧窶者有所竄其手."

61) 『朱子語類』, 권27. "義者天理之所宜 凡事 只看道理之所當爲 不顧其私 利者人情之所欲得 凡事只任私意 但取其便於己則爲之.."

62) 朱子, 『孟子集註』, 「梁惠王上」. "仁義根于人心之固有, 天理之公也, 利心生于物我之相形, 人欲之私也."

63) 『大學』. "德者本也, 財者末也."

규범 체계는 근대화 맹아기에 접어들어서 경제적 동기로서의 사욕의 추구를 전제로 조성되는 시장이 활성화됨에 따라 비판의 대상이 되고, 공에 억눌렸던 사가 적극 긍정되면서 공과 사의 절충이 시도된다. 중국의 양명좌파들은 개인의 사욕을 적극적으로 옹호하여 사욕의 충족을 통해서 공동선이 확보된다고 하였으며, 상업을 본업으로 격상시켰다.[64] 그리고 조선의 실학자들의 경우는 시장의 기능을 활성화하면서 이를 통해 국가적 재분배를 보완하고자 하였다. 실학자들은 경제적 동기인 사욕을 적극적으로 긍정하고, 상업에 대한 긍정적인 관념을 수립하였다.[65]

요컨대 전근대 유교는 농경이라는 자연 경제 활동 속에서, '친친(親親)'의 혈연 관계를 매개로 구성되는 가족 공동체 및 '존존(尊尊)'의 신분 관계를 통해 구성되는 공동체의 유대를 유지시키고, 나아가 국가의 존망을 결정짓는 민생 경제의 안정을 위한 초석으로써 경제 통합 원리인 재분배(均分) 정책과 공정성(禮·公) 및 호혜성(恕) 등과 같은 유교 가치 규범을 통한 분배 정의 실현을 강조하였다. 유교는 가치 판단에 근거하여 분배 평등을 주장, 각자의 역할과 필요를 고려하여 공정성을 충족하는 질적인, 즉 상대적인 평등을 제시하고 있다.[66]

4. 자본주의에서의 경제와 윤리의 갈등

1) 자본주의와 공동선

서양에서의 'economics' 개념은 '가정 관리'를 뜻하는 그리스어

---

64) 졸고, 「명말 양명학의 개체 욕망 긍정의 사상 경향」 참조할 것.
65) 이헌창, 「유학 경제 사상의 체계적 정립을 위한 시론」, 238-240쪽 참조.
66) 邊衡尹, 『分配의 經濟學』, 163쪽 참조.

'oikonomia'에 근원을 두고 있으며, 아리스토텔레스는 경제를 가정과 폴리스(도시국가)의 물질 생활에 대한 '관리' 차원에서 이해하였다.67) 그리고 중세 스토아학파는 우주를 신(神)이 가부장적으로 관리하는 가계로 보았고, 그 연장선에서 경제 체계는 신이 관리하는 단일 체제를 형성하고 있었다. 이처럼 전근대 시기까지 경제 정의는 중앙 관리 경제 체제를 중심으로 유지되어온 셈이다.

그러나 19세기 즈음 중상주의가 경제 체계로 발흥하면서 사익과 공익의 우선도는 전도되어 개인의 이익이 공동체의 이익보다 중시된다. 국가주의적 중상주의의 기초를 닦은 홉스는 만인이 참여하여 동의한 '사회 계약'을 통해서 개인 재산을 보호하여야 한다고 보았다. 인간의 행복을 대상을 향한 끊임없는 욕망 추구 과정에서 찾고 있는 홉스의 입장에서68) 사리(私利)가 인간의 가장 강력한 욕구였으며, 이러한 사익에 우선하는 공익 관념을 찾아보기란 힘들다. 그에게서 공익이란 개인의 재산을 보호할 수 있는 공동 기반을 확보하는 것을 의미하는 것이었다. 그런데 공동 조건을 국가의 절대주의적 통치를 통해서 이루어야만 한다고 주장한 점에서 그는 자유주의자로서의 자격을 상실한다. 다만 홉스의 공익 관념이, 전근대의 공익 관념이 특정 세계관과 연관되어 정의되었던 것과는 달리, 만인이 행복을 추구할 수 있는 공동 조건이나 절차의 형성에 한정된 것이라는 점에서 자본주의에서의 공익 관념에 근접한 양상을 보인다.69)

아담 스미스는 개인간의 자유로운 이익 추구와 경쟁이 '보이지 않는 손(invisible hand)'의 신비로운 작용으로 인해 공익으로 전화

---

67) 앞의 책, 226쪽 참조.
68) 피터 코슬로브스키(Peter Korslowski) 지음, 이미경 옮김, 『자본주의 윤리학(Ethik des Kapitalismus)』, 54쪽 참조.
69) 김비환, 「영미 자유주의 사상에서의 공익 관념과 한국에서의 함의」, 38-40쪽 참조.

된다고 본다. 그는 시장경제에서 "사익을 추구함으로써 종종 그 자신이 공익을 증진시키려고 의도하는 경우보다 더욱 효과적으로 공익을 증진시킨다"고 하여,[70] 전근대 사회에서 악덕으로 비난받았던 사익이 공익을 창출하는 미덕으로 전화된다고 주장함으로써, 사익과 공익의 동시적 추구가 가능하다고 보았다.[71] 이리하여 중앙의 관리와 개인들의 의도적인 공익 추구 노력에 의해서만 마련될 수 있었던 공익 실현은 개인들의 자유로운 경쟁에 의한 사익의 추구에 기반을 둔다는 양상으로 전환된다. 요컨대 시장 기구가 정치·사회적 제도로부터 독립하여 자율적 조절 기능을 갖춤과 동시에 아울러 시장에서의 자유 경쟁이 활성화되고, 이익 추구의 경제 동기가 종교와 정치 행위 및 윤리의 속박으로부터 탈피하여 정당성을 승인받고, 나아가 개인의 이익 추구가 공공의 이익 증진에 기여한다는 견해가 수용되면서 자본주의는 모습을 갖추게 되었다.

그러나 이후 자본주의 전개 과정에서 주기적으로 불황이 일어나고, 경쟁에서 밀린 비효율적 기업을 효율적 기업들이 흡수 합병하는 과정에서 거대 독점 기업이 등장하고, 그들의 독과점이 시장을 지배하는 현상이 발생함으로써, 자유 경쟁은 소득과 분배의 불평등을 초래하여 빈부의 격차를 심화시켰다. 자본주의 초기에 시장에서의 균형과 개인의 자유를 통해 가능하다고 보았던 개인과 공동체의 동반 번영은 독점이 출현함에 따라 기대를 충족시키지 못하고 서로 불화에 접어들게 되어, 근대 초기 자본주의자들이 말한 것처럼 무한한 사익의 추구가 공동선을 증진시키는 것이 아니라,

---

70) Adam Smith 지음, 김수행 옮김, 『국부론(*The Wealth of Nations*)』, 434쪽 참조.

71) 「영미 자유주의 사상에서의 공익 개념과 한국에서의 함의」, 41쪽 참조. 스미스는 사익을 긍정하지만 사익 추구에 대해 우월한 지위를 부여하지는 않았고, 동감의 필요성이나 인간 행위에서의 윤리적 성찰의 역할 등을 중시하였다 (Amartya K Sen 지음, 박순성 강신욱 옮김, 『윤리학과 경제학(*On Ethics and Economics*)』, 42-50쪽 참조).

도리어 자유와 분배 사이에 유지되어야 할 최적 관계가 악화됨으로써 공동체의 기반마저 붕괴시키는 결과를 낳을 소지를 안게 된 것이다. 그러한 위기에서 국가의 적극적인 개입을 통하여 경제 불황을 타개할 수 있고 사회의 복지 수준을 끌어올릴 수 있다는 케인즈 식 복지국가주의가 등장한다. 이후 유럽 자본주의 국가들은 사회민주주의를 지향하면서 사회주의적인 평등 이념을 끌어들여 자본주의적 자유 이념과의 공동 구현을 지향하는 복지 국가의 이념으로 경제 활로를 열려고 하였다. 그러나 이러한 사회민주주의적 자본주의 체제는 국가의 재정 위기와 노동 의욕을 감퇴시켜 생산성을 저하시키는 동시에 임금 상승 등의 이유로 해서 해체 위기에 놓이게 되고, 그 대안으로 보수 진영에서 제시한 것이 신자유주의에 입각한 자본주의다.

1990년대 탈냉전 시대에 접어들면서, '개인주의'와 '강한 시장' 및 '작은 정부'를 지향하는 신자유주의적 자본주의가 범세계적으로 확장된다. 신자유주의는 사회 전반의 관계를 시장 경제 관계에 종속시키면서, 기존에 국가가 맡았던 사회 통제 기능을 강력한 시장이 대신 떠맡아야 한다고 하였다. 그리고 국가에 의해 주도되는 인위적인 공동선 추구는 개인의 자유와 권리에 대한 침탈을 초래할 뿐이라고 하면서 국가의 간섭을 강하게 비판하고, 최소의 작은 정부가 바람직하다고 주장한다. 아울러 시장은 국가로부터 자유로워야 하며, 나아가 사회적 문제는 국가 개입의 축소로 인한 시장의 자연스런 운전에 의해 조절되도록 해야 한다고 한다.

신자유주의적 자본주의에서 국가의 역할은 단지 자유 경쟁과 사적재산권 보호를 규정하는 법적 제도를 담당하는 데 한정된다. 그러므로 부의 재분배의 경우, 법 제도가 일관성과 보편성을 고수해야 한다는 차원에서 볼 때, 특정 집단에 임의적으로 편파적인 예외를 부여하는 것이기 때문에 정당화될 수 없다고 본다.[72] 상위 5%

72) 조철주, 「신자유주의와 계획 이념의 갈등 : 협동적 계획을 위한 사회자본의

부류가 세계 부의 대부분을 차지하는 빈부 격차가 세계적으로 가속되고 있는 현실에서, 신자유주의자들은 그들이 신봉하는 시장경제 규칙이 정당하고 그 적용 절차가 정당하게 적용된 경우라면, 그로 인해 발생하는 양극화 현상이 아무리 심화되더라도 그것은 전적으로 당연한 것으로 간주한다. 이처럼 신자유주의자들은 불평등을 수용하면서 평등주의에 반대한다. 시장이 활성화되는 사회에서 경제적 불평등이 초래될지언정 능력과 노력을 갖춘 사람들이 걸맞게 지위에 오르는 한, 그것은 하등 불평등과는 상관없다고 보는 것이다. 이들은 부의 편중을 인정할 뿐만 아니라, 복지 국가를 모든 악의 근원으로 간주하여 적개심을 드러낸다. 복지 국가는 시민적 질서를 파괴하는 반면, 시장은 개인의 창의성에 힘입어 번성하기 때문에 질서를 파괴하지 않는다. 복지를 제공하는 것은 시장 주도의 경제 성장으로서, 복지란 국가가 부여하는 혜택이 아니라 경제적 성장을 통한 부의 극대화라고 본다.[73]

한국 경제는 1990년 후반기에 외환 금융 위기로 말미암아 파산 위기에 봉착하였다. 기업들의 도산과 대량 실업은 기층민에게 경제적 파탄을 안겨다주었다. 비록 2001년에 IMF 족쇄에서 벗어났지만, 서민과 빈곤층의 생활 경제 사정은 호전되지 못하고 여전히 생활고에 전전긍긍하고 있는 실정이다. 이를테면 신자유주의에 입각한 미국의 이윤 주도 식 성장 정책이 경제 위기에서 벗어날 유일한 가능성인양 각인되어 우리 경제의 정책 기조로 강제되었다. 효율성과 경쟁력을 강화하기 위하여 시장 개방과 수입 자유화 및 공기업의 민영화로의 전환 등 강압적인 구조 조정이 이루어졌고, 그 결과 자생력을 지녔던 지역 경제의 토대가 무너지고 많은 기업이 도산하고 생산 라인의 자동화 체계로 인해 실업률이 큰 폭으로 증

역할」, 58-59쪽 참조.
73) Anthony Giddens 지음, 한상진, 박찬욱 옮김, 『제3의 길(The renewal of Social Democracy)』, 44-47쪽 참조.

가하였다. 공공 재정의 고갈로 인해 공공 시설 투자와 사회 복지 제도가 우선 순위에서 뒤로 밀리고 이에 따라 공공 서비스가 저하되었다. 그리고 기층민의 가계는 한겨울에 꽁꽁 묶여 있는 반면 일부 대기업들과 향유 계층들의 부는 계속 성장하는 '부익부빈익빈'의 경제적 불평등이 가속화되었다. 비록 절차적 민주주의가 자리를 잡게 되었더라도 실질적으로 다수 국민들은 인간다운 삶을 유지하기 어려울 정도로 기본권을 상실할 위험에 놓이게 되었다. 요컨대 분배의 지속적 악화는 결국 국가 경제를 파산으로 몰고 갈 여지가 있고, 결국 공동선의 완전 붕괴를 가져올 수 있다는 심각성에 문제가 있다. 따라서 이렇게 혹독하게 체험한 경제 위기로 인해 깨닫게 된 교훈 가운데 하나는 개인의 이익과 공공의 이익이 조화되는 공동선의 실현이 절박하다는 사실이다.

2) 자본주의와 윤리

초기 근대 자본주의자들은 사익의 진작을 통해서 공익이 마련될 수 있다고 보았으나, 자본주의 전개 과정에서 독과점이라는 불평등이 돌출됨으로써 공동선이 와해되는 스스로의 모순을 드러내었다. 그러한 위기에서 벗어나고자 국가의 개입을 통한 복지 국가 실현을 기획했지만 결국은 미완으로 도태되었고, 그를 만회하고자 들어선 신자유주의적 자본주의는 오직 시장 원리에 따를 것을 강요하면서, 공동선 실현의 주체가 되어온 국가의 간섭을 배제하고, 부의 불형평성을 당연한 것으로 인정하면서, 나아가 공동선(복지) 구현 자체를 백안시한다. 신자유주의자들 입장에서는 설령 지고한 도덕적 가치를 지닌다고 할지라도 시장 원리와 경제 성장을 가로막는다면 고려될 수 없는 것이다. 이러한 근현대 자본주의 전개는 경제와 윤리의 단절을 함축하고, 그것은 곧 공동선에 대한 관심이 희박해짐을 의미한다.

전근대 사회에서 경제는 정치·문화·종교 등과 밀착되어 논의되었기 때문에 어떤 경제 현상에 관해서 사회 전체 입장에 선 개괄적인 접근이 가능하였으나, 근대 자본주의 성립 이후에 경제적 가치가 최우선으로 받들어지면서, 경제는 다른 사회적 가치들로부터 이탈하여 독자 영역을 구축하고, 그 결과 경제 현상에 대한 총체적 분석은 이루어질 수 없게 되었다. 경제 체제가 사회적 관계 속에 묻어 들어가 있는 것이 아니라, 사회적 관계가 경제 체제에 묻어 들어가 있게 된 것이다. 그런데 자본주의 전개 과정에서 국가의 개입에 의한 공동선 지향이 실패로 끝난 것과 마찬가지로, 시장 메커니즘을 통한 공동선 구축 또한 좌절을 맛보아야만 하였다. 이것은 곧 사회 공동선이 시장 원리 단독으로만은 달성될 수 없음을 증명한다. 따라서 경제 체제를 사회 안으로 흡수하여 시장을 중심으로 사회를 바라보는 미성숙에서 벗어나서, 국가와 시장이 균형을 이루고, 경제 원리와 윤리 규범이 접목되어야만 공동선 실현이 가능하다.[74]

자본주의는 윤리적 가치가 비경제적이기 때문에 시장 원리와는 동화될 수 없다는 근거에서 무한 '경쟁'을 정당화한다. 그러나 기업 구성원들이 성심껏 맡은 바 책임을 완수할 때 우량 기업으로 설수 있듯이, 윤리적 가치를 배제하고 경쟁만 중시하는 것을 합리적인 경영이라 단정할 수 없다. 또한 자본주의는 분배 정의에 위반되는 불공정 분배를 통해서 특정 계층에게 특혜를 부여한다는 혐의로부터 벗어날 수 없다. 자본주의 시장 경제 원리에 가장 잘 부응하는 소수 재벌들에게 재화가 쏠리면서, 자본주의 원리를 좇지 못하는 중소기업들은 경쟁 시장으로부터 외면당한다. 이렇게 불공정한 배분 정책이 실행될 경우 공동선은 실현 불가능하다.[75] 뿐만 아니

---

74) K Polanyi 지음, 홍기빈 옮김, 『전 세계적 자본주의인가 지역적 계획경제인가』, 39-45쪽 참조.
75) Peter Korslowski 지음, 이미경 옮김, 『자본주의 윤리학(*Ethik des Kapitalismus*)』,

라 윤리적 가치를 등한시한 채 부의 축적에 대해 지나치게 너그러운 태도를 취하면서 사회 구성원간의 불평등을 묵인하는 태도는 당연히 지탄의 대상이 된다.

그리고 자본주의 시장 경제는 자유에 대한 강한 신뢰에 기초하여 운영된다. 그런데 문제는 시장 시스템이 자유에 대해 지나친 여지를 제공한다는 점이다. 자본주의에서 불간섭을 의미하는 자유는 공동선보다 우선되는 가치다. 그런데 인간은 자신의 이윤을 극대화하려는 욕심으로 가득한 경제적 인간으로만 태어나거나 살아가지는 않는다. 인간은 사회 속에서 타인과의 관계맺음 속에서 살아가며, 그 관계의 유지를 위해서 윤리 규범을 필요로 한다. 요컨대 자유만이 사회가 보존해야 할 유일한 가치는 아니다. 자유에 책임이 동반되듯이, 자본주의적 질서에서도 책임이 자유와 동등한 반열에서 다루어져야 한다. 자아 실현에만 국한되는 소극적 자유에서 벗어나 사회 전체의 복지와 인간다운 삶을 향유하는 적극적인 자유를 취하는 태도의 전환이 필요하다. 한정된 재화의 틀 속에서 자신을 몫을 추구하는 다른 사람과의 마찰 속에서, 자신의 목적을 효율적으로 실현하는 데 골몰하는 경제적 차원보다는, 어떤 것을 원해야 하는가 하는 윤리적 차원의 고민이 선행되어야 한다.76)

인간은 생존 여부가 불투명한 궁핍한 '정의(正義)' 사회에서 살기를 원하지 않을 뿐만 아니라, 목적을 위해 물불을 가리지 않는 부유한 부도덕 사회를 바라지도 않는다. 그러므로 경제는 윤리로부터 격리될 수 없다. 사회적 존재로서의 인간 삶에 이윤 획득이 전부일 수는 없다. 경제적 가치를 최우선으로 삼으면서 윤리적 가치를 비경제적이라는 이유로 외면당하는 상황에서, 인간적 유대 의식이 고양될 수 없고, 따라서 사회적 불평등은 해소될 수 없고, 공동선 구축은 요원해질 뿐이다.

104쪽 참조.
76) 앞의 책, 98-100쪽 참조.

경제학자 센(Sen)은, 성장 일변도의 자본주의를 경계하면서, 행위 동기와 사회적 성취에 대한 윤리학적 관점이 제기하는 심오한 질문들이 현대 경제학에서 중요한 위치를 차지해야 한다고 주장하고,[77] 윤리학 또한 경제학과 더 긴밀한 접촉을 가짐으로써 이익을 얻을 수 있다고 한다.[78] 자본주의 경제 체제는 사회 전체 영역을 유일하게 대변하는 것이 아니라, 여러 사회적 메커니즘 가운데 하나일 뿐이다. 그러므로 효율적인 경제 시스템만으로 공동선을 이룩할 수 있는 것도 아니며, 오직 개인의 자유를 통해서만 사회 체제를 지탱할 수 있는 것도 아니다. 자본주의의 전개 과정에서 나타난 실패 사례들을 반면교사로 삼는다면, 자본주의는 자유와 윤리적 책임의 조화를 통해서만 건강하게 유지될 수 있음을 확인할 수 있다. 자본주의 이론은 이익 추구를 규범적으로 정당화시키는 윤리학적 이론을 통해 보정됨으로써 자본주의 장점을 살릴 수 있다.[79]

5. 유교와 자본주의의 절주(節奏)를 통한 공동선 모색

자본주의 사회에서 유교 윤리는 유효하다. 문제는 공익을 사익보다 우선시하는 유교의 경제 윤리와 자유롭게 사익을 충족시키는 데 충실한 자본주의 경제 원리의 조화를 통한 공동선을 이루기 위해서는 어떤 조건이 선행되어야 하는가 하는 점이다. 전근대 유교 전통의 공 개념은 '지배 권력(公)=공평 공정(公)=다수(共)'의 의미를 지닌 복합 개념이다.[80] 이러한 공 개념은 세 갈래 가능한 근대적

---

77) Amartya K Sen 지음, 박순성·강신욱 옮김,『윤리학과 경제학(On Ethics and Economics)』, 22쪽 참조.
78) 앞의 책, 125쪽 참조.
79) Peter Korslowski 지음, 이미경 옮김,『자본주의 윤리학(Ethik des Kapitalismus)』, 113쪽 참조.

변용의 방향을 가늠할 수 있게끔 하는데, 그것은 강한 국가주의 사회로 나아가는 길과 공정하고 공평한 사회를 지향하는 길 및 다수 민중의 의견과 이익이 존중되는 사회로 나아가는 길이다. 그런데 우리의 근대화 과정에서 구현된 것은 국가주의뿐이었다. 현재 한국의 경제 상황에는 금융 위기에서 벗어나고 성장이 양호해져서 분배가 개선되어야 함에도 불구하고 분배는 지속적인 악화에서 벗어나지 못하는 등, 분배가 성장에 후행한다는 경제 운동 원리를 역행하는 현상이 지속되고 있다. 소득과 부의 부당한 불평등 및 빈곤률은 여전히 높은 상태다. 이러한 현상이 지속되는 원인은 '소득 분배의 악화'와 '부의 불평등' 및 '빈곤층의 심화' 등에서 찾아볼 수 있다. 이처럼 공정하고 공평한 사회 이상으로서 공과 다수의 의지로서 공은 우리의 현실에서 실현되지 못하고 있다.[81] 이러한 사실은 우리 사회에 공동선을 이루기 위해서 유교와 자본주의가 어떻게 조화를 이루어야만 하는지 안내해준다. 즉, 현실적 유토피아로서의 공동선 실현 가능성은 곧 공정성·공평성에 기초한 분배 정의(義 / 禮 / 公)가 지켜지고, 다수가 자유롭게 주체적으로 참여하는 가운데 확보된다. 공동선 사회 실현을 위해서 정책·제도 차원에서 조성되어야 할 조건 및 사회 구성원들의 자각과 합의가 요구되는 내면적 가치를 구체적으로 살펴보면 다음과 같다.

첫째, 사익과 공익의 경계를 정확하게 숙지하고, 둘의 관계가 배타적 관계가 아니라 대대(對待)적 관계로 묶여 있음을 인식할 필요가 있다. 정치 사회적인 혼란 속에서 개연성이 다분한 공·사 개념에 대해 의미를 정립한다는 것 자체가 버겁기는 하지만, 진정한 공익과 공익으로 위장한 사익의 무분별에서 오는 혼란을 최소화하기 위해서라도 공과 사에 대한 가시적인 개념 정립이 선행되어야 할 것이다. 그리고 사익을 보장하는 것은 공익의 토대가 되고, 공익의

---

80) 이승환, 『유교 담론의 지형학』, 178쪽 참조.
81) 앞의 책, 190쪽 참조.

구현은 사익을 충족시킬 수 있는 필수 조건이라는 인식을 확산하여, 사익과 공익이 상보적 관계에 놓여 있음을 일깨워야 한다.[82] 예컨대 공동선을 구현하는 데 필요한 경제적 부담을 탈세를 통해서 기피하면서, 다른 한편으로는 공공 자금을 통해 사적인 부를 증식하려고 혈안이 되어온 기득권 재벌들의 공금 횡령 행위는 결국 자신들의 사익을 추구하는 기반을 붕괴시키는 결과를 초래하는 자기 파괴성을 지닌 행위가 된다. 한편, 공익만을 편향되게 강조하여 사익을 추구할 자유와 권리 등 인권을 부당하게 제안하는 국가 주도적 경제 성장은 정치 권력의 일방적 독점을 감시하고 제어할 방도를 상실하고, 다수 국민들은 전근대처럼 수동적인 신민(臣民)으로 전락하여 공동선을 스스로 꾸릴 수 있는 자율성을 잃게 된다.[83]

둘째, 공정성·공평성에 입각한 '분배 정의'가 실현되어야 한다. 분배 문제의 해결 없이는 성장이 장기적으로 이루어지지 못한다.[84] 윤리적 차원에서는, 유교 윤리에서 제시된 상호 이익을 도모하는 '호혜성(恕)'의 최적 원리에 입각한 분배 정의(義/禮/公)를 거울삼아 공동선을 구축해야만 한다. 그리고 정책 기조 측면에서는, 유교에서 경제 통합 정책의 중심이 재분배(均分)에 놓여 있었듯이, 부의 불평등의 가장 큰 원인이라 할 수 있는 재벌과 부동산 문제를 집중 검속해야 한다. 부동산 정책의 경우, 불평등의 중심에 놓여 있는 자산(토지/부동산)의 지나친 불균등을 축소시킴으로써 공동선 구축의 기반을 마련할 수 있다.[85] 예컨대 '토지보유세'를 현

---

82) 朱子, 『孟子集註』, 「梁惠王上」. "順天理則不求利而自無不利. 順人欲則求利未得而害已隨之."

83) 김비환, 「영미 자유주의 사상에서의 공익 개념과 한국에서의 함의」, 46-47쪽 참조.

84) 邊衡尹, 『分配의 經濟學』, 170쪽 참조.

85) 2002년 기준 현재 우리나라 토지 소유 편중도는 종합토지세 납부 상위 1%(10만여 명)가 전체의 45.3%를 소유하고 있는 것으로 나타난 것처럼 토지가 집중되어 있다(전강수, 「양극화 해소를 위한 토지 정책 방향」, 『문화일보』 2005. 3. 4).

실화하여 강화시키고,[86] 부동산실명제를 실시해야 한다. 그리고 소수 재벌들의 독과점을 차단하기 위해서 금융실명제 등을 통해서 정경 유착의 고리를 끊고 기업 활동의 투명성을 높여야 한다. 아울러 소득 분배와 부의 분배에 머물 것이 아니라, 범위를 넓혀서 여가와 참여를 통한 성취감 등 무형 재화도 분배 정의 실현 대상에 포함시켜야 한다.[87]

셋째, 다수 시민의 의지가 반영되어야 한다. 전통 농업 사회에서 대다수 국민들은 의무를 지었을 뿐 권리를 누리지 못하는 신민(臣民)으로서 살았지만, 근대 이후 그들은(시민) 공동선을 이루는 주체로서 등장하였다. 유교자본주의를 주장하는 사람뿐만 아니라 몇 부류 사람들은 여전히 경제 성장의 주체로서 소수 권력자나 재벌 기업가를 지목하곤 하는데, 현재 경제 위기의 주범이 바로 그들이라는 점이 반증하듯, 경제 성장의 주체는 독재 탄압에 항거하면서 민주화 역량을 키워오면서 아울러 뛰어난 노동력을 갖춘 '다수' 국민들이다. 국민이 바로 민주 시민이요, 공동선 실현의 주체다. 공동선은 바로 이들 다수의 의견이 반영되어 구현되어야 한다. 그런데 다수 시민이 공동선을 도모하는 데 걸림돌이 되는 것이 바로 유교와 자본주의의 잘못된 만남으로 형성된 이기주의·연고주의·지

그리고 地價는 국제적으로 대단히 높은 편이다. 가계 재산의 상당 비중을 부동산이 차지하고 현실에서, 토지(부동산)라는 자산의 가격 증가로 인한 자본 이득의 발생은 부의 편중을 초래하여 사회 구성원들간의 부의 불평등을 심화시키고 나아가 공동선을 무너뜨리는 데 중대한 작용을 하고 있다(이정우,『소득 분배와 사회 복지』, 31-39쪽 참조).

86) 앞의 책, 같은 곳, 이 외에 재벌의 소유 집중을 완화하는 동시에 노동자의 주인 의식을 심어주는 방안으로서 '종업원지주제'를 확대 발전시켜야 한다고 본다. 아울러 지식 자본과 정보 자본 중심으로 재편되는 세계 경제의 흐름을 직시하여, '지식 자본'을 확보할 수 있는 교육의 평등이 요구되어, 지식 자본에의 투자에 열쇠를 쥐고 있는 대학 입시를 둘러싼 경제적 형편에 따라 불균등하게 배분되는 교육 기회 등을 개선해야 한다고 주장한다.

87) 邊衡尹,『分配의 經濟學』, 162-170쪽 참조.

역주의·정실주의 등 개인적·집단적인 이기주의 양태들이다. 이러한 행동 양태에서 벗어나기 위해서는 개개인의 공익을 위한 사회적 책임(도의성) 각성과 창의적으로 자아를 실현하고자 하는 노력이 필요하다. 사회적 책임과 개인적 창의성의 조화를 통해서 갖추어지게 되는 시민 정신은, 상충되는 다양한 개인 혹은 집단간의 이익을 조절하여 공동선을 구현하는 주체가 된다.

넷째, 기업가의 '노블리스 오블리제(noblesse oblige)' 태도와 국가의 지속적인 복지 정책 및 소비자의 '과욕'·'절용' 의식이 필요하다. 아무리 경영 능력이 탁월할지라도 도덕 의식을 갖추지 못하면 사회로부터 신망을 잃게 되어 기업을 존속시킬 수 없다. 기업은 스스로의 판단과 선택에 의한 '자선적 책임'을 확대하여, 기부 행위나 사회 복지 시설의 운영에 적극 참여해야 한다. 그리고 국가는 복지 정책을 시장 기능에 일임하지 말고 정책 기조를 통해 지속적으로 유지시켜나가야 한다. 소외 계층의 복지 증진을 위해서 연금 보험·고용보험·의료보험 등 사회 보험에 소요되는 재정을 안정적으로 확보하고, 의료 보호·생활 보호 등 공공 부조 정책을 위한 예산을 증가해야 하며, 노인·장애자·아동·부녀자 등을 위한 다양한 사회 복지 서비스를 확대시켜야 한다. 그리고 소비자는 전통 유교 경제 윤리인 '과욕'과 '절용'을 재무장하여 생활화해야 한다. 그럼으로써 절차적 민주주의와 함께 실질적인 민주주의는 이룩될 수 있다.

□ **참고 문헌**

『논어』.
『맹자』.
『순자』.

『대학』.
『국어』.
『춘추좌전』.

강만길 엮음,『한국 자본주의의 역사』, 역사비평사, 2001.
동아시아문화포럼,『동아시아 문화와 사상』, 열화당, 제1호(1999),
    2호(1999), 9호(2002).
변형윤,『분배의 경제학』, 한길사, 1983.
아담 스미스 지음, 김수행 옮김,『국부론(*The Wealth of Nations*)』,
    비봉출판사, 2003.
아미티아 센 지음, 박순성·강신욱 옮김,『윤리학과 경제학(*On
    Ethics and Economics*)』, 한울아카데미, 1999.
앤서니 기든스 지음, 한상진·박찬욱 옮김,『제3의 길(*The renewal
    of Social Democracy*)』, 생각의나무, 1998.
여영시 저, 정인재 옮김,『중국 근대 종교 윤리와 상인 정신』, 대한
    교과서주식회사, 1993.
이상익 저,『유가사회철학연구』, 심산, 2001.
이승환 외 저,『아시아적 가치』, 전통과현대, 1999.
이승환,『유교 담론의 지형학』, 푸른숲, 2002.
_____,『유가 사상의 사회철학적 재조명』, 고려대 출판부, 1998.
이정우,『소득분배론』, 비봉출판사, 1991.
이종호,『조선시대의 경제 사상』, 민속원, 1993.
이준구,『소득 분배의 이론과 현실』, 다산출판사, 1992.
조대환·조희연 엮음,『동아시아 경제 변화와 국가의 역할 전환』,
    한울아카데미, 2003.
주계전 저, 문재곤 외 옮김,『중국철학』, 예문지, 1992.
철학문화연구소,『철학과 현실』2001 가을, 제50호, 철학과현실사,
    2001.

칼 폴라니 지음, 박현수 옮김, 『거대한 변환(*The Great Tranformation*)』, 민음사, 1991.

칼 폴라니 지음, 홍기빈 옮김, 『전 세계적 자본주의인가 지역적 계획경제인가』, 책세상, 2002.

피터 코슬로브스키 지음, 이미경 옮김, 『자본주의 윤리학(*Ethik des Kapitalismus*)』, 철학과현실사, 1999.

박원재, 「공 / 사 관념에 대한 유학적 사유의 기원 — '가(家)'와 '국(國)'의 관계를 중심으로」, 『동양철학』 제19집, 한국동양철학회, 2005.

박원재, 「공 / 사의 우선성 문제에 대한 유가와 법가의 논쟁 — '가(家)-국(國)' 체제의 규범론적 토대에 대한 검토」, 『철학연구』 제66집, 철학연구회, 2004.

박재술, 「명말 양명학의 개체 욕망 긍정의 사상 경향 — 이지 사상을 중심으로」, 『시대와 철학』 제14권 1호, 한국철학사상연구회, 2003.

_____, 「중국 근대화 과정에서의 공(公)·사(私)의 이중 변주 — '동서 문화 논쟁'을 중심으로」, 『시대와 철학』 제15권 1호, 한국철학사상연구회, 2004.

유석춘, 「'유교자본주의'의 가능성과 한계」, 『전통과 현대』 1997년 여름호, 전통과현대, 1997.

이승환, 「도학파와 사공학파의 공적 합리성에 관한 논쟁 — 주희와 진량을 중심으로」, 『철학연구』 제28집, 고려대 철학연구소, 2004.

이헌창, 「유학 경제 사상의 체계적 정립을 위한 시론」, 『국학연구』 2003 가을/겨울, 제3집, 한국국학진흥원, 2003.

이철승, 「선진 유가 사상에 나타난 경제와 윤리의 관계 문제」, 『동양사회사상』 제9집, 동양사회사상학회, 2004.

조철주, 「신자유주의와 계획 이념의 갈등 : 협동적 계획을 위한 사

회 자본의 역할」,『사회과학논집』제20집, 청주대 사회과학연
구소, 1999.

최석만, 「유교 사상과 민주주의의 접합을 위한 이론 구성 및 방법
론」,『동양사회사상』제2집, 동양사회사상학회, 1999.

김비환, 「영미 자유주의 사상에서의 공익 개념과 한국에서의 함
의」,『철학과현실』가을호, 2001.

제 6 장
비판적 매체 철학의 관점에서 본 공적 합리성*

임 홍 빈

1. 서 론

한 사회에서 통용되는 의사 소통의 형식은 그 사회의 정체성을 이해할 수 있는 하나의 탁월한 지표로 간주될 수 있다. 오늘날 의사 소통의 매체들이 이론적 주목의 대상이 되는 중요한 이유 중의 하나는 사회 자체의 재생산 과정에서 의사 소통이 차지하고 있는 역할 때문이다. 더구나 공적, 사적 영역을 넘나드는 대중 매체의 편재성은 문화와 역사적 배경을 달리해온 지구상의 모든 지역 사회들을 하나의 세계 사회로 통합시키는 양상을 보이기도 한다. 세계 사회가 의사 소통의 중층적 과정들에 의해서 재생산된다는 사실로 인해서, 현대의 대중 매체에 대한 이해가 전제되지 않은 정치와 문화 등에 대한 이해는 그 이론적 적실성의 한계를 노출한다는 것이다.

* 이 논문은 2002년도 기초 학문 육성 인문 사회 분야 지원 사업의 일환으로 한국학술진흥재단의 지원(KRF-2002-074-AM1031)에 의해 연구된 것으로, 『철학연구』(고려대 철학연구소) 제29집에 실렸던 것임.

매체의 편재성은 언어적 상징을 주축으로 하는 매체는 물론, 현대의 전자 매체들 역시 인간적 존재의 본질적 특이성으로부터 그 성격이 이해될 수 있다는 인간학적 해석의 계기로도 작용한다. 이와 같은 인식의 바탕에는 인간의 세계에 대한 경험은 항상 매체를 통한 상징화의 작업을 통해서만 전달, 해석될 수 있다는 통찰이 자리한다.[1] 그러나 상징화의 과정에 대한 인간학적 이해는 특정한 매체의 탄생으로 야기되는 일종의 '인식론적 단절'을 상대화시킬 수 있다. 왜냐 하면 우리는 과학, 기술이나 사회 정치적 제도의 관점에서 특정 사회의 역사적 발전 단계를 가늠해볼 수 있는 것처럼, 매체 기술의 형식에 근거해서 사회적 진화의 불연속성을 추적할 수 있기 때문이다.[2]

무엇보다 인간의 자기정체성에서 핵심적인 의미를 지니는 역사의 관념 자체가 문자 언어의 발달 과정과 맥락을 같이 한다는 플루서(Flusser)의 주장은 앞서 언급한 바대로, 세계 경험에 대한 매체의 규정성에 주목한 결과로 이해된다.[3] 역사의 탄생과 선형적 문자의 문화적 연관을 플루서는 그림들을 통해서 형상화되는 상상의 세계와의 관계 속에서 설명한다. 선형적 질서에 의해서 구축된 글은 그림에 의해 묘사된 것을 일련의 사건들로, 즉 "역사적 시간"으

---

1) 이 점에서 요즘 회자되는 '매체 사회(Media-Society)'나 '매체 문화(Media-Culture)' 등과 같은 개념들은 그 개념의 실체적 내용에 대한 타당한 설명이 선행되지 않는 한, 일종의 췌언(pleonasmos)에 해당한다고 볼 수 있다.

2) 인간의 언어 능력이나 상징 체계의 성격에 대한 논란은 이미 잘 알려져 있는 것처럼 서양의 고대 사회에서도 포괄적으로 전개되었다. 가령 mimesis 개념에 대한 플라톤과 아리스토텔레스의 상이한 평가는 인식론적, 미학적 견해의 차이뿐만 아니라, 상징과 매체의 존재론적 위상에 대한 견해의 차이에서 비롯한다. 플라톤에게서 극명하게 드러나는 글의 문화에 대한 비판적 시각 역시 매체의 형식과 내용의 긴장에 대한 인식에 의해서 관철되고 있다.

3) 플루서의 다음 문헌을 참조. Vilem Flusser, *Vom Subjekt zum Projekt. Menschwerdung*, S. Bollmann und E. Flusser, (hrg.) Fischer, Frankfurt am Main, 1998. Vilem Flusser, *Medienkultur*, Frankfurt am Main, 1997.

로 변형시킨다는 것이다.[4] 주로 반복과 순환으로 표상된 물리적 시간에 역사적 의미가 각인됨으로써 매 순간의 행위와 결정이 지니는 일회성의 인식이 확산되고 이것이 바로 '정치적 의식'이 등장하게 된 최초의 계기라는 것이 플루서의 통찰이다. 그러나 그는 정치적 의식이 전적으로 글자 문화에 의해서만 설명되거나 이해될 수 있다고 보지는 않는다. 사실상 정치적 의식의 내부에서부터 개념적 사유의 추상성과 보편성이 그림과 영상, 마술적 상상 등을 포괄하는 표상적 사유와 긴장 관계를 구축한다는 것이다. 다시 말해서 정치적 의식이 예로부터 항상 인지적이며 담론적인 합리성에 의해서만 전적으로 좌우되었다고 보기는 어렵다.

플루서는 여기서 매체의 형식적 특이성이 인간의 시간에 대한 표상 의식을 설명하는 데 기여할 수 있다는 소박한 전제에서 출발하고 있는 것처럼 보인다. 물론 문자에 의존하는 문화와 역사 의식의 관계는 다른 철학자들에 의해서도 언급된 바 있다. 가다머(Gadamer) 역시 글 자체의 고유한 선형성(線形性)이 통시적인 서술 구조를 정착, 확산시키는 역할을 수행함으로써 진보 지향적인 역사 의식을 강화하는 기제로 작용한다고 말한다. 그는 역사적 기억과 반성적 사유가 전통적인 의미의 정치적 공공성을 형성하는 주요 계기들로 간주될 수 있었던 것은 글자 언어의 문화 자체가 그림 문자와 달리 독특할 뿐 아니라, "엄청난 추상적 (사유) 능력(die gewaltige Abstraktionsleistung)"[5]을 요구한다는 경험적 사태와 맞물려 있다고 말한다. 물론 그림 문자를 사용하는 문화권에서는 추상적 사유의 전개가 불가능하다는 주장이 정당화될 수는 없겠지만, 최소한 알파벳의 조합으로 작동하는 문자 언어가 맥락 초월적 사유의 전개

---

4) Vilem Flusser, 1997, 135.

5) Hans Georg Gadamer, "Kultur und Medien", in : *Zwischenbetrachtungen ; Im Prozess der Aufklärung*, A. Honneth, Th. McCarthy, C. Offe, A. Wellmer, (hrsg.) Suhrkamp, Frankfurt am Main, 1989, 720.

과정에 유리한 문화적 기제로 작용했으리라는 추정은 타당하다.

문자 언어의 선형성은 다음과 같은 플루서의 분석처럼, 20세기 이후 매체 문화의 지배적 경향성인 영상화의 과정과 비교해볼 때, 더욱 선명하게 드러난다. "서구인과 서구 사회는 구체적이며, 주로 선형적 코드를 위해 프로그램화된 의사 소통의 장(Kommunikationsfeld)이라는 추상적 지평들이며, 오직 이 같은 장의 기능을 위해서만 그들은 존재한다."[6]

플루서는 매체 이론의 관점에서 선형적이며 통시적인 역사의 의미와 조응하는 문자 언어와 탈역사화의 과정을 촉진시키는 기술공학에 의해 매개된 영상 문화를 대비시킴으로써 기술 시대의 문화 변동을 분석한다. 실제로 매체 기술의 지배력이 확산될수록 혁신(innovation)이라는 범주는 ─ 굳이 그 현실적 필요성에 대한 공감대의 확산 때문이 아니더라도 ─ 그 자체로서 가치 있는 실체적 무게를 지니게 됨으로써 본질적으로 과거에 해당하는 역사의 차원을 배제, 억압하는 결과를 초래한다.

그런데 매체의 이와 같은 문화 기제로서의 성격을 기술 매체의 자기역동성(Eigendynamik)으로 확대, 해석하는 데는 무리가 따를 것이다. 다만 우리는 현실 인식의 일정한 경향성을 특정 매체가 강화 혹은 약화시키는 계기로 작용한다는 인식에 대해서는 어렵지 않게 동의할 수 있을 것이다. 가령 선형적 역사 의식에 수반되는 글과는 대조적으로 인터넷을 비롯한 현대의 전자 매체는 거대 도시의 등장과 인구 증가로 인한 새로운 의사 소통의 필요성과 같은 경험적 요인에 부응하는 기술로 등장했지만, 동시에 그것은 의도하지 않았던 결과로서 일련의 탈역사적이며 나아가서 공간 축약적인 세계 이해의 경향성을 강화하게 된다는 것이다. 그런데 역사 의식의 침식과 지리적 공간의 의미 변화는 그 어떤 영역에서보다 정치적 공공성의 문제로 첨예화될 수 있다. 다음 절에서 나는 대중

---

6) Vilem Flusser, 1997, 37.

매체의 기술적 혁신이 정치적 공공성의 형성에 미친 여러 측면들을 상호 경쟁적인 이론들의 분석을 통해서 검토할 예정이다. 현대의 대중 매체들은 과거 국민국가 중심의 정치적 공공성을 해체함과 아울러 지리적 통합성을 대신하는 새로운 의사 소통의 조직을 가능케 하는데, 나는 세계 사회의 공공성 문제가 한나 아렌트(Arendt)의 뒤를 이어 공공성의 이론으로 철학계에 등장한 하버마스(Habermas)의 '의사 소통적 합리성 이론'에 의해서도 적절하게 다루어지지 못하고 있다는 점을 강조할 것이다. 또한 하버마스의 의사 소통적 자유는 기본적으로 행정과 자본이라는 두 가지 기능적 체계들의 압도적인 영향력으로부터 독립해서 작동하는 자기 준거적 공공성에 의해서 성립하는데, 이는 다시 이미 성숙한 단계의 자유주의 시민사회의 주체들을 전제할 때만 가능하다는 경험적 제약 하에 놓여 있는 것이다. 나아가서 대중 문화에 근거한 세계 사회의 공공성과 국민국가 체제의 정치적 공공성의 관계는 전자에 대한 좀더 심층적인 분석에 의해서 비로소 규명될 수 있다는 것이다.

2. 의사 소통적 합리성과 정치적 공공성

우리는 먼저 하버마스가 아펠(Apel)과 함께 1980년대 이후 본격적으로 모색한 상호 주체적 합리성 이론의 배경에 대해 살펴봄으로써, 의사 소통적 합리성이나 의사 소통적 권력과 같은 사회 정치 철학적인 개념의 의미 또한 규명할 수 있을 것이다. 물론 의사 소통적 자유의 개념에 대한 하버마스와 아펠 등의 이론적 천착이 경험적 수준에서 공공성의 구조 변동을 분석의 주요 대상으로 설정하고 있는 것은 아니다. 다시 말해서 이들의 작업은 정치 사회적 질서의 근본적 정당성에 관한 이론적 문제에 초점이 맞추어져 있다. 그러나 의사 소통적 자유의 구체적 실현이 삶의 경험적 조건들과 무관하다고 볼 수 없는 한에서, 의사 소통적 언어 행위의 선험성을 입증하려고 시도해온 아펠의 철학적 논의가 정치적 의미와 무관하거나 정치철학적 재구성의 가능성을 배제하고 있는 것은 아니다.[7]

하버마스와 함께 아펠은 합리성의 근거가 인식 주체의 내면적 의식 세계에서 추구될 수 있는 의식 철학의 패러다임을 넘어서는 상호주관성의 차원, 특히 언어적 의사 소통의 경험 초월적 보편성에 주목한다. 이들에 의하면 언어적 의사 소통은 다른 매체들, 가령 권력, 화폐 등과 단순히 구별될 뿐만 아니라 질적으로 다른 의미를 지닌다. 이 점에서 다음과 같은 아펠의 언급은 언어적 의사 소통과 공공성의 관계에 대한 공통의 인식을 반영하고 있다. "논변은 의사 소통의 한 특정한 유형일 뿐만 아니라, 반성적으로 더 이상 그 배후에 대해 물을 수 없는 사유의 공적 형식이다."[8] 아펠의 이 같은 관점은 인간의 실천적 상호 작용이 이론적 합리성의 근거를 구축할 수 있다는 일련의 주장들을 '선험철학적으로' 재구성한 것으로 볼 수 있다. 이론적 세계 이해의 가능성 자체가 좀더 근원적인 의미의 실천적 상호 행위로부터 설명되고 정당화된다는 주장은 칸트적인 의미의 실천적 합리성의 우위를 넘어서는 중요성을 지닌다. 왜냐 하면 의사 소통을 포함하는 인간적 상호 행위 자체가 합리성의 근거를 제공하는 한에서 하버마스와 아펠 등이 강조하는 언어학적 전환(linguistic turn)은 사실상 사회적 상호 작용이 주체의 객체 / 자연에 대한 인지적 태도에 우선한다는 이론적 패러다임 전환의 계기로도 해석된다. 따라서 생활 세계의 의사 소통은 과학과 기술과 같은 인지적, 도구적 행위에 우선하는 것이다. 이는 곧 전략적 합리

---

7) Karl-Otto Apel, "Die Vernunftfunktion der kommunikativen Rationalität. Zum Verhältnis von konsensual-kommunikativer Rationalität, strategischer Rationalität und Systemrationalität", in : *Die eine Vernunft und die vielen Rationalitäten*, Karl-Otto Apel und Mattias Kettner (hrsg.) Frankfurt am Main, 1996. 17-41 참조.

8) Apel, 1996, 19에서 인용.

성/도구적 합리성과 의사 소통적 합리성 사이의 분석적 구별보다 더 근원적인 실천적 합리성의 개념이 생활 세계로부터 설명될 수 있다는 것을 의미한다. 이 점에서 아펠이 체계 합리성과 윤리적 합리성의 매개의 가능성을 정치적 차원에서 모색하는 것은 자연스러운 귀결이다.[9]

그런데 체계 합리성과 합의적이며 의사 소통적인 담론 합리성(konsensual-kommunikative Diskursrationalität)이 이론적 지평이 아닌 정치적 실천의 맥락에서 매개될 수 있다는 것은 정치적 공공성의 주도적 역할을 전제함으로써만 가능하다. 시민사회의 정치적 공공성에 대한 적극적인 의미의 부여는 이미 근대성의 이론이 형성되는 초기 단계에서부터 발견된다. 퇴니스(Tönnies)는 20세기 초, 공공성이 국가 및 시장과 함께 근대 사회의 3대 원리라는 사실을 주목했다.[10] 자유 언론을 통해서 형성되는 공론(öffentliche Meinung)은 과거 기독교에 의해서 대표되는 종교적 세계관을 해체 내지 대체한다는 것이다. 이는 권위와 종교적 교리의 장막에 의해서 보호받아왔던 전통적 신념의 토대가 자유로운 공론에 의해서 와해된다는 것을 의미하기도 한다.

정치적 권력 행사의 자의성에 대한 비판이나 법률의 타당성에 대한 공론이 활성화됨으로써 억압적이며 권위주의적인 정치 권력이 도전을 받게 되는데, 이와 같은 일련의 과정은 언론의 자유를 구체적 내용으로 포함하는 공공성이 역사적으로 계몽주의의 정신을 계승하고 있음을 가리킨다. 즉, 정치적 공공성의 형성 과정을 권위와 전통에 의한 자의적 지배로부터 이성에 의한 지배로의 이행으로 해석할 수 있는 한에서, 우리는 '언론의 자유'라는 시민사회의 자유주의적 이념을 계몽주의 정신의 연장선상에서 이해할 수

---

9) Apel, 19F96, 35 이하 참조.
10) Ferdinand Tönnis, *Kritik der öffentlichen Meinung*, Aalen : Scientia, 1922/1981.

있다. 여기서 우리는 칸트의 "계몽이란 무엇인가"란 문건이 근대 사회의 공론 형성과 관련해서 지니는 의미를 가늠해볼 수 있다.[11] 그런데 근대의 역사적 경험은 절대주의 국가 체제와 시민사회를 중심으로 형성된 자유주의적 부르주아의 대립이 다시 시민사회 자체의 내부에서 전개된 계급적 갈등으로 확산되어감으로써 정치적 공공성 영역의 취약성이 노정될 수밖에 없었음을 알려준다. 이는 근대 시민사회의 정치적 공공성 자체가 초기 단계에서부터 내적 모순으로부터 자유롭지 못했다는 사실을 의미한다. 이 같은 맥락에서 하버마스의 교수 자격 논문인 "공공성의 구조 변동"은 자본주의적 시장 경제 및 사회 문화적 조건 하에서 태동한 부르주아의 공공 영역이 어떤 방식으로 시민사회와 국가의 매개 역할을 담당하는지 분석하고 있다. 하버마스는 부르주아의 공공 영역이 19세기 후반기에 이르러 근본적인 변화를 경험한다고 주장하면서 이를 '시민사회의 재봉건화 과정'으로 규정한다.[12] 공공성의 침식을 야기하는 일차적 요인은 사회적 쟁점들이 자유롭고 평등한 시민들간의 공적 담론이 배제된 상태 하에서, 정당들과 같은 거대 집단들 상호간의 정치적 타협에 의해서 처리되는 경향에서 찾아진다는 것이다. 즉, 시민사회의 공공성은 탈정치화되는 것이다. 공공성의 이 같은 질적 변화를 초래한 원인으로는 행정의 관료화 및 상품 경제의 확산 등과 함께, 일반 대중들의 선동에 동원되는 대중 매체 등이 포함된다. 그런데 공공성의 침식에 대한 하버마스의 비관적 전망은 프랑크푸르트학파의 문명 비판적 시각과 크게 다르지 않다. 이미 아도르노와 호르크하이머에 의해 제기된 '문화산업론'은 정치적 공공성의 역사적 일탈에 대한 비판적 시각에 의해서 중첩되어 있

---

11) Immanuel Kant, *Beantwortung der Frage ; Was ist Aufklärung?*, Vandenhoeck & Ruprecht, Göttingen, 1975 참조.

12) Jürgen Habermas, *Strukturwandel der Öffentlichkeit*, Suhrkamp, Frankfurt, 1990.

다고 볼 수 있다.[13] 그런데 하버마스는 '사실과 효력'이란 후기 저
서에서 자신의 심의 민주주의적 기획을 시장자유주의나 공동체주
의를 계승한 공화주의적 정치철학과의 차별성 속에서 서술, 정당
화하는데, 이 과정에서 초기와는 확연하게 구별되는 '공공성'의 복
권을 시도하고 있다.[14]

하버마스는 정치적 공공성으로부터 비롯하는 의사 소통적 권력
(die kommunikative Macht)의 개념을 사용함으로써 기존의 정치
체계의 권력과 구별되면서 동시에 이에 대해 영향력을 행사할 수
있는 시민사회의 실체성을 강조한다. 따라서 의사 소통적 합리성
은 단순한 담론적 유희에 그치는 것이 아니라, 제도화된 민주주의

13) Max Horkheimer und Theodor Adorno, *Dialektik der Aufklärung*, Suhrkamp,
Frankfurt, 1997, 특히 문화 산업(Kulturindustrie)에 대한 분석은 141-191 참조.
한편, 하버마스의 공공성 개념은 특정한 시대의 특정 계급, 즉 유럽 중산층의 정
치적 공공성을 설명의 모델로 설정함으로써 그 경험적 적실성과 관련해서 문제
가 없지 않다는 비판이 제기되어 왔다. 이에 대해서는 다음 문헌을 참조, John
Keane, *The Media and Democracy*, Polity Press, Cambridge UK, 1991, 35ff.
킨(Keane)은 언론의 자유를 위협하는 두 가지 요인을 시장자유주의와 권위주의
적 국가 행위에서 발견해내고 있다. 그의 인상적인 논변 중의 하나는 시장자유주
의자들이 자신들의 입장을 옹호하기 위해서 권위주의적이며, 언론의 자유를 교묘
하게 억압하는 정부를 지지하는 자기 모순에 봉착한다는 주장이다. 또한 현대
민주주의 체제 하에서 공개적인 방식으로 언론 자유의 탄압이 이루어지기는 갈
수록 어려워지고 있는 반면, 더욱 교묘한 방식의 억압은 확산되는 양상을 보인다
는 주장은 타당하다. 그러나 그는 현대의 민주주의 국가가 거짓과 은폐, 야합,
국가 홍보, 언론사간의 차별 대우 등과 같은 교묘한 방식들을 동원함으로써 언론
의 자유를 실질적으로 무력화시키고 있다고 분석하고 있는 반면에, 언론 자체의
권력화 현상에 대해서는 비교적 관대한 입장을 보이고 있다(특히 앞의 책, 93-114
쪽 참조).
14) 자유주의, 공화주의, 심의민주주의의 관계에 대한 하버마스의 관점은 다음
문헌을 참조. Jürgen Habermas, "Three Normative Models of Democracy", in :
Seyla Benhabib (ed.), *Democracy and Difference*, Princeton University Press,
Princeton, New Jersey, 1996, 21-30. 공공성에 대한 본격적 분석은 다음 문헌을
참조. Jürgen Habermas, Faktizität und Geltung, Suhrkamp, Frankfurt am Main,
1993.

의 의사 / 의견 형성 과정에 영향력을 행사할 수 있다는 것이다.15) 다만 이 같은 시민사회의 권력은 사회주의적 혁명과 같이 사회 전체의 근본적 전복이 아니라, 시민사회 자체의 자기 변형을 통해서 법치국가의 정치 체계에 영향을 주는 데 그 역할이 한정된다. 즉, 시민사회의 비판적 공공성은 직접적이 아닌, 우회적이며 간접적인 방식으로 정치 체계에 영향력을 행사하는데, 이는 기능적 체계의 합리성을 대표하는 전문가들의 관점과 대립하는 지식(Gegenwissen)을 제공하거나 의사 결정의 논거들을 통합적으로 반성함으로써 구체화된다. 공공성의 특이성은 정치 체계와 생활 세계의 사적 영역을 매개시키는 공공성의 역할에서도 드러난다. 전자는 기능적으로 특수화된 체계의 하나로서 시민사회의 의사 소통적 합리성에 의해서 제기되는 목소리를 외면하거나 배제하는 경향을 보일 수 있는데, 이때 정치 체계의 부당한 권력은 정당성의 위기를 초래할 수 있다는 것이다.16)

아울러 하버마스는 정치적 공공성의 안정과 평형 상태를 시민사회의 의사 소통적 실천이 자기 준거적 구조를 보여준다는 데서 찾고 있는 듯하다.17) "공공성의 자기 준거적 재생산"이란 형식적인 개념이 지니는 의미는 급진 민주주의적 관점에서 제시된 비판적 공공성의 — 주체성의 이론과 구별되는 — 실체성을 확보하려는 시도와 관련해서 비로소 이해될 수 있다.18) 즉, 비판적 공공성은 기존

---

15) 이는 정치적 의사 소통의 합리성과 삶의 질 사이에 어떠한 인과 관계가 성립하는가의 문제와도 결부된다. 정치철학과 공공복지경제학을 통합적으로 탐색해 온 센(Sen)은 언론의 자유와 민주주의가 실현, 보장되는 그 어떤 국가에서도 기근이 발생한 적이 없다는 경험적인 연구 결과를 발표한 적이 있는데, 이 같은 주장의 근저에는 정치적 공공성의 자유가 삶의 경험적 조건과 연계되어 있음을 가리킨다. Amartya Sen, *Poverty and Famines : An Essay on Entitlement and Deprivation*, Oxford, Clarendon Press, 1981.

16) 하버마스는 이 점을 '공공성의 구조 변동'의 재판 서문에서 강조하고 있다. Habermas, 1990, 33 이하 참조.

17) J. Habermas, 1993, 447 참조.

의 법치국가에 의해 제도화된 질서들과의 차별성을 통해서 그 의미가 드러나는데, 이는 하버마스의 공공성 개념 자체가 생활 세계의 규범적 요구들에 의해서 지탱되고 있음을 말해준다. 시민사회의 의사 소통적 합리성이라고 간주될 수 있는 공공성의 재생산이 주목받는 이유는, 후자가 법치국가의 기성 질서에 대한 대안 내지 비판의 원천으로 작용할 수 있다는 급진 민주주의의 잠재력을 지니고 있기 때문이다. 정치적 공공성은 제도화된 공식적 질서인 의회의 의결이나 법원의 평결과 함께 민주주의의 근간을 구축하는 하나의 결정적인 계기로 간주되어야 한다는 것이다. 비판적 공공성의 영역에서 제기되는 의제들은 환경과 평화, 인권, 노동과 같은 규범적 이념을 중심으로 형성되는데, 이와 같은 의제들의 구체적 실천을 담당하는 조직이 정치 체계인 한에서 비판적 공공성과 현실 정치 체계의 사이에는 긴장 관계가 조성될 가능성이 농후하다.

여기서 이미 하버마스의 비판적 공공성이 재생산되는 사회적 공간은 본인 스스로 전제하고 있는 것처럼 헤겔이 '욕망의 체계'로 규정한 자유주의적 부르주아의 시민사회(die bürgerliche Gesellschaft)가 아니다.19) 여기서 전제된 시민사회(Zivilgesellschaft, Civil Society)는 "평등하고 개방적인 조직 형식들"로 묘사되며, 생활 세계의 사적 영역과 연계된 자율적 공적 차원으로 규정되고 있다.20) 이 점에서 시민사회 개념의 실체성은 그 어떤 기능적 체계와도 구별된다는 부정적인 방식에서만 정의될 수 있는 것처럼 보이지만, 이는 시민사회를 일종의 유사-주체(類似-主體)로 전제하는 고전적 개념틀을 고집하는 한에서는 그렇다는 것이다. 따라서 의사 소통적 합리성에 의해 재생산되는 공공성의 영역은 여기서 분명히 그 구체

---

18) J. Habermas, 1993, 448 참조.

19) G. W. F. Hegel, *Grundlinien der Philosophie des Rechts*, Werke in zwanzig Bänden, Band 7, Frankfurt am Main, Suhrkamp, 1982, 339-397 참조.

20) J. Habermas, 1993, 443 이하 참조.

적 정체성 자체를 결여한 대중(a shapeless mass)의 개념과도 구별된다. 반면에 구체적 형체를 결여하고 있는 대중은 쉽게 동원 가능한 집단이며, 대중들의 동원을 위한 가장 효과적인 수단으로 대중 매체들이 거론될 수 있다는 것은 자명하다.

특히 현대 정보 사회의 전자 매체들은 효과의 극대화를 위해서 객관적인 사태 자체에 대한 분석적, 반성적 접근이 필요한 사안을 개인적인 수준의 사건으로 포장, 변형시키거나 정보 전달의 기능과 오락의 기능을 접목시키는 등의 방식을 통해서 정치적 담론의 성격을 왜곡시킨다. 텔레비전 등의 전자 매체에 의해서 제기되는 사회 정치적 의제들은 종종 그 전체적 연관성이 누락되면서 오직 분절화된 정보의 단편만 청중에게 제공됨으로써 정치적 공공성의 왜곡을 초래하기도 한다는 것이다. 선동과 조작, 왜곡의 가능성에도 불구하고 대중들의 정치 의식은 공식적 선거 제도 하에서 투표 행위로 정형화되어 표현되는 '형식화된 공공성(formierte Öffentlichkeit)'과 구별되는 비공식적이며 형식화되지 않은 공공성의 영역에서 형성되기 때문에 기능적 체계에 의해서 감지되거나 공론화되지 않는 의제들을 쟁점으로 채택하는 특징을 보여준다. 이 점에서 하버마스가 정치적 공공성을 시민 불복종의 관점에서 논하는 것은 나름대로의 타당성을 지닌다. 시민사회와 합리적인 생활 세계의 실질적 재생산을 보장하기 위해서는 정치적 공공성이 여타의 기능적 체계들의 작동 원리들로부터 독립해서 존재해야만 하는데, 이는 이미 성숙한 자유주의의 정치 문화를 전제한다. 따라서 정치적 공공성과 기능적 체계들의 관계에 대한 하버마스의 서술은 이미 합리화된 생활 세계, 즉 성숙한 정치 문화 내에서의 의사 소통적 합리성을 이론적으로 재구성한 것이라는 평가를 받을 수 있다. 여기서 하버마스의 '정치적 공공성' 개념에 대한 서술이 규범적 차원과 분석적 서술의 차원을 공유하고 있다는 사실이 드러난다. "공공성의 자기 준거적 재생산"이나 "시민사회의 의사 소통적 실천의 자기

준거성"이란 표현은 모두 체계 이론의 핵심 개념인 자기 준거의 형식적 특징을 개념화하고 있기 때문에 일견 '정치적 공공성'의 규범적 전제는 잘 드러나지 않는다.21) 왜냐 하면 '비판적 공공성'은 이미 성숙해진 단계의 정치 문화를 전제하기 때문이다. 합리화된 생활 세계는 정치적 공공성을 즉흥적이며 반동적인 대응 방식으로 부터 자유롭게 만든다는 주장은 의사 소통적 합리성에 대한 분석적 서술로 간주될 수 있다.

생활 세계 개념의 포괄성을 감안할 때, 의사 소통적 합리성이 공적, 사적 영역에 모두 해당된다는 것은 당연한 귀결이다. 의사 소통적 합리성의 위기는 정치적 정당성의 위기만이 아닌 총체적인 성격의 파국을 의미하게 되는 것이다. 가령 전체주의 사회나 국가사회주의 체제는 정치 체계나 시민사회 영역뿐만 아니라 "가족, 학교, (자발적) 생활 공동체, 이웃"들의 의사 소통까지도 왜곡, 해체시키는 결과를 낳는다는 것이다.22) 즉, 전체주의 국가의 권력은 공적인 이해 관계나 사적인 이해 관계를 막론하고 생활 세계의 모든 사태를 관장, 통제할 수 있으며, 이는 — 푸코의 서술처럼, 일종의 전방위 감시 체제(Panoptikum)로서의 국가 체제로 규정되는 것이다. 그러나 의사 소통적 자유의 박탈이 반드시 전체주의 국가 체제 하에서만 수행된다고 볼 수는 없다. 왜냐면 의사 소통적 자유는 권력과 자본과 같은 기능적 체계와 함께 매체 자체의 권력화에 의해서도 도전을 받고 있기 때문이다.

3. 권력으로서의 대중 매체와 체계 이론적 분석

공공성 영역의 재생산을 가능하게 해주는 의사 소통의 매체들

---

21) J. Habermas, 1993, 447-448 참조.
22) 앞의 글, 446 인용.

역시 세계에 대해 단순히 정보를 전달하는 도구적 기능만을 수행한다고 볼 수 없다. 시민사회의 구성원들의 의식과 행위는 이미 항상 특정한 형식들을 구현하고 있는 의사 소통의 구조에 의해서 매개되어 있기 때문에 의사 소통의 매체 자체가 가치 중립적인 정보 전달의 단순한 수단으로서의 기능적 역할만 담당한다고 볼 수 없는 것이다. 다시 말해서 의사 소통의 매체와 시민들의 정치 문화 및 의식 세계는 단순한 정보 전달 체계와 정보 수용자의 단순한 관계를 넘어서는 상호 작용의 맥락 속에 놓여 있다. 가령 정치적 공공성의 영역 내부에서 전개되는 행위자들의 자기 검열과 같은 과정들을 이해하기 위해서는 의사 소통의 매체에 대한 좀더 복합적인, 즉 단순한 도구주의적 관점을 넘어서는 분석이 요구되는 것이다. 또한 의사 소통적 합리성 이론에 근거한 심의민주주의적이며 공적인 담론이 대중 매체를 통해서 전개되는 한, 항상 무대 위에서 혹은 담론의 주체(들)로 선택된 연사들과 청중 혹은 시청자들의 관계는 비대칭적이기 때문이다. 이는 담론 참여자들의 평등한 참여라는 심의민주주의의 경험적인 한계로 작용한다. 현실적으로 시민들의 정치적 이해 관계나 참여의 동기 등과 같은 조건들 자체가 상이할 수 있기 때문에 참여의 수준에서 드러나는 차이는 불가피하다는 주장이 제기될 수 있다. 물론 심의민주주의적인 의미에서 평등의 원칙을 실현시키려고 시도할 때 우리는 모든 참여자들의 요구와 발언권을 공평하게 배려해야 한다는 원칙을 고수할 수 있으며, 이 경우 기존의 정치적 공공성에서 배제되었던 소수자나, 소외 집단의 입장을 인위적 제도의 도입을 통해서 평등한 참여를 보장해줄 수 있는 일련의 조치들이 시도될 수 있다. 그럼에도 불구하고 대중 매체를 통해서 매개되고 여과되는 정치적 공공성의 실질적인 형식은 일련의 '공적이지 않거나' 혹은 '공적으로 부각될 필요가 없다고 여겨지는' 제도적 장치와 미시적 규칙과 같은 경험적 제약 조건들에 의해서 규정된다.

그 결과 정치적 공공성의 문제는 '비공식적 권력으로서의 매체'에 대한 이해를 통해서 구체화되어야 하는데, 이는 현대 정치 이론의 핵심적 관건이자, 나아가서 민주주의 체제의 미래와 관련된 쟁점이기도 하다. 특히 대중 매체가 단순한 정치적 의사 소통을 위한 수단의 위상을 벗어나서, 정치적 의제 자체의 선택과 내용을 규정하는 권력(Definitionsmacht)으로서 간주되어야 한다는 지적은 당연하게도 대중선동주의(Populism)의 문제와 관련해서 제기될 필요가 있다.[23] 여기서 '규정하는 권력(Definitionsmacht)'이란 표현은 다름아니라 매체들이 의미론적 질서에 대해 미치는 영향력을 의미한다. 이때 대중 매체는 시민사회의 정치적 공공성이 아닌 특정 권력이나 ― 혹은 매체 자본을 포함하는 ― 자본의 확대 재생산에 기여하는 것이다. 자본의 이해에 충실한 대중 매체의 상업주의는 국가에 의한 ― 종종 교묘한 방식의 ― 언론 통제와 공생적 관계를 구축한다. 오늘날 현대 사회에서 정치 체계, 특히 정치적 집권 세력과 자본의 집합주의적 공생 관계야말로 민주주의를 위협하는 최대의 요인이며, 이는 언론을 비롯한 정치적 공공성을 왜곡, 조작 혹은 배제하는 등의 의도적 행위를 통해서 구체화된다. 다시 말해서 공적 여론 자체가 공적이지 못한 것이다. 따라서 항상 공공의 이익 (Das Interesse der Öffentlichkeit)이 공적 이익(das öffentliche Interesse)인지를 물어야 한다는 선스테인(Sunstein)의 지적은 적절하다.[24] 대중 매체를 촉매로 삼아 형성되는 시민사회의 집단주의적 의식이 확산된다는 것은 심의민주주의의 기획 자체가 요원하다는 것을 가리키며, 이는 현대 사회의 두 가지 부정적인 현상, 즉 사회적

  ---

  23) Sigfried J. Schmidt, "Medien, Kultur : Medienkultur. Ein konstruktivistisches Gesprächangebot", in : S. J. Schmidt (hrsg.) *Kognition und Gesellschaft*, Suhrkamp, Frankfurt, 1992. 431.
  24) Cass Sunstein, "Das Fernsehen und die Öffentlichkeit", in : L. Wingert, K. Günther (Hrsg.) *Die Öffentlichkeit der Vernunft und die Vernunft der Öffentlichkeit*, Suhrkamp, Frankfurt am Main, 2001, 678-701.

파편화(fragmentation)와 집단적 양극화(group polarization)가 상호 유기적인 맥락 속에 놓여 있음을 보여준다.25)

그런데 이와 같은 성격의 문제 제기 자체가 근본적으로 새로운 것은 아니다. 고대 그리스 이래로 수사학 — 원래 이는 '정치적 기술(politike techne)로 불렸다 — 이 정치적 이성과 맺어온 긴장 관계와 유사하게 논변 중심의 공적 합리성 이해가 항상 환영을 받아왔다고 볼 수는 없다. 특히 비판적 사회 이론을 대표하는 아도르노의 문화산업론에 의해서 첨예화된 형태로 나타난 매체 비판과 의사 소통적 합리성에 대한 근본적인 회의는 긴밀하게 연계되어 있다. 가령 영상 매체는 실재하는 세계를 가상을 통해 매개되지 않은 방식으로 복제하는데, 이는 사진과 같은 실증주의적 인식 태도를 반영한다는 것이다. 즉, 영상 매체에 대한 비판적 시각은 반성적인 문화의 유실에 대한 저항으로 해석될 수 있는 것이다. 따라서 영상은 오늘날 일종의 '사회적 상형 문자'며 대중 매체들은 현실 세계에 대한 지각을 변형시켜 전달한다는 것이다.26) 정치적 공공성의 측면에서 텔레비전과 인터넷 등의 매체들은 근세 초에 등장한 인쇄 매체와는 질적으로 구별되는 특이성을 보여주는데, 이를 매체이론가인 플루서는 그림의 원시적이며 마술적인 힘을 통해서 설명한다. 다시 말해 실재하는 세계를 밝혀주기보다는 오히려 은폐하는 "그림들의 변증법(Dialektik der Bilder)으로 인해서 이 그림들을 수용하는 사람들은 그림들에 수반하는 자신들의 경험을 세계 안에서 자신들의 방향을 정립하는 데 사용하는 대신에, 상상의 세계 속

---

25) Cass R. Sunstein, *republic.com*, Princeton University Press, Princeton and Oxford, 2001.

26) 이 개념과 함께 아도르노의 대중문화론에 대한 새로운 분석은 다음 문헌을 참조. Miriam Hansen, "Massenkultur als Hieroglyphenschrift : Adorno, Derrida, Kracauer", in : *Zur Verteidigung der Vernunft gegen ihre Liebhaber und Verächter*, Ch. Menke, M. Seel, (hrsg.), Suhrkamp,Frankfurt am Main, 1993, 333-367 참조.

에서 방향을 정립하기 위해 세계에 대한 경험을 사용하는 결과를 초래했다"고 말한다.27) 물론 우리는 기술공학적 영상 문화가 주도하는 세계 사회에서 글과 말의 문화가 완전히 그 의미를 상실한다고 성급하게 결론을 내릴 수 없을 것이다. 또한 대중 매체와 대중들의 현실 지각의 관계 역시 투박한 조작의 개념에 의해서는 적절하게 파악될 수 없다. 대중 조작의 개념 자체가 무용하다는 것이 아니라 단지 불충분한 측면이 있다는 것이다. 왜냐 하면 일반 대중들은 가령 어떤 뉴스를 접할 때, 자신의 과거 경험이나 이전에 습득한 현실 인식의 유형에 근거해서 해석하기 때문에 매체와 대중의 관계는 일방적 조작 이상의 복잡한 관계로 이해될 수 있는데, 그 이유는 바로 현대의 대중 매체 자체가 고유의 자율적 기능 체계로서 작동한다는 가설이 더 설득력이 있다고 보이기 때문이다. 이와 같은 관점에서 매체를 분석하고 있는 대표적 이론은 바로 루만의 체계 이론이다.

  루만의 체계 이론에서 기능적으로 분화된 사회의 기본적 단위는 사회적 행위자의 행위가 아니라 의사 소통이다. 여기서 의사 소통은 사회 형성 및 조직의 재생산을 가능하게 만들어주는 결정적 조건이다. 루만은 의사 소통 개념을 사회의 모든 조직에 구조화되어 있는 원리로 해석함으로써 시민사회의 '공공성'을 통해서 가시화되는 정치적 의지 형성의 규범적 해석 가능성을 처음부터 차단한다. 체계 이론에서 "공공성은 일반적인 사회적 반성의 매체며, 이는 경계들을 넘어서는 것이 불가능하다는 사실을 인지하고, 나아가서 이를 통해서 관찰들에 대한 관찰을 기록한다"28)는 것이다. 체계 이론에 의하면 모든 사회 체계들은 그 자체의 내부에서 작동하는 고

---

27) Vilem Flusser, *Medienkultur*, Suhrkamp, Frankfurt am Main, 1997, 135에서 인용.
28) N. Luhmann, *Die Realität der Massenmedien*, Westdeutscher Verlag, Opladen, 1996, 185.

유의 문법에 의해서 재생산되기 때문에, 전체 사회의 규범적 위기나 사회적 정체성에 대한 반성의 중심으로서 설정될 수 있는 '정치적 공공성'이나 '공적 견해'와 같은 개념은 행위 이론과는 구별되는 의미와 위상을 지닐 수밖에 없다. 이와 같은 이론 형식상의 제약에 의하여 루만의 대중 매체 이론은 아도르노나 하버마스에게서 볼 수 있는 규범적 성찰의 가능성 자체를 의도적으로 배제한다. 이 같은 이론적인 자기 제한에도 불구하고 매체의 역사적, 현대적 특이성에 대한 체계 이론의 분석은 나름대로의 설명적 가치를 지닌다. 가령 루만은 지각 매체(Wahrnehmungsmedium)와 언어 그리고 의사 소통 매체(Kommunikationsmedien : 화폐, 권력, 법 등이 이에 해당한다)와 정보와 영상 등의 확산, 유포를 담당하는 매체(Verbreitungsmedium : 인쇄 기술, 텔레비전, 인터넷 등을 언급할 수 있다) 등을 서로 구별함으로써 매체 개념과 의사 소통의 일반적 형식의 차이를 설득력 있게 개진한다. 또한 모든 매체의 조건으로 물질적 기체(materielles Substrat)가 필요하지만, 이것만이 매체의 특정한 성격을 성립시키는 조건일 수는 없다고 본다.[29]

우리는 여기서 두 가지 유형의 이질적인 매체 개념이 사용되고 있음을 알 수 있다. 체계 이론은 기본적으로 하부 체계 내의 의사 소통의 과정들을 주축으로 구성되는데, 개별 체계의 작동 원리 자체가 바로 '매체'로 파악되고 있는 것이다. 그 결과 권력은 정치 체계의 매체로, 화폐는 경제의 매체로 제각기 설정되며, 그 결과 언어와 기호를 수반하는 전통적 의사 소통이나 권력, 화폐 등과 같은 비언어적 의사 소통의 차이가 상쇄되는 것처럼 보인다. 체계 이론의 주요한 특징은 이 다양한 기능적 체계들의 내부에서 작동하는

---

29) 루만의 매체론은 특히 다음 후기 저서에서 집대성되었다. Niklas Luhmann, *Die Gesellschaft der Gesellschaft*, Suhrkamp, Frankfurt am Main, 1997, 의사 소통 매체에 대한 서술은 190-412 참조. 매체와 형식의 구별에 대해서는 특히 190-201의 논의를 참조.

매체들을 상호 연계해주고 사회 전체의 통합적 질서를 반영, 총괄하는 '매체들의 매체'가 존재할 수 없다는 인식이다. 체계 이론의 개념 틀을 수용한 '매체들의 매체'란 개념이 의도하고 있는 내용은, 다양한 합리성의 유형들 사이에 매개의 가능성이 존재하는가의 물음과 무관하지 않다. 물론 행위 이론에서 타당한 합리성의 형식들이 체계 이론에 의해서 직접 수용될 수는 없다. 전략적 합리성과 목적 합리성, 의사 소통적 합리성 등은 체계 합리성과 동일한 이론적 지평 위에 놓여 있지 않기 때문이다. 체계 이론의 관점에서 보더라도 전통적인 의미의 매체는 그 특유의 이중성으로 인해서 체계 이론의 이론 형식과 부합되지 않는 양상을 보인다. 언론을 비롯한 정치적 공공성은 독특한 코드와 프로그램에 의해서 작동하는 기능적 하부 체계로 규정될 수 없기 때문이다. 루만은 비록 대중 매체들에 대해서도 체계 이론의 형식에 근거한 분석을 시도하고 있지만, 정치적 공공성을 처음부터 이론적 고찰의 대상에서 배제시킬 수밖에 없는 이론 내부의 저항에 직면하고 있는 것이다.

분명히 체계 이론의 대중매체론은 그가 기회 있을 때마다 강조하는 탈중심적 사회의 개념과 상응한다. 대중 매체는 기술공학적 지식과 매개됨으로써 전통 사회의 위계 질서를 넘어서는 다중심적이며 다원적인 질서(hetearchische Ordnung)를 지지, 강화하는 조건으로 작용하기 때문이다. 즉, 대중 매체와 현대 사회의 탈중심화 및 탈위계 질서화의 경향은 조응한다. 지식, 정보, 영상의 확산은 사회적 통합의 전통적 방식을 해체하거나 혹은 대체하는 결과를 초래한다는 것이다. 근대에까지 이르는 전통적인 사회 통합의 방식은 주로 동일한 삶의 공간을 공유함으로써 가능했다. 실제로 국민 주권의 개념과 관련해서 배타적 공간이나 제국과 도시의 건설 등이 지니는 위상을 감안한다면, 공간의 공유를 통한 사회 결속의 전통적 방식이 지녔던 의미 역시 좀더 분명해진다. 반면에 현대의 전자 매체들은 공간을 통한 사회 통합의 필요성 자체를 의심스럽게 만들거나 현실 공간의 구속을 넘어서 작동하는 가상 공간의 세계를 구축함으로써 '공적 의견' 자체의 성격에 변화를 가져온다는 것이다.[30]

다만 체계 이론의 분석에서 대중 매체는 스스로 의도하지 않은 정치적 결과를 낳는데, 그것은 현대의 기능적 체계들이 "공공성의 매체 속에서 스스로를 관찰 가능한 체계로 파악하기" 때문이다. 즉, '공공성의 매체'는 기능적 체계들의 자기 관찰을 통해서 스스로의 행위와 작동 방식을 조절, 변화시킬 수 있는 요인으로 작용할 수 있는 것이다. 이는 다름아니라 기능적으로 분화된 사회 체계들이 공공성의 매체 속에서 자신들의 관찰 가능성을 반성함으로써 자신들의 행위 방식을 조절, 변화시킬 수 있는 가능성을 가리킨다. 즉, 공식적이며 명시적인 방식으로 제도화된 정치 체계로부터 비롯하는 정치적 질서나 역동성과 달리 대중 매체의 가상의 '공공성'은 의도하지 않은 정치적 효과를 유발시킨다는 것이다. 그러나 체계 이론의 분석이 과연 기존의 '정치적 공공성'을 유지, 활성화시키는 행위자들의 선택과 결단을 전제하지 않은 상황 하에서도 가능한지는 의문스럽다. 여기서 공공성(Öffentlichkeit)은 당연히 실제로 형성된 공적 견해(Öffentliche Meinung), 즉 여론이나 혹은 대중 매체의 체계들과도 구별된다. 공공성은 결국 사회의 기능적 체계들이 자신들의 작동 방식을 관찰, 반성하게 만드는 보편적 매체다. 뿐만 아니라 대중 매체의 확산을 통해서 오늘날 정치적 공공성은 국민국가의 차원을 넘어서 세계 사회의 공공성으로 작용한다는 것이다.

4. 결론 : 세계 사회의 공적 합리성과 대중 매체

현대 대중 매체의 영향력과 편재성을 고려할 때 루만의 주장은

---

30) N. Luhmann, 1997, 312 이하 참조.

과장된 것이 아니며, 이는 그의 사회진화론적 견해에 의해서 뒷받침되고 있다. 체계 이론은 사회의 발달 단계에 상응하는 대중 매체의 분석을 통해서 현대 대중 매체와 세계 사회의 형성 과정이 동일한 과정의 양면임을 보여주고 있다. 세계 사회의 구성원들은 고립을 원하지 않는 한에서 "의사 소통의 보편주의(Universalismus der Kommunikation)"에 동참할 수밖에 없으며, 이는 특정한 문화나 종교의 내부에서 전승된 "교리들과 독재자들(Doktrinen und Diataturen)"을 길들이게 되는 결과를 낳기도 한다는 것이다.31)

대중 매체는 결국 특정 국가 내의 정치적 공공성을 넘어서는 '세계 공공성(Weltöffentlichkeit)' 혹은 '세계 공공적 견해(Weltöffentliche Meinung)'의 형성을 가능하게 만든다는 것이다. 그러나 세계 공공성은 국민국가의 정치적 공공성과 달리 기능적 체계로서의 정치 체계와 대응하는 관계를 구축하지 못함으로써, 일종의 반성적 매체로서의 의미를 지닐 뿐이다. 예를 들어 세계 내의 사건들이 시간적 동조화(temporal synchnonization)의 과정 속에서 경험된다는 것은, 세계 사회의 구성원들이 오직 대중 매체들을 통해서 보도된 것만을 통해서 세계를 이해하는 ― 인지적이지만 어디까지나 비정치적일 수 있는 ― 주관적 태도를 가리킬 뿐이다. 현대의 대중 매체들은 일견 고유의 체계 내적 원리에 의해서 작동하는 여타의 기능적 체계들과 다른 특이성을 보이는데, 그것은 외부 세계의 거의 무한한 가능성들 중에서 극히 일부만 선택하여 전달한다는 데서 드러난다는 것이다. 대중 매체의 자의적 선택에도 불구하고 우리는 '새로움'이라는 범주의 지배적 위상을 간과할 수 없을 것이다. 루만은 시사성과 함께 주목을 받을 수 있는가의 여부, 그리고 대중 매체에서 제공하는 프로그램의 차별화와 같은 조직 내적 요인들이 정보 선택의 기준들로 작용한다는 분석을 제시한다.

---

31) Niklas Luhmann, *Soziologische Aufklärung 3*, Westdeutscher Verlag, Opladen, 1981, 319 참조.

즉, 전달되는 내용의 시사성이나 주목 가능성 등은 정보의 가치를 결정하는 핵심적 관건인데, 이와 유사한 현상은 여타의 문화 영역이나 심지어 정치에서도 발견된다. 즉, 정치를 포함해서 사회 전체가 과거의 전통 사회에서는 경험해보지 못했던 시간 표상의 역동적 구조에 의해서 규정되는 것이다. "오래된 사회 체계들에서 사람들은 현재를 지속으로서, 새로움을 비본질성의 증상으로, 호기심은 의심스러운 동기로 파악했다. 이는 18세기 후반부 이래로 근본적으로 바뀌었다. 역사상 처음으로 우리 사회는 현재를 오직 하나의 계기에 불과한 것으로 이해하고 있다. 즉, 과거와 열려 있는 미래, 즉 가능하다면 전혀 다른 미래의 사이를 구획지우는 차별의 기준 정도로 간주하고 있는 것이다. 여기에 바로 서로 다른 문화사적 과거들에도 불구하고 하나의 공통된 미래를 발견할 수 있는 세계 사회의 가능성이 놓여 있다. 그런 한에서 언론과 방송이 보도하는 뉴스가 선택되는 방식은 전체 사회의 구조들과 잘 들어맞는 것이다."[32]

여기서 우리는 대중 매체의 의사 소통 방식과 세계 사회의 형성이 내적으로 연관될 수 있었던 중요한 이유 중의 하나를 시간과 공간에 대한 인식의 변화에서 확인할 수 있다. 매체에 의해 구성된 실재와 실재 그 자체 혹은 허구의 존재론적 구별에 수반되는 문제도 사실 이로부터 파생된다. 시간적 동조화의 대상에는 현재진행형의 사건만 포함되는 것이 아니다. 세계 시민들은 미래에 대한 위기 의식과 환경에 대한 염려 등의 공유를 통해서 공통의 여론을 형성하게 되는데, 이 경우에도 대중 매체들은 지구적 의사 소통의 핵심적 역할을 담당하는 것이다. 사회 진화의 관점에서 보면 대중 매체는 말 중심의 고대 문화와 글, 즉 문자 문화 중심의 도시 문명에 뒤이어 세 번째로 등장한 세계 사회의 의사 소통 형식을 지배한다고 볼 수 있다.

정치적 공공성의 영역 역시 의사 소통 매체의 변화에 상응하는

---

32) N. Luhmann, 1981, 317에서 인용.

구조적인 차이를 보여준다. 즉, 초기 고대 사회의 정치적 공공성이 주로 직접적 대면을 통한 인간적 상호 작용(Interaction)을 중심으로 형성되었다면, 고등 문명의 요람이 된 도시 사회의 정치적 공공성은 기본적으로 문자를 통한 의사 소통의 형식에 근거한다. 루만역시 다른 매체 이론가들과 마찬가지로 문자 문화의 상대적 특징을 추상적 사유를 지향하는 강한 경향성에서 찾고 있다. 문자는 화자의 직접적인 현전을 전제하지 않은 상태 하에서의 의사 소통이기 때문에 쓰여진 것에 대한 해석학적 노력이 수반될 수밖에 없다. 즉, 글의 본래적 의미와 이에 대한 해석의 차이를 극복하기 위한 지적 노력이 전제되는 것이 문자 문화의 근본적 특징인 것이다. 반면에 세 번째로 등장한 대중 매체는 방송과 인쇄 매체들의 경우처럼 기본적으로 정보 확산의 기술에 의존하는 데, 의사 소통과 정보 확산의 기능은 현대의 기술 매체에 의해서 통합되는 경향을 보이기도 한다는 것이다. 특히 영상과 기술공학적 장치들의 매개를 통해서 전달되는 내용 자체의 물리적 실재가 조작될 수 있고 꾸며낼 (Simulation) 수 있음으로 해서 과거 원시 사회에서 시도되었던 마술과 같은 사이비 실재의 세계를 구축된다. 그러나 루만은 기본적으로 인쇄술로 물꼬를 튼 정보 확산 기술의 혁명적 성격을 중시한 결과 영상 매체와 인터넷 중심의 현대 기술 매체의 역사적 특이성을 상대화한다는 인상을 준다. 반면에 우리는 플루서와 함께 정치적 공공성의 전통적 의미가 결정적으로 인터넷과 텔레비전을 비롯한 대중 매체에 의해서 해체되었다는 점을 간과할 수 없다. 이는 루만이 동일한 맥락에서 서술한 인쇄 매체와 본질적으로 상이한 정치적 공공성의 침식을 의미하기 때문이다. 무엇보다 우리는 대중 매체의 영향력이 증대되는 만큼, 정치적 공공성의 고전적이며 동시에 결정적 조건인 '공공 영역' 자체가 축소, 해체될 수 있다는 — 이는 바로 아도르노와 호르크하이머가 파시즘의 대두와 함께 20세기 초반에 제시한 화두이기도 하다 — 인식을 지지하게 되는 것이다. 이를 달리 표현하면 대중 매체의 편재성으로 인해 공적 영역과 사적 영역 사이의 '정치적 구별' 자체가 상대화되거나 무의미해진 것이다. 공적 성격의 정보는 사적인 공간으로부터 분리된 장소에서 전달됨으로써 정치적 의사 소통이 이루어지는 것이 아니라, 바로 사적인 공간의 한복판에 직접적으로 도달함으로써 공적 공간과 사적 공간의 — 원래부터 정치적이었던 — 구별 자체가 무의미해지는 것이다. 정치적 공공성의 기술로 등장했던 매체들의 지구적 자율성은 정치적인 것의 의미 자체를 해체하는 것은 물론 '역사 이후'의 시간을 예고하고 있는 것이다.

□ 참고 문헌

Karl-Otto Apel, "Die Vernunftfunktion der kommunikativen Rationalität. Zum Verhältnis von konsensual-kommunikativer Rationalität, strategischer Rationalität und Systemrationalität", in : *Die eine Vernunft und die vielen Rationalitäten*, Karl-Otto Apel und Mattias Kettner (hrsg.) Frankfurt am Main, 1996.

Vilem Flusser, *Vom Subjekt zum Projekt. Menschwerdung*, S. Bollmann und E. Flusser, (hrg.) Fischer, Frankfurt am Main, 1998. Vilem Flusser, Medienkultur, Frankfurt am Main, 1997.

Vilem Flusser, *Medienkultur*, Suhrkamp, Frankfurt am Main, 1997.

Hans Georg Gadamer, "Kultur und Medien", in : *Zwischenbetrachtungen ; Im Prozess der Aufklärung*, A. Honneth, Th. McCarthy, C. Offe, A. Wellmer, (hrsg.) Suhrkamp,

Frankfurt am Main, 1989.

Jürgen Habermas, *Faktizität und Geltung*, Suhrkamp, Frankfurt am Main, 1993.

_____, *Strukturwandel der Öffentlichkeit*, Suhrkamp, Frankfurt, 1990.

_____, "Three Normative Models of Democracy", in : Seyla Benhabib (ed.), *Democracy and Difference*, Princeton University Press, Princeton, New Jersey, 1996.

Miriam Hansen, "Massenkultur als Hieroglyphenschrift : Adorno, Derrida, Kracauer", in : *Zur Verteidigung der Vernunft gegen ihre Liebhaber und Verächter*, Ch. Menke, M. Seel, (hrsg.), Suhrkamp,Frankfurt am Main, 1993, 333-367.

G. W. F. Hegel, *Grundlinien der Philosophie des Rechts*, Werke in zwanzig Bänden, Band 7, Frankfurt am Main, Suhrkamp, 1982.

Max Horkheimer und Theodor Adorno, *Dialektik der Aufklärung*, Suhrkamp, Frankfurt, 1997.

Immanuel Kant, *Beantwortung der Frage ; Was ist Aufklärung?*, Vandenhoeck & Ruprecht, Göttingen, 1975.

John Keane, *The Media and Democracy*, Polity Press, Cambridge UK, 1991.

Niklas Luhmann, *Die Gesellschaft der Gesellschaft*, Suhrkamp, Frankfurt am Main, 1997.

_____, *Die Realität der Massenmedien*, Westdeutscher Verlag, Opladen, 1996.

_____, *Soziologische Aufklärung 3*, Westdeutscher Verlag, Opladen, 1981.

Sigfried J. Schmidt, "Medien, Kultur : Medienkultur. Ein konstruktivistisches Gesprächangebot", in : S. J. Schmidt (hrsg.) *Kognition und Gesellschaft*, Suhrkamp, Frankfurt, 1992.

Amartya Sen, *Poverty and Famines : An Essay on Entitlement and Deprivation*, Oxford, Clarendon Press, 1981.

Cass Sunstein, "Das Fernsehen und die Öffentlichkeit", in : L. Wingert, K. Günther (Hrsg.) *Die Öffentlichkeit der Vernunft und die Vernunft der Öffentlichkeit*, Suhrkamp, Frankfurt am Main, 2001.

Ferdinand Tönnis, *Kritik der öffentlichen Meinung*, Aalen : Scientia, 1922 / 1981.

제 7 장
정보 혁명과 공공적 이성의 구조 변화*

김 경 수

1. 들어가는 말 :
철학적 논의의 전제로서의 매체와 시공간의 압축

한 존재가 존재한다 함은 자기 밖의 타자와 일정 관계를 맺는다는 것을 전제한다. 그것은 타자와 관계를 끊고 혼자 있다고 하는 '고독'에서조차 그렇다. 이때 그는 타자와 무관계란 관계를 맺고 있는 것이요, 자기 내부에서 이 타자와의 자기 관계를 무관계한 것으로 설정하고 있다는 말이 된다. 이리하여 그는 타자와의 관계 자체를 벗어날 수 없다. 매체란 말 그대로 매개체로, 한 존재와 다른 존재들 사이에 놓여서 이들 사이를 다리 놓아준다. 따라서 어떤 견지에서는 매체들은 존재의 중추 신경 자체가 확장된 것이라고 주

* 이 논문은 2002년도 기초 학문 육성 인문 사회 분야 지원 사업의 일환으로 한국 학술진흥재단의 지원(KRF-2002-074-AM1031)에 의해 연구된 것으로, 「매체 혁명과 공공적 이성의 구조 변화 — 제국과 다중, 그리고 변증법의 몰락 : 네그리의 경우」라는 제목으로 『철학연구』(고려대 철학연구소) 제29집에 실렸던 것을 수정·보완한 것임.

장할 수 있다.[1] 이것은 연장이 인간의 신체를 모사하여 고안되었다는 이유로 그것을 인간의 신체 확장이라고 하는 것과 같은 의미에서다. 한 존재가 다른 존재와의 만남을 일반적으로 마르크스를 따라 대상적 활동으로 정의하고 이를 사유 노동과 활동 일반, 생산 노동으로 이해한다면, 이 한 존재와 다른 존재 사이를 매개해준다는 매체는 이 전체 노동의 성격을 규정짓는 데 중요 역할을 하지 않을 수 없다. 매체가 하는 역할은 대체로 한 존재가 생래적으로 지니고 있는 바 대상 인식을 위한 감각을 더욱 풍부하고도 정교하게 확장해주는 것이라고 할 수 있는데, 무엇보다도 그것들은 본래적으로 존재들과 존재들 사이에 가로놓여 있는 시간과 공간적 간격을 축소시켜주는 역할을 한다고 할 수 있다. 즉, 매체들로 인해 존재들과 존재들 사이의 소통을 위한 시간과 공간이 특정 형태로 형태 변화된다. 현대에 들어와서는 시공간의 현실적 지각에 급격한 변동이 일어나고 있다. 이 가운데 생겨난 문화적-학문적 충격을 하비는 제이미슨을 빌어 다음과 같이 서술하고 있다. "프레데릭 제이미슨은 포스트모던한 변동을 시공간 경험의 위기 탓으로, 곧 공간 범주가 시간 범주를 압도하게 된 데 따른 위기 탓으로 돌리고 있다. 물론 시간 범주 또한 우리가 따라잡을 수 없을 정도로 엄청난 변화를 겪고 있다. 제이미슨은 다음과 같이 말한다. '우리는 이와 같은 새로운 종류의 초공간에 적합한 개념적 도구를 아직 갖추지 못하고 있다. 그 이유는 우리들의 인식 습관이 내가 본격 모더니즘의 공간이라 불렀던 낡은 종류의 공간 속에서 형성되었기 때문이다.'"[2] 현대에 와서 특히 인터넷을 통해 형성된 시공간의 엄청난

---

1) 마셜 맥루한, 『미디어의 이해』, 민음사, 서울 2002, 김성기·이한우 역, 30쪽 참조.

2) Harvy, D., *The Condition of Postmodernity : An Enquiry into the Origins of Cultural Change*, Oxford 1989. 한글판 : 데이비드 하비, 『포스트모더니티의 조건』, 구동회·박영민 옮김, 한울, 서울 1994.

압축의 현상적 설명을 위해서는 새로운 형태의 개념 도구와 새로운 형태의 소통존재론이 구성되어야 한다. 그것은 우리의 논의 테마인 공공 영역을 구성하는 이성 개념에서도 마찬가지다. 공공 영역이란 것을 한나 아렌트를 따라, 인간이 생물학적 자연성을 벗어나, 타자들과의 '정치적' 만남을 이루어나가는 공간으로 이해한다면,[3] 이 공공적 이성이란 개념은 바로 공공 영역으로서의 지금-여기를 수평-수직적(synchronisch, diachronisch)으로 구조화하고 있는 원리를 말한다. 이 공공 영역을 다룬 수많은 사상가들 중에서도 본 논문에서 살펴보려는 네그리와 하트는 다음 몇 가지 점에서 특징적이다. 즉, 그들은 1990년대 이후 세계적으로 일어난 신자유주의의 광풍 — 세계화와 더불어, 매체 혁명을 통해 일어난 시공간의 압축이 전지구적 생활 세계와 자본 및 생산 활동에 끼친 주요 영향을 이론화하고 있다는 점이다. 네그리-하트는 마르크스의 『자본』을 작동시키는 기본 범주인 자본과 노동에 대응하여 이 새로운 시대의 권력들을 '제국'과 '다중'으로 재구성하고 있다. 네그리는 죽은 노동으로서의 자본이 노동의 실질적 포섭에 나서면서 매체 혁명 시대에 국가의 경계를 뛰어넘어 네트워크적으로 구조화된 것을 주권 개념을 사용하여 제국이라고 부른다. 한편, 산노동은, 이들을 탈가치화시키고 실현(失現. Entwirklichung)시키는 자본에 맞서, 노동의 자기 실현이요 자기 인식 과정인 '자기가치화'를 이루어낸다. 산노동의 담지자(Verkörperung)인 다중은 제국에 대한 유일한 대항 권력으로 등장한다. 이렇듯 제국에 대항하는 다중의 모델이 곧 네그리가 염두에 둔 탈근대 시대의 변혁 모델이요, 부르주아적 공공성을 넘어서는 공통적인 것의 실현 모델이다. 이런 것들을 특히 철학적인 내용으로 구조화하기 위해 나는 '철학'이 그의 어느 작품보다도 체계적으로 서술되어 있는 『혁명의 시대』[4]를 순서대

---

3) 한나 아렌트, 『인간의 조건』, 이진우 역, 한길사 1996, 5-6장 참조.

4) Antonio Negri, *Time for Revolution*, tr. by Matteo Mandarini, org. It. in 2000,

로 고찰하면서, 좀더 실재에 가까이 가 있는 『제국』5)과 『다중』6)을 같이 참조함으로써 네그리가 기획하고 있는 공공적인 이성, 공통적인 것의 목적론의 개념을 재구성해보고자 한다. 논의는 개념 발생사적으로 진행된다.

2. '다중의 유물론적 존재론'의 토대를 구축하기 : 변증법적 유물론의 언어학적 전환

자신의 철학의 체계적 서술을 위해 네그리가 제일 먼저 시도했던 것은 구소비에트(UdSSR)와 동독(DDR)의 변증법적 유물론 및 사적유물론 전통과의 단절이었다. 그러기 위해서 필요했던 것이 또한 이들 구현실사회주의권에서 과학방법론으로 굳게 의지하고 있던 '변증법' 전통과의 단절이었다. 이 단절을 그는 헤겔에게서 정점을 이룬 의식 철학의 전통으로부터 '언어학적인 전환(linguistic turn)'을 함으로써 마련한다. 이것은 라자루스7) 같은 마르크스주의적 프랑스 현대 철학자뿐만 아니라, 특히 하버마스에 의해 헤겔류의 의식 철학을 넘어설 수 있다는 하나의 개념 도구로 도입되었다. 즉, 의식 철학에서는 모든 차이를 포괄하는 절대적 주체가 전제되

---

eng. 2003. 한국어 번역, 『혁명의 시간』은 이 책의 2부, *Kairòs, Alma Venus, Multitudo*를 번역한 것이다.

5) Antonio Negri and Michael Hardt, *Empire*, Harvard University Press, 2000, 한국어 번역으로는 『제국』, 안토니오 네그리 · 마이클 하트 공저, 윤수종 옮김, 이학사, 서울 2001이 있다.

6) Michael Hardt and Antonio Negri, *Multitude : War and Democracy in the age of Empire*, The Penguin Press New York, 2004.

7) 라자루스, 『이름의 인류학 : 우리는 정치를 다르게 사유할 수 있는가』, 실뱅 라자루스, 이종영 역, 2002.(Org. *Anthropologie du* Nom, Sylvain Lazarus, Edition du seuil, 1996).

어 있지만, 언어 속에는 그럴 필요 없이 상호 의사 소통 관계가 이미 전제되어 있다는 것이다.8) 이럴 경우 지금-여기의 역사-사회적 현실 자체가 직접 대화 상황 속에 전제되고 있기에 의식 철학에서 생길 수밖에 없는 절대적 시간과 역사적 시간 간의 충돌을 이 모델에서는 원천적으로 피할 수 있다는 것이 방법론으로서의 '언어학적 전환'이 의식 철학에 대해 갖는 커다란 장점이라는 것이다.9) 네그리가 구체적으로 양자 중 어디에서 이론적 영향을 받았는지는 뚜렷하게 언급하고 있지 않다. 그러나 그는 이런 프랑스철학의 한 조류, 독일의 비판철학의 한 방법론을 받아들여, 독일관념론의 전통 속의 헤겔에게서는 개념(der Begriff)과 대상의 일치의 관계10)로 서술되었던 것을, '이름 붙여진 사물'과 '이름 붙이기 행위' 사이의 연계 관계로 바꾸어 생각한다(혁시, 35).11) 그에게서 '사건'이란 바로 '이름 붙이는 행동'과 '이름이 붙여지는 사물'이 만나는 자리다. 이것을 네그리는 "우리의 시간(카이로스)과 사물의 시간"(혁시, 36)이 만나는 '특이한 순간'이라고 한다. 말하자면 개별 사건들은 언제나 특이한 것(singular)으로 어떤 보편성으로도 환원될 수 없다는 것이다.12)

---

8) 의사 소통 관계는 특히 포스트포드주의 노동에서 중요한 역할을 한다. 여기서는 개별 단위로 활동 범위가 제한되어 있는 고전적 분업이 아닌 '협동'이 주요 활동 양식으로 등장한다. 따라서 언어가 여기서는 처음부터 노동에 전제된다. 하버마스의 노동과 상호 작용 테제는 포스트포드주의 노동 양식을 통해 근본적으로 비판된다.

9) 하버마스가 헨리히 및 그의 제자 M. Frank와 벌인 논쟁이 이 맥락에서 흥미롭다.

10) 헤겔의 『정신현상학』의 「들어가는 말(Einleitung)」에서 이 관계가 기술되어 있다.

11) 안토니오 네그리, 『혁명의 시간 : 나 자신에게 주는 아홉 개의 교훈』, 정남영 옮김, 갈무리, 서울 2004. 앞으로 이 책으로부터의 인용은 인용문 뒤에 '(혁시, 쪽수)' 형태로 표기함.

12) 이런 시간 구조가 이미 그의 '다중(Multitude)' 개념을 예비하고 있다. 네그리,

그렇다면 이름이 거하는 장소는 어디인가? 여러 이름이 같이 한다면 그것은 "언어라는 공동의 장소"(혁시, 47)일 수밖에 없는 바, 다수의 이름에 대해서 네그리는 '공통된 이름'을 붙인다. 따라서 공통된 이름의 구축은 사건들의 공동체13)에 참여하기 마련이라고 한다. 여기서 "시간적 맥락에서 볼 때 이것들은 어떤 사건들인가 하면, 현재 속에서, 시간의 가장자리에서, 즉 시간성이 장차 올 것을 향해 열리는 곳에서 주어진다"(혁시, 48). 카이로스가 창조적 시간으로서, 현존의 한계를 넘어서는 그런 시간을 의미한다면, 이름에서 다른 이름으로의 이행이 가능해지기 위해서 필요한 것은 네그리에 따르면 '상상력'이다.

이 카이로스는 장차 올 것, 따라서 "'공통된 이름'의 구성은 따라서 존재의 연장 속에서, 카이로스가 '장차 올 것'에 열리는 사건 속에서, 즉 우리가 상상력이라고 부르는 것 속에서 실행된다.14) "상상력"의 힘을 빌어 지금은 '아직-아닌 것(Bloch)', '장차-올-것'을 선취하여, 세계를 해석하면서 변혁할 수 있게 된다. 그가 이것들을 오로지 '강철의 의지'로 관철하는 것이 아니라 "망설임"(혁시, 42) 속에서 카이로스가 일어난다고 보면, 여기서 우리는 카이로스와

하트는 '다중' 개념을 어떤 보편성으로도 환원될 수 없는 특이성(singularity)으로 이해한다.

13) 공통의 언어를 사용하는 것이 이미 하나의 공동체로서의 전제를 충족시킨다. 이 공동체의 사랑을 기반으로 한 실천적 목적론이 물질형이상학의 목적론을 대체한다.

14) 네그리는 이 대목에서 상상력을 『순수이성비판』의 칸트에 제한하여 오로지 "종합하는 일"만 하고 있다고 비판한다. 그러나 이것은 오류다. 네그리 자신은 실천적 영역의 사유를 하면서 칸트의 경우에는 이에 대응되는 실천이성 영역 혹은 미적 판단의 영역, 역사-정치철학 영역의 칸트를 참조하지 않은 채, 이론이성 영역에서 특화된 사유와 비교하는 것은 적절하지 못하다. 정치철학/사회철학적인 의미의 상상력 개념은 칸트에게서는 오히려 선험적 구상력보다는 『순수이성비판』에서 볼 때 '통제적 이념', 『판단력 비판』에서는 '반성적 판단'에서 더 잘 대응된다. 네그리, 같은 책, 50쪽 참조.

텔로스의 결합의 한 형태를 발견한다. 카이로스와 텔로스는 성찰적 행위에서 하나가 되어, 이곳에서 세계가 해석되고 변형된다. 즉, 그는 이런 성찰적 실천을 진지(Episteme)와 실천윤리학의 재구성으로 이해한다. 영원한 것(the eternal)과 장차 올 것(to come) 사이에는 물론 측정 불가능성이 지배한다. 텔로스가 이 사이에 개입할 수 있겠으나, 이 텔로스 역시 몸을 기반으로 하여 지금-여기에서 성찰적 실천을 하는 한에서 측정 불가능한 것의 움직임에 종속된다. 존재가 창조되는 소용돌이치는 토포스(시간-장소), 생산을 조직하는 텔로스…(혁시, 52-53).

이런 것 전체를 가로지르는 네그리의 의도는 "유물론의 존재론적 짜임새로서의 시간성의 차원을 강조하고 존재의 긍정적 힘을 강조하며, 생성의 주체화를 강조함으로써 프락시스(실천)의 철학, 프락시스의 유물론을 발전시키는 것"(혁시, 51)에 있다. 헤겔을 비판하는 데 시간성의 차원에 대한 강조는 사실 포이에르바하과 마르크스를 이르는 발전선에 이미 가장 본질적인 것이었다. 또한 존재의 긍정적 차원으로서의 존재의 감성과 몸에 대한 강조 역시 마르크스는 포이에르바하의 헤겔 비판으로부터 계승하고 있다.15) 어찌하였든, 네그리는 지금까지 마르크스에 대한 담론에서 상대적으로 부각되지 않고 있던 그런 부분들을 드러내고 있다. 이 부분들은 마르크스 자체에는 내장되어 있었으나, 지금까지 적극적으로 해석되지 않아서 실제적으로는 잘 알려져 있지 않았던 그런 부분들이었다. 네그리는 시-공간 개념에 대한 특별한 관심으로 인해 구-현실사회주의권의 공식 철학으로서의 형이상학적 유물론을 손쉽게 벗어날 수 있었으며, 또한 현대의 매체 혁명에 따른 시-공간의 압축 현상을 상대적으로 발빠르게 자신의 이론 내에 개념 파악하여 수용할 수 있었다.

---

15) 자세하게는 졸저, KyoungSoo Kim, *Zum Begriff der Philosophie im Vormaerz, Untersuchung zu Feuerbach und Marx*, Berlin 1998.

3. 착취에 대해 창조와 변혁의 역능을 시간론적으로 확립하기 : 카이로스의 시간

그가 이해하는 카이로스는 창조적 시간으로 '영원한 것(the eternal)'과 '장차 올 것(to come)' 사이를 매개한다. 그가 새로이 카이로스의 개념 틀을 도입하는 이유는 그의 『혁명과 시간』을 재구성해볼 때, 대략 다음에서 찾아볼 수 있을 것이다. 즉, 카이로스의 시간 개념에서는 크로노스란 자연적 시간의 흐름에서와는 달리 인간의 시간에 대한 반성적 접근을 가능하게 함으로써 시간의 전통적인 비가역성을 가역화할 수 있는 계기가 마련된다는 점에 있다. 또 이런 시간관을 근본으로 하여 유물론을 구성함으로써 유물론의 아포리 중의 하나인 '의식의 자발성 테제'를 공고하게 체계화하며, 또한 선험적 역사철학의 초월적 성격을 '파열시켜' 이를 세속화하고 시간화(Temporalisierung des Begriffs)시킬 수 있는 계기를 마련할 수 있었다는 것에 있다. 바로 여기서 네그리의 헤겔 변증법에 대한 공격의 토대가 마련된다. 물론 앞에서 보았듯, 이런 개념 틀들은 이미 의식 철학을 언어학적으로 전환함을 통해서, 의사 소통 관계를 모든 의식 행위에 선행하여 전제함으로서 마련되었다.

한편, 영원의 세속화, 시간화를 통해 자기 자신에 대한 응시로서의 '반성 행위'는 '실천의 이론적 계기'로 전화하게 된다.16) 그는 이런 반성적 행위 가운데 드러나는 시간 개념을 고대 그리스철학 전통을 참조하여 카이로스라 명명하였다. 즉, 이 전통에서 카이로스는 단순한 시간의 흐름을 의미하는 크로노스와는 달리, "시간이 파열되고 열리는 순간"을 뜻하는 바, 이것이야말로 인간이 그때마다의 자신을 뛰어넘어 주체적으로 대상 세계를 창조하는 자기 초극

---

16) 「11개의 포이에르바하의 테제」역시 이런 맥락에서 이해된다. 필자의 같은 책, 2부 6절을 참조하라.

의 시간이라고 할 만하다. "카이로스에서 이름 붙이기와 이름 붙여진 사물이 '동시에' 실존을 얻는다"(혁시, 40). "카이로스는 존재가 그것을 통하여 스스로를 여는 시간의 양상으로서 시간의 임계점에 있는 진공에 의하여 끌어당겨진다"(같은 곳). 그리하여 "진실한 것을 안다는 것은 카이로스의 관점에서, 즉 시간의 완료와 '장차 올 것'의 열림 사이에 존재하는 순간의 관점에서 존재를 바라보고 경험하고 표현하고 살아가는 것"(혁시, 42)이다.

네그리가 카이로스에 부여하는 의미는 상당히 독특하다. 그는 카이로스가 존재론적 불안정성을 진리 생산으로 변형시키는 일을 한다고 한다. 즉, 저자는 진실한 지식의 사건이 "시간의 끊임없는 움직임이 스스로를 힘으로서 드러내는 그 지점에서 창출되리라"(혁시, 41)는 가설을 세운다. 그런데 여기서 시간 개념과 관련하여 네그리에게 다음 사항을 진지하게 묻지 않으면 안 되겠다. 그것은 그의 서술 방식과 관련된 것으로, 왜 네그리는 시간을 하나의 주체, 실체처럼 설정하여 카이로스의 시간이 독자적으로 생성하여 독립적 발전을 하는 것과 같은 외관을 만들어내고 있는 것일까? 그는 여기서 혹시 헤겔의 '정신(Geist)'처럼 자립화된 그런 시간의 형이상학을 만들어놓고 있는 것은 아닐까? 예를 들어 "이름은 카이로스의 망설임 속에서 스스로를 제시하며 진실한 것이 드러나는 것은 망설임을 통해서다"(혁시, 42)라고 하는 문장도 위의 문장에서 얻어진 심증을 더욱 굳혀줄 뿐이다. 그가 여기서 힘주어 강조하고 있는 것은 다른 말로 하면 '회의', 번역 텍스트대로 하면 '망설임'이다. 그런데 실제에서 망설임의 주체는 어떻게 보아도 인간임에도 불구하고 그는 카이로스 자신이 망설인다고 기술하여, 주체가 시간으로 뒤바뀌어 나타난다. 이렇다면 우리는 이것을 단지 구미 언어들에 흔한 사물 주어의 문장에 기인한 것으로 보고, 이를 별도로 문제삼지 않아도 되는 것일까? 창조적 시간으로서의 카이로스에 자율적인 생명을 부여한다면, 이것에서 일어나는 것은 카이로스의 실체화뿐이다. 그러나 이 카이로스는 실체화될 수 없으며, 오로지 시간 속에서 존재 자체가 자신의 한계를 넘어서는 성찰적-아방가르드적 행위를 시간 존재론적으로 표현할 때 카이로스로서의 시간이 존재한다고 말할 수 있을 것이다.

한편, 네그리에게서 카이로스가 구체적으로 체현되는 곳은 존재 자체인 바, 그것은 사유 내 존재도 아닌, 구체적인 몸 자체에서다. 여기서 그의 유물론의 전모가 드러난다. 그것은 카이로스의 육화가 일어나는 곳이, 의식 철학의 '언어학적 전환'을 추구하는 사람의 이론답게, 이름을 붙인 결과물인 '표현'이기는 하지만, 그것이 체현되는 실제적인 구체적 장소는 바로 몸이라는 것이다. 여기서 네그리가 강조하는 삶의 정치학(biopolitics)의 개념과 산노동의 유물론적 성격이 의미 있는 것으로 부각된다.

4. 생체 정치와 산노동의 연결 고리 : 유물론의 활동장으로서 몸

전통적인 유물론이 세계의 운동을 주로 물질의 자기 운동에서 설명하였다면, 네그리는 이것을 몸을 통해 설명한다(그러나 그 자신, 물질이 실체가 된 물질 형이상학의 전통에서 완전히 벗어난 것으로 보이지는 않는다[17]). 네그리는 먼저 스피노자에 의지해 몸에 생각의 힘을 부여한다. 즉, 인간의 육신적 경험은 상상력을 통해 존재의 총체적 과정을 살아간다는 것이다. 니체의 '육체의 이성' 개념과 맥이 닿는 이 개념을 통해 그는 의식 철학의 관념론적 세계 구성으로부터 벗어난다. 생각이 몸을 지배하는 것이 아니라 몸에

---

17) 예를 들어 4장 1, 2, 3절에서의 물질의 영원성 개념에 대한 집착이 그렇게 보이게 만든다.

서 생각이 발생한다고 보면서 그는 유물론의 핵심을 이곳에 마련한다(혁시, 89-90쪽 참조). "존재의 장에서 몸이 갖는 우선성"을 강조하는 네그리는 '열정'이란 이성과 정서가 결합한 것이며, 사랑이란 모든 열정의 아버지다. 이런 열정적 행동에 일관성을 마련해주는 것은 성찰(Reflexion)이다. '공통된 이름'을 통해 생산하는 이성 그 자체도 마찬가지로 몸에서 그 존재 장소를 찾는다. 성찰 행동은 그 자체가 이미 프락시스며 몸들을 생산한다(혁시, 90쪽 참조). "이렇듯 몸을 통하여 그리고 순간 속에서 구축하는 힘을 잃음이 없이 카이로스는 유물론적 장에 자신을 묻는다. 공통된 이름 또한 몸을 통하여 '장차 올 것'에 지식의 그물을 던지는 힘을 잃음이 없이, 유물론적 장 속에 있게 된다. 시간의 가장자리에 위치한 높은 지점까지 올려진 성찰은 유물론적 장을 포착하여 열정적으로 조명할 능력을 몸을 통해 갖게 된다"(같은 곳). 그는 카이로스, 열정, 사랑에 존재 전환의 힘을 부여하고 몸으로부터 설명함으로써 물질 형이상학으로부터 몸을 가로지르는 실천적 유물론적 성격을 뚜렷이 하며 생체 정치적 이해를 보여주고 있다.[18]

---

18) 이런 그의 사고의 틀은 요사이 흔히 이야기하듯, 헤겔, 포이에르바하, 마르크스로 이어지는 전통적 발전선을 떠나 오로지 스피노자, 니체 등에 가서만 비로소 찾아볼 수 있는 것은 아니다. 이미 언급하였듯, 포이에르바하가 헤겔을 비판하면서 행하는 현실적 시간에서의 감성에 대한 강조, 피와 살에 대한 강조 그리고 마르크스에게서 뚜렷이 드러나는 대상적 반성 관계로의 발전에 대한 논의를 충분히 검토해본다면, 스탈린주의를 통해 드러난 변증법적 유물론의 이론적 부담을 덜기 위해 독일관념론의 해체 과정을 피해 바로 스피노자, 니체들로 우회해가는 것만이 항상 생산적인 것은 아니라는 것을 알 수 있을 것이다. 고전적 발전선에서 얻을 수 있는 것과 얻을 수 없는 것은 그간의 비판적 작업들에도 불구하고, 그것이 국내에서 프랑스 현대 철학을 경유하여 최근 화두로 등장한 욕망·몸 개념에 관련한 것이든 변증법에 관한 것이든, 아직 과학적으로 충실히 수행되지 않은 것으로 판단된다. 이런 선행 전통과의 직접적 대결을 회피함으로써 생긴 문제들은 언젠가는 전체 이론적 토대의 정합성 자체를 아포리에 빠뜨리게 될 것이다.

5. 세계를 개념 파악하고 변혁하는 활동적 주체 : 산노동

몸과 욕망 자체에 대한 관심이야말로 유물론적이며, 또한 천상의 시간에서 지상의 시간으로의 이전이 구체화된 것이다. 몸에 대한 관심은 그렇기에 살려는 관심이요, 지상에서의 삶에 대한 관심이다. 이 몸이 최소한 자기의 생물학적 재생산을 위해 꼭 필요한 것이 노동이다. 이것을 그는 마르크스의 전례를 따라 산노동과 죽은 노동(자본)으로 구분하는데, 이 산노동에 그는 모든 변화의 중심 역할을 부여한다. 그리하여 "산노동은 세계를 손에 쥐고 공통적인 것 속에서 그 세계를 철저하게 변혁하고 혁신한다"(혁시, 92). 네그리는 잊혀가는 산노동의 변혁적 활력을 다시 한 번 확인하고 또 확인한다. 그리하여 "존재의 가장자리에 있는 산노동은 세계의 힘으로 기존의 것, 불변적으로 거기에 존재해왔던 것의 힘을 구성한다. (⋯) 산노동은 세계를 손에 넣고 공통적인 것 속에서 그 세계를 철저하게 변형하고 혁신한다"(혁시, 92).[19] 이렇게 산노동은 세계와 역동적으로 만나는 결정적으로 중요한 행위라 할 수 있을 것이며, 나아가 몸은 유물론이 구체적으로 작동하는 하나의 장소로 이해될 수 있을 것이다. 말하자면 산노동이 카이로스적인 시간성을 지닌 채, 물질을 시간적으로 포섭해나가는 중요한 현장이 바로 몸으로, 따라서 존재론적 탐구를 수행하려 할 경우에는 바로 이 "산노동을, 시간성의 새로운 힘"을 포착하여 서술하지 않으면 안 될 것이다(혁시, 93쪽 참조).

그러나 역사적으로 볼 때 지금까지 유물론은 패자의 역사였으며, 초월 철학은 승자들의 철학이었다(혁시, 94). 이렇다면 이 세계 창조 노동을 포괄하는 유물론의 역사는 다르게 쓰이지 않으면 안

---

19) 한편, 네그리는 많은 곳에서 그랬듯, 일종의 당위에 가까운 선언을 하고 있으며, 짐짓 잠들어 있는 산노동의 힘들을 어떻게 해서 변혁적 힘으로 재구성해낼 수 있을지에 대해서는 채 언급을 하고 있지 않다.

되겠다. 이를 위해 네그리가 도입한 것이 바로 "반란자들을 사랑하는 카이로스"(같은 곳)란 개념이다.[20] 참된 유물론이 스탈린주의 전통처럼 유물론에 침투한 일종의 관념론이 되어서는 안 된다는 것은 이미 일종의 시대적 공감대를 형성하고 있다. 카이로스 개념으로 이해된 유물론의 역사는 네그리에 의하면 '장차 올 것'에 스스로를 여는 '저항과 반란의 역사'다. 이때 관념론이 동일성 범주로 세계를 파악할 때 유물론이 이에 대한 비판으로 항상 제시하는 전통적 항목인, 물질의 견고함[21] — 개념 파악(Begriff)의 항상 외부에 잔존하는 그 무엇 — 은 영원의 견고함으로, 즉 가벼이 손에 들어오지 않는 영원으로서, 현실에 있는 몸에게는 결국 기존의 것에 대한 저항과 반란으로 나타난다. 이를 통해 유물론적 한계, 물질의 한계가 궁극에 가서는 하나의 무기로 전화된다(혁시, 97).

6. 모든 종류의 압제와 권위, 수탈에 대한 철학적 해체 도구 : 가난

무기에 대한 자각이 직접적으로 형성되는 곳은 네그리에 의해 모든 압제와 권위 그리고 수탈적 지배 양식에 대한 철학적 '해체 도구'로까지 격상되어 있는 '가난의 경험'에서다. 이 가난은 '지상의 소금'으로, '가난의 경험'이야말로 '혁신'과 '영원한 것'의 존재론적 재구성이 이루어지는 장소라 할 수 있다. 나아가 이 경험이 이루어

---

20) 비르노도 그의 『다중』에서 비슷한 견해를 제시한다. 시민 불복종과 탈주, 이주, 이민 등이 그런 유사성을 지닌다. 파올로 비르노, 『다중』, 김상운 옮김, 갈무리, 서울 2004. 115-123쪽 참조.

21) 이것은 의식 밖에 존재하는 물질로 끊임없이 헤겔적 관념론에 대한 비판으로 그 생명을 이어왔다. 마르크스주의에서는 이것이 레닌의 것으로 알려져 있지만, 사실 헤겔에 대한 비판으로는 아주 오래된 것으로, 이미 Trendelenburg(1802~1872)가 이런 방향의 선구자며, 포이어바하, 마르크스가 이를 계승하고 있다.

지는 처소로서 몸이야말로 가난의 장소다. 이런 그의 입장은 마르크스의 「법철학 비판 서문」에서의 프롤레타리아트의 위치와 비견될 수 있을 터인데, 그는 변증법적 부정에 근거한다는 새 세계 창조 방식과 자신의 것 사이를 구분한다. 그는 가난에서야 저항을 표현하고 특이성을 정의할 수 있으며 참된 생명의 의미를 부여할 수 있다고 주장한다.

네그리가 그리고 있는 가난의 아름다움은 확실히 경제적인 수탈에 대한 고발에서만은 발견할 수 없는 것이다. 그보다 가난의 경험은 훨씬 더 존재론적으로 더 깊은 곳에까지 가 닿는 것으로 가난의 아름다움이야말로, 새로운 삶의 깊이를 들여다 보여주며, 존재의 기반 자체를 혁신할 수 있는 전제를 마련해준다.22) 타자 관계의 핵심에 도달할 수 있는 자리로 그가 선택한 가난은 여러 종교에서 '가난'을 다루는 방식과 비교해보아도 대단히 흥미롭다.23) 왜냐 하면 그는 가난에 대한 마르크스주의적 버전이라고 해도 좋은 이 항목에서 가난에 바로 또 역설적으로(!) 사랑과 존재론적 혁신(ontological transformation)의 속성을 부여했기 때문이다. 이 혁신은 전통적으로 마르크스가 역설하듯, 자기 부정된 프롤레타리아가 성취한 자기 긍정의 무한한 힘에서 나온다. 네그리는 다음과 같이 말한다. "어느 누구도 아직 몸의 힘을 확정하지 못했다. 새로운 과학과 예술에 의해 고양된 이 혁명은 빈자들의 몸이 누리는 즐거움에, '권력'에 맞선 그들의 웃음에, 에로스의 자유로운 축제에, 투

---

22) 예를 들어 "아름다움이란 상상력이며 빈자가 시간의 가장자리를 넘겨다보는 절대적으로 특이한 순간에 일어나는 모든 풍요의 표현이다."

23) 기독교도들의 『성경』중 신약의 「로마서」에는 '부자가 천국에 들어가기는 낙타가 바늘귀에 들어가는 것만큼이나 어렵다'는 무서운 비유가 들어 있다. 또 불가에서 수행자들에게 극단의 무소유를 추천하는 것도 인상적이다. 반란과 투쟁으로부터의 성취 또 감각의 해방, 결국 영원에까지 이르게 하는 매개체로서의 가난에 대한 서술은 지금까지 마르크스주의의 문헌들 가운데에서는 찾아보기 힘든, 대단히 흥미로운 부분이다.

쟁 속에서 생겨나는 몸들의 생산적 각성에 그 기원을 두고 있다. 이는 저 '다른 역사'로의 이행을 알리는 신호다"(혁시, 151).

가난을 통해 기존 권위와 지배 체계에 대한 해체적 사유를 확보하고, 억압 체제에 저항하면서 자기 혁신을 감행함으로써 궁극적으로는 영원에 도달하는 가능성을 그는 '가난의 경험'에 부여하고 있다.

7. 다중의 저항과 힘의 표출 :
사랑과 정치 그리고 존재론적 기획으로서의 '결정'

그는 사랑과 가난을 한데 묶어 '영원'에 이르는 길로 삼고자 한다. 삶 정치를 뒷받침해주는 힘으로서의 사랑은 '가난에 의해 산출된 사랑'이요, 이것이 바로 영원에까지 이르는 절대적 내재성의 이름이요 생성하는 내재성이다. 사랑은 이렇고 보면 고대, 근대를 막론하고 지금까지의 모든 유물론의 아포리인 자발성과 주체성 그리고 연대의 문제를 해결할 수 있는 실마리를 제공하고 있다. "사랑의 모든 시간적-공간적 힘은, 존재의 가장자리를 향해 달려가고, 또 그 가장자리를 넘어서는 가운데, 공통적인 것을, 다중의 저항과 힘을 (마치 자연스러운 맥락에서 그런 것처럼) 한데 모으는 중요한 장력으로 만든다"(혁시, 168). 이리하여 정치란 현재를 생산하는 힘인 사랑에 의하여 만들어지는 일상적인 과제로 등장하며, 명령과 지시로서만 존재하는 정치는 '공통적인 것'의 존재를 폭력적으로 박탈한 셈이다. 여기서 네그리는 그가 가난, 사랑 등을 통해 공통적인 것과 관계를 맺게 할 때 가능했던 어떤 정치적 관점을 노정한다. 물론 그것은 가난과 사랑을 통한 존재론적 혁신에 대한 주장을 그와 공유할지라도 필연적으로 그의 정치적 관점에 도달하는 것은 아니다. 네그리가 이 존재론적 혁신, 전이(transformation)의 사상으로부터 얻어낸 결론은 "개량주의적"인 것이다. 그것은 정치적 체제 안에서 주권의 쟁취를 통해 얻어내는 어떤 변화는 존재론적 형태 변화와는 아무 관계가 없다는 생각이다(혁시, 192-193 참조). 그가 보기에 주권 쟁취를 목표로 하는 혁명이란 것이 바로 이런 모습을 하고 있다. 즉, "전체를 변형하지 않고서는 부분을 변형할 수 없다는 견해"(제도 혁명을 통해야 인간 해방이 가능하다는 견해 : 필자)는 그것이 지닌 초월적 환상을 깨고나면, 오로지 전체는 부분들의 집합을 통해서야 비로소 성립된다는 것이 분명해진다는 것이다. 결국 부분들의 존재론적 변이를 통해서야 비로소 전체의 변이가 가능해진다는 것으로 귀결된다. 그가 보기에 '반란은 존재론적 혁신'이지만 '권력'은 존재론적 혁신과는 아무런 관계가 없다(같은 곳 참조). 궁극적으로 대중 지성과 협동의 지평 안에 자리잡고 있으며, "주권의 초월적 성격으로부터 스스로를 해방시키는"(혁시, 193) '결정'과 '반란'은 그래서 네그리에 따르면 다중을 구성하는 특이성들에 의해 **흡수되고** 삼투되어야 한다.[24] 또한 결정과 반란은 공통적인 것의 목적론에 참여하여 매순간 '장차 올 것'의 '측정 불가능성'에 창조적인 방식으로 열려 있는 목적론에 참여해야 한다.

여기서 네그리의 기본 목표가 무엇인지가 뚜렷하게 드러난다. 즉, 공통적인 것의 목적론을 네그리는 세계의 존재론적 전이의 원동력으로 삼는다. 물론 이 공통적인 것의 목적론은 '결정'과 '반란'을 통해 '장차 올 것'에 매순간 다가간다. 네그리는 주권을 통한 매개는 철저히 '측정 가능한 것'과 관계한다고 본다. 이에 반해 그가 요청하고 있는 바의 존재론적 변형은 '측정 불가능한 것'과 관계한다고 본다. 말하자면 그는, 현실 정치에서의 주권 쟁취를 목적으로

---

24) 다중에 대한 더 자세한 네그리의 설명은 다음의 논문을 참조. 「다중의 존재론적 정의를 위하여」, 『자율평론』 제4호, 2003. 출처 : http://www.jayul.net. 물론 최근 출간된 다음 저작이 더욱 종합적으로 서술하고 있다. Negri. A. and Hardt M., *Multitude*, War and Democracy in the age of Empire, New York 2004.

하는 혁명과, 반란을 통해 드러나는 '공통적인 것'의 목적론적 과정 사이에는 건널 수 없는 심연이 가로놓여 있다고 생각한다. 사실, 이 사이에 어떤 매개도 가능하지 않다는 그의 시각은 상당히 격렬한 논쟁을 유발할 수 있다. 기존의 자본주의 제도에서 그 생산의 착취적 본성과 아울러 그 안에서 같이 자라나는 어떤 숨겨진 합리성을 읽으려 하기보다는(마르크스) 기존 제도는 어떤 변화에도 불변하는 '악'으로 고정시켜놓고 이에 대립하여 다중은 가난의 경험을 쌓으면서 사랑의 반성적 실천을 거쳐 날로 자신을 존재론적으로 혁신해나가는 존재로 설정한다면, 제도적 실천과 다중에 맡겨진 존재론적 변혁 사이에는 상호 매개가 불가능한 극심한 단절과 분열(Dichotomy)이 지배하게 된다. 그 분열 후의 빈 공간을 채워주는 것이 바로 그에게서 정도 이상으로 자주 등장하는 당위에 근거한 요청적 서술이요, 다중이 지녔다는 '구성적 힘(constitutive power)'의 과도한 실체화다. 왜냐 하면 존재론적 변혁은 진실로 영원한 과제요, 모든 난관을 뚫고도 지속적으로 가꿔나가야 할 숙명적 과제이기 때문이다. 어떤 주권 방정식에도 굴복하지 않는다는 탈근대의 다중이 지닌 구성적 힘은 이리하여 다차원적이고 포괄적으로 또 전방위적으로 확산되어 세계의 공통적 특질을 생산해낸다. "탈근대에서 '구성적 힘'은" 네그리에게 "근대에서처럼 봉기를 통하여 (그리고 그 뒤를 잇는 테르미도르들을 통하여) 새로운 질서를 창조하는 대중의 (혹은 반란하는 빈자의) 창조적이고 즉발적인 집중이 더 이상 아니다. 지금 구성적 힘은 공통적인 것의 목적론의 발전에 상응하는 정치적 차원이 되었다. 즉, 그것은 삶 정치적 토대로부터 나와서 존재의 모든 지평들을 가로질러 확대되는 그리고 시간의 모든 순간들로 확대되는 구성적 힘이다"(혁시, 206).

다른 부분에서도 볼 수 있었듯이, 그의 '구성적 힘'의 확산에 대한 논의 역시 헤겔의 정신(Geist)이 사물과 대지 속으로 스미고 펼쳐져 자기 전개하는 것과 다르지 않아보인다. 이런 것들은 최악의 경우, 일종의 역사의 자동 발전 메커니즘에 의탁하게 되는 바, 이런 것을 보면 그에게서도 역시 헤겔주의-마르크스주의의 잔재가 위력을 떨치고 있음을 발견하게 된다. 그렇다면 곤고한 시절에 내 등 뒤에서 나도 모르게 관철되고 있는 '절대 정신(der absolute Geist)'의 위력을 직관하고자 하는 것은 정녕 금지된 일일까?

8. 사적인 것과 공적인 것을 너머 공통체로 : '아직-아니'의 상생주의

그렇다면 네그리는 과연 사적인 것과 공적인 것에 대한 논의들을 어떻게 보고 있을까? 그는 자유주의 담론에서의 사적인 것과 공적인 것을 넘어 '공통의 목적론'을 구성하고자 한다. 그에게서 다중의 몸은 사회적 혼란을 생산하는 것이 아니라, 네그리에 의하면 공통적인 것을 생산한다.25) 그 이유를 네그리는 우리가 공유하고 있는 언어, 상징, 이념, 관계 등에서 본다. 결국 우리는 의사 소통의 결과가 새로운 공통 언어, 상징들, 이념들 그리고 관계들이라 할 수 있을 것이다. "다중이란 특이성과 공통성의 동학으로부터 생겨난 주체성이다"(M, 198). 왜냐 하면 그에게서 "특이성은 오로지 공통(the common)에 근거하여 사회적으로 의사 소통하고 또 상호 행위를 전개하기 때문이다"(같은 곳). 이런 규정 가운데에서는 노동 역시 이런 언어적 수행을 전제로 한다.26) 경제 영역에서는 사적인 것이 공적인 것(Public)을 공격하여 모든 것을 재산권에 종속시

---

25) 이하의 논의는 Negri and Hardt, *Multitude*, New York 2004, 196-210쪽 참조. 이 책으로부터의 직접적 인용은 본문 안에 (M, 쪽수)로 표기함.
26) 이렇다면, 앞에서 언급했던 바 하버마스의 노동과 상호 작용의 분리는 정면으로 반박될 것이다. 특히 포스트포드주의적 노동 가운데에서 의사 소통의 중요성은 더구나 말할 것 없다.

켜 사적인 것으로 만들어버렸다. (즉, 공적인 것의 사적인 사용에 비용을 지불하는 관계가 되어버린 것이다.) 이렇다면 사적인 것은 '사유재산권을 가진 사회적 주체의 자유와 권리'(M. 203쪽 참조)를 의미하게 된다. 이에 반해 네그리와 하트가 생각하는 대안적인 법체계는 바로 사회적 주체들의 특이성을 표현해주는 사적인 것의 개념 틀이며, 또한 국가 관리가 아닌 '공통적인 것(the common)'에 근거한 공적인 것의 개념 틀을 생각하고 있다. 그렇다면 사적인 것과 공적인 것의 낡은 대립을 떠나서 어떻게 공동의 재화와 서비스의 사유화에 저항할 수 있을 것인가?[27] 이 질문에 대해서 네그리-하트는 ① 모든 것은 시장에서 결정된다는 신자유주의적 원칙의 오류를 검증해야 한다고 한다. ② 공통적인 것의 법 이론은 "일반의 이해(general Interest)"나 "공적 이해(the public Interest)" 등의 개념들을, 이런 재화나 서비스의 관리에 공동으로 참여하는 것을 허용하는 그런 틀로 대체한다. 그렇다면 자연히 제기되는 질문은 네그리-하트는 이런 영미권의 논의 맥락에서 자주 등장하는 공적인 것(the public)의 대체 개념으로 염두에 두고 있는 '공통의 이해(the common Interest)'를 어떻게 이해하고 있는가 하는 문제다. 그들은 이 '공동의 이해'가 국가의 통제에 의해서 성립된 것이 아니라 사회적, 생체 정치적 생산을 협동하여 수행하는 그런 특이성(개체들)에 의해 전유된 '일반적 이해'로 이해하고 있다. 말하자면 이것들은 관료들에 의해 관리되는 것이 아니라, 다중들에 의해 민주적으로 관리되는 '공적 이해'여야 한다는 것이다. 그렇다면 여기서도 좌파 사상가들 특유의 '변혁적 관심'이 어김없이 다시 확인된다. 앞에서 살펴보았듯, 이것은 레닌주의 혁명 이론과 같은 종류의 것은 아니다. 사랑과 덕이 있는 존재론적 변혁을 이야기하고 있는 바, 여기서도 원칙적으로 그들은 지금은 아직 도달하지 않은 '최상의 풀뿌리 민주주의'로서의 코뮨주의를 주장하고 있는 것이다. 이렇게

---

27) Negri, Hardt, *Multitude*, New York, 204.

본다면 '공통의 것'이야말로 주권의 새로운 형식으로, 주권을 대체하는 사회 조직의 한 형태로, 민주적 주권이라 할 수 있을 것이다. 말하자면, 다중의 재생산을 가능하게 해주는 그런 재화와 서비스를 생체 정치적 통제(biopolitical control)를 통해 특이성으로서의 개체(singularity)가 관리한다는 것이다. 이것을 네그리는 지난 세기의 야코비즘과도 구분하고 사회주의와도 차별화하면서 전통적인 공과 사의 개념 모두에 반대하면서 이를 뛰어넘는 개념 틀을 그의 '공동의 것(the common)'의 개념에서 보고 있다. 그가 보기에 19~20세기를 지배했던 이런 사조들은 궁극적으로는 절대주의적 국가관이 공화주의 국가의 법적 형태들로 번역된 것에 지나지 않았다. 즉, 국가의 세습물이 공적인 것으로, 주권의 속성이 일반 이해의 원리로 변화하였다는 것이다. 이런 네그리의 관점은 국제 관계를 사유하는 데에도 그대로 관철된다. 그가 보기에 국제 관계는 사적 관계로, 개별 국가들이 사적인 계약 주체로 등장하고 있다. 그는 이런 맥락에서 역설적이게도 세계화 과정을 긍정적으로 본다. 왜냐 하면 이를 통해 사적 계약 주체로서의 국민국가들이란 패러다임이 깨져나갈 것이기 때문이다. 이 국가들의 자리에 대신 들어서는 것은 '공통적인 것'의 관점이다. 그리하여 그들은 다음과 같이 말하고 있다. "국내법에서의 특이성과 공통체의 개념 바로 그것처럼, 공과 사 너머, 자유롭고 평등하게 다양한 특이성들이 협동할 수 있도록 하는 것은 사회적 관계의 법적 틀을 갱신하는 데에 공헌한다. 국제 관계에서도 특이성들과 공통체가 지구에서 평화롭고도 민주적으로 같이 살아가는 데 유일하게 가능한 토대를 마련해준다"(M, 208).

공과 사에 관한 한, 그들은 자본주의 체제 내부에서의 공적인 것(the Public)이 전적으로 사적인 것이 되어버려서, 사회 전체가 생물학적 자기 재생산 영역에 머물고 있다는 한나 아렌트의 현대 자본주의 사회에 대한 진단을 공유하고 있다.

9. 나가면서 : 매체 혁명 시대의 생체 정치적인 소통적 이성을 위하여 — 제국과 다중 그리고 변증법의 몰락?

네그리-하트의 제국의 외부에는 어떤 국가가 존재하는 것이 아니라 그 자체가 하나의 네트워크적 주권으로 작동하며, 이것에 대해서는 다중이 대응한다는 것을 이미 언급한 바 있다. 네그리에게서 다중의 전지구적 연합과 그것의 네트워크적 구성이란 일은 사실 하나의 경향인 동시에 당위의 성격을 지닌다. 여기서 다중의 전지구적 연합을 가능하게 해주었다는 것은 무엇보다도, 정보 매체 혁명과 더불어 생겨난 새로운 연대의 계기다. 말하자면, 이 혁명을 통해 이전 세기보다 훨씬 더 강력하게 대두된 개별성, 단자들의 집합, 움직임과 연대의 가능성들을 네그리와 하트는 보고 있었다. 매체 혁명에 따라 마련된 사회적 공간들은 각 개별자들로 하여금 어느 시대보다도 각 개별자들의 특이성을 충분히 발현할 수 있도록 하고 있다. 네그리와 하트 그리고 포스트모던 사상들에서 강조되어왔던 '보편으로 환원될 수 없는 특이성'이란 테마는 사실, 최근의 인터넷 시대에 특히 진지하게 검토되어야 할 현실적 이유가 있다. 그것은 자본측이나 반자본측이나 근본적으로 보면 같은 양상을 보이기 때문이다. 반자본측의 움직임을 보면, 국제적으로는 멕시코의 사파티스타나 최근의 시애틀 투쟁 그리고 2004년에 전세계에 걸쳐 거의 같은 시기에 천만 명 이상이 동원된 반이라크전 시위 등에서 보듯, 현재의 주요 지배 권력에 대해 대항 권력의 조직은 시공간의 간격을 극도로 압축해주는 인터넷망을 매개로 하여 국가와 계층, 계급의 간격을 역시 압축해가면서 광범위하게 이루어지고 있다. 다른 한편, 제국측 역시 그러하다. 네그리는 현재 자본주의 체제 내부에서 공적 영역이 자본의 실질적 포섭에 의해 사적 영역화되었다고 생각하고 있는데, 그것의 주권을 소유하고 있는 것이 제국이었다. 이것이 작동하는 원리는 그에 따르면 네트워크 개념으로 제국조차도 탈중심적으로 작동하며, 일국의 전일적 지배가 이루어지고 있지 않다고 본다.[28] 다중 역시 탈중심적이다. 그는 인터넷에서 하나의 모델을 본다. 즉, 비결정적이고 잠재적으로 무한한 수의 상호 접속된 노드들은 어떠한 통제 중심점 없이 소통한다는 것이다. 나아가 휴대폰과 휴대용 컴퓨터의 발전은 어떤 시공간의 제약을 더더욱 풀어버렸다고 본다. 이 모델을 그는 들뢰즈 가타리를 따라 "리좀(rhizome), 즉 위계적이지 않고 중심이 없는 네트워크 구조"[29]라고 부른다. 그렇기에 공공적 이성의 작동 원리를 네그리를 따라서 리좀 형식으로 이해한다면 주권 개념의 변화는 필연적이며, 이것들은 더 이상 수직적 위계 질서로 이해될 수 없다. 대항 권력으로서의 다중이 이루어나가는 공통체의 목적론을 염두에 두고 이것을 정식화하자면, '생체 정치적인 의사 소통적 이성(biopolitical communicative reason)'[30]의 완성 과정으로 정식화될 수 있을 것이다. 이런 개념 틀에서는 하버마스의 의사 소통 이론의 관념론적, 이상주의적 성격을 넘어설 뿐 아니라, 현대에 변화하고 있는 시공간의 변화를 개념 파악하여 이론 내에 수용할 수 있는 명백한 이점

---

28) 네그리, 「정치적 공간의 위기」, 한병준 · 한승준 역, 『자율평론』 제9호, 2004. 출처 : http://www.jayul.net. 이 번역 글은 네그리의 이탈리아 원문을 Ed Emery가 Common Sense vol. 19, 1996, p.31-41에 영역해서 실은 글을 국역한 것이다. 이에 대해서는 같은 곳 참조.

"제국이라는 공간은 선-구축된(pre-constituted) 결정들이 없기 때문이다. 그것은 여러 영역을 관장하는 탈구된 중심이며, 장애물을 발견하는 일없이 순환하는 중심이다. 통합된 세계-공간 안에서 개별 국가들은 항상 운동 속에 있는 흐름들과 네트워크들 안에서 결합한다. 나라들은 평화가 국제적으로 치안을 유지하는 영구적이고 효과적인 정책을 통해 보장되는 배경 속에 존재한다. 평화가 깨진다면 갈등은 고립된다. 모든 경우들에서, 단일 국가들의 주권적 특성들은 시장의 집합적 기능들 내에서 그리고 소통 및 치안 유지의 조직화 내에서 약화 및 재구성된다."

29) 네그리와 하트, 『제국』, 392쪽.

30) 같은 책, 67쪽 참조.

이 있다.

변증법의 측면에서 보자면, 자율주의적 마르크스주의자들로서 네그리와 하트는 지난 세기의 스탈린주의적인 변증법적 유물론, 사적 유물론의 유산들과 대결을 벌이지 않으면 안 되었다. 이 가운데 그들은 들뢰즈와 함께 스탈린주의적 변증법과 헤겔의 사변 변증법 그리고 마르크스의 변증법을 차별화하지 않고 이 세 가지를 동일시하는 가운데 변증법의 폐기로 나갔었다. 이것의 대체 모델이 바로 위에서 언급한 바 들뢰즈의 리좀의 모델이었다.[31] 다중 개념은 들뢰즈에게서의 리좀 개념에서와 마찬가지로 역사적 사고가 개입되는 계속적인 발전 개념에 이르러서는 하나의 아름다운 목적론으로서 특이성들의 공명이란 '미적 선취' 개념에 의존하고 있다. 이때 '미적 선취'란 것이 사람들에게 자주 과학적인 개념이라기보다 자의적이고 주의주의적인(voluntaristic) 방식으로 수용될 위험성이 크기는 하지만, 그렇더라도 역사적으로 구조화된 억압받고 착취되고 있는 특이성들에 대해 이 '공명'이란 개념이 하나의 거대한 희망의 원리로 작동할 수 있다는 것은 부정할 수 없는 사실일 것이다.

□ 참고 문헌

김경수, 「지형학적 시간과 공간에서의 변증법의 작동 방식」, 『철학』 제71집, 2002 여름호, 한국철학회, 2002.
네그리, 한병준·한승준 역, 「정치적 공간의 위기」, 『자율평론』 제9호, 2004. 출처 : http://www.jayul.net.

---

31) 이 모델과 마르크스의 현실 변증법과의 차이와 유사성 그리고 문제점 및 대안 모델의 가능성에 대해서는 졸고, 『지형학적 시간과 공간에서의 변증법의 작동 방식』, 『철학』 제71집, 2002년 여름호, 한국철학회 2002를 참조하라.

실뱅 라자루스, 이종영 역, 『이름의 인류학 : 우리는 정치를 다르게
사유할 수 있는가』, 2002 (Org. Anthropologie du Nom, Sylvain
Lazarus, Edition du seuil, 1996).

마셜 맥루한, 김성기 · 이한우 역, 『미디어의 이해』, 민음사, 2002.

신광영, 「계급과 시민 : 후기 자본주의를 보는 눈」, 마르크스
코뮤날레, 제1회 쟁점토론회 발표문, 출처 : http://www.com
munnale.net.

안토니오 네그리, 「다중의 존재론적 정의를 위하여」, 『자율평론』
제4호, 2003. 출처 : http://www.jayul.net.

안토니오 네그리 · 마이클 하트 공저, 윤수종 역, 『제국』, 이학사,
서울 : 2001.

안토니오 네그리, 정남영 역, 『혁명의 시간』, 갈무리, 2004.

조정환, 『아우또노미아』, 갈무리, 서울 : 2004.

_____, 『제국 기계 비판』, 갈무리, 서울 : 2005.

_____, 『지구제국』, 갈무리, 서울 : 2002.

캘리니코스, 「안토니오 네그리를 올바로 보기」, 『국제사회주의저
널』 제92호, 2001년 여름, 출처 : 서강정치철학연구회(http://www.
freechal.com/marx21).

파올로 비르노, 김상운 역, 『다중』, 갈무리, 서울 : 2004.

한나 아렌트, 이진우 역, 『인간의 .조건』, 한길사, 1996.

Antonio Negri and Michael Hardt, *Empire*, Harvard University
Press, 2000.

Antonio Negri, *Time for Revolution*, tr. by Matteo Mandarini,
org. It. in 2000, eng. 2003.

Harvy, D., *The Condition of Postmodernity : An Enquiry into
the Origins of Cultural Change*, Oxford 1989. 한글판 : 데이
비드 하비, 구동회 · 박영민 역, 『포스트모더니티의 조건』, 한

울, 서울 : 1994.

Hegel, G. W. F., *Phänomenologie des Geistes*, Hamburg 1952.

KyoungSoo Kim, *Zum Begriff der Philosophie im Vormaerz, Untersuchung zu Feuerbach und Marx*, Berlin 1998.

Michael Hardt and Antonio Negri, *Multitude : War and Democracy in the age of Empire*, The Penguin Press New York, 2004.

제 8 장
욕망의 사회적 동학으로 조명하는 공적 합리성*
— 라캉과 들뢰즈의 논의를 중심으로

양 운 덕

이 연구는 동서철학에서 욕망을 보는 관점의 차이와 그 대화가
능성을 모색하기 위한 작업의 하나다. 이를 위해서 정신분석학을
중심으로 '욕망의 사회철학'의 주요 논리를 살피고자 한다.

욕망 이론에 관한 다양한 관점들 가운데 프로이트와 그를 계승
하는 라캉을 중심으로 무의식적 욕망에 대한 논의를 검토하고자
한다. 프로이트의 무의식 이론을 사회, 문화적 측면에 중점을 두고
정리함으로써 은밀한 영역으로 보이는 욕망의 무대가 어떻게 문화,
종교, 법과 도덕의 기초를 형성하는지를 살피면서 공적 합리성에
대한 새로운 시각을 마련하고자 한다.

이런 작업을 구조주의 언어학과 접맥시키는 라캉은 개인들이 기
표의 질서에 들어갈 때 어떻게 욕망이 구조화되는지를 보여준다.
동시에 이처럼 개인들의 욕망 위에 군림하는 것으로 보이는 상징

* 이 논문은 2002년도 기초 학문 육성 인문 사회 분야 지원 사업의 일환으로 한국
학술진흥재단의 지원(KRF-2002-074-AM1031)에 의해 연구된 것으로, 『철학연
구』(고려대 철학연구소) 제29집에 실렸던 것을 수정·보완한 것임.

질서가 결핍된 경우에 상징 질서 자체가 완전한 통합체로 만들기 위해서 어떻게 환상, 도착 등의 논리를 동원하는지를 살필 필요가 있다.

그리고 이런 논의와 대조적으로 정신분석학적 욕망 이론을 자본주의적 질서에 알맞은 욕망을 생산하는 것으로 보고 근본적인 비판을 가하는 정신 분열 분석(schizo-analyse)의 논의를 보완, 검토함으로써 방법론과 그 실제 분석의 상이함에 따른 이질적 관점을 생산적으로 종합할 수 있는지를 살필 것이다.

이 연구는 공적 합리성에 관한 논의가 개인의 구체적인 현실, 욕망의 동학을 고려하지 않을 때 얼마나 공허한 구호와 명분에 지나지 않는지를 지적하고 동시에 이런 욕망의 철학에 바탕을 둔 이론, 실천만이 '새로운 합리성' '공동체와 개인의 새로운 변증법'을 마련할 수 있음을 지적하고자 한다.

1. 법의 기원에 있는 역설

문화의 기초에 있는 아버지 살해

먼저 프로이트가 도덕과 법의 기원에 대해서 제기한 질문을 통해서 욕망 이론에서 새롭게 조명하는 규범의 정당화 가능성을 살피고 이에 대한 라캉적 해석의 응답을 함께 검토하기로 하자.

프로이트는 '사랑(Liebe)'에 대한 욕망을 금지, 억압하고, 그것을 '허기(Hunger)'를 메울 노동에 대한 관심으로 돌려놓는 승화 작업이 문화의 존속에 필수적이라고 보았다. 즉, 개인들의 쾌락 원칙을 현실 원칙에 굴복시키거나 적절하게 조화시켜야 한다. 이는 욕망을 최소한의 사랑에 묶어두고 성 에너지를 관리하여 안전한 방향, 사회를 유지하는 방향으로 돌리기 위한 것이다. 이런 노력 때문에 문화는 개인들의 불만스러움(Unbehagen)을 대가로 유지될 수밖에 없다. 그렇지만 이런 희생은 문화를 안전하게 유지하기 위해 치러야 할 '적절한' 대가일 것이다.

이런 틀의 연장선상에서 성적 억압과 사회적 억압을 연결시키는 시도가 나타난다. 마르쿠제는 프로이트가 문화를 설명하면서 현실 원칙과 쾌락 원칙을 대비시킨 것이 욕망에 관한 구체적인 역사적 상태를 제대로 설명하지 못한다고 본다. 그는 실행 원칙과 과잉 억압이란 개념을 통해서 특정한 시기의 현실 원칙을 구현하는 실행 원칙이 문화 보존에 필요한 적절한 수준을 넘어설 때, 이런 '과잉' 억압을 저지해야 한다고 본다. 나아가 그는 문명과 욕망의 변증법을 통해서 억압 없는 문명, 비억압적인 승화의 가능성을 모색한다.

급진적인 성 해방론자인 라이히는 권위주의적 가족에서 이루어지는 성적 억압, 금기가 전체주의 사회의 억압적 체계를 자연스럽게 받아들이는 효과를 낳는다고 본다. 성적 억압에 바탕을 둔 가족과 그에 따른 권위적 성격(갑옷)은 권위적인 사회를 정당화하고 재생산하는 작은 공장이다. 그는 전통적인 금욕에 바탕을 둔 억압적인 성도덕을 거부하고, 성 해방을 통해서 노동과 성의 활력을 되찾는 새로운 공동체를 추구한다.

이런 논의의 입지점을 마련하기 위하여 프로이트가 법의 기원에 관해서 오이디푸스적 틀을 제안한 것을 참조하자. 프로이트는 『토템과 타부』에서 사회의 최초 상태에 관한 가설을 제시한다. 그는 토템의 금기 체계를 원시인의 강박증적 태도와 연결시키면서 토템 향연의 기원을 아버지 살해와 연결시킨다.

그는 원초적 군거 집단의 강력한 아버지를 상정한다. 그 아버지는 모든 여자를 독점하고, 성장한 아들들을 추방하는 폭력적이고 질투심이 강하다. 어떤 시점에서 성적 욕망에서 배제되고 추방된 형제들은 힘을 합쳐서 아버지를 죽인다. 그들은 죽은 아버지를 함께 먹으면서 그 신성한 힘을 공유하고, 이 사건을 기념하기 위해서 토템 향연을 의식화(儀式化)한다. 프로이트는 이 살해 행위가 사회 조직, 도덕적 제약, 종교의 기원이 된다고 본다.

어떻게 이런 살해로부터 인간의 도덕, 종교, 사회의 성립 원리가 나오는가? 사회를 가능하게 만드는 금지 체계와 사회 구성 원리가 어떻게 마련되는가? 프로이트는 형제 집단이 아버지에게 지닌 모순된 감정에 주목한다. 그들은 양가적(兩價的. ambivalent)인 아버지 콤플렉스를 갖기에 자기들의 권력욕, 성욕을 방해한 아버지를 미워했지만, 또한 아버지를 사랑하고 찬미했다. 그들이 아버지를 죽여서 증오감을 만족시키고나자, 비로소 억눌려 있던 애정이 나타난다. 그들은 이제 자책감과 죄의식을 느낀다.

형제들의 살해는 자기들의 성적 욕망을 충족시키고, 더 좋은 사회를 만들고, 아버지의 권위를 누군가가 가지기 위해서였다. 이처럼 그들은 아버지를 죽임으로써 여성들을 소유할 수 있으리라고 생각했지만 만약 그들 가운데 한 사람이 아버지의 자리를 차지하면 그 역시 살해될 것이다. 이제 아버지 자리를 다른 것으로 대체해야 한다. 그들은 자기들의 살해 목적을 스스로 부인하고 '새로운 금지'와 '새로운 조직'을 만들어야 한다.

이제 새로운 상황에서 아들들은 이전에 아버지 때문에 방해받았던 일들을 '스스로' 금지한다 — 사후적 복종(nachträglicher Gehorsam). 그들은 아버지를 대체하는 토템에 대한 살해를 금지하고, 자유롭게 된 여자들을 단념하여 그 살해 행위의 결실을 포기한다. 프로이트는 이것이 오이디푸스 콤플렉스의 억압된 두 가지 소망과 일치한다고 본다.

프로이트는 성적 욕망이 남자 집단을 분열시킬 가능성 때문에 형제들 스스로가 근친상간을 금지한다고 본다. 형제들은 아버지처럼 여자를 독점하기를 바랐지만, 형제들이 공동 생활을 하려면 근친상간을 금지하는 법을 제도화할 수밖에 없다. 이렇게 본다면 이 공동체는 성적 목적 달성이 금지된 동성애적 유대에 의해서 그 기초를 마련한다.

형제 집단은 이런 금지로 그들은 자기들이 원했고, 아버지를 죽인 주요한 동기였던 여성들을 단념함으로써 공동 조직을 유지할 수 있었다. 형제들은 아버지를 죽임으로써 모든 것을 얻으려고 했지만 아버지를 죽이고나서 죄의식에 시달린다. 더 중요한 것은 아버지가 죽은 뒤에, (죽은 아버지를 대신하여) 그들 손으로 새로운 권위를 설정하고, 근친상간을 금지하고, 더욱 강한 권위를 다시 만들어 낼 수밖에 없다는 점이다. 도덕의 기초에는 살해가 있고 법의 기원에는 불법적 폭력이 있다.[1]

2. 라캉의 틀로 본 사회적 욕망의 동학

1) 아버지의 이름

법과 도덕의 기원에 숨겨진 역설에 대면하여 새로운 논리를 제안하는 라캉의 분석 틀을 살펴보자. 그에게 오이디푸스 콤플렉스와 거세 콤플렉스는 개인의 욕망과 사회적 욕망의 동학이 만나는 자리다. 프로이트가 오이디푸스 문제 틀을 성적 욕망의 억압을 통하여 정상적인 문화 체계로 진입하는 계기로 설명한다면, 라캉은 이것을 상상계에서 상징계로 진입하여 언어적 질서로 매개되는 문화적 제도를 형성하는 계기로 삼는다.

그는 오이디푸스 드라마를 가족 삼각형 안에서 정식화한다. 먼저 어머니와 남자 아이 사이의 이항 관계(二項 關係)에서 아이는 엄마에게 결핍된 남근(phallus)이 되고자 한다. 아이는 엄마가 욕망하는 것을 욕망하고, 타자(m-Other : 엄마-타자)의 욕망 대상이

---

1) 마르쿠제는 이 과정을 아버지의 인격적인 지배에서 형제 집단들의 비인격적이고 제도화된 집단 지배, 나아가 억압을 거부하는 혁명의 배신이란 틀로 재조명한다. Marcuse, 1962, 3장 참조.

고자 한다.[2]

상상계(l'imaginaire ; the Imaginary)는 자신이 만든 이미지와 자기를 구별하지 못하는 체계다. 자기와 타자(거울에 비친 자기 이미지)가 구별되지 않는 '하나'이므로 차이나 구별은 없고 통일이나 조화로운 상호 보완 관계만 있다(고 믿는다). 거울에서 자기를 보는 아이나 서로 사랑하는 남녀 관계에서 두 항은 구별되지 않고 동일시되기 때문에 같이 움직이고 같은 욕망을 갖는다. 엄마와 상상적 관계를 맺는 아이는 자기가 엄마의 욕망 대상(남근)이라고 상상한다. 이런 의미에서 상상적 대상은 주체와 구별되지 않고 주체에게 완전한 충족을 약속한다.

그런데 이런 상상적 관계는 아버지의 개입으로 깨뜨려진다. 아버지는 아이에게 금지 명령을 한다. (물론 이 명령은 의식적으로, 구체적인 명령으로 제시되지는 않는다.) 이것의 내용은 문화를 이루는 바탕인 근친상간 금지다. 어린아이는 이런 금지를 통해 아버지의 법과 마주친다. 이때 아이는 아버지의 법을 받아들여야 한다.

이제 아이는 어머니와 자기를 분리하고 자신을 아버지와 동일시한다. 어린아이는 이런 동일시를 통해 '상징적으로 거세'되고 오이디푸스를 통과한다. 이때 아버지는 생물학적인 아버지가 아니라 '아버지의 이름(nom-du-père)'이란 기표로 작용하는 상징적인 아버지다. 법의 대변자인 아버지는 금지 명령을 통해서 문화 질서를 유지하는 기능을 맡는다. (죽은 아버지는 이제 아버지의 이름이란 기능으로 부활한다.)

---

[2] 라캉은 거울 단계에 대한 설명을 통해서 6~18개월 정도 된 아이가 거울에 비친 자기 이미지 ─ 총체성을 지닌 이미지 ─ 에 매혹되어 그 이미지를 '이상적인 자아(Ideal Ich ; je-ideal)'로 오인한다고 주장한다. 아이는 이미지라는 타자를 자기와 상상적으로 동일시함으로써 자아(ego)를 만드는데, 이처럼 이미지를 자기로 오인(mé-connaissance)하는 과정에서 자기가 탄생(meconnaissance)한다. 이때 자아가 이미지-타자에 흡수되는 점에서 이런 동일시는 동시에 자기 상실, 소외이기도 하다.

주체는 상징계(le symbolique ; the Symbolic)의 법을 받아들일 때만 그 구성원으로 등록할 수 있다. 상상계가 언어적 매개 없이 주체와 그 이미지가 혼동되는 단계라면, 상징계는 경험을 차이들의 관계망, 기표의 질서로 재구성한 체계다.

개체는 상징계 안에 들어감으로써 개별성을 얻는다. 즉, 타인들과 관계 맺으면서 타인들과 구별된 자신의 개별성을 인정받고 이런 구별을 통해 자기의 동일성을 확인한다. 공동 생활을 가능케 하는 이러한 바탕에서 이름과 위치는 인정의 표시다. 주체는 개별성, 체계 안에서 갖는 위치와 역할을 부여받는다. 주체가 이런 문화, 언어의 세계에 참여함이 자기를 실현할 수 있는 조건이기도 하다.

물론 상징계는 법과 금지의 체계이고, 이것은 금지와 희생을 통해서 문화의 기반을 마련한다. 그런데 라캉은 근친상간 금지에 역설이 숨어 있다고 지적한다(Widmer, 105-121 / 138-161 참조).

그에 따르면 근친상간 금지의 중심에는 부재하는 것(원-억압된 것)이 있다. 상징계는 이것을 중심에 두고 조직된다. 프로이트가 원초적 아버지를 중심으로 설명한다면 라캉은 남근-기표를 중심으로 설명한다. 그는 프로이트의 신화적 설명을 구조적으로 해석하면서 아버지의 심급을 강조하는데, (상징계에 있는) 남근은 '아버지의 이름'이 된다. 그래서 근친상간 금지는 아버지의 이름에 따른 법이 된다.

이런 맥락에서 '근친상간'은 결핍과 상징계의 지배를 받아들이지 않으려는 것을 뜻한다. 곧 완전한 충족이라는 환상을 실현하려고 하는 것이다 ─ 물론 결핍을 완전하게 충족시킬 수는 없다.[3] 근

---

3) '향유(jouissance)'는 주체를 삼켜버리는 과도한 쾌락의 심연이다. 프로이트가 성 충동이 쾌락을 추구한다고 할 때 이 쾌락은 욕망을 충족시키지만, 이 '쾌락 너머'에 있는 향유는 '죽음 충동'을 가리킨다. 이는 유기체가 최초의 절대적 안정 상태로 되돌아가려는 충동, 반복의 충동이다. 그래서 향유, 완전한 만족은 주체가 그 안에서 자기를 잃어버리고 그 대상과 하나가 되는 '죽음'을 의미한다. 주체는 이것으로부터 일정한 거리를 유지해야만 한다. 쾌락을 추구하되 향유를 회피할 것!

친상간 금지는 상징계에 의한 소외를 받아들이라고 요구한다. (주체는 정신병자가 되지 않으려면 상징계의 법을 따라야 한다. 그리고 자신이 기표들의 체계에서 기표를 나르는 배달부임을 인정해야 한다.)

근친상간 금지는 오이디푸스 콤플렉스를 구조짓는다. 어머니는 금지된 대상을 대표한다. ('나는 ○○를 원한다'는 요구에는 항상 금지된 대상인 어머니가 바탕에 깔려 있다.) 주체는 이런 금지를 위반하려고 한다. 재미있게도 근친상간 금지 자체가 주체의 욕망을 만들어낸다. 또한 이런 명령은 아버지와 경쟁 관계에 들어가도록 부추긴다. 여기에서 바로 아버지와 경쟁하는 것이 완전한 충족을 약속하는 대상이 존재한다는 믿음을 갖게 한다.

라캉은 이처럼 금지와 금지된 대상을 둘러싼 사건들이 사실은 결핍을 은폐하기 위한 연극이라고 지적한다. 이 연극은 주체가 상징적 거세와 만나지 못하게 하고 주체의 욕망을 완전하게 충족시켜줄 대상이 없다는 경험에 부딪히지 않도록 하는 장치다. 그래서 라캉은 상징적 거세를 받아들이는 것보다는 차라리 아버지의 금지 명령 때문에 시달리는 것이 더 편하다고 한다(Lacan, Seminar, 7, 354 ; Widmer, 121 / 146).

"그런데 프로이트에 의하면 아버지의 이름에 힘입어 인간은 어머니에게 성적으로 계속 봉사하지 않아도 되고, 아버지에 대한 공격성이 법의 원리를 따르게 되고, 그 법은 근친상간이 금지됨으로써 설정되는 욕망에 봉사한다. 그러므로 거세가 가정됨으로써 결핍이 생기고, 이 결핍을 통해 욕망이 생긴다. 욕망이란 욕망에 대한 욕망, 타자의 욕망이고, 욕망은 법에 종속된다"(Lacan, Ecrits, 852).

2) 결핍을 안고 있는 상징계

상징계(le symbolique ; the Symbolic)는 차이가 작용하는 영역

이다. 그런데 이런 상징계는 두 얼굴을 지닌다. 그 하나는 차이 관계로 구성된 상징 질서가 각 요소를 일정한 자리에 배치하고 나름의 의미와 역할을 부여하는 점이다. (주체는 상징 질서 안에서 말을 배달하는 자_facteur에 지나지 않는다.) 이런 상징 질서는 요소를 뛰어넘는 전체이고 의미 전체를 가능케 하는 근거다.[4]

그런데 역설적으로 이런 상징 질서는 하나의 전체를 이루지 못한 채 어떤 결핍을 숨기고 있다. 이 점을 논리적으로 설명하기 전에 먼저 실재계를 통해서 조망하자.

주체는 상징계에 들어가는 순간 전(前)-상징적 실재의 직접성을 영원히 잃어버린다. 이때 욕망의 참된 대상('엄마')은 불가능한 것, 도달할 수 없는 것이 된다. 주체가 현실에서 만나는 모든 대상들은 이미 이 잃어버린 기원적 대상의 대체물에 지나지 않는다. "나는 (   )를 원한다"에서 (   )의 자리에 들어갈 원래 대상이 빠진 채 그 자리를 다른 것들(젖병, 장난감, 과자, 친구, 애인 등)이 채운다. 이런 기원적 '사물(das Ding)'은 바로 언어 때문에 접근할 수 없는 그 무엇이다.

이런 까닭에 말하는 존재(parlêtre : 말하다_parle + 존재_être의 합성어)인 인간은 결코 축소시킬 수 없는 결핍의 기호 밑에 놓인다. (물론 이런 결핍은 주체를 구성하는 것이기도 하다.) 곧 우리는 기호들의 우주에 잠겨 있고 이 우주는 우리가 '사물'을 획득하는 것을 방해한다. 이른바 외적 현실은 이미 '언어처럼 구조화되어 있다'. 그래서 그 의미는 항상-이미 상징적 관계망에 따른다.

라캉은 이런 실재(le réel)가 사고할 수 있거나 규정할 수 있는 것이 아니지만 그렇다고 없는 것도 아니라고 본다. 이런 현존하지 않는 '빈 것', '부재'는 없지 않은 것이자, '아무것도 아닌 것은 아닌 '무'다. 그는 이것을 '불가능한 것(l'impossible)'이라고 부른다

---

4) 라캉에 대한 이러한 지젝의 해석은 양운덕, 2002, pp.218-223을 수정 · 보완한 것이다.

(Lacan, Séminaire XI, 152). 또한 이것은 '항상 같은 것으로 있는 것', '항상 같은 장소로 돌아오는 것', '놓쳐버린 것', '다른 현실'이기도 하다(같은 책, 49).

이런 실재는 상징을 통해서 나타낼 수 없고, 고정된 의미가 없으므로 표현할 수 없다. 실재는 상징화에 저항하는 꿰뚫을 수 없는 핵이자 동시에 어떤 존재론적 정합성도 갖지 않는 순전히 괴물 같은 것이다. 그러므로 그것에 대한 규정은 역설과 모순을 포함할 수밖에 없다.[5] 이를테면 실재계는 (어떤 의미로는) 상징 질서에 앞서는 것이지만 동시에 이러한 상징화 과정의 산물, 나머지, 잔여이기도 하다. 이 예로 성적 차이와 (사회적) 적대 등을 들 수 있다.

이런 점을 볼 때 상징 질서는 이런 실재계 때문에 온전한 전체를 이룰 수 없다. 실재계는 상징 질서 안에 있는 어떤 상징화할 수 없는 무엇이기 때문이다. 이제 이런 상징계의 결핍을 다르게 살펴보자.

라캉은 상징 질서를 이루는 차이 관계망 자체가 하나의 온전한 전체를 이루거나 모든 요소들의 안정된 동일성을 마련하지 못한다고 본다. 그러면 상징계에 있는 해소할 수 없는 본질적인 결함은 무엇인가? 그런 결함이 있다면 어떻게 그런 구조가 온전한 전체를 이룬 것처럼 여겨지고 각 요소들 위에 군림할 수 있는가? 상징계가 원리적으로 완결될 수 없다면 이런 빈틈은 무엇인가?

기표들의 체계가 일정한 구조를 형성할 때 각 기표들의 동일성을 가능하게 하는 '차이 자체'가 각 기표가 갖는 개별적인 차이들보다 앞선다. '사랑'과 '미움'을, '미움'과 '사랑'을 다르게 만드는 것은 '사랑과 미움의 차이'다. 그러면 이런 '차이 자체'를 어떻게 나타낼 수 있을까?

---

5) 이것은 '외상적' 사건, 곧 상징화가 실패하는 지점이자 동시에 결코 어떠한 긍정성으로도 주어지지 않는 것 — 그것은 단지 사후적으로만 그 구조적 효과로부터만 구성될 수 있다 — 이다. 실재계의 특성에 대해서는 Zizek, 1989, 169-170을 참조할 것.

그런데 이런 '차이 자체'를 나타낼 기호는 없다. 차이는 '어떤 것'이 아니기 때문이다.[6] 원리적으로 차이 자체를 가리키는 기호를 찾을 수는 없다. 하지만 차이 자체를 제거하거나 은폐할 수는 있다. 차이 관계망에 어떤 빈곳이 있을 때, 이것을 '어떤 것'으로 대체할 수 있다면 그것이 메워지는 것처럼 보일 것이다. 기표들은 S1 → S2 → S3 → … 처럼 끝없이 지시, 순환하므로 이것을 고정시킬 어떤 것을 상정해보자. 그래서 어떤 Sw를 Sx에 고정시키자(Sw=Sx라고 하고 이것을 나타내기 위해서 대상 a를 상정하자). 이런 경우에 비로소 기표들의 끝없는 지시 관계가 매듭지어진다. '두 기표가 같아져서' 차이가 지워졌기 때문이다. 곧 다른 두 기표가 같은 것으로 둔갑한 것이다. 이런 요술 때문에 '차이 자체'가 마치 대상 a로 구현된 것처럼 여길 수 있다(홍준기, 2001, 137-138).[7]

　정리해보자. 차이 자체를 가리키는 기표는 가능하지 않지만 그런 불가능성, 부재, 결핍에 몸을 빌려주는(embody) 것을 가정할 수는 있다(물론 이것은 다른 것들의 의미를 만들어주지만 정작 그 스스로는 아무런 의미도 갖지 않는 '무의미'다). 이런 조작을 통해서 차이 관계에서 끊임없이 운동하는 불안정한 상징계가 마치 단단한 지반 위에서 잘 작용하는 것처럼 보인다. 그래서 상징 질서는 안정된 의미 체계로서 조화롭고 정합적인(consistent) 전체인 듯이 여겨진다.

　라캉은 이런 점 때문에 상징 질서가 결핍을 안고 있고, 이런 결핍 주위에서 상징 질서가 구조화된다고 본다. 그리고 이런 결핍을 지닌 큰 타자(상징 질서)는 완결된 전체에 대한 욕망을 갖는다. '큰

---

6) 만약 A, B를 다르게 만드는 차이를 기호 X로 나타냈다고 하면, 다시 A, B, X의 차이를 나타내는 기호 Z가 필요할 것이다. 그리고 이렇게 뒤로 물러서는 과정은 계속될 것이다.

7) 이 역설에 대해서 핑크는 총체성을 가리키는 기표의 불가능함으로 정식화한다. Fink, 1995, 29-31 참조.

타자의 욕망'이란 표현이 어색할지 모르지만 이런 타자(상징 질서)가 전체가 아니므로(pas-toute ; not-all) 나름대로 완전성을 추구한다고 이해할 수 있다. 이런 까닭에 "큰 타자는 존재하지 않는다." 과연 무엇이 이 타자의 결핍을 채울 것인가? (라캉은 이에 대한 답으로 환상을 제시한다.)

3) 사회적 도착과 상품 물신성

(1) '나는 알아, 하지만 …'

이제 이데올로기 비판과 관련하여 라캉의 이론을 사회 현실에 적용하고, 사회적 욕망 만들기에 작용할 수 있는지를 살펴보자(양운덕, 2002, 223-226).

흔한 해석과 달리 프로이트는 무의식이 우리 심리 안의 깊은 곳에 감추어진 것으로 보지 않았다. 처음부터 억압에 의해서(Ur-Verdrängung) '다른 무대'로 밀려난 무의식은 우리 안에는 없다. 이런 무의식이 의식에 들어오려면 어떤 왜곡을 거쳐야 한다. 프로이트가 꿈 작업의 장치(압축과 전치의 메커니즘)를 지적한 것도 이런 까닭이다. 이런 무의식을 사고가 아니라 사고 '형식'으로 볼 수 있다. 이런 사고 형식은 사고 안에 있으면서 동시에 사고 바깥에 있고, 주관적이면서 또 객관적인 것이다.

지젝은 이런 사고 형식과 사회적 현실의 상관 관계에 주목한다. 그는 마르크스의 상품 분석과 프로이트의 꿈 분석 사이에 근본적인 상동성이 있다고 본다. 물론 그 내용이 아니라 두 분석이 공유하는 형식의 동형성에 주목한다.

따라서 프로이트가 꿈을 분석할 때 기존의 해석학적 모델처럼 현재적(顯在的. manifest) 꿈 내용에 드러나지 않는 잠재적인 꿈 사고를 찾기보다는 왜 잠재적인 꿈 사고가 그런 '형식'을 취하는가에 주목할 필요가 있다. 마찬가지로 마르크스의 상품 분석에서도 상품의 숨겨진 내용(노동)보다도 왜 노동이 상품 가치란 '형식'으로 나타나야만 하는가에 주목할 필요가 있다.

이런 맥락에서 지젝은 상품 형식의 '무의식'을 찾는다. 그는 상품 분석에 원용된 물신성(物神性. Fetischismus) 논리와 프로이트의 도착증의 하나인 패티시즘(Fetischismus)을 연결시킨다.

물신(fetish)은 도착(perversion)의 일종이다. 도착은 거세를 받아들이지 않으려는 태도로서 '나는 알아, 그렇지만 …'을 내세운다. 물신주의자는 엄마의 거세를 인정하지 않는다. '나는 엄마가 팔루스를 지니고 있지 않은 점을 알아. 하지만 … [나는 그녀가 팔루스를 지닌다고 믿어].' 이런 형식을 화폐에 대한 태도에서도 볼 수 있다. '나는 화폐가 다른 것들과 마찬가지로 물질적 대상임을 안다. 하지만 … [화폐는 시간이 지나도 변치 않는 특수한 실체로 만들어진 것이다]'(Zizek, 1989, 18-19).

지젝은 상품을 교환하는 주체들에게서 '마치 … 처럼'의 논리를 찾는다. 교환을 하는 개인들은 마치 상품이 물질적 교환에 예속되지 않는 듯이 행위한다 ― 비록 그들이 의식적으로는 그 사정이 잘 '알고' 있음에도 불구하고 그렇게 '행위'한다. 누구나 알듯이 화폐는 다른 물질적 대상처럼 가변적이지만, 시장에서 교환에 참여하는 주체들은 마치 그것이 불변적인 실체를 지닌 것처럼 여긴다.

이런 화폐에 대한 신비화는 화폐가 '숭고한' 물질로 이루어져 있고, 이런 화폐가 경험할 수 없는 신체, '신체 안에 있는 신체 이상의 것'을 지닌 것으로 믿는다. 교환 행위를 하는 동안 개인들의 행위에는 어떤 오인이 작용한다. 묘하게도 이런 '오인'이란 '가능 조건'이 교환 행위를 유효하게 한다. 현실에 관한 비-지식이 있어야 교환 과정이 유효하게 작용한다. '그들은 자신들이 행하고 있는 것을 알지 못한다'(Zizek, 1989, 20).

지젝은 이데올로기의 근본 차원이 단순히 현실에 대한 '가짜 의식'이란 점보다는 이데올로기가 그 참여자의 비-지식을 포함하는 사회 현실을 구성하는 점에 있다고 본다. 그는 주체의 비-지식이 포함된 점 때문에 이것을 '증상'으로 본다. 주체(환자)는 증상을 '향유'한다.

(2) 사회적 증상

라캉은 '마르크스가 증상 개념을 고안했다'고 지적한 바 있다. 지젝은 라캉에 의해서 재해석된 증상의 논리를 사회 현실의 차원에서 찾는다. 마르크스는 어떤 사회적 증상을 문제삼는가? 한 사회는 어떤 증상을 통해서 자신의 한계를 드러내고 또 그 한계를 치유하고 있는가?

지젝은 이것을 마르크스가 시민적 권리, 의무의 보편주의에 들어 있는 병리적 불균형, 비대칭을 지적한 것에 연결시킨다. 증상은 특정한 요소로서 보편적인 기초를 전복시키는 어떤 것이다. 증상은 이데올로기 영역을 붕괴시키는 이질적인 지점인데, 이런 예외적 현상이 그 영역을 완결시키는 데 필요하다는 점이 역설적이다. 우리가 상징 질서의 내적 한계에서 보았듯이 보편적 전체를 만드는 과정에는 항상 예외의 논리가 끼여든다. 따라서 모든 이데올로기적 보편성은 가짜에 지나지 않는다. 이는 그 보편성이 필연적으로 그 통일을 깨뜨리는 특수한 경우를 포함하고 그것을 은폐하기 때문이다.

'자유'를 예로 들어보자. 다양한 자유가 있다면 '자유'는 이 모든 경우를 포괄하는 보편 개념이어야 한다. 그런데 특수한 자유가 이 보편 개념을 전복시킨다. 노동자가 자신의 노동력을 시장에서 자유롭게 팔 수 있는 자유가 있다고 하자. 그런데 노동자가 자신의 노동력을 자유롭게 판매할 때 이 자유는 상실된다. 이런 자유로운 판매의 실제 내용은 노동자가 생산 과정에서 자본에 예속되는 것에 지나지 않기 때문이다. 그런데 바로 이런 역설적인 자유가 다른 시민적 자유들을 가능하게 하고 그것을 완결시킨다(Zizek, 1989, 21-22).

임금의 경우를 보자. 시장에서 이루어지는 교환은 등가다. 그리고 공정한 등가 교환은 시장의 이상이다. 따라서 모든 상품은 충분한 가치를 지불받는다. 그런데 이런 일반화는 필연적으로 어떤 역설적인 상품을 낳는다. 바로 노동력 상품이 등가 교환의 틀 안에서 등가 교환을 부정한다. 등가 교환 체계 안에서 노동력 상품은 (그 충분한 가치에 따라서 보수를 받지 않는다는 의미에서 수탈당하는 것이 아니라) 원리적으로 자본과 등가 교환을 한다. 그런데 노동력이란 이상한 상품은 그것을 사용할 때 어떤 잉여 가치를 생산한다. 곧 자신의 가치 이상으로 생산한다. 그리고 이 노동력 가치 이상의 잉여는 자본가에게 전유된다. 따라서 자본은 노동력에게 적절한 지불을 하지만 동시에 지불을 하지 않는다. 이런 까닭에 상품의 등가 교환의 보편 원리가 그 내부에서 부정된다. 곧 증상을 만든다. 물론 자본주의적 시장 사회는 이런 증상을 향유하면서 증상과 함께 살아간다(같은 책, 23).

(3) 이데올로기적 환상

지젝은 이런 틀로 상품 물신성을 새롭게 해석한다. 보통 상품 물신성을 인간들간의 사회 관계가 사물과 사물 간의 관계라는 형식으로 나타나는 것으로 본다. 그런데 그는 물신성의 핵심을 이런 '사물화'가 아니라 구조적 효과에서 찾는다. 구조 안에서 한 요소는 다른 요소들과 관계 맺으므로 그 효과로 자기의 개별성을 갖는다. 그런데 이런 관계 없이도 한 요소가 '직접적으로(매개 없이)' '본래적인' 속성을 갖는다고 오인할 수 있다.

'왕'이 왕인 까닭은 타인들이 그에게 '신하'의 관계에 있을 때만 가능하다. '왕이 됨'은 왕과 신하 간의 사회 관계에 따른 효과다. 그런데 사회 안에 있는 이들에게 이 관계는 전도된 형식으로 나타난다. 그들은 왕이 왕이기 때문에 자신이 신하인 듯이 상상한다. 마치 '왕이 됨'이 사회적 관계와 무관하게 왕 개인의 자연적 속성인 것처럼 오인한다. '왕은 왕이기 때문에 왕이다.' 그런데 왕-신하 관계가 사라진다면 어떻게 될까?(Zizek, 1989, 24-25 ; 1991, 254) 마찬가지로 '아버지'는 아버지의 특정한 모습과 무관하게 (성실하고 좋은 아버지든 그렇지 않든) '아버지이기 때문에 아버지'라고 여긴다.

그렇다면 이데올로기적 환상은 어디에서 생기는가? 사고 영역인가 아니면 행위 영역(현실 자체)인가?

보통 이데올로기를 개인들이 사회 현실에 대해서 '가짜 표상'을 갖는 점에 연결시킨다. '그들은 그것을 모르기에 그렇게 행위한다.' 그런데 이런 관점으로는 사회 현실 자체에서 이미 작용하는 착각, 왜곡을 밝히기 어렵다.

예를 들어 개인들이 화폐를 사용할 때 그것이 (어떤 마술적인 힘도 지니지 않고) 사회 관계를 표상하는 것임을 잘 안다. 그럼에도 그들은 사회적 행위를 하면서 화폐가 '마치' 부 자체를 직접 구현하는 것'처럼' 행위한다. (이런 화폐는 모든 상품들의 보편성을 체현하는 비물질적인 몸을 지닌 '숭고한 대상'이다.) 문제는 그들이 실제 행위에서, 사회 현실에서 물신주의자처럼 행동한다는 점이다 (Zizek, 1989, 30-31).

따라서 지젝은 이데올로기가 작용하는 수준이 이미 현실 자체, 개인들의 행위의 측면에 있다고 본다. 이데올로기의 근본 차원이 (사물들의 실제 상태를 은폐하는 착각이 아니라) 사회 현실 자체를 구조화하는 무의식적 환상에 있다. '개인들은 (행위의 수준에서) 자신들이 착각하고 있음을 알면서도 여전히 그렇게 행위한다'(Zizek, 1989, 32-33).

4) 큰 타자의 결핍을 메워라!

(1) 이데올로기적 고정점

지젝은 이데올로기를 환상의 틀로 설명하면서 이데올로기 비판의 가능성을 모색한다. 그러면 사회적 환상이 어떻게 만들어지고 주체들의 욕망을 틀지우는가?(양운덕, 같은 글, 227-232)

라캉은 기표들의 체계에서 기표와 기의가 만나지 못한다고 보았다(S / s에서 /는 양자가 만나는 것을 불가능하게 하므로 의미는 고정될 수 없다). 기표들은 차이 관계에서 기의 없이, 고정된 의미 없이 떠돈다. 라캉은 이런 기표들을 잠정적으로 고정시켜서 의미 작용을 '일시적이고 부분적으로' 가능하게 하는 '고정점 / 정박점 (point de capiton)'이 필요하다고 본다.

이런 논의와 관련하여 라클라우, 지젝은 이데올로기 영역에서 어떻게 이데올로기적 '고정점'이 하나의 전체를 구성하는지에 주목한다. 이데올로기 담론 공간을 떠다니는 요소들은 차이 관계망에서 고정된 동일성을 마련하지 못한다. '민주주의'라는 기표는 그것이 '반-파시즘'과 접합될 때, '반-공산주의'와 접합될 때 전혀 다른 의미를 갖는다. 이처럼 한 기표의 '본질'은 처음부터 불변적인 것으로 주어지는 것이 아니라 상이한 기표들의 운동에 따른 효과일 뿐이다. 여기에 어떤 고정점이 개입해서 떠다니는 기표들을 꿰맬 (quilting) 때 그것들의 의미가 (일시적으로) 고정된다. 이런 꿰매기는 이데올로기적 요소들을 안정된 전체로 만든다.

지젝은 이런 고정점이 '고정지시사(rigid designator : 크립키의 용어)'와 같다고 본다. 이것은 지시된 대상의 속성들이 변하더라도 가능한 모든 세계에서 같은 대상을 가리킨다. 이 경우에 변하는 상태들을 넘어서 있는 대상의 동일성을 지지하는 어떤 '잉여'가 생긴다. 이것은 '그것 안에 있는 그것 이상인 어떤 것'이다(Zizek, 1989, 95-96).

이것이 이데올로기 영역에서 어떻게 작용하는가? 이런 고정지시사 때문에 '본질주의적 착각'이 생긴다. 예를 들어서 '민주주의'에 대해서 그것을 다양한 특징들, 긍정적 속성들로 정의할 수 있다고 생각해서 영속적인 본질을 찾는다. 하지만 '모든 가능한 세계들'에서 항상 같은 것으로 남아 있는 본질이나 긍정적인 속성이란 없다.

이런 점에서 '민주주의'를 정의하는 것은 스스로를 '민주주의적'이라고 지시하는 정치적 운동과 조직을 포함한다. 곧 '민주주의'는 다양한 정치적 입장에 따라 다르게 정의된다. 기표의 논리에 따르면 '민주주의'는 그 긍정적인 내용(기의)이 아니라 '비-민주주의적인' 것과 관련된 다른 것, 대립된 것을 통해서 결정될 수 있을 뿐이다(Zizek, 1989, 98). 이것을 헤게모니 투쟁과 연결시킬 수 있다.

(2) 큰 타자가 불러들이는 환상

라캉에 따르면 (결핍되고 거세된) 주체는 환상을 벗어날 수 없다. 다만 위험한 환상을 좀 덜 위험한 것으로 대체할 수 있을 뿐이다. 마찬가지로 큰 타자 역시 환상을 요구하는가? 그렇다면 큰 타자가 요구하는 사회적 환상, 이데올로기는 어떤 욕망의 동학을 전개하는가?

그러면 주체와 큰 타자에게 왜 환상이 필요한가? 환상은 각각 어떻게 작용하는가? 특히 사회적 환상이 완전한 사회의 이상을 내세울 때 어떤 위험을 숨기고 있는가? 이 환상을 어떻게 통과할 것인가?

먼저 주체와 큰 타자의 관계에서 왜 환상이 나타나는지 동일시의 측면에서 살펴보자. 주체는 자신을 큰 타자와 동일시하고자 한다. 이는 큰 타자를 통해서 자신의 결핍을 채우려는 시도다. 그런데 만약 큰 타자도 결핍된 것이라면 주체에게 안정된 동일성을 마련할 수 없을 것이다. 환상은 타자의 근본적인 결함을 치료하고 타자의 충만함을 복원하여 충만한 주체가 구성될 수 있다고 약속한다. 타자 안에 있는 결핍을 은폐하는 시나리오는 주체의 욕망을 자극하고 이끈다.

그러면 이런 환상이 주체와 큰 타자에게서 어떻게 욕망을 이끄는가?

라캉은 환상을 $ \diamondsuit$ a로 정식화한다. 기표에 의해서 분열된 주체는 자기의 욕망을 채워줄 어떤 것을 찾는다. 이때 환상의 도움이 없다면 주체의 욕망은 길을 잃는다. 도대체 어떤 대상이 욕망을 충족시킬 것인가? 환상은 주체에게 충족을 약속하고, 그것만 있다면 주체의 욕망을 완전하게 충족시켜줄 대상을 제시한다.

(그런데 그것은 이미 잃어버린 / 불가능한 (상상적) 대상이다. 그러므로 욕망은 끊임없이 불만족에 내던져지면서도 욕망을 지속시키는 대상-a를 뒤따른다. 이런 대상-a는 우리 욕망을 움직이게 하는 것, 곧 욕망의 '원인-대상'으로서 어떤 것을 바람직한 것으로 나타나게 하여서 우리 욕망을 지속시키는 것이다.

이때 주체와 대상의 관계를 표시하는 각인($\diamondsuit$)은 틈, 어긋남, 결핍을 표시한다. 상징적 주체($)와 상상적 대상(a)의 마주침에서 (불가능한) 실재, 사물(das Ding)의 공허와 심연이 나타난다.)

지젝은 이를 참조하여 환상을 주체의 욕망을 구성하고 좌표를 마련하는 것으로 본다. 환상은 욕망에게 (칸트적인) '도식'을 제공하여 현실의 어떤 대상이 욕망할 만한 것인지를 안내한다. 이렇게 해서 상징 구조가 열어놓은 빈틈을 채운다(Zizek, 1997, 7). 이처럼 환상이 '현실'을 구성하고 어떻게 욕망할지 가르친다면, '사회적 환상' 역시 나름대로 사회적 '현실'을 구성할 것이다. 곧 큰 타자의 환상은 주체들에게 완전한 사회를 추구하려면 어떤 욕망의 좌표를 가져야 하고 무엇을 욕망 대상으로 삼아야 할지를 제시할 수 있다.

이처럼 큰 타자가 환상을 요구하는 것은 어떤 의미를 갖는가? 지젝은 라캉 이론의 근본 차원이 큰 타자의 분열, 큰 타자의 불가능성에 있다고 지적한다(Zizek, 1989, 122). 그러면 큰 타자의 결핍이 드러난 채로 있어도 좋은가? 주체들에게는 자기를 동일시하고 안정된 동일성을 제공할 완전하고 이상적인 큰 타자가 필요하지 않은가? 그렇다면 이 결핍을 어떻게든 채워야 한다.

이때 '환상'이 큰 타자 안에 열려 있는 빈곳을 채운다. 환상은 큰 타자가 상징화될 수 없는 어떤 것 — 향유의 실재 — 을 안고 있다는 사실을 은폐하기 때문이다(Zizek, 1989, 123-124). 주체는 이런 환상의 스크린에서 욕망을 조정하면서 정합적인 큰 타자가 자신들의 욕망이 조화롭게 자리매김한다고 믿는다.8)

(3) 사회적 환상 통과하기

이처럼 주체들이 환상을 통해서 욕망 대상을 찾듯이 사회적 환상을 만드는 큰 타자도 조화로운 전체에 대한 욕망을 채우려고 한다. 만약 완전한 전체를 추구하는 욕망을 만족시키려면 — 사실 만족될 수 없지만 — 어떤 환상이 필요하고 욕망을 일으키는 어떤 원인-대상이 필요할까? 이데올로기적 환상이 어떻게 만들어지고 그것이 어떻게 주체들의 욕망을 동원하는가? (예를 들어서 국가사회주의는 주체가 '공동체를 황홀하게 미학적으로 경험'하도록 함으로써 주체를 고무하고 이데올로기의 환상적인 배경을 마련한다.)9)

(차이 체계의 특성을 고려할 때) 완전한 전체인 '사회는 불가능하다.' 사회적인 것은 적대에 기초를 둔 것일 수밖에 없기 때문이다. 그런데 전체주의 이데올로기는 이런 적대가 존속하고 조화로운 전체가 불가능한 이유를 특정한 부분으로 '전치'시킨다.

예를 들면 반유태주의 이데올로기는 사회적 적대가 존속하고 조화로운 전체가 불가능한 이유를 사회의 한 부분인 유태인에게 떠넘긴다. 환상은 불가피한 적대를 은폐하는 스크린으로 작용한다.

사회적인 것(the Social)은 항상 비정합적인 영역이어서 불완전

---

8) 지젝은 이데올로기적 환상을 설명하기 위해서 주체가 동일시되는 과정에서 생기는 어긋남에 수복하면서 알튀세의 이데올로기 개념 — 호명 체계 — 을 주체의 상징적 동일시와 그것의 어긋남으로 보완하고자 한다. Zizek, 1989, 110-117 참조. 그는 (사회적) 환상이 큰 타자의 질문인 "네가 원하는 것은 무엇인가(Che vuoi)?"에 대한 답이라고 본다.

9) 반유태주의의 '유태인 형상' 만들기에서 어떻게 압축과 전치를 통하여 유태인이 환상의 틀 안에 배치되는지에 대해서는 Zizek, 1989, 125-126을 참조할 것.

할 수밖에 없다. 곧 사회는 항상 (상징 질서로 통합될 수 없는) 적대적 분열에 의해서 관통된다. 라클라우가 지적하듯이 '사회는 존재하지 않는다.' 그런데 환상은 이런 조건을 뛰어넘고자 하기에 일반화된 결핍, 사회적인 것의 영역을 가로지르는 적대에 대한 부정으로서 절대적인 긍정성을 약속한다.

사회적, 이데올로기적 환상은 '완전한 사회'의 비전을 내세운다. 적대적 분리에 의해서 분열되지 않은 사회, 모든 부분들이 유기적인 조화를 이룬 사회가 필요하지 않은가? 예를 들어서 사회주의와 자본주의를 넘어선 완전한 체제를 건설해야 하지 않은가?

그런데 이렇게 내세운 비전이 사실상 실현되지 않으면 이런 불가능성의 원인을 어떤 방해자 때문이라고 본다.(조화로운 사회 질서라는 환상은 사회에 현존하는 무질서의 원인이 낯선 침입자에게 귀속될 수 있을 때만 유지될 수 있기 때문이다.) 만약 그런 것이 있다면 그것은 건전한 사회를 타락시킨 외적인 요소다. 그것은 물신(fetish)으로서 사회의 구조적 불가능성을 '마치' 감지할 수 있는 것'처럼' 보여준다(Zizek, 1989, 126).

이런 점을 고려할 때 유토피아적 조작의 구조를 간명하게 정리할 수 있을 것이다. 먼저 사회의 가능 조건으로서 축소할 수 없는 부정성이 있을 때, 환상은 이런 부정성을 영원히 제거할 수 있다고 약속하고, 그 부산물로서 주요 적(arch-enemy)을 마련하고 어떤 대가를 치르더라도 그 적을 제거하려는 조작을 거친다. 이처럼 부정성-유토피아적 사회-원형적인 적이 그리는 삼각형 구조는 그 내용이 바뀌더라도 항상 같은 틀을 유지한다(Stavrakakis, Y. 1999, 107).

정리해보면, 이데올로기적 환상의 틀에서 유태인은 바깥으로부터 무질서, 해체, 타락을 도입한 침략자로 나타난다. 그것은 그것을 제거하면 질서, 안정성, 정체성을 회복할 수 있는 그런 적극적인 원인으로 나타난다. 그러나 환상을 관통하면 어떻게 되는가? 유태인들은 사회적 증상이다. '유태인'에게 귀속된 속성이 사회 체제에 필수적인 산물임을 인정해야 한다. 유태인에게 귀속된 것이 바로 주체 자신의 피할 수 없는 부정성, 자신의 고유한 진리임을 인정해야 한다(Zizek, 1989, 126-128).

(라캉은 환자의 증상을 제거할 수 있다고 보지 않았다. 그가 결핍, 부정성, 죄가 주체를 구성하는 불가피한 요소라고 한 점을 상기하자. 우리는 증상과 함께 사는 법을 배워야 한다. 증상은 주체의 존재를 지지하는 것이고 (최소한의) 정합성을 부여하는 것이다.)

사회를 구성하는 필수적인 '불가능한 것', '실재'는 모든 상징적 진리가 영속적으로 전체일 수 없고 실패하도록 한다. (사회를 열린 체계로 머물게 하는) 적대는 사회적 영역에서 기표들의 끊임없는 표류를 정박시킬 궁극적인 토대나 기의가 없음을 보여준다. 기표들이 항상 의미를 전치시킨다고 할 때 사회-이데올로기적 현상은 그 의미를 고정시킬 수 없다. 적대는 어떤 중립적인 메타 언어도 없으며 사회를 객관적 전체로 파악할 수 없게 한다(Zizek, 1997, 216-217).

그런데 이런 우연성, 개방성, 역사성, 투명하고 조화로운 사회의 불가능성을 부정적인 것으로만 볼 필요는 없을 것이다. 이런 요소는 하나의 원리와 질서를 내세우지 않는 '민주주의적 고안'과 만날 때 새롭게 사회를 구성하는 원리로 사고될 수도 있을 것이다.

3. 억압적인 욕망에서 욕망의 긍정적인 생산으로

1) 욕망의 정치학

들뢰즈와 가타리는 사회 질서의 가능 바탕을 욕망의 배치(agen-cement)로 이해하려고 한다. 그들은 생산적인 욕망의 흐름을 통해 근대 자본주의의 동학과 욕망의 전체주의화를 분석, 비판한다. 그들은 욕망은 어떻게 작용하는가를 질문하면서 욕망이 왜 스스로 권력에 예속되려고 하는지를 해명하면서 근대 사회와 개인들을 분석하는 독특한 틀을 제시한다.

이들은 자본주의가 상품을 생산할 뿐만 아니라 자본주의적 욕망도 생산한다고 본다. 자본주의는 욕망을 억압하는 것이 아니라 욕망을 특정하게 생산하고, 그것이 체제의 질서에 순응하는 형태로 생산함으로써 욕망을 안전하게 길들인다.

이런 맥락에서 정신분석은 욕망을 자본주의적 형태로 관리한다. 이들은 정신분석학이 무의식을 설명하는 개념 체계 — 오이디푸스 콤플렉스 — 를 강요함으로써 자본주의적 질서를 지탱시킨다고 비판한다.

『반-오이디푸스』는 욕망이 본질적으로 혁명적이라는 라이히(Reich)의 공리에서 출발한다. 따라서 이런 욕망의 힘에 맞서서 사회는 일차적으로 욕망을 길들이고 억압하고자 한다. 라이히의 기본 구도는 욕망의 억압과 연결된 사회 정치적 억압을 성적 욕망이 해방되고 어떠한 억압도 없는 (일과 사랑과 과학으로 결합된) 공동체와 대비시키는 것이라고 할 수 있다.

그는 프로이트와 마르크스를 결합시켜 역사의 객관적 요인과 주관적 요인을 통일적으로 파악하려고 한다. 이데올로기가 물질적 힘을 지닌 것으로 보고 그것이 어떤 욕망을 생산하는지에 주목한다.(사회적 조건이 인간의 원초적인 욕구에 영향을 미쳐서 성격 구조를 만들고 그것이 이데올로기의 형태로 사회적 구조를 재생산한다.)

그는 1930년 대 경제 위기에 발생한 파시즘을 설명하기 위해서 '대중의 오해, 착각'을 내세우지 않고 무의식적인 욕망의 투입으로 설명한다. "대중은 속지 않았고, 그런 상황에서 그들은 파시즘을 바란다." 대중은 현실적인 위기에도 불구하고 그들의 성격 구조에 파시즘적인 욕망을 지닌 것은 아닌가?

왜 사람들은 그들의 해방이 아니라 예속되려고 싸우는가? 어떻게 사람들이 '더 많은 세금을, 더 적은 빵을!' 요구하는 점을 어떻게 이해할 수 있는가? 굶주리는 사람이 언제나 도둑질을 하지는 않고, 착취당하는 사람들이 언제나 파업을 하지는 않는다는 점을 어떻게 설명할 수 있는가? 왜 사람들은 수세기 동안 착취, 모욕, 노예 상태를 견디고, 이것을 자신들의 소망으로 삼는가?"(Reich, 1933, 1장)

그는 인간의 사고와 행동이 경제 상황과 일치하지 않는 '비합리적인' 경우를 설명하기 위하여 욕망의 정치학을 제안한다. 그는 이런 현상을 낳은 대중들의 비합리적 성격 구조를 분석한다. 대중들의 억압적인 성격 구조는 성적 억압에 바탕을 둔다. 성적 억압에 의해 마련된 가족적 권위주의와 종교적 신비주의란 바탕에서 비합리적 성격 구조를 갖는 대중들은 사회경제적 억압에 순응한다. 가부장제와 강제 결혼에 기반을 둔 가족은 이런 이데올로기와 욕망을 생산하는 기초 단위다.

또한 그가 제안하는 성 경제학을 욕망 충족과 관련한 질문들로 요약해보자. 한 사회는 식욕과 성욕을 어떻게 자연스럽게 충족시킬 것인가? 사회는 이 두 욕망을 만족시키도록 구조화되어 있는가? 사회가 개인들의 기본 욕망을 충족시키는가, 방해하는가? 만약 방해한다면 어떤 계급이 그렇게 하는가?

들뢰즈와 가타리는 이런 욕망의 정치-경제학을 보완하기 위하여 (라이히가 경제 상황과 성격 구조를 분리시켜서 사회적 생산에 비해서 욕망을 비합리적인 요소로 보는 점을 보완하기 위하여) 욕망의 흐름이 사회경제적 생산 과정에 직접 투입된다고 본다.

2) 욕망-기계와 기관들 없는 신체

들뢰즈와 가타리는 욕망을 작동하는 '기계(la machine)'로 볼 것을 제안한다. 이런 전략은 욕망의 본질을 상정하거나 욕망을 주체의 틀로 설명하거나 표상, 의미 작용의 틀로 보지 않으려고 하기 때문이다. 이것은 욕망을 그 작용, 기능으로 설명한다.("무의식은 의미에 관한 문제를 제기하지 않고 오직 사용에 관한 문제만 제기한다. 무의식(Es ; Id)은 아무것도 표상하지 않는다. 그것은 생산한다"(AO, 130 / 168 ; 양운덕, 1985, 312-315 참조).

이런 틀은 들뢰즈가 니체의 힘-의지를 해석한 것과 연결된다. 힘들에는 능동적(actif) 힘과 그것을 거스르는 반작용하는(réactif) 힘이 있다.(능동적 힘은 '그것이 할 수 있는 것'을 통해서 다른 힘을 지배하고, 반작용하는 힘은 한 힘을 '그것이 할 수 있는 것(ce qui peut)'으로부터 분리시킨다.) 이런 힘을 종합하는 원리가 의지인데, 이것은 긍정하는 힘-의지와 부정하는 힘-의지로 나뉜다. 들뢰즈는 욕망을 이런 힘-의지로 파악하고자 한다. 개체들은 긍정적이거나 부정적인 힘 의지를 지닌 욕망하는 기계다(Deleuze, 1962, 44-82 참조).

들뢰즈와 가타리는 정신분석이 욕망의 생산적 힘을 보지 못하고 욕망을 부정적인 것으로, 억압되어야 할 것으로 본다고 비판한다. 정신분석은 근친상간 금지의 법으로 욕망을 억압한다. 오이디푸스라는 법을 통해서 억압된 욕망은 반동적으로 된 힘이다. 근친상간 금지 앞에서 욕망은 '자신이 할 수 있는 것'으로부터 분리된다. 이 틀에서 개인들은 자신에 대한 억압을 스스로 욕망한다. 들뢰즈는 (니체가 부정적 힘·의지를 비판하듯이) 욕망이 오이디푸스라는 억압 장치 때문에 스스로를 부정하게 되는 점을 비판한다.

이에 대해 들뢰즈는 욕망을 능동적 힘과 반동적 힘들 간의 놀이로 보고, 욕망을 이 놀이와 관련된 힘-의지의 틀로 이해한다. 분열증의 자유로운 욕망은 긍정적 힘-의지와, 편집증의 전체주의적 욕망은 부정적 힘-의지의 전형이다.

들뢰즈와 가타리는 욕망이 생산적이며, 그 무의식적 투입을 통해 현실을 생산한다고 본다. 욕망은 사물들을 생산한다. 그것은 흐름들(flux)이면서 '흐름의 단절'이기도 하다. 욕망은 흐름을 이루고 단편화된 부분 대상들을 절단한다. 욕망은 흐르게 하고, 흐르고, 끊는다. (예를 들어 보는 기계(눈)가 화면 기계(TV)에 접속하여 이미지들의 흐름을 만들면, 그것은 책 기계로부터 단절된다.) 욕망은 부분-대상들과 다른 욕망-기계들과 접속하면서 작동한다. 예를 들어 유아가 어머니의 젖을 빠는 경우에 아이의 입-기계는 엄마의 젖-기계와 접속한다. 이때 입 기계와 젖 기계는 이항 연쇄를 이룬다.

들뢰즈와 가타리는 욕망을 긍정적이고 생산적이라고 본다. 즉, 욕망은 일종의 결핍이나 억압되어야 할 부정적인 것이 아니다. 욕망은 그 자체 에너지의 생산적인 풍부함으로부터 작동하고, 항상 새로운 접속(connection)을 추구한다. 따라서 이들은 욕망을 (헤겔, 프로이트, 라캉처럼) '결핍'으로 보지 않는다. 욕망에 관한 관념론적 틀은 욕망을 결핍(manque)(현실적 대상의 결핍)으로 규정한다.[10]

그리고 결핍의 틀은 욕망을 내면적이고 상상적인 표상의 틀에 제한함으로써 욕망이 주관적인 환상이나 꿈- 대상을 생산하는 것으로 보는 데 그친다. (현실 생산 배후에) 정신적 생산이 있거나 심리적 현실이 존재하지는 않는다(AO, 34 / 48-49). 따라서 욕망이 생산한다면 현실적인 것(le réel)을 생산한다.

이들은 욕망을 기계들의 종합이자 기계적 배치로 보면서, 욕망 생산의 다양한 측면들 ─ 생산, 등록, 소비 ─ 을 설명하고자 한다. (예를 들어서 눈-기관은 보는 욕망이 없을 때 보는 기관이 아닐

---

10) 라캉에게서 결핍은 욕망에 본질적이다. 그가 욕구, 요구, 욕망을 구별할 때, 욕구는 언어로 표현된 요구로 충족되지 않으므로 그 틈에서 욕망이 생긴다. 욕망은 충족될 수 없는 것을 추구하고 좌절된다. 그런데 들뢰즈와 가타리는 욕망이 결핍과 욕구에서 생기는 것이 아니라 오히려 결핍과 욕구가 욕망에서 생긴다고 본다. 예를 들어 풍요롭게 살고 싶다는 욕망이 그것을 가능케 할 돈의 결핍을 만든다. 그가 돈이 없기에 궁핍함을 느끼고 풍요롭게 살고싶다는 욕망을 갖는 것이 아니다.

것이다. 눈이 보는 기관이 되는 것은 욕망의 강도가 생산되고, 신체가 이 욕망의 강도를 표면에 등록하여 신체를 유기체로 질서지을 때다. 눈은 원래 보는 기관이 아니라 욕망의 흐름이 눈 기관에 등록될 때 비로소 보는 기관이 된다.)

먼저 욕망 생산의 두 방식을 보자. 편집증적인 형식은 하나의 중심, 유기적 조직으로 고정시키려고 하고, 분열증적 형식은 욕망 생산의 자유로운 흐름을 따른다. 전자는 욕망-기계들의 에너지의 흐름이 사회적 코드에 따라서 질서지워지고 부분-대상들이 유기적 관계를 지향한다. 이에 맞서는 '기관들 없는 신체(corps sans organes)'(아르또)는 일정한 중심이나 위계에 따라서 유기적으로 조직화되지 않은 상태를 말한다. 욕망의 흐름이 질서화되지 않고 자유로운 유동적인 상태로 있는 '기관들 없는 신체'는 욕망-기계들과 충돌한다. 기관 기계가 중심, 조직, 질서를 마련하려고 한다면, '기관들 없는 신체'는 그것들을 거부한다.11)

이런 기관들 없는 신체와 욕망 기계들 사이에서 밀침과 당김이 생긴다. 욕망 기계는 기관들 없는 신체에 분절점들로 부착되고 다양한 이항 연쇄로 기능한다. 예를 들어서 입 기계는 먹는 기계, 숨쉬는 기계, 말하는 기계, 젖을 빠는 기계, 노래부르는 기계 등으로 기능 한다. 격자상의 다양한 선들의 교차점들에 자리잡은 욕망 기계는 각 경우에 특정한 다른 기계와 짝을 이루어 하나의 접속점을 이룬다. (예를 들어서 배도 고프지 않으면서 엄마 젖에 접속된 아이의 입 기계). 욕망 기계들이 서로 접속하여 이항 연쇄를 만들 때,

---

11) 이런 욕망 기계와 기관들 없는 신체는 스피노자의 틀을 원용한 것이다. 욕망하는 기계는 스피노자의 속성들로, 기관들 없는 신체를 스피노자의 실체로 볼 수 있다. 스피노자에게서 질적으로 다른 속성들간에는 어떠한 인과 관계도 없다. 이런 속성들은 서로 독립된 것들이면서 하나의 실체에 귀속된다. 이와 같은 방식으로 서로 독립된 계열을 이루는 욕망 기계들은 기관들 없는 신체에 귀속된다. "욕망하는 기계들은 그만큼의 이접점들로서 기관들 없는 신체에 붙어 있다." 이 신체는 '욕망 생산의 모든 과정이 등록되는 표면'이다.

그것은 기관들 없는 신체를 가로지르는 선이 되고, 이런 선들이 신체의 표면에서 격자를 이룬다.

이때 기관들 없는 신체상에 욕망 기계가 등록될 때 '배타적이고, 제한하는' 방식으로 등록되는 경우에 욕망의 생산과 소비는 고정된 채널을 따라 흐르게 된다. 이와 달리 자유로운 접속이 이루어지면서 '포함적이고 제한하지 않는 방식으로 등록되는 경우에는 기관들 없는 신체의 격자를 가로지르면서 순수한 강도의 자유로운 흐름이 생산, 소비된다.

이런 측면을 욕망 기계들이 다양하게 관계 맺는 유형으로 정리할 수 있다.

① 욕망 기계는 욕망을 생산한다(이때의 에너지가 리비도다). 욕망의 흐름들은 서로 연쇄를 만들면서 접속적(connective) 종합을 이룬다.

② 욕망 기계와 기관들 없는 신체가 충돌하면서 이 신체가 욕망 기계를 밀치거나 끌어당긴다 — 편집증적 기계와 분열증적 기계. 이처럼 욕망 기계가 기관들 없는 신체에 등록되는 것이 이접적(disjonctive) 종합이다.

③ 욕망이 신체에 등록된 잉여물이 연접적(conjonctive) 종합으로서, 욕망의 흐름은 일정한 질서에 따라서 흐른다.

3) 욕망-생산을 생산하고 등록하는 두 형식

그러면 욕망 생산의 다양한 모습 가운데 생산의 접속적 종합과 등록의 이접적(離接的) / 선언적(選言的) 종합에 대해서만 살펴보자.12)

욕망-기계들은 어떻게 욕망을 생산하는가? 욕망-기계들은 서로

---

12) 욕망-생산의 생산에 대해서는 양운덕, 1985, pp.327-331을, 소비의 생산에 대해서는 pp.337-342를 참조할 것.

연결되고 접속한다. 그것은 언제나 다른 기계와 짝을 이루어 '…와(et ; and) …'란 형태로 연쇄를 이룬다. 흐름을 생산하는 한 기계와 이 기계에 접속하여 흐름을 끊고 채취하는 다른 기계가 있다. 곧 욕망-기계들의 이항적 접속은 '생산의 접속적 종합(la synthèse connective de production)'을 이룬다. 이런 흐름들-절단들은 미리 정해진 질서에 따르는 것이 아니라 (제비뽑기나 마르코프 연쇄처럼) 부분적으로 서로 의존하는 우연한 관계를 맺는다.

일정한 질서를 추구하는 사회적 코드는 접속을 하나의 선으로 배치하고 일 대 일로 대응(bi-univoque)시킨다. 이 코드는 욕망의 흐름을 유기적 전체로 구조화하려 한다. 이에 맞서는 것이 이 질서를 깨뜨려서 새로운 다의성을 만드는 방식이다(AO, 47-48 / 65-66 참조). 이런 분열증적인 접속은 모든 방향으로 이탈하여 도처에 분열을 만든다.

이처럼 욕망의 접속적 종합은 두 종류로 구별된다. 하나는 오이디푸스적 모델로 포괄적이고 특수화하는 방식이고, 다른 하나는 분열증적 모델로 부분적이고 특수화하지 않는 접속이다.

전자는 욕망이 하나의 고정된 주체인 '나'와 하나의 인물로 완결된 대상을 갖는다고 본다. 후자는 하나의 동일성을 갖는 주체나 유기적으로 조직된 중심을 거부하는 기관들 없는 신체의 욕망은 부분-대상들과 흐름들을 작동시키고 결합들과 전유를 따라 부분 대상들과 흐름의 자유로운 운동을 따라간다. 여기에서 바로 욕망이 주체가 된다(AO, 85-86 / 114 참조).[13]

---

13) 정신분석은 모든 성욕을 오이디푸스의 틀에 집어넣는다. 모든 흐름들-절단들은 하나의 "큰 기표"에 투사된다. 들뢰즈와 가타리가 볼 때 욕망-생산의 흐름들과 절단들은 하나의 신화적 장소에 투사되지 않으며, 욕망 기호들은 하나의 기표에 외삽되지 않으며, 성욕은 국소적이고 특수화되지 않는다. 그런데도 정신분석은 무의식 전체를 오이디푸스로 바꿔놓는다. 오이디푸스적 사용은 전면적이고 특수화하는 사용이다. 그것은 결합적 종합의 부분적이고 특수화하지 않는non-spécifique 사용과 대립된다.

들뢰즈와 가타리는 욕망이 (사회적으로) 등록(enregistrement)되는 방식 — 등록의 이접적 종합(離接的 綜合. la synthèse disjonctive) — 을 오이디푸스화와 정신분열증적 방식으로 나눈다. 이것은 주어지는 선택지를 선택하는 방식에 따른 구별이다. 오이디푸스화는 선택지 가운데 '한' 항만 고르도록 명령하고, 분열증적 방식은 양 항 사이를 미끄러지면서 연결시키려 한다.

오이디푸스화는 욕망들에 제한적이거나 배타적인 사용을 강요한다. 이것은 두 항 가운데 하나만을 선택하게 하는 양자택일('또는 ou bien')의 논리다. (동사무소 직원은 묻는다. 태어난 아이가 남자입니까? 남자는 … 하면 안 되지.) 이런 등록은 특정화하고 배타적인 개별성을 요구한다. 만약 내가 '남자'라면 나는 '여자'가 아니다. 가족 안에서도 아빠, 엄마, 나에게 각자의 배타적 자리가 지정된다 (AO, 89 / 119 참조). (가족 삼각형은 한 자아가 세대, 성, 상태에 관하여 자기 좌표를 받아들이는 최소 조건이다. 이때 남 / 여를 혼동하면 히스테리 환자, 아이와 부모를 혼동하면 공포증, 생 / 사를 혼동하면 강박증이 된다.)

이와 달리 분열증적 방식은 포함적, 무제한적, 긍정적 형식을 추구한다. 따라서 배타적으로 선택하는 '또는'이 양 항을 포함하는 '이것도, 저것도(soit … soit)'로 바뀐다. 이 방식은 선택지의 한 항을 선택하면서 다른 항까지 긍정한다. 선택되는 양 항의 거리를 가로지르면서 양 항을 긍정한다. 예를 들어 남자, 여자를 배타적으로 선택하지 않고 그 차이를 가로지른다. 그는 남자이거나 여자면서도 두 측면을 다 지니는 역설적인 존재다. 프로이트가 인간을 양성적인 존재로 보았다면, 이들은 인간을 n개의 성을 지닌 존재로 본다(AO, 90 / 120 참조). 그는 두 가지 모순된 것을 하나로 만들지 않고 그것들이 서로 다른 한에서 그것들을 관련시켜 그것들의 차이를 긍정한다.

이것은 변증법적 종합을 거부한다. 변증법이 차이보다도 그것을 종합하여 동일성을 추구한다면, 이러한 반-변증법은 차이를 지우지 않고 관계 항을 연결시켜 종합 없는 '차이의 계열'을 만든다. 자유롭고 포함적인 이접은 각 항들에 대해서 닫혀 있지 않고 비제한적(illimitative)이다. 차이를 나타내는 이접들은 자유로운 값을 갖고 주체는 고정된 위치를 갖지 않는다(AO, 91 / 122). 그는 단일성(singularité)이 있는 모든 곳, 모든 계열 속에서 한 항에서 다른 항으로 '표류'할 뿐이다. 여기에서 이접의 항들은 (종합되지 않은 채) 모두 긍정된다.

그런데 정신분석은 이런 이접의 관계망에 배제, 제한들을 끌어들인다. 이것은 한 항에서 다른 항으로 뛰어넘을 수 없도록 '하나의' 자리를 고정시킨다. 남 / 여, 아이 / 부모, 생 / 사의 이분법을 동원하여 한 항에 얽어맨다. '너는 아들인가, 아버지인가?' 이 질문에서 하나의 답만 골라야 한다.

라캉의 오이디푸스 모델은 상상계와 상징계의 두 극을 가정한다. 곧 분리되지 않은 동일성에 머무는 극과 구별을 통해 질서를 유지하는 극이다. 그는 아버지의 이미지를 상징적 기능, '아버지의 이름'으로 대체하여 오이디푸스의 '보편성'을 세우고, 욕망을 법과 금지에 밀착시킨다. 이때 욕망은 항상 금지, 법 앞에 선다 — 또는 욕망은 법을 전제하고 법을 욕망한다. 들뢰즈와 가타리는 이런 상상계와 상징계의 구별 대신에 욕망-기계가 작동하는 현실 영역과 상상계와 상징계를 만드는 구조를 구별하고자 한다. 이렇게 구별할 때 한편으로 포함적인 이접들을 오이디푸스와 무관하게(anoedipienne) 사용하거나, 다른 한편으로 배타적인 이접들을 오이디푸스적으로 사용하는 것이 구별된다.

4) 욕망의 사회적 투입에 관한 정신 분열 분석

들뢰즈와 가타리는 개체들이 스스로를 억압하는 파시즘적 욕망을 설명하기 위하여 사회적 장에서 리비도를 투입하는 방식에 주목한다. 이러한 욕망의 투입에는 욕망의 '무의식적인' 리비도 투입과 (이해 관계에 따르는) '전의식적' 투입이 있다.14)

욕망이 하부 구조라고 할 때, 사회적 장은 욕망에 의해 투입되지 이해(利害)에 의해 투입되지 않는다. 예를 들어 피지배 계급의 (전의식적 투입들이 계급 이해에 따르더라도) 특정한 무의식 투입은 사회적 장에서 지배 계급에 대한 복종을 원할 수 있다(AO, 124/161). 이것을 잘못된 이데올로기나 착각이 아니라 개인들이 무의식적으로 지배 계급에 복종하는 욕망을 지녔기 때문이라고 설명하는 방식은 라이히와 연결된다. 이들은 '정신 분열-분석(schizo-analyse)'으로 경제나 정치의 리비도 투입의 특수한 본성을 밝히려고 한다(AO, 125-126 / 162-163). '어떻게 욕망이 욕망-주체 속에 자기 자신에 대한 억압을 바라도록 하는가.'

흔히 가장 불리한 처지에 있는 사람들, 배제된 사람들이 자기들을 억압하는 체제에 열정적으로 리비도를 투입하는 경우가 많다. 이것은 (자본주의의 큰 집합 안에서) 욕망이 스스로를 억압하는 것이고, 타인과 자기를 감시하는 경찰 노릇을 하는 것과 관련된다. 이런 것들은 이데올로기의 표면이 아니라 그 밑에서 생긴다.

들뢰즈와 가타리는 집단의 욕망 생산의 두 배치 방식을 나눈다. 한편으로는 욕망이 상하 위계적 형태나 덩어리 형태로 구조화된 '몰적(molaire)' 집합을 이루는 방식이, 다른 한편으로는 욕망이 분자적 다양성에 따르는 방식이 있다.15)

---

14) 욕망의 사회적 투입과 이와 관련하여 사회적 억압을 내면화하는 가짜 표상의 문세는 양운덕, 1985, pp.342-354 참조.

15) 몰(mole)은 분자, 원자, 이온 등의 집합량을 계산하는 단위인데, 아보가드로의 수는 6.02×10^{23}개다. 여기에서는 단순히 수가 많고 무리를 짓는다는 뜻보다는 하나의 중심이나 원리에 의해서 조직되는 형태를 가리킨다. 이것은 '분자'와 대비적으로 쓰인 것이다. 브라운의 꽃가루 실험에서 보듯이 분자의 무질서하고 불규칙적인 운동에 대비된다.

이것은 각각 예속 집단과 주체 집단을 형성한다. 예속 집단은 반동적 힘을 통해 욕망을 억압하는 방식을 추구한다. 주체 집단은 (니체의 주인 도덕의 경우처럼) 능동적인 힘을 증대시키는 욕망의 흐름을 마련하는 긍정적인 힘-의지를 지향한다. 들뢰즈는 이것을 무의식적 욕망 투입과 관련시켜 이해한다.

한 집단이 계급 이익과 그 전의식적 투입의 관점에서는 혁명적일 수 있지만, 리비도 공급의 관점에서는 그렇지 않고 심지어 파시즘적일 수 있다. 혁명 집단의 경우에 (권력을 장악하더라도) 그 권력 자체가 욕망 생산을 예속시키고 파괴하는 것일 때 위계를 내세우고 욕망을 억압하는 메커니즘을 정당화한다(AO, 440-441 / 538).

이에 대해 주체 집단은 리비도 공급 자체가 혁명적이다. 고정된 원리와 위계 질서, 집단의 초자아를 거부하면서 다양한 중심을 조직하고 외부와 접속한다.

이것을 정신 분열-분석에 따라 사회적 리비도를 투입하는 편집증적인 극과 정신분열증적 극으로 구별해보자(AO, 439-440 / 536-537 참조). 편집증적인 극은 기호들의 조합과 큰 집합들을 추구하기에 파시즘을 지향한다. 정신분열증적 극은 기계적 배치들(les agencements machiniques)과 작은 다양성들을 추구한다. 전자가 통합의 거대 평면에서 움직인다면, 후자는 능동적인 도주선들을 따라 움직인다. (전자는 부정적이고 허무주의적인 힘-의지를, 후자는 긍정적인 힘-의지를 추구한다.)

편집증적 투입은 대중을 기계처럼 조작하여 큰 집합들을 형성하고 억압 장치를 개발한다. 이것은 공동의 목표들과 이익들, 수행해야 할 개혁들, 혁명을 제시하면서 합리적이라고 자처한다. 개인들은 스스로가 부품과 톱니바퀴를 이루는 예속 집단들 안에서 그 기계를 조작하면서 자기 자신의 욕망을 부수는 메커니즘을 즐긴다(AO, 463-467 / 533-534 참조). (니체가 지적하듯이 반작용하는 힘이 우세한 부정적인 힘-의지가 허무주의를 통해 생명의 흐름을 금욕주의적인 도덕과 종교로 얽매어 자기를 부정하도록 하는 것이 바로 욕망의 흐름이 반작용하는 힘에 이끌리고 예속 집단의 전체주의화를 지향하는 것과 대응된다.)

편집증적인 극은 통합선과 영토화선(les lignes de territorialisation)을 통해 욕망의 흐름들을 고정시키고 그 흐름들을 막는다. 그것은 체계 안의 경계선을 따라 흐름들을 통제한다. 이와 달리 분열증적인 극은 탈영토화한 흐름들이 도주선(lignes de fuite)을 따라 움직인다. 이것은 욕망-생산을 가로막고 조절하는 코드나 영토의 경계선들을 뛰어넘는다.

5) 자본주의 기계와 욕망의 동학

가)『반-오이디푸스』에서 제시되는 역사적 분석은 욕망의 정치 경제학을 통해서 욕망을 조직하는 사회 기계들을 유형화한다. 들뢰즈와 가타리는 생산 양식을 리비도적 "사회 기계들"의 흐름으로 설명하고, 구조적 관계들보다는 '사회적 흐름들'을 분석한다. 사회 기계들은 각각 재화, 욕구, 욕망의 생산을 표상하고 규제하는데, 원시 토지 기계, 전제 군주 기계, 자본주의 기계로 구분된다.

이 가운데 자본주의의 몇 가지 특성만 살펴보기로 하자. 자본주의 기계는 한편으로는 정치 경제의 영역에서 추상적 노동을 생산하고, 다른 한편으로는 정신분석의 영역에서 추상적 욕망을 생산한다.

자본주의는 생산, 교환, 욕망을 묶는 모든 전통적인 코드들, 가치들, 구조들을 전복시킨다. 그러나 그것은 동시에 화폐를 매개로 한 등가의 추상적 논리에서 모든 것을 재코드화하고, 그것들을 (국가, 가족, 법, 상품 논리, 은행 체계, 소비주의, 정신분석이나 규격화하는 제도들로) '재영토화'한다. 자본주의는 질적 코드들을 양적인 것으로, 즉 모든 탈코드화된 흐름들을 엄밀한 공리 체계로 양적으로

규제, 통제하는 것으로 대체한다.16)

나) 들뢰즈와 가타리는 자본주의 기계의 운동 양상을 설명하기 위해서 화폐의 흐름을 재해석한다. 화폐는 동질적인 것이 아니라 이질적인 두 계열의 독립된 흐름을 이룬다. ① 봉급 생활자의 수입이 되는 돈과 ② 기업 장부의 돈은 이질적이다. ①은 교환 가치에 무력한 통화 기호들, 소비재와 사용 가치에 대한 지불 수단들의 흐름으로 통화와 생산물이 일 대 일로 대응한다. ②는 자본의 힘의 기호들, 융자의 흐름들, 추상량의 공리 체계로 작동하는 생산 미분 계수의 체계다. 이러한 화폐의 이원성, ― 교환 통화(la monnaie d'échange)와 신용 통화(la monnaie de crédit), 지불과 융자의 두 형태 ― 가계의 화폐와 기업의 대차대조표상의 화폐 사이에는 아무런 공통의 척도가 없다. (육체 노동과 자본처럼 화폐의 두 형태는 공약 불가능하다.)

이 점을 잉여 가치에 대한 논의와 연결시켜보자. 이제 잉여 가치는 가변 자본의 인간적 잉여 가치와 구별되는 불변 자본의 기계적 잉여 가치의 측정 불가능성에 따라 정의되어야 한다. (잉여 가치를 노동력 가치와 노동력이 창조한 가치의 차이로 정의하지 않는다.) 이 두 흐름은 서로 내재하면서 공약할 수 없다(AO, 282 / 354). 여기에서 한 흐름은 경제력을 측정하고 다른 흐름은 수입으로 규정된 구매력을 측정한다. 전자는 자본의 충만한 신체를 구성하는 탈토지화한 거대한 흐름이다. 슈미트(B. Schimitt)는 이러한 무한 부채의 흐름을 무로부터의 창조로 본다. 이 창조는 지불 수단으로서

---

16) 들뢰즈와 가타리는 확대되는 자본주의적 재생산의 세 마디를 든다. ① 노동의 탈코드화한 흐름과 생산의 탈코드화한 흐름들 사이에서 (微分的 比에서) 잉여 가치를 끌어내고, 중심에서 주변으로 전이하면서 중심에 방대한 잔여 지대를 남겨둔다. ② 과학, 기술의 코드들의 흐름들의 공리계에 입각하여 중심의 정점들에, 기계적 잉여 가치를 끌어낸다. ③ 흐름의 잉여 가치의 이 두 형태(인간 / 기계)를 보증하고 생산 장치 속에 끊임없이 반-생산을 집어넣어 ①, ②에서 생산된 잉여 가치를 흡수하고 실현시킨다(AO, 282 / 353).

미리 준비된 통화를 이동시키지 않고 충만한 신체의 한쪽 끝에 있는 (−) 통화(은행 채무로 등기된 부채)로부터 다른 끝에서 (+) 통화(은행이 보증하는 생산 경제를 위한 신용장)를 산출한다. 이 흐름은 순수한 유동 자금으로 수입 속에 들어가지 않고 구매와 무관하다(AO, 282-283 / 353-354).

이와 다른 통화는 환류(reflux)의 흐름으로, 통화가 노동자들이나 생산 요소들로 분배되고 수입으로 배분되어 구매력을 획득하면서 재화와 관계를 맺는다.(이 수입들이 실제 재화로 변환되면서 재화와 맺는 관계를 상실한다.) 이러한 흐름과 환류의 공약 불가능성은 수입의 대부분이 기업들의 수중으로 빠져나감을 보여준다.

이 흐름에서 누가 도둑맞았을까? 아무도 도둑맞을 수 없다. 노동자도 도둑맞지 않았다. 구매력을 창조한 것이 환류, 즉 임금으로의 분배일 뿐, 환류가 구매력을 전제하지는 않기 때문이다. 그러면 누가 도둑질했는가? 이윤이 합류하는 대표자인 산업 자본가는 아니다. 왜냐 하면 이윤은 환류 속을 흐르지 않고 이 흐름과 나란히 수입을 창조하는 흐름으로부터 일탈하여 흐르기 때문이다.

이 두 흐름은 시장 자본의 경제력의 흐름과 '구매력'으로 불리는 흐름(무력한 흐름)이다. 이것은 산업 자본가에 상대적으로 의존하는 봉급 생활자의 절대적 무력을 보여준다. 이런 점에서 통화와 시장은 자본주의의 참된 경찰이다(AO, 283 / 354).

자본주의에서 체계 전체가 욕망 투입의 대상이다. 임금 노동자의 욕망, 자본가의 욕망, 이것들은 모두 하나의 동일한 욕망으로 약동한다. 이 욕망은 외적 한계를 지정할 수 없는 흐름들의 미분비에 근거한다. 여기에서 욕망의 통합이 이루어지는 것은 흐름들의 차원, 통화의 흐름들의 차원에서지 이데올로기 차원이 아니다.

다) 자본주의에서는 흐름들이 자본주의에 의해 탈코드화되는 것과 동시에 공리화된다. 자본주의는 한 코드를 다른 코드로 대체하는 방식이 아니라 사회적 공리계를 활용한다. 보편적 등가물인 통

화는 흐름들의 질적 본성과 무관한 추상량을 나타낸다. 여기에서 등가 관계는 무제한한 지위를 갖는다(화폐-상품-화폐의 순환에서 자본으로서 화폐 순환은 자기 목적이다)(AO, 295-296 / 369).

그러면 무제한한 추상적 양인 화폐가 어떻게 구체화되는가? 그 것은 미분의 비로 나타나는데, 이것은 탈코드화한 흐름들간의 직접적인 관계다. 탈코드화된 흐름들은 연언(conjonction)을 통해 구체적으로 되고, 노동의 흐름과 자본의 흐름의 순수한 성질이 상관적으로 규정된다. 여기에서 코드의 잉여 가치가 흐름의 잉여 가치로 변한다. 여기에서 화폐는 등가 형태라는 기능만 수행한다. 이러한 힘의 기호들은 직접적으로 경제적 계수가 된다. 융자의 흐름이 지불 수단의 흐름과 전혀 다른 힘에 속하는 것은 힘이 직접적으로 경제적인 것이 된다(AO, 296 / 369-370).

그리고 지불된 노동이란 측면에서 잉여 노동도 동일한 단순 양인 점에서 노동 자체와 (질적, 시간적으로) 구별되지 않으므로 잉여 노동을 확보하기 위한 (경제 외적) 코드는 더 이상 필요하지 않다(AO, 297 / 370). 이처럼 자본은 그 자체가 직접적으로 경제적인 심급의 가치를 지니고, 코드에 등기된 경제 외적인 것을 개입시키지 않고도 생산을 포획한다.

라) 들뢰즈와 가타리는 통상적으로 잉여 가치에 의해 규정되는, 즉 자본의 흐름과 노동의 흐름을 구별하고, 융자의 흐름과 임금 수입의 흐름을 구별하여 규정되는 지배 / 피지배 계급을 구별하는 것을 재고한다(AO, 303 / 377). 이는 자본주의에 하나의 기계(재화로부터 절단되어 탈코드화한 큰 흐름의 기계)와 하나의 계급(탈코드화하는 노예 계급인 부르주아지 계급)이 있을 뿐이기 때문이다. 이 계급은 신분을 탈코드화하고, 수입의 흐름을 기계로부터 추출하여 소비재와 생산재로 변환시킨다.17) 이 흐름에서 임금과 이윤은 하

---

17) 예를 들어 부르주아는 자기의 향유와 무관한 목적을 위해 잉여 가치를 쌓는다. 추상적인 부를 유일한 목적으로 삼는 그는 자본을 재생산하는 동물이며 무한한

나가 된다. 이제 대립 지점을 두 계급 사이가 아니라 다른 곳에서 찾아야 한다. 그것은 탈코드화한 두 흐름 사이에 있다. 즉, 자본의 충만한 신체 위에서 계급의 공리계에 들어가는 탈코드화하는 흐름들과 이 계급의 공리계로부터 '벗어나는' 탈코드화한 흐름들 — 기관들 없는 신체 위를 흐르는 분열증적인 흐름들 — 사이에 있다 (AO, 303 / 377). 즉, 대립은 계급과 계급 바깥에 있다. 즉, 기계의 노예와 기계를 파괴하는 사람들 사이, 사회 기계의 체제와 욕망 기계의 체제 사이에 있다. 즉, 자본가들과 정신분열자들 사이에 있다.

따라서 객관적인 계급 이익 밑을 흐르는 욕망에 주목해야 한다. 계급의 이익은 몰적(molaire) 집합의 질서에 속하고, (명백한 의식으로 표상되는) 집합적 전의식을 규정한다. 그런데 참된 무의식은 집단의 욕망 안에 있는데 이 욕망은 욕망-기계들의 분자적 차원에서 움직인다(AO, 305 / 380).

4. 맺음말

1. 우리는 라캉-지젝의 논의와 들뢰즈-가타리의 틀을 통하여 욕망의 분석 틀을 어떻게 사회 현실을 분석하는 데 이용할 수 있는지 살펴보았다. 처음에 던진 문제는 욕망과 문명의 억압 또는 법과 질서의 정당화 가능성에 대한 문제였다. 하지만 이 글은 이 문제를 해결하기보다는 이 문제를 보는 몇 가지 관점을 제시하는 것으로 만족했다.

이런 관점들을 대비시켜서 그것을 평가하고 더 바람직한 욕망의 사회 동학을 제시하기는 어려워보인다. 두 관점이 상이한 문제들을 다루기도 하고 같은 주제를 다른 각도에서 보기도 하지만, 무엇

부채를 내면화한다. 그 주인은 '나도 종이다'라고 선언한다(AO, 302 / 376-377).

보다도 이들을 하나로 종합할 보편적인 척도를 마련하기가 어렵기 때문이다. 따라서 각 이론이 어떤 분석 도구로서 유효한지, 자기의 능력을 충분히 발휘하고 있는지에 대해서 살피는 것이 바람직할지도 모른다.

여기에서는 앞에서 다룬 논의 틀이 지닌 가능성에 주목하면서 그것을 바탕으로 새롭게 주목할 만한 점들을 환기하는 정도로 만족하고자 한다.

2. 먼저 라캉의 틀을 실재에 대한 이론으로 이해할 때 실재의 윤리학을 민주주의적 이론 틀과 관련지을 수 있는지를 살펴보자 (Stavrakakis, 1999, 127-131).

정신분석학적 윤리는 이상적인 선에 바탕을 둔 윤리가 아니다. 프로이트는 이미 선의 윤리를 의문시한다. 지고한 선(엄마)은 바로 근친상간의 대상이고 금지된 선이자 도덕 법칙의 기초에 있다. 우리가 추구할 선은 금지된 것이고, 법은 이런 금지에 바탕을 두고 욕망을 불러들인다. 라캉은 다양한 선들을 참된 것과 그릇된 것으로 구별, 규정하는 것이 결국 쾌락주의적 문제 틀을 벗어나지 못한다고 본다. 윤리학적 관점을 세우기 위하여 단일한 긍정적인 원리를 내세우고 그것에 바탕을 두고 큰 타자, 사회 질서를 조화로운 전체로 구성하는 것이어야 하는가? 이것은 민주주의와 양립할 수 없는 조화의 환상에 기초를 둔 것에 지나지 않는다. 민주주의는 조화로운 사회 대신에 차이(내적인 분할과 적대)를 인정하고 그것을 상대적으로 안정되게 조직하는 방식을 권한다. 차이들을 포괄하고 공존하도록 하려면 큰 타자 안에 있는 결핍을 인정하는 데서 시작되어야 한다.

따라서 참되고 지고한 선을 추구하는 윤리적 사고가 구성적인 결핍, 중심에 있는 불가능성을 고려하지 않는다면 선을 추구하는 시도가 악으로 바뀔 위험이 있다. 차이들을 구성하는 시도에 내재하는 이런 불가능성은 보편 선을 추구하는 모든 윤리적 시도의 한계를 드러낸다. 전통적인 윤리학의 이상은 구조적 불가능성을 부인하고 그것을 장악, 은폐, 제거하려고 한다. 하지만 실재가 불가능한 것, 표상 할 수 없는 것이라면 이것을 전제한 윤리학은 불가능성을 가운데 두고 다양한 차이들을 조직할 수밖에 없을 것이다. 이런 점에서 정신분석학의 윤리는 '이상이 없는 윤리'다.

그러면 이런 윤리적 틀을 민주주의적 구성 원리에 연결시킬 수는 없는가? 르포르가 지적하듯이 민주주의적 제도는 그 이전의 유기적 통일을 전제하는 체제와 다르다. 전통 군주가 권력을 구현하는 형식이라면 민주주의는 권력의 자리가 비어 있는 상태를 전제하는 형식이다. 주어진 통일 대신에 어떠한 통일도 없는 상태에서 출발하여 정치적인 헤게모니 투쟁의 결과로 일시적인 권력을 구성한다. 이런 정치적 적대를 제도화함으로써 민주주의를 제도적으로 구현할 수 있다. 정치적 통일은 정치적 경쟁의 무대인 선거에 의거하는데, 이것은 통합 대신에 분할과 차이를 인정한 바탕에서 시작된다(Lefort, 1988, 17-19). 정치적 분할과 적대를 인정하는 태도가 민주주의의 중심에서 모호함을 제도화한다. 민주주의는 확실성의 표지를 해소함으로써만 제도화되고 유지될 수 있다. 근본적인 비결정성이 그 한가운데 있다.

이처럼 민주주의적 고안의 근본 성격을 이해하려면 사회의 통일이 미리 보증된 것이 아니며, '사회란 존재하지 않는다'는 사실을 전제해야 한다. 사회에 내재하는 탈구 / 어긋남(diclocation)은 어떠한 본질적이고 유기적인 통합도 불가능하게 한다. 사회적 통합의 역사적, 문화적 상대성은 이런 성격을 잘 드러내는 지표다. 민주주의의 혁신을 '사회적 결핍의 기표들을 제도화'하는 시도로 본다면 모호성, 분할, 유기적 통합의 어긋남을 바탕으로 구체화할 수 있을 것이다.

3. 들뢰즈와 가타리가 제시하는 정신 분열-분석은 욕망을 어떤 공인된 질서나 합리적으로 조직하는 방식을 거부한다. 사회 질서는 '건강한' 욕망의 흐름을 만들기 위해서 욕망의 흐름들과 절단들을 정해진 방향으로만 흐르도록 고정시키려 한다. 정신분석 역시 욕망의 일탈을 '바람직한' 방향으로 되돌리려는 시도에 지나지 않는다. 그런데 정신 분열 분석과 연결된 미시 정치는 욕망의 사회적 투입이 몰적으로 정형화되지 않도록 하면서 욕망이 더 생산적이고 분자적 흐름을 이루면서 더 자유롭게 결합하고, 욕망의 흐름을 가로막는 차이들을 가로지르는 유연한 표류를 추구한다.

이런 논의 틀이 어떤 사회적 구성 원리를 지향하는지 그 윤곽을 그려보자.

이 틀은 능력의 긍정적 사용을 동력으로 삼아 자유를 지향하는 무질서한 분자적 역동성을 따라간다. 이것은 운동과 변화가 가득 찬 힘의 세계를 탐구한다. 이 세계에서 사고와 행위의 연결(또는 단절)은 하나의 중심에 유기적으로 통합되지 않고, 중심 없는 '사건들'의 계열을 이루면서 무한하게 운동한다. 이것은 이질적인 계열들을 종합하지 않으면서도 그것들을 포함하는 전략을 사용하여 개체들의 능력, 코나투스를 자유롭게 배치한다.

개체의 능력과 힘을 욕망에 연결시키는 욕망-기계는 새로운 구성 원리를 모색하는 접속을 추구한다. 이것은 욕망을 커다란 중심이나 조직에 가두고 묶어두려는 편집증적인 시도 대신에, 그것의 자유로운 흐름, 탈주, 합성을 권장한다. 이러한 미시 정치학의 틀은 거대한 주체 없이, 거대한 목적이나 거대한 조직 없이 다양한 합성과 분해의 동학에 주목하므로 자유의 혼돈에 가득 찬 모험(chao-dyssey)을 즐긴다고 할 수 있다.

이처럼 들뢰즈와 가타리는 유기적 중심을 지닌 조직화의 평면에서 사고하지 않는다. 이들은 어떠한 중심도 없는 개방된 공간에서 분자적 선을 따라 개체들의 능력 크기, 속도와 촉발에 관심을 둔다.

이들은 사회적 평면에서도 구조, 조직, 제도에 대한 관심보다는 개체들의 기쁨을 증대시키는 능력(potentia)의 확대에 관심을 둔다. 사회적 공간을 막힘 없는 흐름으로 조직하기 위해서 미시 정치학의 틀로 개체들의 작은 연대와 연대들의 합성에 주목한다. 이처럼 기쁨(능력의 증대)을 조직하려는 노력은 자율성을 바탕에 둔 다중(multitude)의 정치적 구성과 만날 수 있을 것이다.

□ 참고 문헌

양운덕, 「들뢰즈와 가타리의 정신분석 비판」, 『이성과 반이성』, pp.285-364, 지성의샘, 1985.

홍준기, 『라캉과 현대 철학』, 문학과지성사, 1999.

_____, 「지제크의 라캉 읽기 : 이데올로기의 숭고한 대상을 중심으로」, 『문학과 사회』 제52호, 2000년 겨울.

_____, 「사회적 환상이여, 타자의 결핍을 메워라!」, 에머지, 2002. 4., pp.216-234.

Butler, J. ; Laclau, E. & Zizek, S., *Contingency, Hegemony, Universality : Contemporary Dialogues on the Left*, London and New, York, Verso, 2000.

Deleuze. G. & F.Guattari, "Capitalisme et Schizophrénie" : 1. *"L'Anti-OEdipe"*, Minuit, (AO로 씀) (『앙띠 오이디푸스』, 최명관 옮김, 민음사, 1994), 2. *"Mille Plateaux"*, Minuit, 1980.

Deleuze. G., *Nietzsche et la philosophie*, PUF, 1962.

Fink, B., *The Lacanian Subject*, Princeton Univ., 1995.

Freud, S., (1911~1938(40)), *Psychologie des Unbewussten*, Studien Ausgabe Bd.III, S. Fischer Verlag, 1975.

_____, (1912~1913), *Fragen der Gesellschaft ; Ursprünge*

der Religion, Studien Ausgabe Bd.IX, 1974.

_____, (1915~1917), Vorlesungen zur Einfürung in die Psychoanalyse und Neue Folge, Studien Ausgabe Bd. I. 1969.

_____, (1920), "Jenseits des Lustprinzips", in : Studien Ausgabe Bd.III, *Psychologie des Unbewußten*, Fischer verlag, 1975.

Juranville. A., *Lacan et la philosophie*, PUF, 1984.

Kaufmann, P., *L'apport freudien*, Bordas, 1993.

Klein, M., (1932), *The Psychoanalysis of Children* (tr : A. Strachey), Delacorte Press 1975.

_____, *Essais de psychoanalyse* (1921~1945), Payot, 1982.

Lacan, J., (1956~1957), *Le Séminaire, IV. La Relation d'objet*, Seuil. 1994.

_____, (1962~1963), *Le Séminare X : L'angoisse*, Seuil, 2004.

_____, (1966), *Ecrits*, Editions du Seuil.

_____, (1973), *Le Séminare XI : Les quatre concepts fonda-mentaux de la psychoanayse*, Paris, Seuil.

_____, (1975), *Le Séminare XX : Encore*, Paris, Seuil.

Laplanche, J. & Pontalis, J.-B., *Vocabulaire de la Psychanalyse*, PUF, 1967.

Lefort, C., *Democracy and Political Theory* (tr. Macey, D.) Routledge, 1988.

Lemaire, A., *Jacques Lacan* (tr : D. Macey) Routledge & Kegan Paul, 1977.

Marcuse. H., *Eros and Civilization*, NY. Vintage Books, 1962.

Reich. W., *The mass Psychology of Fascism*, Penguin Books, N.Y., 1978.

_____, *Die Sexualität im Kulturkanpf, Sexpol Verlag* (The Sexual revolution, tr. T. P. Wolfe, Organon Institute Press, N.Y. 1945), 1935a.

_____, *Der Einbruch des Sexualmoral*, Sexpol Verlag, 1935b.

Robinson. P. A., *The Freudian Left*, Harper & Row, 1969.

Stavrakakis, Y., *Lacan and the Political*, Routledge & Kegan Paul, 1999.

Widmer, P., *Subversion des Begehrens : Eine Einführung in Jacques Lacans Werk*, Wien, 1990.

Zizek, S., *The Sublime Object of Ideology*, London and New York, Verso, 1989.

_____, *For They Know Not What They Do : Enjoyment as a Political Factor*, London and New York, Verso, 1991.

_____, *Looking Awry : An Introduction to Jacques Lacan through Popular Culture*, Cambridge, Mass and London, MIT Press, 1991a.

_____, *Tarrying with the Negative : Kant, Hegel and the Critique of Ideology*, Durham, NC, Duke University Press, 1993.

_____, *The Metastases of Enjoyment : Six Essays on Women and Causality*, London and New York, Verso, 1994.

_____, *The Plague of Fantasies*, London and New York, Verso, 1997.

_____, *Did Somebody say Totalitarianism?*, London and New York, Verso, 2001.

_____, *The Puppet and the dwarf : the perverse core of Christianity*, Massachusetts Institute of Technology, 2003.

제 9 장
개인 욕망의 자유와 사회 질서의 조화를 위한 유도 호보(儒道互補)의 논리*

김 재 숙

1. 들어가는 말

공자가 70세에 '마음이 하고자 하는 바를 따라도 법도에 벗어나
지 않았다'는 종심소욕불유구(從心所欲不踰矩)에 이르렀다는 경지
는 개인의 욕망과 사회 규범이 아무 갈등 없이 완벽하게 조화됨을
의미한다. 이는 동양에서 추구하는 완전한 인간의 목표, 곧 성인론
의 최고 경지로 추구되어 왔다. 그리고 이러한 완전한 인격의 경지
에 이르기 위해서는 과욕, 절욕, 멸욕, 무욕 등이 학파를 불문하고
일반적으로 제기되어 왔다. 이는 마치 한 개인의 욕망의 과다에 따
른 인과응보적 구도 아래 동양 사상은 욕망을 억압하는 이데올로
기로 보여 왔다. 이러한 욕망에 관한 부정적 견해는 오직 자기 수양

* 이 논문은 2002년도 기초 학문 육성 인문 사회 분야 지원 사업의 일환으로 한국
학술진흥재단의 지원(KRF-2002-074-AM1031)에 의해 연구된 것으로, 「욕망과
사회 질서의 관계에 대한 도가의 관점 — 위진현학을 중심으로」라는 제목으로
『철학연구』(고려대 철학연구소) 제29집에 실렸던 것을 수정·보완한 것임.

이라는 개인적 차원에서만 언급되고 이해되었다. 그러나 동양의 욕망론은 단순한 개인의 윤리 차원에서 제기된 것이 아니라 사회 정치적 문제 의식 속에서 제기된 것이다. 특히 노장 사상에서 바라보는 무욕론은 인간의 보편적 생리적 욕망인 식색성의 욕망이 아니라 사회적으로 조장되고 부추겨지는 사회적 욕망의 입장에서 무욕을 제기하고 있는 것이다.

이 글에서는 이러한 도가의 무욕론이 가지는 사회정치적 함의를 먼저 살펴보고, 그런 본질적이지 않은 욕망에 속박되지 않는 독립적 인격의 형성을 위해 인간 욕망의 정당한 근거에 대해 회의하던 노장의 무욕론을 욕망 억압 이데올로기가 아니라 허위적 욕망에서의 탈출로 작용함을 보고자 한다. 이는 욕망과 사회 질서란 기본 원리상 완전 조화될 수 없는 것이라는 이론 근거를 가지고 있다.

그러나 구체적 현실에서 인간 사회의 관계망 속에서 어떻게 욕망과 사회 질서의 조화를 모색해갈 것인가의 문제는 남는다. 이는 사회 규범을 중시하는 유가의 기본 원칙과 개인의 내면의 자연스런 욕구에 충실한 도가의 기본 원리가 완전 합일되어 나타나는 유도회통적 성격을 띠는 문제라고 할 수 있다. 위진 시대 현학은 유도회통적 성격을 기본으로 욕망과 사회 질서의 조화를 모색해갔다고 볼 수 있는데, 이러한 논리를 왕필과 곽상의 이론으로 살펴보고자 한다.

2. 도가 무욕론의 사회정치적 함의

1) 욕망의 문제와 치도(治道)

『노자』는 개인 수양의 차원에서만 욕망의 문제를 제기하는 것이 아니라 항상 치도(治道)와 연관시켜 제기하고 있다. 성인의 정치는 백성을 무욕케 하는 것이며, 무욕으로 다스리면 사회는 저절로 안정된다고 보았다.

욕심낼 만한 것을 보이지 않아야 백성의 마음이 혼란스러워지지 않는다. 그러므로 성인의 정치는 마음을 비우고 배를 든든하게 하며, 의지는 약하게 하고 뼈대를 강화한다. 항상 백성으로 하여금 무지 무욕케 하라.[1]

교화하려 하거나 의욕이 일어나면 나는 아직 이름이 붙지 않은 순박함으로 그것을 억누를 것이다. 아직 이름이 붙지 않은 순박함에서는 또한 욕망도 없다. 욕망하지 않은 채 고요하게 있으면 이 세상은 장차 저절로 안정될 것이다.[2]

우민 정치라고도 오해받는 노자의 무지무욕론은 최상의 정치를 위한 방책으로 제시된 것이다. 노자의 이상 사회인 소국과민도 주요지는 사람들에게 욕망을 불러일으키지 않는 사회를 말한다. 끊임없이 더 많고 좋은 것을 욕망하도록 하지 않는 사회, 무의식적 욕망을 부추기고 유혹하지 않는 사회, 타인의 욕망에 의존하지 않는 사회를 말한다. 나아가 무욕으로서 다스리면 안정된 정치를 할 수 있다. 즉, 욕망을 조장하지 않는 사회 정치를 말한다.

나라를 적게 하고, 백성의 수를 적게 하라. 설사 열 가지 백 가지 도구가 있더라도 쓸 일이 없게 하고, 백성으로 하여금 죽음을 중히 여기게 하여 멀리 가지 않도록 한다. 비록 배와 수레가 있더라도 탈 일이 없게 하고, 군대가 있더라도 펼칠 일이 없게 하고, 백성들로 하여금 결승문자를 회복하여 쓰게 한다. 그 음식을 맛있어 하고, 그 옷을 곱다고

---

1) 『노자』 3장. "不見可欲, 使民心不亂, 是以聖人之治, 虛其心, 實其腹, 弱其志, 强其骨, 常使民無知無欲."
2) 『노자』 37장. "化而欲作, 吾將鎭之以無名之樸, 無名之樸, 夫亦將無欲, 不欲以靜, 天下將自定."

여기며, 그 거처를 편안하다 여기고, 그 풍속을 즐기게 한다.[3)

이들이 말하는 욕망의 대상은 이목구비의 욕망, 즉 생리적 욕망
에 국한되는 것이 아니다. 즉, 이들에게서 드러나듯 욕망이란 개인
이 타고날 때부터 차이가 나는 생리적인 것이 아니라 사회적·정
치적으로 조장되고 관리되고 이용당하는 대상이다.[4) 사회적 시선
아래 재단되고, 부풀려지거나 억압되는 이런 욕망의 대표적인 것
이 사회적 욕망이다. 특히 명성과 지식에 대한 욕망, 소유욕, 지배
욕, 권력욕이다.

동양철학에서 욕망을 자신의 철학의 출발점으로 삼고 가장 중요
시여긴 순자에게서도 욕망의 문제는 정치의 문제였다. 순자는 인
간에게 욕망이 있다는 것 자체는 정치와 관계없다고 하지만 그 욕
망의 추구와 그에 따른 올바른 마음의 판단은 정치의 치란과 밀접
한 관계를 맺는 것임을 강조하고 있다. 그의 욕망론도 개인 수양
차원에서 제기된 것이 아니라 국가 정치 차원에서 제기된 것이다.[5)

장자의 무욕 또한 욕망의 정당한 근거에 대한 회의에서 도출된
것이라 할 수 있다. 부과된 욕망의 포로가 되어 있는 자아로부터의
탈출은 그에게 "자기를 내세우려 하지 말고, 명성을 추구하려 하지

---

3)『노자』80장. "小國寡民, 使有什百之器而不用, 使民重死而不遠徙, 雖有舟輿, 無
所乘之, 雖有甲兵, 無所陣之, 使民復結繩而用之, 甘其食, 美其服, 安其居, 樂其俗."
4) "우리가 많이 쓰고 있는 천리와 인욕의 경우도 반드시 만족시켜야만 하는 욕망
은 인욕이라 하지 않고 천리라고 한다. 즉, 굶주리면 먹을 것을 찾고 추우면 입을
것을 찾고 결혼하는 것 등은 천리다. 그러나 맛있는 것을 찾고 좋은 옷을 찾으며
부부 외 따로 행위하는 것은 인욕이다. 즉, 천리와 인욕의 구별은 보편적인 것과
사사로운 것의 구별이다." 장대년,『중국철학대강』하, p.897.
5)『荀子』,「正名」. "凡語治而待去欲者, 無以道欲, 而困於有欲者也, 凡語治而待寡
欲者, 無以節欲, 而困於多欲者也, 有欲無欲異類也, 生死也, 非治亂也, 欲之多寡,
異類也, 情之數也. 非治亂也. 欲不待可得, 而求者從所可, … 故欲過之而動不及, 心
止之也, 心之所可中理, 則欲雖多, 奚傷於治, 欲不及而動過之, 心使之也, 心之所可
失理, 則欲雖寡, 奚止於亂, 故治亂在於心之所可, 亡於情之所欲, 不求之其所在, 而
求之其所亡, 雖曰我得之, 失之矣, … 欲雖不可去, 求可節也, 所欲雖不可盡, 求者猶
近盡, 欲雖不可去, 所求不得慮者 欲節求也."

말고, 공적을 이루려 하지 말라(無己, 無名, 無功)"6)고 외치게 한다. 그의 '무용지용'이란 바로 사회적 효용성을 잣대로 한 사회적 욕망에서 벗어나는 것을 말한다. 유용, 실용, 효용이 강조되는 사회에서 욕망은 없어질 수가 없다. 욕망은 유용성의 잣대로 부추겨진다. 사회적 유용에의 욕망이 곧 명예욕이다. 쓰일 데가 없어야 참으로 타고난 데로 살 수 있다는 것, 유용은 자신을 망치게 하는 길이란 생각 등은 그 욕망의 그물망에서 벗어나길 바라는 것이다. 그러나 이미 인간세에 들어와 있는 이상 유용 안에 들어온 것이며, 그 안에서는 무용지설이 들어설 여지가 없다.

이들에게서 욕망이 제기되는 근본 이유는 사회정치적 문제 의식에서였다. 이들의 주장이 중요한 이유는 욕망이란 사회정치적으로 길러지거나 제도적으로 교육되어 증폭되거나 강조 왜곡되는 대상인 것이지 결코 본질적인 욕망이 아님을 말하는 데 있다. 지식에 대한 욕망, 이름에 대한 욕망, 부와 미에 대한 욕망 등은 누구에게나 태어날 때부터 있는 본질적인 욕망이 아니라 사회에서 요구되고 부추겨지는 허구적 욕망으로 더욱더 과장되게 작용한다는 것이다. 그런데도 사람들은 비본질적이고 허구적인 욕망을 본질적 욕망으로 착각하게 된다. 이것을 알기 위해서는 일체의 비본질적 욕망들을 본질적 욕망으로부터 분리시키고 이를 제거해야 한다.7)

2) 욕망과 사회 질서의 모순

동양의 욕망론은 욕망이 국가 정치와 경제 구조의 메커니즘 등의 사회 구조 속에서 어떻게 작용하고 있는가의 사회 구조적 분석보다는 시대와 체제를 넘어서 있는, 더 근원적인 곳에서 접근하고 있다.

---

6) 『장자』, 「소요유」. "至人無己, 神人無功, 聖人無名."
7) 강신주, 『장자의 철학』, pp.124-125 참조.

욕망은 사회적으로 조장되어 증폭되고, 그리하여 결국은 무의식 중에 원래 있는 선천적 욕망인 것처럼 행세하게 된다. 욕망은 모순 적이고, 나아가 사람과 사람의 욕망은 서로 충돌하기에 욕구를 방 임할 경우 서로의 욕구 충족 활동이 충돌하게 되어 쟁탈이 생기지 않을 수 없다. 왜냐 하면 욕구란 맹목적이고 조리가 없으므로 혼란 을 조성시키기 때문이다. 욕망이 많고 적음이 문제가 아니라 욕망 을 규범에 맞게 쓰면 좋은 것이고 아니면 나쁜 것이다. 이때 그 규 범을 세워주는 것이 정치적 임무다.

대상 지향적이기만 하고 사고 작용이 없는 욕망의 자체 속성은 천기(天機), 성(性), 덕(德), 성명지정(性命之情) 등으로 말해지는 인간 본연의 작용을 온전히 발휘할 수 없게 만들고 그 기능을 제대 로 작동하지 못하게 하는 속성이 있다는 것이다. 이 점을 가장 깊이 인식한 자는 장자라고 할 수 있다.

외물에 굴복한 자는 그 목에서 나는 소리가 마치 무엇을 토하는 것 같고, 욕망이 깊은 사람은 자연 본래의 마음 작용이 얕다.[8]

욕망이 없는 곳에서 구별이 없이 같아지는 것을 소박하다고 말하며, 소박함으로써 사람들의 자연스런 성이 온전해질 수 있다.[9]

고귀, 부유, 유명, 존경, 명예, 이득의 6가지는 뜻을 어지럽힌다. 미움, 욕망, 기쁨, 노여움, 슬픔, 즐거움의 6가지는 덕을 번거롭게 한다. 또 벼슬자리에 앉거나 떠남, 남의 것을 갖거나 줌, 사물을 알거나 일을 잘 함의 6가지는 도를 가로막는다. 이상 24가지의 것이 가슴속에서 마음 을 흔드는 일이 없으면 그는 올바르게 스스로를 간직할 수가 있다.[10]

---

8)『장자』,「大宗師」. "屈服者, 其嗌言若哇, 其嗜欲深者 其天機淺."

9)『장자』,「馬蹄」. "同乎無欲, 是謂素朴, 素朴而民性得矣."

10)『장자』,「庚桑楚」. "貴富顯嚴名利, 六者勃志也, 容動色理氣意, 六者謬心也, 惡 欲喜怒哀樂, 六者累德也, 去就取與知能, 六者塞道也, 此四六者, 不盪胸中則正."

따라서 자기의 본성을 조잡하게 하면 욕망과 좋고 싫음의 싹이 돋아 이윽고는 천성을 해치는 잡초가 된다. 처음에는 작은 싹으로 자라나서 나의 몸을 돕는 것 같지만 결국은 자기의 본성을 뽑아버리고, 온갖 곳에 파고들어 구멍을 뚫고 새어나오게 된다.[11]

장자에게는 유가의 규범도 세속에서 형성된 것이므로 자연의 규범이 아니라 세속적 욕망이다. 효제, 인의, 충신, 청렴 이것들은 모두 스스로를 수고롭게 하여 그 본성(덕)을 번거롭게 하는 것으로[12] 명예욕을 위한 수단에 불과할 뿐이다. 이는 욕망의 자체 속성인 것이다. 그러므로 사회적으로 조장되는 그러한 허위적 욕망에 끌려 다니지 않는 주체적 인격의 회복이 요구된다. 사회적으로 조장되는 욕망의 그물망에 걸리지 않으려면 허정해야 한다. "마음속에 선입견이나 고정 관념 습기가 없다는 면에서 허(虛)이고, 어떤 욕망의 유혹에도 동요하지 않는다는 점에서 정(靜)이다."[13] 이런 수양론의 차원에서 더 나아가 노자는 '무욕'을 제기한다. '무'라는 개념으로 유에 집착하는 유욕의 태도를 비판한다. 노자는 무의 용법을 폭넓게 사용한다. '없애라'는 주장을 무(無)의 동사적 용법으로 이끌어낸다. 노자는 무라는 부정어를 통해 유를 넘어선 다른 세계를 지속적으로 보여주는 것이다. 그 다른 세계란 무의 세계다. 단순한 부정의 역할을 하는 것이 아니라 일정한 맥락 내에서 적극적 의미를 다시 갖는다.[14]

이러한 욕망의 자체 모순에 대한 노장의 시각을 누구보다 뼈저리게 통찰한 자는 위진 시대 혜강이라 할 수 있다. 혜강은 사회적

---

11) 『장자』, 「則陽」. "故鹵莽其性者, 欲惡之孼爲性崔葦兼葭, 始萌以扶吾形, 尋擢吾性. 竝潰漏發不擇所出."

12) 『장자』, 「天運」. "自勉以役其德者也."

13) 이강수, 「장자의 욕망론」, 『욕망론』, p.29.

14) 정세근, 『제도와 본성』, pp.140-141. 무신(無身), 무위(無爲), 무사(無私), 무지(無知), 무명(無名), 무욕(無欲), 무사(無事), 무상심(無常心), 무집(無執) 등.

욕망을 조장시키는 것이 바로 명교(名敎)라는 시대 이데올로기임을 직시하고, 자연과 명교라는 대립 속에서 욕망을 '자연'으로 보고 있다. 혜강에게서 '욕망'이란 부정적인 게 아니라 자연 본성 그 자체가 된다. 즉, 이때의 욕망은 사회적으로 조장되지 않는 인간 원래의 본성에서 나온 욕망으로 그것은 '자연'인 것이다. 유가에서 보통 주장되는 사람은 날 때부터 학문과 예법을 좋아하는 본성이 있다고 보는 것에 대해 혜강은 이를 힐난하는『난자연호학론(難自然好學論)』을 써서 반박하고 있다. 사람은 날 때부터 학문 예법을 좋아하는 것이 아니고, 날 때부터 '욕망을 좇는 것', 즉 종욕(從欲)을 즐거움으로 삼는다는 것이다.

> 그 근원을 추적해보면 육경은 '억제와 인도(抑引)'를 위주로 하고, 인간의 본성은 '바람을 좇는 것, 즉 종욕(從欲)을 즐거움으로 삼는다. 억인하면 그 '바람'에 위반되고, 종욕하면 '자연'을 얻는다. 그런즉 '자연'의 얻음은 억인하는 육경으로 말미암지 않는다. 본성을 보전하려는 근본은 정성(情性)을 제한(규범화)하는 예와 법률을 기다리지 않는다. 그러므로 인의는 행위를 다스리는 데 힘쓰는 것이지 진(眞)을 기르는 중요 방법이 아니다. 청렴과 겸양은 쟁탈에서 생기지 '자연'에서 나오는 것이 아니다.[15]

근본상으로 말하면 '자연'을 획득하려면 반드시 육경의 교육을 통할 필요가 없다는 것이다. 즉, '자연'의 욕망은 교육이나 사회 규범에 의해 조장되지 않는다. 이 자연적인 것은 인간의 본성이기에

---

15) 혜강, 『難自然好學論』. "推其原也, 六經以抑引爲主, 人性以從欲爲歡, 抑引則違其愿, 從欲則得自然, 然則自然之得不由抑引之六經, 全性之本 不須犯情之禮律, 故知仁義務於理僞, 非養眞之要術, 廉讓生於爭奪, 非自然之所出也." 『嵇康集注』, p.266. 여기서 억인의 '억(抑)'은『설문해자』에 "抑, 按也"로 주했다. 억은 굴(屈)의 뜻으로 볼 수 있다. 이와 상반되는 인(引)은 신(伸)의 뜻이다. 억인이란 굴신합도(屈伸合度)의 의미다. 그러므로 억인이란 우리들이 오늘날 말하는 규범화의 의미와 통한다.

이것을 보전하려면 결코 반드시 인간의 정성(情性)을 규범화해서는 안 되는 것이다. 그러므로 그가 자연에 대립하는 명교를 반대함에는 사회적으로 교육받은 비본래적 욕망의 틀을 거부하는 것이기도 하다.

그는 '자연'의 욕망과 조장된 사회적 욕망을 구분하고 있다. 노장이 말하는 '무욕'이 주는 소극적 · 부정적 어법을 과감히 탈피하여, 오히려 종욕을 내세움으로써 더욱더 본성과 성명지진의 기능과 작용을 회복시키려고 한다. 여기서 혜강이 말하는 '종욕'의 '욕'은 바람(願望)을 가리킨다. 억인(규범화)과 '바람'은 상대된다. 인간의 본성은 자기의 바람에 복종하는 것이고, 6경이 표현하는 예법은 도리어 자기의 '바람'을 강제 규범화하려는 것이다. 만약 명리를 위하지 않는다면 사람들은 예법을 배우고 익히기를 좋아하지 않을 것이다. 사람은 마음이 원하는 바에 따라 하고 싶어하고, 예법의 관리를 받고 싶어하지 않는다. 이것이 필연지리다.16) '마땅히 해야할 무엇'과 '하고 싶어하는 무엇'은 상호 모순이다. 개인의 '자연' 욕망은 무수한 사회 메커니즘 속에서 조장 왜곡되고 억압되고 한편 길러진다. 인간의 자아에는 억압 왜곡 내지 희생될 수 없는 것이 있다는 것은 더욱 정당한 요구다. 이것이 바로 혜강이 "본성은 종욕을 기쁨으로 삼는다"는 것이다.

더 나아가 혜강은 '자연'의 욕망을 그대로 드러내는 것이 '공(公)'이고 숨기는 것은 '사(私)'라고 해석하고 있다. 그는 목적에 의한 계산 없이 행하는 것을 언행이 자기의 성정에 순응하여 나오기 때문에 공(公)이며, 이것은 착오가 있을 수 없고 길하지 않을 수 없다고 보았다.17) 반면에 사적 목적을 가지고 자기 감정을 숨기는 자는 소인이라고 비판한다. "사(私)라는 것은 '말하지 않음(不言)'으로

---

16) 黃應全, 「嵇玩派玄學的越名任心論」, 『中國哲學』第6期, pp.64-69.

17) 혜강, 『釋私論』. "直心而言, 則言無不是, 觸情而行, 則事無不吉. / 言不計得失而遇善, 行不准乎是非而遇吉."

이름을 삼은 것이고, 공(公)이라는 것은 하고 싶은 '말을 다하는 것(盡言)'으로 명칭을 삼은 것이다"[18]라고 말하며, 사적 욕망에 얽매이지 않고 '자연'의 욕망에 따르는 자는 마음이 편안하고 안정되어 마음에 자신의 지조를 과시하려는 것이 없고, 환하게 체득해서 마음이 탁 트인 사람으로서 성정이 자신의 욕망에 사로잡히지 않는다고 보았다.[19] 허위적인 사회적 욕망에 사로잡히지 않고 자연의 욕망을 다 숨김없이 표현하는 것이 '공'의 태도인 것이다.

마음에 자신의 지조를 과시하려는 생각이 없으므로 명교를 초월하여 자연에 내맡길 수 있고, 성정이 욕망에 사로잡혀 방해받지 않으므로 귀천을 살피고 사물의 이치와 인정에 통달할 수 있는 것이다. 사물의 이치나 인정에 잘 순응하므로 일상적 도리를 위배하지 않으며, 명성을 초월해서 자신의 마음에 맡김으로 시시비비에 얽매이지 않게 된다. 이런 까닭에 군자는 시비에 얽매이지 않음을 가장 중요하게 여기고 사물의 이치와 인정에 통달하는 것을 훌륭한 것으로 여긴다. 이에 반해 소인이라고 하는 자는 참된 마음을 숨김으로써 잘못된 행위를 하며, 일상적인 도리를 위반함으로써 잘못을 범한다.[20]

혜강에게 욕망의 문제는 양생과도 밀접한 관계를 갖는다.[21] 혜

---

18) 혜강, 『釋私論』. "夫私以不言爲名, 公以盡言爲稱."

19) 혜강, 『釋私論』. "夫氣靜神虛者, 心不存於矜尙, 體亮心達者, 情不繫於所欲."

20) 혜강, 『釋私論』. "矜尙不存乎心, 故能越名敎而任自然, 情不繫於所欲, 故能審貴賤而通物情, 物情順通, 故大道無違, 越名任心, 故是非無措也, 是故言君子則以無措爲主, 以通物爲美, 言小人則以匿情爲非, 以違道爲闕."

21) 향수(向秀)는 유교적 입장에서 인간의 욕망이 자연스런 이치인데 이것에 배치되면서까지 양생하여 연년익수(延年益壽)하는 것이 의미 없다고 혜강의 양생론을 반박하고 있다. 이에 대해 혜강은 '공자가 70세까지 살 수 있었던 것은 도양(導養)의 도리를 십분 다했기 때문이지 70세까지 산 것이 운명이었던 것은 아니다'라고 하여 향수의 반박을 하나하나 구절을 들어가면서 재반박한다. 혜강은 『답난양생론』에서 양생의 5가지 어려움을 주장하고 있는데, 名利不惑, 喜怒不除, 聲色不去, 滋味不絶, 神虛精散이다. 이장휘, 「혜강전」, 『중국어문학역총』 6집,

강은 『답난양생론』에서 양생의 다섯 가지 어려움을 주장하는데, 그 중 명리욕과 사회·문화적 욕망(소리, 빛, 맛 등)이 바로 자연을 해치고 양생을 막는 주요소다. 그런 "욕망이 일어나면 후회와 원망이 생겨나고 지혜가 행해지면 선견(前識)이 서게 된다. 선입견이 서면 마음이 열려 사려가 많아지고 외물이 생겨나게 된다. 이 욕망과 지혜 두 가지가 안으로 감추어지지 않고 밖으로 외물과 접촉하게 되면 단지 몸에 재난을 초래하기에 족할 뿐이지 삶을 도탑게 하는 바가 없다."[22] 양생의 입장에서도 허위적 제도적 욕망은 양생을 방해하는 부정적인 것으로 제시되고 있다.

결국 노장과 혜강은 욕망과 사회 질서는 그 자체 성격상 완전 조화될 수 없다는 것을 말하고 있다. 그것은 근본상 자체 모순을 가지고 있다는 것이다. 이런 부조화의 근본적 시각에 대해 그래도 사회 질서의 관점에서 둘을 조화시키려 한 노력이 위진 현학자들의 과제였다.

3. 욕망과 사회 질서의 조화 : 위진 현학의 유도회통

위진 현학자들은 중국철학사상 가장 처음으로 비교적 성공적으로 유가와 도가를 결합시키고자 시도하였다.[23] 자연과 명교의 결합을 주요 주제 중의 하나로 삼은 위진 현학은 이 양자의 유기적 결합을 통해 자연에 합치되는 명교 사회를 이상으로 삼았다. 현학의 이런 관점은 한편으로는 유가의 입장에서 도가를 해석하고, 다

---

pp.1-30,

22) 혜강, 『답난양생론』. "然欲動則悔吝生, 智行則前識立, 前識立則心開而物逐, 悔吝生則患積而身危, 二者不藏之於內, 而接於外, 只足以滅身, 非所以厚生也."; 변성규, 「혜강의 신선 추구」, 『중국문학』 제21집, pp.51-68.

23) 湯一介, 「도가와 위진 현학」, 『한국도교사상연구』, pp.385-400.

른 한편으로는 도가의 입장에서 유가를 해석해내 쌍방적 해석과 전화를 거쳐서 유도회통을 이루었다. 실제로 현학이 도가에 속하는가 유가에 속하는가는 많은 학자들의 의견이 분분하지만 중요한 것은 구체적 시대 상황 속에서 현학이 어떻게 유도 관계를 처리해내는가다.[24]

욕망과 질서의 조화를 이룬 종심소욕불유구(從心所欲不踰矩)의 이상과 내성외왕(內聖外王)의 목표는 당시 위진 명사들의 주요 논쟁 주제 중의 하나였던 '성인론'에서 잘 나타나 있다. 왕필이나 곽상은 공자를 성인으로 여기고 노자와 장자는 성인의 경계에 미달되었다고 보았다. 비록 공자를 존경하는 전통을 지속하고 있지만 그 내용은 다르다. 왕필은 공자가 '무를 체득한 사람(體無)'이기에 성인이라고 추숭하고 있다. 이는 유도회통의 성격을 보여주고 있다. 이렇게 도가의 관점으로 유가의 전적을 해석해가거나 반대로 유가의 관점으로 도가를 해석해가는 방법을 통해 현실과 이상을 통일시키고자 하였다.[25] 위진의 성인론은 결코 내성외왕의 구조 틀을 벗어나지 않았다. 왕필과 곽상 두 사람이 비록 모두 공자를 성인이라고 추숭했지만 그들이 공자를 성인이라고 본 까닭인 '무의 체득(體無)', 유외명내(遊外冥內)는 모두 도가의 사상이다. 공자는 이미 유가의 공자가 아니라 노장화한 공자다. 본래대로의 노장사상만으로는 이들의 이상을 표현하기에 부적합했기에 새로운 해석을 필요로 했다. 즉, 유가의 질서 속에서 도가의 자유를 이루고자

---

24) 余敦康,「魏晉玄學與儒道會通」『道家文化硏究』6輯, pp.232-48. 이론 근거상으로는 자연을 본으로 하고, 명교를 말로 하여 도가를 높이고 유가를 낮추었지만, 가치 취향상으로는 명교를 중시하느냐 아니냐를 표준으로 삼고 공자를 노자보다 높이 여겼다.

25) 왕필의 대표작『노자주』는 유가의 입장에서 노자를 해석한 것이고,『주역주』는 도가의 관점으로 유가를 해석한 것이다. 곽상의 대표작『장자주』는 유가의 관점으로 도가를 해석한 것이고,『논어체략』은 도가의 관점에서 유가를 해석한 것이다. 余敦康, 앞의 글, pp.232-248.

했다.[26]

1) 왕필의 성기정(性其情)의 관점

유가와 도가를 논하기를 좋아했다는 왕필은 공자를 무(無)를 체
득한 생이지(生而知)로 보고 성인으로 보았지만 노자는 오히려 무
를 말하기만 하고 체득하지는 못한 자로 보고 있다. 유명한『노자』
1장을 해석하면서 왕필은 유와 무를 유명, 무명 그리고 유욕, 무욕
으로 끊어 읽어 후세 주석가들의 비판을 많이 받았다.[27] 왕필은
"만물은 은미한 곳에서 시작한 뒤에 이루어지며, 무(無)에서 시작
한 뒤에 생성된다. 그러므로 언제나 무욕하고 공허함으로써 사물
을 시작하는 미묘함을 살필 수 있다. 무릇 유(有)가 이로운 것은
무를 쓰임으로 삼기 때문이다. 욕망이 근본하는 바는 도를 따른 후
에야 멈춘다. 항상 유욕으로써 만물이 순환해서 마치는 것을 볼 수
있다"[28]고 주해하고 있다. 이에 대해 노자 원래의 절대 무의 의미로
해석하는 것을 희석시키려는 의도에서 나온 주해라고 보는 주장도
있지만,[29] 어쨌든 그는 유욕(만유와 사려, 감정, 욕망)은 반드시 무
에서 떠나서는 안 되며, 무에 근본한 후에야 돌아가 그치는 바가
있다고 보았다. 도를 따르지 않는 욕망은 멈춤이 없이 뻗어나갈 뿐
이다. 이런 관점은 유욕을 인정하면서도 그것이 어디에 근본하는
가에 대한 파악을 요구한다.

---

26) 정세근,『제도와 본성』, p.17.

27)『노자』 1장. "道可道, 非常道, 名可名, 非常名, 無名天地之始, 有名萬物之母,
故常無欲以觀其妙, 常有欲以觀其徼, 此兩者, 同出而異名, 同謂之玄, 玄之又玄, 衆
妙之門."

28) 왕필,『노자주』 1장. "(妙者, 微之極也), 萬物始於微而後成, 始於無而後生, 故
常無欲空虛, 可以觀其始物之妙, (徼, 歸終也), 凡有之爲利, 必以無爲用, 欲之所本,
適道而後濟, 故常有欲, 可以觀其終物之徼也."

29) 정세근, 앞의 책, p.159, 163.

이런 특징은 그의 성인유정론과 '성기정(性其情)'의 논리에 잘 나타나고 있다. 성인유정론과 성인무정론은 당시 명사들의 주요 논쟁거리의 하나였는데, 왕필은 성인은 신명이 뛰어난 점이 보통 사람과는 다른 점이고, 감정과 욕망이 있다는 점에서는 보통 사람과 같다고 보는 입장이었다.

> 하안은 성인은 희로애락의 감정이 없다고 여겼는데, 그 논의가 매우 정미하여 종회 등이 계승하였다. 왕필은 그들과 다르게 생각했다. 성인이 사람보다 뛰어난 점은 신명이고, 사람과 같은 것은 다섯 가지 감정이다. 신명이 뛰어나 충화(沖和)를 체득하여 무에 통할 수 있고, 다섯 가지 감정이 같기에 슬픔과 기쁨의 감정으로 응물하지 않을 수 없다. 그런즉 성인의 감정은 사물에 응하면서도 사물에 얽매이지 않는다. 지금 그 '얽매임 없음'을 가지고 바로 사물에 응하지 않는다고 생각하니 매우 큰 잘못이다.[30]

왕필은 성인과 범인은 똑같이 오정이 있다고 보았다. 하안과 왕필은 모두 성인은 사물에 얽매임이 없다고 보지만 그 논거는 다르다. 하안은 성인이 무정하기에 얽매임이 없다고 보았다. 그러나 감정이 없다면 어떻게 사물에 감응할 수가 있겠는가. 감정이 있어야 모든 사물에 감응할 수 있다. 감응하면서도 얽매이지 않을 수 있는 것은 '감정으로써 이치를 따르기(以情從理)' 때문이다. 그러므로 희로애락욕의 다섯 가지 감정은 사람에게 갖추어진 것이기에 억지로 그것을 끊어버리거나 억지로 꾸며서 부정할 필요가 없다는 것이다. 성인은 신명이 뛰어나기에 감정과 이성을 초월하는 일종의 자각적 지혜가 왕성하고, 무를 체득하였기에 집착이 없고 사물에 미

---

30) 『삼국지』,「魏志 鍾會傳」, 券28注. "何晏以爲聖人無喜怒哀樂, 其論甚精, 鍾會 等述之, 弼與不同, 以爲聖人茂於人者神明也, 同於人者五情也, 神明茂, 故能體沖 和以通無, 五情同, 故不能無哀樂以應物, 然則聖人之情, 應物而無累於物者也, 今 以其無累, 便謂不復應物, 失之多矣."

혹되지 않으며, 감정이 생겨도 그 감정이 이치를 따르게 된다는 것이다.

왕필은 "기쁨, 두려움, 슬픔, 즐거움은 백성의 자연스러움이니, 감응하여 움직이면 노래로 발현된다. 시와 노래를 채취하여 펼쳐서 백성의 뜻과 풍속을 아는 것이니 이미 그 풍속을 알면 손익에 기초가 선다"31)고 말하여, 희로애락이 인간이 자연의 정감을 품부받은 것이며 외물의 색인을 거치면 인간의 정감은 그에 따라 생겨난다고 보았다. 그러나 정감이 털끝만큼도 무절제하게 범람하게 되는 것을 피하기 위해 반드시 정확하게 인도해야 한다고 보았다. 이것이 곧 이정종리(以情從理)다. 어떻게 그럴 수 있는가.『논어』에 나오는 공자의 말 "본성은 서로 가까운데 학습으로 서로 멀어진다(性相近 習相遠)"에 대한 해석에서 왕필은 '감정을 본성화(性化)' 시키는 성기정의 논리를 말하고 있다.

그 감정을 본성처럼 하지 않으면 어찌 오래도록 그 올바름을 실행하겠는가. 이것이 감정의 올바른 모습이다. 만약 마음이 흘러 방탕함을 좋아하면 참됨을 잃게 되니, 이것이 감정의 잘못된 모습이다. 만약 감정을 본성에 가깝게 한다면 '그 감정을 본성처럼 한다'고 말한다. 감정이 본성에 가까운데 욕망이 있은들 무슨 방해가 되겠는가. 만약 욕망을 좇아서 감정이 휘둘려 가버리면 본성에서 멀어진다고 말한다. 만약 욕망이 움직여도 휘둘려 따라가지 않는다면 본성에 가깝다고 말한다. 오직 본성에 가까운 것이 올바른 것이며, 본성 자체는 올바른 것이 아니다. 비록 본성 자체는 올바른 것이 아니지만 그것을 올바르게 할 수는 있다. 비유컨대 불에 가까운 것은 열이 나서 뜨겁지만 불 자체는 뜨거운 열이 아니다. 비록 불 자체가 뜨거운 열이 아니더라도 그것을 뜨겁게 할 수는 있다. 그것을 뜨겁게 할 수 있는 것은 무엇인가. 기(氣)며 열이다. 그것을 올바르게 할 수 있는 것은 무엇인가. 의(儀)며 정(靜)이

---

31) 왕필,『論語釋疑』,「泰伯」. "(言有爲政之次序也), 夫喜懼哀樂, 民之自然, 應感而動, 則發乎聲歌, 所以陳詩採謠, 以知民志風, 旣見其風, 則損益基焉."

다. 또한 그것에 짙음과 엷음이 있음을 알아야 하니, 공자가 '성은 서로 가깝다'고 말한 것이다. 만약 완전히 같다면 '서로 가깝다'고 말할 수는 없다. 만약 완전히 다르다면 '서로 가깝다'는 말 역시 성립할 수 없다. 이제 '가깝다'고 말한 것은 같은 것도 있고 다른 것도 있어서 그것을 함께 취한 것이다. 선도 없고 악도 없는 것은 같은 것이며, 짙음과 엷음이 있는 것은 다른 것이다. 비록 다르더라도 서로 멀지 않으므로 '가깝다'고 하였다.[32]

왕필은 본체의 측면에서 성 자체는 바른 것이 아니라고 하여 선험적인 성선설을 부정하면서, 도덕적 선악을 갖추지 않은 측면에서 말하면 실제로 사람마다 모두 같다고 보았다. 그러나 작용의 측면에서는 감정을 본성에 가깝게 하여 '근본을 떠나 말단을 좇거나 말류에 흘러서 참됨을 잃는 것'을 피해야 한다고 강조한다. 본성에서 멀어지면 후천적 경험의 영향과 뒤섞이면서 의를 잃고 행동이 조급해져 욕심에 따라 잘못된 곳으로 흐르게 된다는 것이다. 기와 열이 불 자체가 아니듯 올바름과 선은 본성의 작용이지 선 자체는 아니라는 것이다.[33]

"욕망이 움직여도 휘둘려 그 욕망에 따라가지 않는다"는 것은 곧 '사물에 감응하여도 얽매이지 않음'이라는 성인유정론의 설을 성정의 이론으로 심화시키고 있는 것이다. 왕필은 사람이 도체(道體)로 말미암아 자연지성을 품부받았다고 본다. 자연지성은 인성의 본초적인 자연으로서 무선무악이지만 인간은 도체를 품부받을

<hr>

32) 王弼, 『論語釋疑』, 「陽貨」. "不性其情, 焉能久行其正, 此是性之正也, 若心好流蕩失眞, 此是情之邪也, 若以情近性, 故云性其情, 情近性者, 何妨是有欲, 若遂欲遷, 故云遠也, 若欲而不遷, 故曰近, 但近性者正, 而卽性非正, 雖卽性非正, 而能使之正, 譬如近火者熱, 而卽火非熱, 雖卽火非熱, 而能使之熱, 能使之熱者何, 氣也, 熱也, 能使之正者何, 儀也, 靜也, 又知其有濃薄者, 孔子曰, 性相近也, 若全同也, 相近之辭不生, 若全異也, 相近之辭亦不得立, 今云近者, 有同有異, 取其共是, 無善無惡則同也, 有濃有薄則異也, 雖異而未相遠, 故曰近也."

33) 林麗眞, 김백희 역, 『왕필의 철학』, pp.237-240.

때 오히려 후박(厚薄)의 차이가 있을 수 있어 성인과 범인의 차이가 있게 된다. 이런 차이는 성(性)의 차원에서 구조화된 것이 아니라 만물에 대응하여 발한 정(情)이어야 비로소 차이를 볼 수 있다.

그러므로 성인과 범인은 동이(同異)가 있다. 그 자연하고 무선무악한 성으로 말하자면 같고, 그 정의 표현으로부터 차이를 말하자면 정의 발용에는 정사(正邪)의 구별이 있다. 정(情)이 자연무위, 무선무악의 성에 가까우면 정(正)이고, 정이 성에서 떨어져 외물에 따라 유탕하면 사(邪)다. 성인은 신명이 뛰어나기에 보통 사람의 지식 능력보다 높은 현지(玄知)를 가지고 있으므로 그 정의 발동은 모두 성에 가깝고 유실되는 것이 없다. 그러므로 사물에 감응하여도 얽매이지 않을 수 있다.[34]

성의 본질은 무일 뿐 자체 정(正)과 사(邪)의 구별은 없었다. 즉, 성 자체는 정(正)이 아니고 '가깝게 하는 것'이 정(正)이다. 왕필은 성(性과) 정(情을) 말하면서 성을 정(靜)으로 보고, 정(情을) 동(動)으로 보았다.[35] 왕필은 만물의 변화가 비록 극히 복잡 다변하지만 종내는 본연의 지극한 참됨(至眞)으로 회귀한다고 보았다. 이런 자연지진(自然之眞)의 본성은 단지 허정의 공부를 거쳐야만 비로소 파악될 수 있다. 정과 성의 관계에서 성(性)은 체(體)이고 정(靜)이며, 정(情)은 행(行)이고 동(動)이다. 그러나 정(情)의 움직임에는 반드시 지정(至靜)한 본성으로 회귀해야 비로소 '자연'을 획득할 수 있다. 성(性)은 정(情)에서 회귀하는 과정에서 관건이 되는 인도 역량을 발휘하여 그 정이 이치를 따라 움직이게 한다. 이것이 소위 왕필의 성기정이다.

왕필의 욕망론은 욕망을 인정하되 그 욕망이 근본하는 바가 도가 아니면 욕망 자체의 모순 속에서 길을 잃게 되므로 감정 욕망을

---

34) 蔡忠道,『魏晋儒道互補之硏究』, pp.160-161.
35) 왕필,『노자주』16장. "歸根曰靜, 是謂復命, 復命曰常, 歸根則靜, 故曰靜, 靜則復命, 故曰復命也, 復命則得性命之常, 故曰常也."

'자연'의 본성에 가깝게 두고 이치에 따르도록 하는 것이다. 그럼으로써 욕망과 질서의 조화가 이루어진다. 왕필의 성정론은 아직 발흥되지 않은 성리학적 기미가 많이 느껴지듯이 유가적 색채를 띠고 있다. 각 개인 욕망을 인정하고 만족시킬 것을 주장하면서도 그것은 성기정의 논리에 의해 자연의 도의 근본에서 벗어나지 않으므로 욕망의 모순 문제에 봉착됨이 없이 질서도 유지되는 것이다.

2) 곽상의 적성 소요의 관점

유가의 관점에서 장자를 주해한 곽상은 장자를 성인이라고 본 것이 아니라 공자를 더 추숭하였다. 장자는 근본을 아는(知本) 자에 불과할 뿐 결코 성인의 경지를 체득하는 데 아직 도달하지 못한 자라고 보았다. 그가 성인이라고 본 사람은 오히려 공자였다. 곽상은 내성외왕(內聖外王) 혹은 유외명내(遊外冥內)의 명제로『장자』를 주해하는 전체 관점으로 삼았다.『장자』에 나오는 우화 중 자상호의 죽음 앞에서 노래하고 거문고 타는 그의 친구 맹자반과 자금장을 보고 공자는 "저들은 세상 밖에서 노는 이요, 나는 세상 안에서 노는 사람이다. 세상 밖과 안이 같지 않거늘, 내가 생각이 모자랐구나"라고 칭하였다는 내용에 대해 곽상은 "성인은 항상 세상 밖에서 노니는 것으로써 세상 안에서 합치되고, 무심(無心)으로 유(有)의 세상에 순종하는 사람"이라면서 장자 원래의 유도 대립적 의미를 유도회통으로 해석해내고 있다.[36]

이런 유도회통의 의미에서 욕망의 문제는 그의 적성소요설(適性逍遙說)에서 잘 나타나 있다. 각자 타고난 본성에 따라서(適性) 다른 각자의 분수(分)에 맞게 사는 것이 행복한 삶이라고 보는 것이다. 그에게 욕망의 만족은 타고난 자신의 몫(분)의 한계에서 추구

---

36) 곽상,「大宗師注」. "夫理有至極, 外內相冥, 未有極遊外之致而不冥於內者也, 未有能冥於內而不遊於外者也. 故聖人常遊外以冥內, 無心以順有."

하는 것이다. 그러므로 각기 타고난 몫을 넘어 억지로 욕망을 추구하면 불행한 것이다. 대체로 욕망은 작은 것(小)으로써 큰 것(大)을 바라는 데서 온다고 본 곽상은 「소요유」편의 소대지변(小大之辯) 우화를 통해 이를 밝히고 있다. 구만 리를 날아 올라가는 붕새와 그 붕새를 비웃는 매미와 메추라기에 대해 "이 대붕(대)과 매미(소)의 차이는 가치의 차이가 아니라 취향의 다름일 뿐이며, 그 취향의 차이는 그 소이연(所以然)을 알 수 없는 자연일 따름"[37]이라면서 "비록 작고 큼이 다르지만 스스로 얻은 마당에 풀어놓으면 그 성분에 맡겨지고, 일은 그 능력에 맞춰지고 각자 제몫을 다하니 작은 것이나 큰 것이나 노니는 것은 마찬가지인데 어찌 그 사이에 우열의 승부가 끼여들겠는가"[38]라고 해석하고 있다. 따라서 이렇게 "작고 큰 것의 차이를 들어서 각각 정해진 분수가 있음을 알아서 선망하고 욕구하는 바가 미칠 수 없음을 알게 한다면 선망하고 욕구하는 마음의 구속이 끊어질 것"이라고 보았다.[39] 인간은 자기의 성분을 근본으로 하여 그 기준 한계를 넘지 않으며 적성소요할 수 있다. 이런 소요의 뜻에서 보면 곽상은 한편으로는 개인의 선천적 차이와 그에 따른 욕망의 만족의 한계를 말한다. 그래서 각자의 분수에 맞게 욕망을 만족시키다보면 고대광실, 패옥 차림에 대한 욕망도 생기지 않는다.[40] 개별화된 사물은 모두 자신의 적성에 맞기만 하면 된다는 것을 소요유편의 소대지변(小大之辯) 해석에 적

---

37) 곽상, 「소요유주」. "二蟲, 謂鵬蜩也. 對大於小, 所以均異趣也, 夫趣之所以異, 豈知異而異哉, 皆不知所以然而自然耳."

38) 곽상, 「소요유주」. "夫小大雖殊, 而放於自得之場, 則物任其性, 事稱其能, 各當其分, 逍遙一也, 豈容勝負於其間哉."

39) 곽상, 「소요유주」. "夫物未嘗以大欲小, 而必以小羨大, 故擧小大之殊各有定分, 非羨欲所及, 則羨欲之累可以絶矣, 夫悲生於累, 累絶則悲去, 悲去而性命不安者, 未之有也."

40) 곽상, 「소요유주」. "夫聖人雖在廟堂之上, 然其心無異於山林之中, 世豈識之哉, 徒見其戴黃屋, 佩玉璽, 便謂足以纓紱其心矣."

용함으로써 각 개인에게서 욕망의 대소의 구별이 있지만 그것들 사이에 가치의 구별은 없게 했다. 양적 대소의 차이를 인정하나 거기에 질적 고저의 차별은 없다는 것이다.

각각 자신의 천성을 얻는 것을 지극함으로 삼으니, 스스로 자기 분수를 다하는 것을 기준으로 삼는다. 두 동물 메추라기와 곤붕에 관해 말해본다면 이들은 날개의 크기가 다르기 때문에 이르는 바가 동일하지 않아서 어떤 것은 천연으로 된 연못에 노닐고 어떤 것은 느릅나무에 온 힘을 다 쏟지만 바로 각각의 몸뚱어리에 칭합하여 만족하게 여기고 왜 그런지 그 이유를 알려고 하지 않는다. 이제 소대지변을 말한다면 각각 자연의 바탕을 가지고 있어서 이미 억지로 부러워하여 미칠 바가 아니니, 또한 각각 그 천성을 편안히 여기고 그 다른 까닭을 슬퍼할 일도 아니다.[41]

커다란 붕새는 구만 리나 오를 수 있지만 메추라기는 느릅나무 정도밖에 오르지 못한다. 이들이 비록 크기에서는 소대의 차이가 있지만 각각 자기의 본성에 말미암는 것일 뿐 그러므로 이들의 소요는 같다. 붕새는 큰 날개로 남극으로 날아가면 될 뿐이고, 참새는 동네 어귀에서 놀면 될 뿐이다. 그들은 적성이 달라 노는 곳이 다를 뿐이다. 그들 사이에 어떤 가치적 차등이 있는 것도 아니며, 그 몫은 타고난 것이지 어떻게 할 수 있는 것도 아니다. 소(小)-대(大)라는 가치 개념은 우리 본래의 성분에서 나온 것이 아니라 외부의 획일적 기준에 의한 것일 뿐이므로 비본래적 소-대 가치의 서열의 틀에서 벗어나 타인의 적성에 맞추려고 하지 말고, 자기가 타고난 정분(定分), 적성에 맞게 살아갈 것을 말한다. 이리하여 장자의 소대지변은 곽상에게서 소대무변(小大無辯)의 의미로 전환되어버렸다.[42]

---

41) 곽상, 「소요유주」. "各以得性爲至 自盡爲極也 向言二蟲殊翼 故所至不同 或翱翔天池 或畢志楡枋 直各稱體而足 不知所以然也. 今言小大之辯 各有自然之素 既非跂慕之所及 亦各安其天性 不非所以異."

진실로 각자의 본성에 만족한다면 가을터럭도 그 작음을 작게 여기지 않고, 큰산도 그 큼을 크다고 여기지 않는다. 만약 본성에 만족함을 큰 것으로 여긴다면 천하가 족히 가을터럭보다 더한 것이 없으며, 만일 그 본성의 만족함을 큰 것이 아니라고 한다면 비록 큰산이라고 할지라도 역시 작다고 일컬을 수 있을 것이다.[43)]

　　예를 들자면 일용 노동자는 사회에서 재벌 권력가보다 못할 것이 없다. 이런 자족성은 다양한 인간의 본성과 욕망의 과다를 근원적으로 긍정하는 듯하다. 곽상의 표현을 빌면 '태어난 바탕(自得之場)'에는 크고 작은 것이 가치적으로 다를 수 없다. 이 사회의 신분 제도와 경제 제도는 각자의 몫(分)에 따라 그것을 따르면 된다. 각기 서로 다른 본성과 능력을 가진 각 개체가 주어진 그대로의 자신의 본성에 만족하여 그것을 최대한으로 발현할 수만 있다면 주객을 구별하는 차별 의식에서 벗어나 타자와 더불어 유기적 통일을 구현할 수 있다는 것이다. 그러나 개인의 직분이 정해져 있고 그것을 넘어서는 일은 불가능하므로 개인은 사회 속에서 주어진 대로 사는 것이다. 이것은 인간성의 다양성에 기반하고 있는 존엄성이 아니라 오히려 군신 제도와 같은 체제 내의 신분 질서에 대한 논리적 타당성[44)]으로 이용될 수가 있다.
　　곽상의 이론에 의하면 각자는 사회적으로 조장되는 욕망에 쉽게 휘둘려지지 않는 듯 보인다. 각자의 욕망의 몫 안에서의 자족의 논리를 갖추고 있다. 이때 사람들 사이의 욕망의 충돌도 없게 된다.

---

42) 이종성, 『위진 현학이란 무엇인가』, p.172. "장자가 바라는 것은 대붕의 뜻임에도 불구하고 곽상은 작은 새의 즐거움을 강조하는 것으로 풀어내고 있다. 적성 소요설로 장자의 본래 의미를 희석한 곽상은 존재 당체가 지니고 있는 지식의 질적 전환의 계기를 생략하였던 것이다."
43) 곽상, 「齊物論注」. "苟各足於其性, 則秋毫不獨小其大而大山不獨大其大矣, 若以性足爲大, 則天下之足未有過於秋毫也, 若性足者爲非大, 則雖大山亦可稱小矣."
44) 정세근, 앞의 책, p.42.

그의 사고 속에는 개체의 독립된 역할에 대한 철두철미한 인식이 기반되어 있다. 개체에게는 고유하게 '자기가 되는 바'가 있고, 작은 존재물은 작은 마당에서 작은 욕망을 추구하며, 큰 존재물은 큰 마당에서 큰 욕망을 추구하면 그뿐이다. 각자에 타고난 성분에 따라 각기 어울리는 욕망이 있다. 그러나 문제는 나의 몫이 상당히 불리하거나 억압될 때도 내버려두어야 하는가에 있다. 이에 대해 곽상은 "삶의 실정에 통달한 사람은 태어날 때 지니지 않은 것을 하려고 애쓰지 않으며, 명(命)의 실정에 통달한 사람은 명으로서 어찌할 수 없는 것 때문에 애쓰지 않는 것이니, 그 자연함으로 온전할 뿐이다"고 말하고 있다.45) 더 나아가 말과 소는 사람에게 부림을 받도록 태어났다고 주장하는 데까지 이른다. "말과 소가 재갈과 고삐를 물리치지 않는 것은 그들의 천명이 곧 그러하기 때문"이라는 것이다.46)

곽상의 소대무변에 따른 적성소요설에 의하면 사회적 외부적 기준에 우열도 나누지 않고, 또 가치의 서열을 두지도 않으므로 당연히 그것에 이르려는 마음의 구속도 없게 된다. 오직 '자연의 무심'의 태도로써 세속적 욕망에 좌우되지 않고 각자의 주어진 삶에 질적 충실을 기하면서 스스로를 이루어나갈(獨化) 수 있다. 그리고 그렇게 개별적 삶의 완전성과 자주성을 가진 각각의 개체들은 어떤 질서를 갖고 체계를 지닌 집단이나 사회 속에서 통일적으로 화합되어 갈 수 있다(獨化於玄冥之間)고 보았다. 그러나 그 안에서

---

45) 곽상, 「양생주주」. "是以達生之情者 不務生之所無以爲, 達命之情者 不務命之所無奈何也, 全其自然而已."

46) 곽상, 「추수주」, 장자가 "말과 소의 다리가 넷인 것이 본성(天)이고 말머리에 제갈을 물리고 소의 코에 고삐를 뚫는 것이 인위(人)다"라고 한 말에 곽상은 이것을 거꾸로 풀이하여 "사람이 살면서 소를 부리고 말을 타지 않을 수 있겠는가. … 말과 소가 재갈과 고삐를 물리치지 않음은 천명의 마땅함이다. 참으로 천명에 맞으면 그것을 사람의 일에 맡겨버리더라도 본디 본성적인 것이다"라고 주해하고 있다.

각 개인 자신의 선택권은 없다.[47)

4. 나가는 말

선진 도가에서부터 제기되어온 욕망의 문제는 치도의 일환이었다. 특히 노장의 정치론에서는 단순히 개인의 수양으로서 무욕론이 제기된 것이 아니라 인간의 자연지성이 사회적으로 조장되는 허위적 욕망에서 벗어나길 요구하는 것이었다. 아울러 그러한 허구적인 사회적 욕망을 조장시키지 않는 사회를 이상 사회로 여겼다. 이렇게 욕망의 문제가 중요한 사회정치적 문제이지만 그 해결책은 욕망이 작동되는 사회 현상에 대한 외적 조건의 변화에서 찾기보다 더 근원적인 욕망의 작용처인 인간 마음에서부터 모색하고 있다. 이는 자칫 개인적 차원의 무욕의 수양으로 비춰질 수 있으나 그 원래의 의도와 목적은 욕망의 정당한 근거를 회의해보고, 인간 본연의 자연지성을 왜곡시키는 사회정치적으로 조장되는 허구적인 욕망으로부터의 해방에 있는 것이다.

그러나 노장이나 혜강에게서 첨예하게 드러나듯 욕망 자체의 모순은 사회 질서와의 조화를 갖기가 힘들다. 사회 규범과 개인 욕망은 완전 배치되기에 이 조화를 모색하는 현실 긍정의 사고 속에서 위진 현학자들은 유도회통의 방법론으로 그 과제를 모색해나갔다. 왕필은 주로 『논어』를 도가의 내용으로 회통하고자 했으며, 곽상은 주로 『장자』를 유가의 영향 하에서 회통시켜 욕망과 사회 질서를 조화시키고자 하였다. 왕필은 감정과 욕망으로 모든 사물에 응하지 않을 수 없지만 그것에 얽매이지 않음으로써 조화를 모색해 갈 수 있다고 보았다. 욕망은 도(無)에 따른 후에야 멈추어지는 것

---

47) 정세근, 앞의 책, pp.214-215.

이며, 그 근원으로 되돌아가 정(情)을 성(性)으로 가깝게 가게 하여
(性其情), 감정 욕망을 이치에 따르게 할 것(以情從理)을 주장하였
다. 그러나 이는 신명의 능력이 뛰어난 성인에게나 가능한 논리라
아니 할 수 없다. 이에 반해 곽상은 타고난 분수의 몫에 따라 욕망
의 추구도 한정되는 것이며, 각자 타고난 욕망의 몫이 이미 정해져
있는 만큼 그 몫의 대소에 따르는 가치의 우열 차이도 인정하지
않는다. 개체의 욕망 인정과 빈부귀천에 상관없이 다양한 인간 각
각에 대한 존중을 말하는 듯 하나 체제 옹호에 이용당할 수 있는
논리라 할 수 있다.

　욕망과 사회 질서의 완전한 조화는 어쩌면 근원적으로 실현 불
가능한 것인지도 모른다. 생산 패러다임에서 욕망 패러다임으로
전환되고 있는 21세기에 동양의 무욕론과 그 유도회통적 사고는
우리 내면의 욕망이 과연 정당한 것인가, 과연 그 욕망은 어디서부
터 파생되었는가에 대해 반성하게 함으로써 사회적으로 조장되는
허구적 욕망에 휘둘리지 않는 독립적 주체를 형성하는 계기를 줄
수 있을 것이다.

□ 참고 문헌

郭慶藩 輯, 『莊子集釋』, 中華書局, 1978.
樓宇烈 校釋, 『老子周易王弼注校釋』, 華正書局有限公司, 민국72년.
郭全芝 注, 『嵇康集注』, 黃山書社, 1986.

강신주, 『장자의 철학』, 태학사, 2004.
김항배, 『장자철학정해』, 불광출판부, 1992.
이강수 외, 『욕망론』, 경서원, 1995.
임려진, 김백희 역, 『왕필의 철학』, 청계출판사, 1999.

장대년, 김백희 역, 『중국철학대강』(하), 까치, 1998.

정세근, 『제도와 본성』, 철학과현실사, 2001.

정세근 엮음, 『위진 현학이란 무엇인가』, 예문서원, 2001.

변성규, 「혜강의 신선 추구」, 『중국문학』 제21집, 1999.

이장휘, 「혜강전」, 『중국어문학역총』 제6집, 1997.

蕩一介, 「도가와 위진 현학」, 『한국도교사상연구』, 아세아문화사, 1995.

蔡忠道, 『魏晋儒道互補之硏究』, 文津出版社, 2000.

蕩用彤, 『理學 佛學 玄學』, 北京大學出版社, 1991.

余敦康, 「魏晋玄學與儒道會通」, 『道家文化硏究』 6輯, 上海古籍出版社, 1995.

黃應全, 「嵆玩派玄學的越名任心論」, 中國哲學 第6期, 2000.

제 10 장
불교 연기설에 대한 생태학적 접근*
— 개업(個業)과 공업(共業)을 통해 본 인간과 사회 그리고 자연

조 성 택

1. 문제의 소재

1. 생태 문제가 전지구적인 관심이 되고 있다. 오염이라는 '환경'의 문제부터 특정 개체의 멸종 위기의 징후에 이르기까지, 여러 생태적 문제와 징후들은 이 지구에서의 인류의 지속적 생존을 의심케 하는 구체적인 증거가 되고 있다. 많은 생태적인 문제의 심각성은 18세기 이래 인류가 이룩해온 자연과학과 이를 이용한 고도의 산업 기술에서 비롯된 것이다. 또한 20세기 이후 더욱 강화된 노동 분업은 이러한 생태적 위기를 더욱 가속화하고 있다.

2. 생태 문제의 위기가 원천적으로 산업화와 기술공학의 발달에

---

* 이 논문은 2002년도 기초 학문 육성 인문 사회 분야 지원 사업의 일환으로 한국학술진흥재단의 지원(KRF-2002-074-AM1031)에 의해 연구된 것으로, 「불교와 생태학 : 그 가능성과 한계」라는 제목으로 『철학연구』(고려대 철학연구소) 제29집에 실렸던 것을 수정·보완한 것임.

의한 것이며 그 심각성도 단순한 예측이나 우려의 차원이 아니라 과학 기술에 의해 측정되고 구체적 수치로 제시되고 있음에도 불구하고 생태 문제의 해결은 자연과학이나 공학과 같은 하드 사이언스(hardscience)에 의해서가 아니라 주로 인문학이나 사회과학과 같은 소프트 사이언스(softscience)의해 모색되고 있다. 이것은 흥미로운 현상이다. 애초 생태 문제가 심각한 문제로 인식되기 시작했을 때 많은 사람들은 그 발생의 원인을 과학의 발전 혹은 산업 발전이라고 하는 인간 문명의 진보의 부산물이라고 생각하였고 그러한 것은 또 다른 과학의 발전에 의해 저지 혹은 적어도, 늦출 수 있다는 다소 낙관적인 생각을 했었다. 이러한 입장은 비록 소수이긴 하지만 여전히 생태. 위기에 대한 한 입장을 대변하고 있다. 한편, 최근 생태 문제가 단순히 단일 인과의 문제가 아닌 '복잡한' 인과(multi-causality)의 양상을 띠고 있다는 반성과 함께 생태 문제에 대한 다각적인 접근이 대표적인 소프트 사이언스인 인문학에서 이루어지고 있다. 요컨대 생태 문제가 일어나게 된 직접적 원인의 배후에서 작동하는 어떤 동기 및 시스템에 관심을 갖게 된 것이다. 많은 생태운동가 및 학자들은 생태 문제의 본질은 과학과 기술 발전의 문제가 아니라 인간의 삶과 자연에 대한 인간 자신들의 '태도(attitude)'에 관한 문제라고 보고 있는 것이다. 기술이나 과학이 아닌 도덕과 윤리의 문제 나아가 종교나 철학이 생태 문제의 원인과 해결에 관련하게 되는 이론적 정당성이 바로 여기에 있는 것이다. 그러한 이론적 정당성을 좀더 분석적으로 접근하고 있는 경우가 데이비드 킨슬리다. 킨슬리는 그의 책 『생태학과 종교 : 교차 문화적 관점에서 본 생태적 영성(Ecology and Religion : Ecological Spirituality in Cross-Cultural Perspective)』에서 생태학은 기본적으로 생물학 혹은 지구과학에 근거한 기획으로 종교 혹은 더 넓게 인문학과는 아무런 상관이 없는 것처럼 보이지만 그럼에도 불구하고 생태학과 종교는 인간의 삶과 그 환경에 관한 총체적 관심이라고 하는 점에서 서로의 관심 영역이 겹칠 수 있으며 그러한 공통의 관심은 단순히 도덕적 윤리적 차원을 넘어서서 철학적 이론적 구조적 차원에서도 찾을 수 있다고 주장한다.[1] 이러한 분석적 입장이 아니더라도 많은 생태운동가들은 생태 운동의 규범과 실천적 행동 지침을 그들 나름의 종교나 철학적 세계관에서부터 끌어오고 있는 경우가 많다.[2]

　3. 생태 문제를 윤리의 문제 혹은 세계관의 문제에서 접근할 경우 최근의 한 경향은 동양의 종교 사상에서 생태 문제의 해결을 모색하려는 점이다. 주지하는 대로 불교를 비롯한 동양의 종교는 소위 '전통'에 속하는 것들로 근대적 발전 단계에서 소외되었거나 근대적 발전의 주변부에 머물러 있는 것들로 그 사상적 발전이 근대 이전의 단계에서 정체되었거나 지체되고 있는 것들이다. 생태 문제가 주로 근대 이후의 산업 문명 발달의 부작용이라는 점을 감안한다면 동양 종교의 전근대적 성격이 근대의 문제를 벗어나고자 하는 탈근대적 대안 중의 하나가 될 수 있다는 것은 충분히 가능한 일이며 일단 긍정적이라 볼 수 있다. 그런데 생태 문제의 해결을 동양의 종교 사상에서 찾고자 하는 여러 노력 가운데 문제가 되는 것은 동양과 서양의 세계관을 '이항 대립(binary opposition)'으로 파악하는 오리엔탈리즘적 시각에서 크게 벗어나지 못한 채 동양 사상의 생태학적 가능성을 주장하는 경우가 많다는 사실이다. 때로 이들의 입장과 태도는 실망스러울 만큼 단순하다. 요컨대 생태 문제가 일어나게 된 직접적 원인은 자연을 대상 세계로 간주하고

---

1) Kinsley(1995), Introduction, xv-xvi.
2) 이 점은 특히 서구에서의 환경 운동에서 두드러지며, 이 점에 착안하여 하버드 대에서는 Havard University Center for the Study of World Religions 주관으로 1996년에서 1998년까지 3년에 걸쳐 종교와 생태학의 문제를 집중적으로 다루는 컨퍼런스를 연속적으로 열었으며, 그 결과물들을 하나씩 Religions and the World and Ecology Series로 출판하고 있다. 그 일부가 동국대 불교문화연구원 불교생태학 총서로 번역중에 있다.

정복과 탐험의 대상으로 여기는 서양 문명의 성격에 있으며 이러한 서양 문명을 뒷받침해주는 것이 바로 기독교적인 세계관, 그리고 그러한 세계관과 직간접으로 관련이 있는 가부장적 사회이기 때문에 이러한 패러다임을 극복하는 데에 생태 문제의 해결이 있다고 보고 있는 것이다. 그리하여 그들의 눈은 동양으로 향한다. 서양, 특히 기독교 문명에 비해 그 근본에서 자연 친화적이며 여성적이며 자연과의 일체를 강조하는 동양의 영적인 세계관 — 특히 불교와 도교 — 은 서양의 물질주의적이며 기독교적 패러다임의 부정적 산물인 생태 문제를 해결할 수 있는 '자원'이라고 보고 있다. 하지만 이와 같이 서양과 동양을 이항 대립적인 이분법으로 파악하는 것은 또 다른 종류의 오리엔탈리즘으로서, 굳이 명명한다면 에코오리엔탈리즘(eco-orientalism)이라 할 수 있을 것이다. 동양 사상이 환경 친화적이며 친환경적 윤리를 가지고 있다 하더라도 그 자체 그대로 생태학적 문제를 해결할 수 있는 대안이 될 수 있는 것은 아니다. 동양 사상에 친환경적 요소나 세계관이 있다는 것을 인정하고 만약 그것이 근대의 주류 사상으로서 근대 이후 인간들의 삶의 기본 철학이 되어 왔다면 지금과 같은 생태 위기가 초래되지 않았을 것이라는 '희망' 섞인 가정적 추론은 가능할지 몰라도, 이미 생태학적 위기가 현실인 지금 동양 사상이 곧 그 위기를 해결할 수 있는 것은 아니다. 본고에서는 동양 사상, 특히 불교가 생태학의 유효한 대안 사상이라는 에코오리엔탈리스트(eco-orientalists)들의 성급한 결론을 비판하고자 한다. 하지만 본고의 주된 관심은 새로운 오리엔탈리스트의 편견을 바로잡는 데 있는 것이 아니라 불교가 생태학의 유효한 대안적 사상이고 생태 문제에 어떤 구체적 공헌을 할 수 있다는 결론을 내리기에 앞서 고려해야 할 몇 가지 중요한 이론적 실제적 고려 사항들을 점검하는 데 있다. 요컨대 불교 사상이 생태 문제에 도움이 된다, 안 된다를 주장하고자 하는 것이 아니라 그 선결 작업으로서 생태 철학으로서의 불교의 한계와 가능성을 우선 점검하고자 하는 데 그 근본 목적이 있다.

2. 불교생태학의 가능성과 한계

1. 생태 위기의 본질과 생태 윤리의 성격에 관하여 김종국은 최근 한 논문에서 생태 위기의 본질을 "현대 과학 기술 및 노동 분업에 매개된 인간 행위의 집단성"에 대한 규명에 의해서만 구조적으로 진단될 수 있으며 따라서 생태 문제의 책임 소재는 집단의 행위에 있으며 책임의 대상과 관련하여 볼 때 생태 문제는 삶의 옳고 그른 방향성과 관련한 개인 윤리가 아니라 집단 윤리의 성격을 띤다고 보고 있다.[3] 생태 문제를 공공적이며 집단적 행위의 문제로 보고 있는 김종국의 이러한 입장은 불교생태학의 가능성과 한계를 살펴보고자 하는 본고의 논의와 관련하여 대단히 시사적이며 전통에 속하는 불교 사상을 현대의 생태학적 담론으로 재해석하는 데 좋은 참조점을 제공해주고 있다.

2. 불교생태학을 논의할 경우 가장 빈번하게 등장하는 몇 가지 불교 교리를 정리해보면 다음과 같다.
   1) 살아 있는 생명에 대한 불교의 자비적 윤리관(불살생의 교리)
   2) 나와 타인의 관계 그리고 나와 대상 세계의 밀접한 유기적 관계성을 인식하는 연기론적 세계관
   3) 업설 혹은 윤회론적 세계관에 기초하여 행위의 도덕적 책임을 강조하는 불교의 도덕관
   4) 모든 살아 있는 것 나아가 산천초목과 같은 자연에도 불성이 있다고 하는 불교의 영적 세계관 혹은 불교의 자연철학

---

3) 김종국(2004), 1-2쪽.

불교 사상을 생태 문제에 접목시키기 위한 이론의 확립 그리고 실제적 행위 규범을 확립하기 위하여 많은 불교의 교리들이 동원되고 있지만 그러한 여러 개별적 이론이나 개념들은 결국 위의 네 가지 카테고리 어느 하나 혹은 둘 이상에 속하는 것들이다. 이하의 논의에서는 위의 네 가지 범주 하나하나를 실제적으로 그리고 이론적으로 살펴봄으로써 불교생태학의 가능성과 한계를 구체적으로 점검하고자 한다.

2.1 : 살아 있는 생명에 대한 불교의 자비적 윤리관(불살생의 교리)은 과연 생태 문제에 이론적으로 또 실제적으로 도움이 되는가?

생태 문제와 관련하여 불교의 불살생의 윤리는 많은 관심이 되고 있다. 불살생은 살아 있는 생명을 죽이거나 고통을 주는 행위를 금하는 윤리 규범이다. 남획 등으로 멸종 위기에 있는 특정 종을 보호하려 하거나 아니면 건강한 생태계를 유지하기 위하여 적도 근처의 열대림의 개발을 저지하는 것이 중요한 생태 문제의 이슈로 등장하고 있는 가운데 불살생의 윤리는 불교생태학 나아가 생태윤리학의 한 핵심적 주제로 흔히 언급되고 있다. 그렇다면 불교의 불살생 윤리의 이론적, 실제적 측면을 좀더 면밀하게 분석하여 불살생의 윤리 규범이 생태 문제에 유효한 대안이 될 수 있는지 살펴보자.

널리 알려진 대로 불살생의 윤리는 불교 고유의 윤리관이 아니라 고대 인도, 흔히 사문 전통으로 알려진 고행주의적 종교, 특히 불교와 자이나교에서 공통적으로 중요시하고 있는 윤리 전통이다. 사문 전통은 그 이전의 브라흐마니즘(brahmanism)의 세계관과 철학을 비판할 뿐 아니라 브라흐마니즘에서 전통적으로 중요시해온 동물 희생 제의를 비윤리적인 것으로 비판하였다. 사문들은 살아 있는 것을 죽이거나 손상하는 행위는 나쁜 업보를 받게 되는 악업

일 뿐 아니라 더욱 근본적으로는 비윤리적인 것으로 보았다. 왜냐하면 모든 살아 있는 것들은 행위자 자신과 마찬가지로 죽음을 두려워하고 고통을 싫어하는 본성을 가지고 있기 때문이다. 그런데 사문 전통 내에서도 '살아 있는 것'에 대한 범위의 규정이 달랐다. 램버트 슈미트하우젠(Lambert Schmithausen)에 따르면 고대인도 사회에서 '살아 있는 것'이란 인간과 동물뿐 아니라 식물, 씨앗 그리고 심지어 물과 땅 또한 살아 있는 것으로 간주하였다.[4] 이러한 생명관의 입장에서는 오직 집을 떠나 고행과 탁발로써 삶을 영위하는 종교적 고행주의자들을 제외한다면 누구도 이러한 불살생의 엄격한 원칙에서 벗어날 수가 없었다. 특히 생산에 종사해야 하는 재가자들의 경우 이러한 고도의 수준에서의 불살생의 원칙을 지킨다는 것은 원천적으로 불가능하였다. 동물을 죽이지 않는다는 것은 가능하였을지 몰라도 농업이 주된 산업이었던 고대 인도 사회에서 식물과 물 그리고 땅에 대한 불살생의 원칙을 지킨다는 것은 애초에 불가능한 일이었다. 이러한 고대 인도의 생명관을 철저히 유지하고 어떤 의미에서는 더 철저하게 강화한 것이 자이나교였다. 자이나교에서는 동물에 대한 살생과 소비를 금하는 것은 물론 식물에 대해서조차도 불살생의 원칙을 엄격히 적용하여 식물의 뿌리라든가 씨앗을 '잠재적 생명'으로 간주하고 그것들을 먹는 것을 금하였다. 자이나교와 거의 동시대인 불교는 이러한 불살생의 원칙을 다소 완화하여 현실적인 대안을 제시하였다. 불교에서는 '살아 있는 것'에 대한 정의를 '감정과 인식 능력이 있는 존재(有情, 衆生)', 즉 동물로 제한함으로써 식물에 대한 손상과 파괴에 대해서는 원칙적으로 인정하였던 것이다. 뿐만 아니라 재가자의 경우 불살생의 윤리 원칙은 상당히 완화되어 동물에 대한 의도적인 살생 혹은 손상이 아니라면 그 행위의 과보는 이전에 비해 상당히 약화되었고 실제적으로는 그 불가피성을 인정하여 용인하는 데까지 이

---

4) Schmithausen(1991), p.5.

르고 있다. 출가자의 경우도 몇 가지 제한적 조건 하에 재가자에 의해 살생된 고기를 먹는 것을 용인하였다. 이러한 육식 전통은 오늘날에도 상좌부 전통에서 여전히 계속되고 있다.

정확하게 어떤 역사적 과정을 거쳐 동아시아 불교에서 출가자의 육식을 금하는 채식주의가 정착었는지는 여전히 의문이지만 동아시아 불교에서도 살아 있는 것에 대한 정의는 여전히 '감정과 인식 능력이 있는 존재'로 제한되고 있다. 많은 불교생태론자들은 동아시아 불교의 독특한 불성론, 즉 살아 있는 모든 것뿐 아니라 산천초목에도 불성의 존재를 인정하는 교리의 예를 들어 생명뿐 아니라 식물과 자연 환경에까지 이르는 불교적 외경심을 지적하고 이를 생태학적 담론으로 이끌어가는 경우가 많다. 한 예로 최근 일본의 한 불교 환경 단체는 특정 지역의 개발을 반대하며 이 '산천초목 불성론'을 그 근거로 제시한 바가 있다. 그러나 나중에 언급하겠지만, 이 '산천초목 불성론'은 깨달은 자의 인식 세계와 불성의 보편성을 표현하고자 하는 레토릭으로, 자연 세계에 대한 불교적 외경심을 의미하는 것은 아니다.

본고의 논의와 관련하여 불교에서의 불살생의 윤리를 정리해보면 다음과 같다. 첫째, 불교의 불살생의 원칙은 주로 동물에 관련되며, 둘째, 동물일 경우라 하더라도 직접 살생에 가담하지 않았다면 (이를테면 재가자에 의해 도축된 고기를 소비한 출가자의 경우처럼) 그 윤리적 책임은 원칙적으로 묻지 않는다. 불교의 이러한 불살생의 원칙은 현실적인 실용성과 함께 지극히 상식적인 측면이 있다. 그러나 오늘날 생태 문제가 단지 동물에 대한 남획이 문제가 되고 있는 것이 아니라 열대림과 같은 식물에 대한 파괴에서 빚어지는 문제가 어떤 면에서는 더욱더 심각하다는 것을 감안한다면 불교의 불살생의 원칙이 구체적으로 어떻게 생태 문제 해결의 유효한 원칙이 될 수 있는지 지극히 회의적일 수밖에 없다.5) 또한 직접 살생에 관련하지 않았을 경우 그 윤리적 책임을 물을 수 없다는 것은 그 당시로 봐서 그리고 지금에도 현실적인 측면이 있긴 하지만, 오늘날 생태 문제가 '생산'의 문제만이 아니라 '소비' 형태와도 관련하고 있다는 점을 감안할 때 불교의 불살생의 윤리가 그대로 생태 문제의 한 해결이 될 수 있다고 보는 것은 다소 성급한 결론이라는 생각이다.

한편, 불교의 불살생 윤리가 소극적인 금계(禁戒)의 성격인 반면, 이러한 소극성을 보완하는 것으로 자비의 윤리가 있다. 자비는 단순히 '하지 않음'이 아니라 더 적극적인 '보호'와 '돌봄' 그리고 더 나아가 '치유'의 의무다. 오늘날 생태 문제가 단순히 악화의 방지가 아니라 적극적으로 돌보고 치유하는 것에 더 의미를 두고 있는 만큼 불교의 자비의 윤리는 불교생태학의 중심적 개념이 될 수 있다. 하지만 이 경우에조차도 우리는 불교에서의 자비의 윤리가 전통적으로 '살아 있는 생명'에 대한 자비며 식물이나 산천과 같은 자연 세계에 까지 이르는 것이 아니었음을 염두에 두어야 한다. 다시 말해서 불교에서의 자비의 윤리는 더 적극적으로 해석될 필요가 있으며 동시에 '과학적' 지식으로 보완되어야 한다는 것이다. 불교에서는 전통적으로 자비는 항상 '지혜'와 함께 동반되어야 함을 강조해왔다. 그렇지 않을 경우 그 자비는 단순한 동정에 그치거나 심지어 잘못된 것을 묵과 내지는 방조하는 결과를 낳기 때문이었다. 종교적 윤리라 할 수 있는 불교적인 자비가 생태 문제와 같은 좀더 구체적이고 현실적인 문제 해결의 대안이 되기 위해서는 자

---

5) 불교의 생태 문제와 관련하여 불살생의 윤리의 실제적, 역사적 의미에 관해서는 위의 논문 Schmithausen(1991)의 논의가 탁월하다. 특히 식물의 손상과 동물에 대한 "의도하지 않은 살생"에 관해서는 위의 책 29-36쪽 참조. 불교와 생태 문제에 관한 Schmithausen의 또 다른 논문이 『가산학보』 제8집에 한글로 번역되어 논평문과 함께 소개되었다. 박병기(1999) 참조.

비의 대상의 확대와 함께 전문적 지식이 요구된다. 이는 단지 자비를 생태학적 담론으로 이끄는 데에만 필요한 것이 아니다. 생태학적 위기는 현상적으로 당장 드러나는 가시적인 것이라기보다 미래에 드러날 것에 대한 우려며, 위기의 구체적 내용은 윤리의 문제라기보다 사실과 과학의 문제이기 때문이다.

뿐만 아니라 종교적 실천 개념인 자비를 생태학적 개념으로 전환 내지 재해석할 경우 우리가 염두에 두어야 할 점은 자비가 불교만의 고유 개념이 아니라 여러 많은 동서양의 종교 및 사상이 공유하고 있는 보편적 가치임을 인식해야 한다. 불교만의 독특한 실천 윤리나 세계관이 있다 하더라도 그것의 보편적 의미가 생태 문제에 도움을 줄 수 있지 특정 종교나 사상의 특수성이나 독특함이 생태 문제에 도움을 줄 수 있는 것은 아니라고 본다. 왜냐 하면 생태 문제는 집단의 문제이고 공공적인 문제인 만큼 그에 대한 해결의 실천적 이론 또한 사회 구성원 모두가 각자의 종교나 사상에 상관없이 받아들일 수 있는 것이어야 하기 때문이다. 물론 그 구체적 실천의 방식은 각자의 종교나 가치관에 따라 다를 수 있는 것은 당연할 것이다. 또 한 가지, 자비나 불살생과 같은 종교 윤리를 생태학적 담론으로 재해석할 때 염두에 두어야 할 점은 종교적 개념의 포괄성이다. 기독교의 사랑이나 유교의 인의 개념과 같이 불교의 자비나 불살생은 대단히 포괄적인 개념이기 때문에 구체적 실천의 영역에서 큰 지침이 되지 못하는 경우가 많다. 이를테면 불살생이나 자비의 개념을 낙태나 생명 복제와 같은 현대의 문제에 적용할 경우 생명에 대한 정의나 생명의 범위를 어떻게 보느냐에 따라 정반대의 입장이 도출되는 경우도 있다. 이러한 종교 윤리의 포괄성을 염두에 두지 않을 경우 그 종교 윤리에서 도출되는 실천은 교조적이기 쉽다. 따라서 불살생이나 자비의 종교적 개념이 구체적이며 실천적인 생태학적 개념으로 전환되기 위해서는 불교 윤리 담론의 한 특징인 '초세속성'이 탈색되어야 함은 물론 그 구체성과 일상적 실천성이 전제되어야 할 것이다.

2.2 : 불교의 연기론적 세계관에 대한 오해

불살생의 불교 윤리와 함께 생태 문제에 대한 한 해결책으로 흔히 거론되는 것은 불교의 연기론적 세계관이다. 불교생태학을 주장하는 사람들은 오늘날의 생태 문제는 연기론적 세계, 즉 모든 존재는 상호 의존적이며 유기적 관계망 속에 있다고 하는 '사실'에 대한 무지에서 비롯된다고 한다. 따라서 흔히 인다라망(Indra's Net)이라 일컬어지는 연기론적 세계에 대한 이해를 통해 나의 존재가 타인과 대상 세계와의 무관하지 않을 뿐 아니라 더 나아가 '한 몸'이라는 인식을 통해 생태 문제에 근본적인 해결을 던져줄 수 있다는 주장이다.[6] 현재의 생태 문제가 드러나는 방식이 복합적이고 상호 연관적이라는 점에서 이러한 주장은 얼핏 보아 일리가 있을 수 있다. 하지만 두 가지 점에서 이러한 주장은 설득력이 없을 뿐 아니라 실용성이 없다. 첫째, 이미 에코시스템(eco-system)이란 용어가 함의하고 있듯이, 이미 생태 문제는 한 개체나 한 집단의 문제가 아니라 '시스템'의 문제라고 하는 사실은 철학적 혹은 형이상학 세계관의 반영이 아니라 '사실'과 '과학'의 문제다. 따라서 상호 연관성을 불교만의 고유한 세계관으로 본다든지 혹은 불교에서의 선구적인 생태론적 통찰이라고 주장하는 것은 교조적 주장에 다름아니다. 둘째로, 불교의 연기론을 존재의 상호 의존성 혹은 연관성으로 이해하는 것은 모든 불교 전통을 관통하는 보편적인 이해는 아니다. 연기론을 '상의상즉'하는 존재론적 연기로 이해하는 것은 동아시아 불교, 특히 화엄 불교의 한 특징이다.

초기 불교의 연기론은 요약해서 표현하면 '이것이 있어 저것이

---

6) 그 예로 고영섭(2001)의 논문 및 김종욱(2004)의 제1부 2장, 38-47쪽, "생태계의 위기와 생태학적 사성제"에서의 논의 참조.

있고 이것이 멸하면 저것이 멸한다'는 것이다. 요컨대 어떤 것의 생멸은 독립적인 것이 아니라 다른 것과 상호 의존적이라는 것이다. 그런데 여기서 '이것'과 '저것'이란 공간적으로 떨어진 두 독립적 개체를 일컫는 것이 아니라 한 개체 안에서의 두 독립적인 사건을 가리키는 것이다. 좀더 상세히 말하면, 불교는 삶을 찰나적 심적 경험의 연속으로 이해하고 있고 이 연속은 바로 한 찰나 이전의 심적 상태와 현재의 심적 상태가 인과적으로 연결되어 있다고 보는 것이다. 이러한 과정은 (수행을 하지 않는 경우) 심리적 고통을 일으키고 이 고통은 또 다른 고통으로 이어지는 것이다. 이러한 관점에서 볼 때 고통이란 그 자체 독립적인 '사건'이 아니라 그 이전의 일련의 인과적 / 연기적 과정의 결과물이며, 따라서 그 고통의 원인을 제거하면 고통을 소멸할 수 있다는 것이다. 따라서 불교의 연기론은 본래 한 개체 내에서의 시간적 계기에 따른 심적 경험 과정의 상호 의존성인 것이다. 그것을 공간적으로 적용하여 한 개체적 존재가 다른 존재와 상호 의존적으로 관련되어 있다는 소위 '연기론적 세계관'으로 이해하는 것은 초기 불교의 입장과 다르며, 그렇기 때문에 그러한 연기론은 불교가 아니라고 비판하는 극단적인 입장을 취하는 학자들도 있는 것이 사실이다.[7]

초기 불교는 브라흐마니즘에 기초한 인간과 세계 이해에 정면으로 도전하고 있는 사상이다. 고타마 당시인 기원전 5~6세기경 고대 인도 사회는 카스트 제도를 기반으로 하고 있었다. 이 카스트 제도는 흔히 사회적 계급적 불평등을 정당화하기 위한 정치적 혹은 종교적 '고안물'로 생각하고 있으나 사실은 그렇지 않다. 이미 그 기원을 리그베다에서 찾을 수 있을 만큼 사상적 뿌리가 깊은 것으로, 인간과 사회와 우주에 대한 고대 인도인들의 사유가 제도

---

7) 일본의 대표적인 '비판불교론'자들인 마쓰모토 시로(松本史朗)과 하카야마 노리아키(과谷憲昭)가 대표적이다.

적으로 구현된 것이다. 리그베다에 수록된 송가(頌歌) 중의 하나인 원인가(原人歌. Hymn of Primal Man)에서 잘 나타나 있듯이 고대 인도인들은 인간과 자연 그리고 우주가 그 발생 기원에서 '한 몸'이라고 보았고 따라서 인간 사회와 자연,그리고 우주를 유기적 관계의 동일체라고 보았던 것이다. 이러한 유기적 관계를 사회 제도적으로 구현한 것이 바로 카스트 제도였다. 따라서 카스트 제도를 유지하는 것이 곧 인간 사회의 질서를 잘 유지하는 것일 뿐 아니라 자연과 우주의 질서 또한 제대로 유지하는 것이라고 보았다. 이러한 인간과 자연과 우주의 발생적 동일성과 유기적 관계를 거부하고 인간은 인간 고유의 질서가 있다고 본 것이 바로 붓다였고, 붓다의 이러한 거부의 이면에는 인간을 우주의 중심으로 보는 '인간중심주의'가 자리잡고 있다. 이러한 인간중심주의는 생태주의자들, 특히 심층생태주의자(deep ecologist)들이 생태 위기의 근원이며 극복의 대상으로 여기는 인간중심주의(anthropocentrism)와는 구별되어야 할 것이다. 붓다의 인간중심주의는 인간 행위의 도덕적 책임을 묻는 데 있다. 길흉화복이 인간 외적인 힘이나 존재에서 비롯되는 것이 아니라 인간의 행위에서 비롯되는 것이라는 점을 강조하고 있는 것이다.

본고의 논의와 관련하여 볼 때 불교, 특히 초기 불교의 연기론은 생태 문제에 어떤 직접적 대안이 될 수는 없다. 불교생태론자들이 흔히 주장하는 인간과 자연 그리고 우주의 유기적 관계에 관한 통찰은 대체로 고대 종교 사상의 한 특징이며, 앞서 살펴본 대로 고전 힌두이즘이라 할 브라흐마니즘(brahmanism)의 중심 사상이다. 그리고 불교의 경우 동아시아의 화엄 불교가 이를 잘 보여주고 있지만, 이는 어디까지나 연기론에 대한 동아시아 불교의 독특한 이해이지 보편적인 불교 연기론이라 할 수는 없다. 불교 교리를 생태학과 관련하여 논의할 경우 주의해야 할 점은 불교 전통이 시대별로 그리고 지역별로 상이할 만큼 다양하게 전개되어 왔다는 사실이다. 일관된 방법론이나 체계적인 해석의 전략이 부재한 가운데 다양한 불교 전통 내에서 이런저런 교리를 차용하거나 한 특정 교리를 불교 일반론으로 인용하여 불교생태학의 일반론으로 구성하는 것은 이론의 일관성 측면에서 바람직하지 못할 뿐 아니라, 불교가 여전히 '살아 있는 전통'임을 감안한다면 현실적이며 구체적인 대안이 되기 어렵다.[8]

뿐만 아니라 화엄 불교에서의 상호 의존적 연기 이해가 과연 현대의 생태학적인 이해와 어떤 합치점이 있는가 하는 점도 엄밀하게 재고해볼 필요가 있다. 심층생태학에서는 생태 문제의 위기가 인간중심주의적 자연관에 있다고 보고 이에 대한 대안으로 생명중심주의(biocentrism)적 자연관을 주장하고 있다. 이 주장이 생태 문제 해결에 과연 얼마만큼의 실효성과 진정성이 있는가 하는 점에 관해서는 일단 논외로 하고, 많은 불교생태론자들은 화엄 불교의 상호 의존성을 심층생태학의 생명중심주의(biocentrism)적 자연관과 동일하거나 적어도 유사한 것으로 보고 있다. 하지만 생명중심주의(biocentrism)적 자연관에서 볼 때 불교에서의 자연은 여전히 수행을 '위한' 적절한 장소로서의 자연 혹은 그것을 '통해' 수행의 가르침을 얻는 대상적 자연으로 여전히 인간중심주의 혹은 수행중심주의적 자연관이라 할 수 있다.[9] 물론 이러한 불교의 자연관이 반생태적이라든지 심층생태학이 비판하는 인간중심주의적 자연관이라는 것은 아니다. 불교의 자연관은 그 자체 환경 친화적으로, 생태학적 위기를 초래할 그런 반생태적 자연관은 결코 아니

---

8) 불교의 교리를 생태학적 담론으로 재해석할 때의 여러 문제점에 관해서는 Lancaster(1997) 및 Williams(1997), "Introduction" p.xxxvii 참조.

9) Donalds K. Swearer는 불교의 자연관과 불교의 생태학적 재해석의 가능성과 한계를 타일랜드에서 존경받는 비구 Buddhadāsa의 실천 운동을 통해 잘 분석하고 있다. Swearer(1997) 참조.

기 때문이다. 하지만 존재의 상호 의존성에 바탕을 둔 불교의 연기론이 현대의 생태 문제 해결에 구체적인 도움이 되기 위해서는 전통적 이론 그대로의 인용이 아닌 좀더 정치하며 적극적인 재해석 작업이 요청된다는 것을 지적하고자 한다.

2.3 : 업설 혹은 윤회론적 세계관에 기초하여 행위의 도덕적 책임을 강조하는 불교의 도덕관

최근 국내에서 발표된 불교의 생태학적 가능성을 고찰하는 한 논문에서는 불교의 업설이 어떻게 생태 문제의 해결책이 될 수 있는가에 대해 다음과 같이 언급하고 있다. 간단히 요약하면, 생태 문제는 인간(의 잘못된) 행위의 결과물이기 때문에 인간 행위에 관해 도덕적 무한 책임을 묻는 불교의 업설은 바로 생태 문제의 근본적 해결이 될 수 있다는 것이 그 핵심이다.[10]

이것은 마치 한 종교의 교리를 제대로 믿으면 인류를 구제할 수 있다는 교조주의적 발상이다. 만약 그렇지 않다면, 이러한 언급은 '윤리적 도덕적으로 산다면 인간 사회의 많은 문제가 해결될 수 있다'고 하는 식의 지극히 일반적이며 상식적인 언급 그 이상도 이하도 아니다.

오늘날 생태 위기와 관련한 많은 문제는 단순히 개인의 도덕적 윤리적 행위의 문제가 아니다. 고도의 노동 분업이 이루어진 가운데 한 개인의 행위와 그 행위의 결과로서의 생태 위기 간에는, 고전적 책임 귀속론의 두 핵심인 '의도성'과 직접적 '인과성'을 벗어나 있는 경우가 대부분이다. 생태 문제와 그 문제에 관한 책임 주체에 관하여 확인할 수 있는 두 가지 사실은 첫째, 생태 문제의 발생은 그 행위 주체가 개인이든 집단이든 체계 내 활동의 결과물이며, 그 결과로서의 문제 발생은 행위자의 의도와 상관이 없이 그 영향력이 전지구적이며, 둘째, 각 개인의 행위가 생태 문제에 미치는 범위

---

10) 남궁선(2004).

와 영향력은 어떤 특정 종교나 철학 체계가 규정하고 있는 고전적 의미의 선과 악(good and bad), 정과 사(right and wrong)의 문제를 훨씬 넘어서고 있다. 한 개인의 도덕적 결단이나 윤리적 행위가 전지구적인 생태 문제에 도움이 될 수 있는 것은 지극히 제한적이며, 동기의 순수성이나 행위의 도덕적 판단은 생태적인 문제에 대한 옳고 그름과 반드시 일치하지 않는다는 데 우리의 어려움이 있는 것이다. 생태 문제와 관한 우리의 행위의 옳고 그름은 어떤 종교나 철학 체계에 기초한 도덕적 판단이나 가치의 문제만이 아니라 과학적 사실에 기초한 사실의 판단이어야 하기 때문이다. 다시 말해서 종교나 철학적 판단의 경우에는 현대의 생태 문제가 요구하는 '자연학'적 판단을 결여하거나 간과하고 있기 때문이다.

한편, 불교의 업설은 행위의 도덕적 윤리적 책임에 관한 불교적 이론이다. 행위에는 반드시 도덕적 책임이 따른다는 것이 이론의 한 축이며, 다른 한 축은 하나의 사태는 시간적으로 그 이전 이후와 인과적 관련 속에 있다는 것이다. 행위의 도덕적 책임과 관련하여 불교의 업설은 '고전적 책임 귀속' 이론[11]에서 크게 벗어나지 않는다. 행위 주체와 행위 결과 간의 '인과성'과 행위 주체의 '의도성'이 인정될 경우에만 도덕적 책임을 물을 수 있다는 것이다. 불살생의 경우와 마찬가지로 불교의 업설은 행위자의 의도성을 크게 강조하고 있으며 이 점에서 불교의 윤리관은 동시대의 자이나교와 비교할 때 동기주의적인 성격이 두드러진다고 볼 수 있다. 책임 주체 및 대상과 관련해볼 때 개인 윤리적 성격을 주로 하며 행위의 의도성을 강조하는 동기주의적인 불교의 업설은 집단 윤리적 성격의 생태 윤리에 직접적인 도움을 줄 수 없다. 업설은 한 개인 내에서의 행위의 도덕적 책임을 묻는 것이 본래의 의미로서 개인의 차원을 넘어선 집단적인 행위의 책임과 결과를 묻고자 하는 것이 아니기

---

11) 생태 문제의 공공성과 책임 귀속 이론에 관해서는 김종국(2004) 참조.

때문이다. 물론 불교의 업설에는 개인의 행위로서의 개업(個業. individual karma)만이 아니라 집단적 행위로서의 공업(共業. collective karma)의 개념이 있긴 하지만 이 공업의 불교적 이해는 너무나 단순하여 지금의 복잡한 생태 문제의 이해와 해결에 전혀 도움이 될 수 없다. 논자가 보기에는 불교생태론자들이 전망하는 대로 불교의 업설이 생태 문제에 도움을 줄 수 있다기보다는, 오히려 반대로 지금과 같은 생태 문제의 복합성과 복잡성을 잘 이해한다면, 개인 행위의 윤리적 도덕적 책임과 인과성을 강조하는 불교의 전통적인 업의 개념을 더욱더 정치하고 세련된 현대적 의미의 새로운 업 개념으로 발전시키는 계기로 삼을 수 있을 것이다.

한편, 한 개체의 행위의 도덕적 무한 책임을 요구하고 있는 업설은 윤회 사상을 배경으로 하고 있다. 윤회란 업설의 관점에서 볼 때 곧 행위의 도덕적 무한 책임이 발생하고 있는 확장된 '장소'와 '시간'이기 때문이다. 이러한 윤회 사상이 현대의 생태 문제와 관련하여 흔히 긍정적인 '사상'으로 언급되고 있다. 왜냐 하면 한 행위의 결과가 반드시 한 생애 내에서 벌어지는 것이 아니라 몇 생을 두고 벌어지는 것처럼, 생태의 문제는 반드시 그 원인과 결과가 한 세대 안에 벌어지는 것이 아니라 몇 세대간의 간격을 두고 벌어지는 경우가 많기 때문이다. 하지만, 그렇다고 해서 윤회 사상이 생태 문제 해결에 실효성이 있을 것 같지는 않다. 우선 윤회 사상은 현대적 의미의 '사상'이 아니라 일종의 '신념' 체계이기 때문이며, 따라서 어떤 특정 집단에게는 윤회가 '사실'일 수 있지만 '모든' 사람이 공감하고 받아들일 수 있는 사실은 아니기 때문이다. 더구나 생태 문제가 반드시 당대의 문제만이 아니라 다음 세대 혹은 그 이후의 문제일 수 있다고 하는 것은 불교의 윤회설이나 업설이 아니라도 이미 '사실'과 과학의 문제로 많은 사람들에 의해 인식되고 있기 때문이다. 윤회의 '징벌적 효과(punitive effect)'를 생각한다 하더라도 그 효과는 그것을 '사실'로서 받아들이는 사람에게만 유효하기 때문에 윤회 사상이 생태 문제의 한 해결이 되기에는 실제적 차원에서의 그 효과는 극히 한정적이라는 생각이다.

2.4 : 불성론은 불교적 '자연철학(Buddhist Philosophy of Nature)' 일 수 있는가?

생태 철학적 관점은 근대 이후의 인간 중심적 자연관을 비판하고 있다. 인간중심주의에서의 자연이란 대상 세계로서 인간에게 필요한 자원 그 이상 이하도 아니다. 그러나 생태철학적 관점에서 자연이란 전지구적 혹은 전우주적 생명 활동의 장(場)으로서 인간 또한 자연의 일부다. 또한 자연은 대상이 아니라 그 자체 살아 있는 유기체로서 인식되는 것이다. 이러한 생명중심주의(bio-centrism)적 관점의 자연관에서 가장 주목받고 있는 불교의 교리는 소위 불성론이다. 광범위한 구제 사상을 표방하는 대승불교 사상의 한 정점인 불성론은 "모든 중생은 불성을 가지고 있다"는 것이 그 핵심이다. 요컨대 인간뿐 아니라 물론 벌레나 동물을 포함하는 모든 유정물은 부처가 될 가능성인 '불성'을 가지고 있다는 것이다. 불성을 가진 존재라는 점에서 인간과 동물은 아무런 차이가 없다는 것이다. 더 나아가 이 불성론은 모든 살아 있는 것(유정물. sentient beings)뿐 아니라, 무정물(insentient beings)인 산천초목과 같은 '자연 세계' 또한 불성을 가지고 있다는 이론으로 발전하게 된다. 동물뿐 아니라 식물과 산, 바다와 같은 자연 세계에까지 불성이 있다고 하는 이러한 불교의 영적 자연관은 얼핏 보아 생태철학에서의 이상적인 자연관과 일치하는 것처럼 보인다. 단순히 자연을 생명으로 보는 것을 넘어서 이상적 인격체인 불성 ─ 그것이 가능태(potentiality)든 혹은 현실태(actuality)를 의미하는 것이든 ─ 을 담지하고 있는 것으로 보고 있다는 것은 분명히 근대 이후의 기계론적 자연관보다는 훨씬 더 친환경적이며 생태적 자연관일 수 있다. 그러나 동아시아 불교권에서의 불성론의 전개와 발전을 구체적으로 살펴보면 무정물 불성론이 함의하고 있는 것은 생태적 자연에 대한 불교적 외경심이 아니다.

중생의 보편적 불성을 설하는 불성 사상은 대승경전인 『대반열반경』의 한역과 함께 5세기경에 중국에 소개된 이후 '붇다가 될 가능성'으로서의 불성의 본래적 의미가 확장되어 모든 유정물은 현실태로서의 불성, 즉 이미 완성된 불성을 가지고 있다는 의미로 발전하게 되고, 급기야는 유정물뿐 아니라 나무, 풀, 기와, 돌멩이 같은 무정물(無情物)에도 불성이 있다는 사상으로 급속하게 발전하였다. 그런데 불성론의 맥락에서 볼 때 무정물인 자연 세계에도 불성이 있다고 하는 것은 자연에 대한 불교적 외경심을 표현하는 철학 사상이 아니라, 깨달은 자의 인식 세계를 표현하는 일종의 레토릭이다. 다시 말해 불성론에서 불성을 담지하고 있다는 무정물의 자연 세계는 생태학적 자연 세계가 아니라 깨달은 자의 불이론적 인식, 즉 인식 주체와 인식 대상 간의 불이(不二)를 체득한 무차별적 인식 세계다. 실제로 무정물 불성론이 동아시아 불교사에서 자연 세계의 신성함(sacredness)이나 자연에 대한 경건심의 사상으로 발전한 증거는 보이지 않는다. 이러한 무정물 불성론이 중세기 동안 동아시아 지식인들에게 어떤 문학적 상상력을 제공했던 것처럼 현대의 생태운동가들에게 실천적 행동을 위한 어떤 영감을 줄 수는 있겠지만, 그 이상의 자연철학으로 발전할 가능성은 적어도 아직까지는 찾아볼 수 없다.

한편, 이러한 불성론의 중국적 전개를 떠나 불교 전반, 특히 인도 불교를 볼 때 불교의 자연관은 어떠한가? 이와 관련하여 우리는 인도 초기 불교가 인간의 본성에 관해 부정적인 관점을 가지고 있음을 상기할 필요가 있다. 이 점은 불성론이 함의하고 있는 인간 본성(human nature)에 대한 긍정적인 관점과 반대되고 있다. 초기 불교에 따르면 탐, 진, 치 등과 같은 부정적인 심적 요소(mental element)가 바로 흔히 무명중생으로 일컫는 자연 상태의 인간 본성이다. 자연 상태의 인간은 불가피하게 이러한 부정적 심적 요소로 이루어진 경험을 할 수밖에 없으며 이러한 심적 경험을 불교에서는 번뇌라고 부른다. 자연 상태의 인간에게서 번뇌란 본래 주어진 것으로, 그 번뇌는 수행(cultivation of mind)을 통해 점진적으로 제거되어야 하는 것이다. 인간 본성(human nature)이 바람직하지 못하며 닦여야 할(cultivated), 되어야 할 대상인 것처럼 자연(nature)또한 마찬가지다. 불교에서 이상적으로 생각하는 세계는 '있는 그대로의 자연' 상태의 세계가 아니라 다듬어지고 정돈된(cultivated) 문명적 세계다. 불교의 극락정토(sukhāvati, Pure Land)는 이러한 불교의 이상 세계를 가장 구체적으로 구현하고 있는 곳 중의 하나다. 이 정토는 결코 자연 그대로의 세계가 아니라 마치 잘 계획되고 정리된 '도시(urban area)'와 같은 인상을 주는 곳으로 묘사되고 있다. 불교에서 있는 그대로의 자연은 비록 정복과 탐욕의 대상은 아닐지라도, 정리되고 다듬어지고 문명화(cultivated)되어야 할 대상인 것이다. 인간의 자연 상태의 마음이 명상과 같은 수행을 통해 닦여야(cultivated) 하듯이 자연 세계도 인간의 문명에 의해 개발(cultivated)되어야 할 대상인 것이다. 이런 점에서 불교는 흔히 20세기 이후 서구 사회에 알려져 있듯이 반문명적인 혹은 문명 이전의 '자연의 종교(religion of nature)'가 아니라 문명 친화적인 종교다.

한편, 불교가 동아시아에 소개되는 과정에서 불교와 도가의 사상적 친밀성은 이미 널리 알려져 있다. 이러한 친밀성은 도가적 자연관을 불교가 수용하는 데서 그 정점을 이룬다. 불성론의 동아시아적 전개와 수용은 이러한 점을 잘 보여주고 있다. 동아시아 불교에서 자연은 그것이 인간 본성(human nature)을 의미하든 혹은 자연 세계(nautre)를 의미하든 '본래의 바람직한, 이상적인 상태'를 의미하는 것이다. 불교생태학자들이 이러한 동아시아 불교의 자연관에서 근대 이후의 기술 문명에 대한 해독제로서 그리고 새로운 생태학적 메시지를 찾고자 하는 것은 당연한 일이라 할 수 있다. 하지만 불성론과 선불교 등에서 엿볼 수 있듯이 동아시아 불교의 자연관은 깨달은 자의 불이적 인식 세계에 대한 레토릭이든가 혹은 일종의 미학적(aesthetic) 자연으로 현대의 생태철학에서 기대하는 에코시스템(eco-systems)으로서의 자연은 아니라는 데 문제가 있다.[12]

3. 결 론

동양의 전통 사상을 서양의 유대-기독교(Judeo-Christian) 전통에 비해 더 영적(spiritual)이며 자연 친화적인 사상으로 보고, 동양 사상에서 생태학적 문제의 해결이 있다고 하는 것은 에코오리엔탈리즘(eco-orientalism)이다. 동양 사상의 전(前)근대성은 생태 위기라고 하는 근대적 산물의 문제를 해결하기 위한 하나의 '자원'일 수는 있지만 그 자체 대안일 수는 없다. 근대성 자체를 '문제'시하여 탈근대적 대안을 모색하는 경우라 할지라도 현재를 돌이켜 근대 이전으로 돌아갈 수는 없는 것처럼, 동양 사상이 근대가 초래한 위기의 대안이 되기 위해서는 전근대적 전통을 근대적 컨텍스트에서 재해석하는 작업이 절대적으로 요청된다. 이런 점에서 볼 때 동양 사상의 전근대성은 생태 문제 해결을 위한 자원이면서 동시에 걸림돌이기도 하다는 점을 인식해야 할 것이다.

---

12) 무정물 불성론과 관련한 논의는 Habito(1997) ; Eckel(1997) 참조.

불교는 전통 사상이다. 이는 불교가 이미 시효가 지난 '옛것'이라는 의미가 아니다. 그 주류적인 사상이 지금과는 컨텍스트가 다른, 과거에 형성된 것이라는 의미다. 우리는 '재해석'이란 작업을 통해 전통과 현대라는 시간적 격절을 메워야 할 것이다. 그런 작업 없이 단순히 불교의 어떤 특정 사상을 현대의 어떤 문제 해결을 위해 끌어다 쓴다면 이는 적용의 오류일 뿐 아니라 교조적인 종교 집단 수준의 논의를 벗어날 수 없을 것이다. 불교 사상의 교리들, 이를테면 불살생, 연기론, 불성론 등은 불교 고유의 문제 의식이라고 하는 컨텍스트가 있기 때문에 이러한 교리들이 생태철학적 이론의 바탕이 되기 위해서는 좀더 '현대'라고 하는 컨텍스트에서의 재해석 작업이 철저히 이루어져야 한다.

또한 재해석은 시간적 격절의 문제만이 아니다. '내용의 근본적 차이'를 메워야 할 것이다. 불교는 인간의 삶에 관한 '특정 분야'의 '특정 관점'에 관한 것이다. 그럼에도 이를 확대 해석하여 인간과 사회에 관한 모든 부문에 무차별적으로 적용하는 것은 잘못이다. 주지하는 바와 같이 생태 문제는 '복합적인 문제'다. 그 원인도 그러하거니와 해결책도 마찬가지여야 한다. 더구나 이는 단순히 인간의 윤리적 행위의 문제만이 아니라 과학의 문제이기도 하다. 문제의 복잡성을 무시한 채 인간 윤리나 의식의 문제로 간단히 환원해서는 곤란할 것이다. 문제 해결의 비전은 궁극적으로는 정신적이며 종교적인 이상으로부터 추구되겠지만 문제를 파악하는 방식은 좀더 현실적이며 분석적인 태도가 절실하게 요구된다.

시간적 격절과 내용상의 차이를 감안하면서 불교 교설의 현대적 적용이란 문제를 생각할 때 한 가지 제안하고 싶은 것이 있다. 그것은 불교의 교설을 '메타 이론(meta-theory)'적인 것으로 이해하는 것이다. 다시 말해서 불교의 가르침은 현대의 어떤 특정 문제를 이해하고 해결하기 위한 이론을 정립하는 데 필요한 이론, 즉 '메타이론'이라는 점이다. 이렇게 함으로써 불교와 현대의 시간적 격절과 내용적 차이를 극복하면서 동시에 불교 고유의 관점을 유지 발전할 수 있을 것이라고 본다. 또 '메타 이론'은 불교 경전의 '초세속적 담론'을 '세속적 문제를 위한 담론'으로 재해석하는 데에도 유효한 기능을 할 수 있다. 불교 경전의 대부분은 초세속적 가치인 깨달음을 위한 '초세속적 담론'이다. 생태철학과 관련하여 불교 사상을 원용하고 있는 지금까지의 동서양의 많은 논의들에서 드러나는 바와 같이 불교의 초세속적 담론을 아무런 재해석의 과정 없이 세속적 문제에 적용하는 것은 무리가 있을 뿐 아니라 경전 본래의 가르침조차 훼손하는 경우가 많다. 불교의 가르침을 메타적인 것으로 이해한다면 그러한 문제점을 최소화할 수 있을 것이라고 본다.

□ 참고 문헌

고영섭(2001), 「중도와 상생을 위한 불교환경론」, 『불교평론』 2001년 봄(통권 6호).

김종국(2004), 「생태 윤리에서 공동 책임의 문제」 미발표 논문(학술진흥재단 기초 학문 지원 사업 : 인문 사회 분야 「동서철학을 통해서 본 공적 합리성」, 고려대 철학연구소 3차 연도 연구 논문).

김종욱(2004), 『불교생태철학』, 동국대 출판부.

박병기(1999), 「원전주의와 상황적 추론의 변증법 ─ 슈미트하우젠과 해리스 등의 입장에 대한 주체적 번역 후기」, 『가산학보』 제8집.

Eckel, Malcolm David(1997), "Is There a Buddhist Philosophy of Nature?", *Buddhism and Ecology : The Interconnection of*

Dharma and Deeds, eds., Mary Evelyn Tucker and Duncan
Ryuken Williams, Religions of the World and Ecology Series,
Cambridge : Harvard University Center for the Study of
World Religions.

Kinsley, David(1995), *Ecology and Religion : Ecological Spirituality
in Cross-Cultural Perspective*. Upper Saddle River : Prentice
Hall.

Habito, Ruben L.F.(1997), "Mountains and Rivers and the Great
Earth : Zen and Ecology", *Buddhism and Ecology : The
Interconnection of Dharma and Deeds*, eds., Mary Evelyn
Tucker and Duncan Ryuken Williams, Religions of the
World and Ecology Series, Cambridge : Harvard University
Center for the Study of World Religions.

Lancaster, Lewis(1997), "Buddhism and Ecology : Collective
Cultural Perceptions", *Buddhism and Ecology : The Inter-
connection of Dharma and Deeds*, eds., Mary Evelyn
Tucker and Duncan Ryuken Williams, Religions of the
World and Ecology Series, Cambridge : Harvard University
Center for the Study of World Religions.

Schmithausen, Lambert(1991), "Buddhism and Nature", *Studia
Philologica Buddhica Occasional Paper Series* VII, Tokyo :
The International Institute for Buddhist Studies.

Schmithausen(1999), "The Value of Nature in Buddhist Tradition",
『가산학보』 제8집.

Swearer, Donald K.(1997), "The Hermeneutics of Buddhist Ecology
in Contemporary Thailand : Buddhadāsa and Dhammapitaka",
*Buddhism and Ecology : The Interconnection of Dharma
and Deeds*, eds., Mary Evelyn Tucker and Duncan Ryuken

Williams, Religions of the World and Ecology Series, Cambridge : Harvard University Center for the Study of World Religions.

Williams, Duncan Ryuken(1997), "Introduction", *Buddhism and Ecology : The Interconnection of Dharma and Deeds*, eds., Mary Evelyn Tucker and Duncan Ryuken Williams, Religions of the World and Ecology Series, Cambridge : Harvard University Center for the Study of World Religions.

제 11 장
생명 윤리에서의 공동 책임의 문제*

김 종 국

1. 들어가는 말

오늘날 생태 위기는 '인간이 초래한 위험(Risiko)'이다.[1] 인간에
의해 감행되었기 때문에 이 위험은 자연적 사태가 아니라 역사적
사태다. 인간이 자연을 무(無)로 돌릴 수는 없지만 지구상의 대부
분의 생명을 죽일 수 있게(예를 들어 핵을 통해) 된 것이다. 역사적
으로 이 위기는 18세기 이래 인간 행위가 겪은 근본적 변화로 소급
된다. 이 변화는 행위와 행위 결과 간의 직접성이 사라지고 양자간
에 '노동 분업적 기술공학 체계'가 들어섰다는 사태와 관련된다. 이
로써 행위가 미치는 영향력과 그 범위는 전대미문의 정도로 상승

* 이 논문은 2002년도 기초 학문 육성 인문 사회 분야 지원 사업의 일환으로 한국
학술진흥재단의 지원(KRF-2002-074-AM1031)에 의해 연구된 것으로, 「생태 윤
리와 공적 책임」이라는 제목으로 『철학연구』(고려대 철학연구소) 제29집에 실렸
던 것을 수정 · 보완한 것임.
1) Gefahr와 Risiko의 구별에 대해서는 N. Luhmann, *Soziologie des Risikos*,
Berlin, 1991, 30 참조.

한다. 거대 기업의 생산량이 증가하는 만큼 그것의 부정적 부산물인 대기 오염, 폐수 방출, 온실 효과 등의 정도도 심해진다.

위기의 현실적, 가능적 원인이 '집단적' 행위라는 사실이 위기의 성격을 규정한다. 집단적 행위가 낳는 문제의 차원은 '공적' 차원이다. "공중(Öffentlichkeit)에 의해 하나의 문제로 지각되고 공중에서 논의된다"[2]는 의미에서 생태 위기는 '공적 문제'다. 위기의 원인이 되는 행위의 집단성이 위기를 공적 문제로 규정하듯이 이러한 공적 차원이 생태 윤리의 성격을 규정한다. 집단적 성격으로 인해 이 윤리학은 '개인적 삶의 완성 혹은 개인의 좋은 삶에 대해 묻는 개인 윤리'와 직접적 관련이 없다.

생태 위기에 대한 공적 차원의 가능한 윤리적 대응을 모색하려는 본 논문은 다음과 같이 문제 제기와 더불어 시작한다. 첫째, 현대 과학 기술은 가치 중립적인가? 오늘날 생태 위기는 과학 기술 문명의 부산물이랄 수 있다. 이런 상황에서 과학 기술이 전통적 가치 중립성 주장에 기댈 수 있는가? 그리고 만일 현대 과학 기술이 가치 관여적이라면, 그래서 윤리학의 대상이라면 이러한 과학 기술 행위에 대응하는 윤리학은 어떤 윤리학인가? 둘째, 전통 윤리학에서 손상 금지 규정과 관련된 책임 개념은 집단 윤리(로서의 생태 윤리)에도 여전히 유효한가? 과연 그 어떤 변형 없이도 가능한가? 유효하다면 어떤 차원에서 그러한가? 셋째, 만일 전통적 책임 개념으로 부족하다면 생태 윤리가 요구하는 새로운 책임 능력이란 어떤 것인가? 그리고 그것의 구체적 실행 영역은 어디인가?

이상의 세 질문에 답하는 과정에서 나는 '현대 과학 기술 및 노동 분업에 매개된 인간 행위의 집단적 차원'이 '집단 윤리로서의 생태 윤리'를 요구하며 이 윤리가 각각 구별되는 '법적 책임의 집단적

---

2) K. Bayertz, "Herkunft der Verantwortung", in : *Verantwortung. Prinzip oder Problem?*, K. Bayertz, hg. München, 1995. 26.

차원에 존립하는 보상 책임'과 '정치적 차원에 존립하는 예방 및 배려 책임'으로 구성됨을 보이려고 한다.

2. 과학 기술 행위와 집단 책임

전통적인 '과학과 기술의 중립성' 주장에 따르면 과학적 인식이 참인가, 기술에서 도구가 작동하는가의 물음만이 의미가 있을 뿐, 인식이 선인가 기술이 선인가의 물음은 없다. 그러나 이러한 기술의 가치 중립성 주장, 즉 '기술은 수단으로써 선도 악도 아니며 그것의 오용만이 나쁘다'는 주장은 현대 기술의 양가성(兩價性), 즉 '현대 기술에서는, 원자력 기술에서 보이듯이, 그것의 선한 효과와 부정적 효과가 분리될 수 없다'는 사태를 간과한다. "기술이 나쁜 목적을 위해 오용되는 경우뿐만 아니라 기술이 본래의 정당한 목적을 위해 사용되었을 때도 기술은 그 자체 내에 위협적 측면을 갖는데, 이 위협적 측면은 먼 미래에 그 최종적으로 표현된다."[3] 대부분의 의미 있는 현대 기술은, 배기 가스 배출로 인한 오존층 감소나 유전자 조작 식품에 의한 생태계 교란의 경우에서 보이는 것처럼, 적용 범위에서 시간적으로 미래에, 공간적으로 전지구에 미친다. 이에 대해 '기술의 오용 가능성이 예견될 경우 기술의 사용을 중단해도 늦지 않다'는 주장, 즉 '기술적 능력과 그것의 사용은 분리 가능하다'는 주장이 반론으로 제기될 수 있다. 그러나 현대 기술은 '적용의 강제성'을 지닌다. 말하자면 마치 호흡 능력과 이 능력의 사용(호흡해야 함)의 관계에서 보이는 것처럼 기술적 능력과 그것의 사용 양자는 오늘날 분리될 수 없다.[4]

현대 기술이 가치 관련적인 한 윤리학의 대상이 되어야 하는 것

---

3) H. Jonas, *Technik, Medizin und Ethik*, 1987, Frankfurt am Main, 43.
4) *Technik, Medizin und Ethik*, Frankfurt am Main, 44 참조.

처럼 현대 과학 또한 그러하다. 먼저 오늘날 대부분의 의미 있는 과학적 성과는 기술과 피드백의 관계에 있다. 과학의 성과는 기술에 적용되고 기술은 다시 과학적 탐구에 동기를 제공한다.5) 그러므로 기술의 활동이 윤리 관련적이면 과학도 그렇게 된다. 과학의 가치 중립성 주장, 즉 과학은 지적 결벽성 외에는 윤리적 연관을 갖지 않는다는 전통적 주장은 '순수 인식으로서의 과학'의 단계에서는 여전히 타당하다. 그러나 근대 이래의 과학의 과정은 더 이상 관조(theoria)가 아니라 대상 개입적 실험이다. 만일 오늘날 어떤 과학자가 이론적 차원에서 데카르트적 동물기계설을 인간으로 확장한다 하더라도 이것이 이론인 한, 윤리학의 대상은 아니다. 그러나 이 명제를 실험적 탐구에 의해 확증하려는 한, 그런 탐구 활동은 윤리학의 대상이 된다. "과학은 사회와 사회의 생물학적 삶의 조건들을 실험실로 사용한다. 이 실험실에서는 한편으로는 이론과 실험에 의해 새로운 지식이 생산되지만 다른 한편 이 실험실에서는 과학과 사회 간의 장소 이동이 이루어질 수 있다. 탐구의 위험은 사회의 위험이 된다."6) 뿐만 아니라 거대 실험 장비에 의존하는 현대 과학은 프로젝트의 형식으로 제공되는 외부의 자본으로부터 자유로울 수 없다. 요컨대 오늘날 "과학 자체가 하나의 도덕적 도전이 된다"7)고 말할 수 있을 정도로 현대 과학 기술 행위는 구조적으로 가치 관련적이다. 따라서 만일 과학 기술적 행위가 구체적인 가치 관여적 행위로 나타날 경우 이는 윤리학의 대상이 되어야 한다.

문제는 이때의 윤리학이 '어떤 윤리학'이냐 하는 것이다. 이에 답하기 위해서는 우선 과학 기술 행위의 '탈개인적 성격'에 주목해야

---

5) *Technik, Medizin und Ethik*, Frankfurt am Main, 96 참조.

6) W. Krohn, "Gesellschaft als Labor. Die Erzeugung sozialer Risiken durch experimentale Forschung" in : *Soziale Welt* 40, 1989, 252.

7) H. M. Baumgartner. "Brauchen wir eine „neue Ethik"?", in : *Zeitschrift für medizinische Ethik*, 1994, 331.

만 한다. 첫째로 이 행위는 노동 분업적 과학 기술 체계에 매개된 행위다. 과학 기술 행위가 미치는 영향력과 범위가 전대미문의 정도로 상승하게된 것도 행위와 행위의 결과 간의 직접성이 사라지고 양자간에 '노동 분업적 기술공학 체계'가 들어섰다는 사태와 관련된다. 오늘날 유전공학에서 보이는 것과 같은 전형적 과학 기술 행위는 '제약 회사나 국가의 지원을 받는 연구단에 의한 연구 행위' 및 '그 연구 결과의 기업적 차원에서의 기술적 적용 행위'다. 그러므로 이러한 체계 내의 개인이 체계 차원의 행위 결과에 대해 책임을 진다는 것은 개인에 대한 과부하로 간주될 수도 있다. 그 누구도 그가 떠맡고 있는 노동 분업적 역할의 피안에서는 책임을 담지할 수 없고 체계 내의 개인은 역할 책임 이상의 책임을 떠맡을 위치에 있지 않다는 것이다. 만일 혹자가 이러한 제재와 통제의 피안에서 집단적 활동의 예견될 수 없는 결과에 대한 책임을 지려고 한다면 이는 "과도 도덕(過度道德. Hypermoral)"[8]으로 귀결된다는 것이다. '체계에 대한 도덕의 무력(無力)'이라는 이러한 주장에 대해서는 '여기서 도덕의 타당성(Geltung)과 도덕의 경험적 효력(Wirksamkeit) 간의 개념적 구분이 무시되고 있다'는 지적이 가능하다.[9] 그러나 결국 과학 기술 행위에 대한 윤리적 제재가 '규범주의적 오류 추리'의 혐의를 받지 않으려면 윤리적 책임의 주체가 '체계 내의 개인'이어서는 곤란할 것이다. 관건은 개인이 아니라 조직 혹은 제도의 책임이다. 만일 '개인주의적 도덕 이해'가 '제도적 책임의 이념'에 의해 확장되어 책임의 일차적 주체로서의 개인의 자리에 조직과 제도가 등장하지 않는다면 이 차원에서 과학 기술 행위에 대한 윤리적 제어는 불가능할 것이다.

---

8) A. Gehlen, *Moral und Hypermoral*, Frankfurt am Main, 1973, 151 참조.
9) K. Bayertz, "Praktische Philosophie als angewandte Ethik", in : *Praktische Philosophie : Grundorientierungen angewandter Ethik*, K. Bayertz, hg. Hamburg, 1991, 25 참조.

과학 기술 행위에 대한 윤리적 제재와 관련하여 고찰되어야 할 과학 기술 행위의 두 번째 탈개인적 특성은 많은 경우 이 행위가 조직이나 제도의 책임으로도 제어 불능이라는 점이다. 과학 기술의 '자가 발전성'에 주목하는 사람들에 따르면 현대 과학 기술 행위는 '스스로 목적을 정해나가는 체계'라는 점에서 주어진 목적을 실현할 뿐인 제도적 행위와도 구별된다.10) 더 나아가 많은 경우 과학 기술의 성과는 과학 기술자들만의 선택에 의해서가 아니라 공적 의사 결정에 의해서, 즉 정치적 차원에서 수용된다. 이것은 많은 경우 과학 기술적 성과의 부작용이 이에 대비되는 이익 때문에 사회에 의해 감수됨을 의미한다. 이 경우 과학 기술 행위의 부정적 결과를 과학 기술의 제도에 귀속시키는 것은 한계가 있다. "직업의 소멸, 거대 사회, 대가족 해체 등은 감수되는 과학 기술적 혁신의 부정적 결과다. 이러한 결과는 개인적 과학자, 기술자의 책임의 외부에 있으며 또한 과학과 기술의 제도의 책임의 외부에 있다."11) 결국 노동 분업 및 과학 기술 체계에 대한 윤리적 규제는 궁극적으로는 제도적 책임을 넘는 '사회적 책임'에 호소할 때 가능할 것이다.12)

요컨대 오늘날의 과학 기술적 행위의 집단성을 고려해볼 때 이에 대처하는 윤리학은 그 고찰의 최소 대상을 '집단적 행위'로 하여야 한다. 그리고 이 집단적 행위에 대처하는 책임도 협의의 제도적

---

10) H. M. Baumgartner, "Brauchen wir eine neue Ethik?", 335 참조.

11) K. Bayertz, "Wissenschaft, Technik und Verantwortung", in : K. Bayertz, hg. *Praktische Philosophie : Grundorientierungen angewandter Ethik*, Hamburg, 1991, 206.

12) 바움가르트너는 윤리학에 의한 과학 기술 제어는 불가능하다고 본다. 이것은 정치의 대상이라는 것이다. H. M. Baumgartner, "Brauchen wir eine 'neue Ethik'?", 336 참조. 그러나 문제의 핵심은 정치냐 윤리냐가 아니라 '정치적 책임을 윤리학적으로 정당화하는 것'이다. 달리 말하면 이 문제는 "정치 윤리(politische Ethik)와 사회 윤리(Sozialethik)"의 문제다. K. Bayertz, "Wissenschaft, Technik und Verantwortung", 207.

책임과 그 이상의 사회적 책임으로 구별된다. 아래에서는 집단 윤리의 상호 구별되는 이러한 두 차원이 분석될 것이다. '제도적 책임'의 문제를 '법적 차원의 보상 책임'의 관점에서 먼저 다루고, 다음으로 사회적 책임의 문제를 '정치적 차원의 예방 책임'의 관점에서 다루어보겠다.

3. 보상 책임과 법적 책임의 집단적 차원

생태 파괴에 대한 '제도적' 차원의 책임 문제를 조명하기 위해 먼저, 주로 개인 대 개인의 차원에서 행위 결과의 귀속에 집중하는 고전적 책임 개념을 분석해볼 필요가 있다. 그 이유는 이러한 개인적 차원의 분석을 제도나 조직의 차원으로 확대할 가능성을 모색하기 위해서다. 고전적 책임 개념에서 결과 귀속의 가장 정교한 장치가 법, 특히 형법이다. 형법에서 전형적 불법적 행위(완성된 고의 작위 범행_das vollendete, vorsätzliche Begehungsdelikt)가 성립되려면 대개 다음의 과정을 거친다. 먼저 행위의 저질러진 결과가 범죄를 구성하는 객관적, 주관적 요건에 적합한가 하는 것이 검증되어야 한다. 객관적 구성 요건 적합성의 요구는 우선 인과성에 대한 검증, 즉 행위 결과와 행위 사이의 자연적 인과성에 대한 검증을 요구하고,[13] 다음으로 결과가 행위로 객관적으로 귀속 가능한지, 즉 창출된 위험이 법적으로 허용되지 않은 위험인가,[14] 위험이 실현되었는가,[15] 행위자가 사건 발생 과정을 지배할 수 있었는가,[16]

---

13) K. Kühl, *Strafrecht*, München, 1997. 21f. 참조.

14) 갑이 을을 무기로 살해한 경우 무기 제조업자는 갑이 을을 살해한 행위의 한 원인이지만 그러나 이는 법적으로 관련된 위험의 창출이 아니다. K. Kühl, *Strafrecht*, 40-41 참조.

15) 갑이 을의 코를 가격하였는데 혈우병자였던 을의 피가 멈추지 않아 을이 죽

자기 책임(eigene Verantwortung)인가17))에 대한 검증을 요구한
다. 주관적 행위 구성 요건의 요구는 잘못을 초래한 행위 수행에서
주체의 앎과 의욕, 즉 고의(Vorsatz)가 동반되었는지에 대한 검증
을 요구한다.18) 둘째 위법한 행위라 하더라도 이 행위가 예외적으
로 정당화될 수 있는지, 예를 들어 정당 방위인지 긴급 피난인지를
검증한다. 마지막으로 '행위'의 정당화될 수 없는 위법성이 증명된
다 하더라도 '행위자'에 이러한 위법한 행위가 책임 귀속될 수 있을
때, 즉 행위자에 의해 범해진 위법적 행위가 비난 가능한 행위로
행위자에게 귀속될 수 있을 때, 최종적으로 형벌성이 성립한다. 비
난 가능성은 "규범에 맞게 결단할 수 있었음에도 위법적 행위를
저지른 사람은 비난받는다"19)는 원칙에 근거한다. 이에 따르면 자
신의 규범 의식에 자유 의지적으로 반하는 방식으로 행위 한 사람
에게만 책임이 귀속된다.20) 이상과 같은 고전적 책임 귀속 모델에
따르면, 어떤 행위자 a의 행위 x의 결과 y는, ① 자연적 맥락에서
x가 y의 인과적 원인이고, 동시에 규범적 맥락에서도 x가 y의 원인
이며 ② a가 고의로 x를 통해 y를 야기하고 ③ a가 x를 한 상황이
불가항력적 상황이 아니고 ④ a가 규범 의식이 있는 자유 의지적

은 경우, 갑이 을에 대해 창출한 위험은 실현되지 않았다. *Strafrecht*, 53 참조.
16) 갑이 을에게 산책을 권유하였는데 을이 번개에 맞아 죽은 경우 갑은 사건
발생을 지배할 위치에 있지 않았다. *Strafrecht*, 58 참조.
17) 의사가 독약을 부주의하게 관리하여 간호사가 이 독약으로 변심한 애인을
죽인 경우, 부주의한 독약 관리는, 자기 책임의 원칙에 따르면, 간호사의 애인의
죽음에 책임이 없다. *Strafrecht*, 62 참조.
18) 고의에 대해서는 *Strafrecht*, 74-119 참조. 자동차 사고는, 이 사고를 가장하여
죽이고 싶은 사람을 죽인 경우가 아니라면 과실 범죄(주의를 기울이지 않은 범
죄)다. 사람이 죽을 것이라 알지도 못했고 이를 원하지도 않았기 때문이다.
19) *Strafrecht*, 359.
20) 그러므로 규범 의식이 없는 어린이에게는 잘못(Schuld)이 귀속되지 않는다.
그리고 특이한 규범 의식(오류인 규범 의식)을 가진 경우(예를 들어 확신범)에도
책임이 귀속되지 않는다.

존재인 경우에만 a에게 귀속된다.

　문제는 이와 같은 고전적 책임 귀속 이론을 아무런 변형 없이, 개인이 아니라 제도 혹은 조직이 생태 손상을 야기한 경우로 확대할 수 있는가 하는 것이다. 확대의 필요성은 '제도적 차원의 책임을 완전히 개인으로 환원시키는 것(예를 들어 원자력발전소의 구성원 모두를 해수 오염에 대해 책임이 있는 공범 혹은 방조범으로 보는 것)이 불가능하다'는 데 존립한다. 왜냐 하면, 예를 들어 해수 오염에 대해 과연 발전소의 한 구성원에 불과한 기술자의 행위가 얼마만큼 인과적으로 기여하는지를 가려낸다는 것은 무척 어렵고, 더욱이 개인으로서의 기술자가 오염을 고의적으로 야기했는지도 의문이기 때문이다. 그러므로 이 경우 행위 주체를 개인의 차원으로 환원한다면 책임 귀속의 주체는 사라질 가능성이 크다. 관건은 개인적 책임 모델을 제도나 조직의 차원으로 번역하여 이들 집단에 책임을 귀속시키는 것을 모색하는 일이다. 그래서 단체 A가 행위 x를 통해 y를 야기하였다면 A에게 책임을 귀속시키는 것이다. 문제는 A가 행위 x의 '주체'일 수 있는지, 즉 의식적 결단의 주체로 간주될 수 있느냐 하는 것이다. 한스 랭크와 마티아스는 제도나 단체가 단순히 개인으로 환원되지 않으며, 그렇다고 유기체도 아니라고 (단체는 유기체가 갖는 조화를 보여주지 않으므로) 본다. 뿐만 아니라 이들은 단체를 법인, 즉 법적인 가상 인격(fiktive Person)으로 보는 것만으로는 불충분하다고 보는데 그것은 단체가 이익을 적극적으로 표방하고 현실적 힘을 행사하는 주체이기 때문이라는 것이다. 결국 이들은 단체가 개인적, 도덕적 인격처럼 반성 능력을 갖지는 않지만, 그럼에도 불구하고 개인적 결정으로 환원될 수 없는 단체적 결정의 주체라는 점에서, 단체를 비인격적 이차 행위자(일차 행위자는 구성원들 각자)로, 그것도 (구성원 각자의 목적에 독립적으로) 목적을 정립할 수 있는 이차적 행위 체계로 볼 수 있다고 제안한다.[21] 이러한 입장에 따르자면 개별 인격적 행위 주체에 독립적인, 의식적으로 목적을 정립하는 단체적 주체가 가능하다.

일단 목적 정립적 주체로서의 단체가 가능하다면 형법상의 책임 귀속의 마지막 조건, 즉 주체가 의식적으로 규범에 반하는 결단을 내릴 능력이 있어야 한다는 조건 또한 단체 A에 의해 충족될 수 있을 것이다. 왜냐 하면 만일 이 단체가 '결정에 연루되는 도덕 관련적 문제들'을 최소한 전략적 관점에서라도 고려할 능력이 있다면 (이는 대개의 기업에서 그렇다. 예를 들어 윤리 경영), '단체적 차원에서의 도덕적 당위에 대한 의식'이 있다는 증거로 볼 수 있기 때문이다.

만일 단체를 행위 주체 그리고 도덕 관련적 결정의 의식적 주체로 볼 수 있다면 위의 법적 책임 귀속이 가능케 되는 최소 조건은 마련되는 셈이다. 그래서 만일 독립적 (이차) 행위 체계 A가 행위 x를 통하여 y라는 결과에 이르는 '법적으로 관련된 위험'을 창출하였다면, 즉 A가 인과상 행위 x의 주체이고, A에 의해 창출된 위험이 법적으로 허용되지 않는 위험이며, A가 창출한 위험이 실현되었고, A가 사건 발생 과정을 지배할 수 있었으며, 결과 y가 다른 주체의 행위에 의해 야기되지 않았다면 일단 단체 A에 대해 책임 귀속 문제를 제기할 수 있을 것이다. 이로써 랭크 및 마티아스와 더불어 "개인의 책임과 단체의 책임은 동일한 것을 의미하지 않으며 양자는 상호 환원 가능하지도 않다"[22]고 말할 수 있다.

그러나 문제는 남아 있다. 그것은 책임 귀속에서 주관적 행위 구성 요건(고의)이다. 대개의 생태 손상을 일으키는 단체는 생태 손상을 목적으로 하는 집단, 즉 생태 손상을 '고의'로 야기하는 (범죄) 집단이 아니다. 이 집단의 원래 목적은 생태 파괴가 아니며 이 집단의 행위에 의해 야기된 결과는 대개 고의의 결과가 아니다. 일반적

---

21) 이상 H. Lenk, u. M. Maring, "Wer soll Verantwortung tragen?", in : *Verantwortung. Prinzip oder Problem?*, K. Bayertz, hg. München, 1995, 272-274. 참조.

22) "Wer soll Verantwortung tragen?", 274.

생명 윤리에서의 공동 책임의 문제 / 김종국 *335*

으로 이는 '의도된 긍정적 결과'를 추구하는 과정에서 나타난 '의도되지 않은 부정적 결과인 경우'인 것이 대부분이다.

'위험 책임(Gefährdungshaftung)' 개념은 이러한 맥락에서 도입되었다. 이 책임은 위험한 설비의 가동으로 결과적으로 타자에 끼친 손상에 대해, 즉 고의나 과실이 없이 끼친 손상에 대해, 보상의 책임을 지우는 법적 장치로 그 역사적 기원은 산업혁명 후 기계 문명의 발달이다.[23] 이 책임의 배경은 위험한 설비로 사회에 대하여 위험을 조성하는 자(예를 들어 원자력발전소, 철도 회사)가 야기하는 피해는 고의 범행이나 과실 범행에 대한 책임만으로는 피해자에 대한 보호를 충분히 하지 못한다는 사태다. 이들 단체는 소비자나 익명의 다수의 피해를 고의적으로 야기하지 않았거나 설령 고의가 있었다 하더라도 이를 확인하기란 어렵다. 그럼에도 불구하고 이들은 이러한 피해에 책임을 져야 하는데 그것은 이 단체가 설비의 가동으로 이득을 보기 때문이다. 그러나 결국 이 책임은 손상의 원인을 창출한 자가 그 것에서 생긴 손상을 배상하여야 한다는 데 근거한다(책임의 근거로서의 원인).[24] 결국 손상의 원인자가 개인에서 집단으로 확대됨과 동시에 전통적 책임 귀속의 조건인 의도성은 탈락된다.

요컨대 법적 책임을 생태 손상에 대한 집단 책임의 경우에 적용하기 위해서는 다음과 같은 것이 요구된다. 우선 개인에 독립적인 조직된 집단 주체가 가능하다는 입증되어야 한다. 둘째, 책임 귀속에서 주관적 구성 요건 요구가 완화되어야 한다. 즉, 책임 귀속에서 일종의 '자연화'가 용인되어야 한다. 물론 법적 보상 책임의 이러한

---

23) 위험 책임의 법적 효시는 1871년의 독일 제국 배상책임법이다. 그 후 자동차 사고, 항공기 사고, 수질 오염, 원자력 사고, 의약품 사고 등에 확대되었다.

24) 위험 책임의 가장 간단한 예는 동물의 소유주가 동물이 야기한 피해에 대해 책임지는 것이다. 우리나라에서는 사용자의 재해 보상 책임이나 국가배상법상의 국가 또는 공공 단체의 배상 책임, 특히 환경정책기본법상의 '환경 침해로 인한 손해 배상 책임' 등이 무과실 책임에 해당한다.

자연화 경향은 인간의 자유 의지성을 핵심으로 두는 윤리적 기획에 배치되는 것으로 보일 수도 있다.[25] 그러나 개인 대 개인으로 환원해서는 피해 발생 및 그것에 대한 보상의 주체의 불확정성 문제를 해결할 수 없다고 보았을 때 위험 책임 개념은 손상 주체의 불확정성에 대처하는 '불가피한' 대응으로 볼 수 있을 것이다.

4. 예방 책임과 정치적 책임

오늘날 생태 문제에서 '저질러진 잘못에 대한 책임', (예를 들어 기업의) 생태 파괴에 대한 책임은 여전히 중요하기는 하지만, 생태 문제와 관련한 책임의 본질은 아니다. 우선 비조직적 집단, 즉 불특정 다수에 의해 야기된 생태 파괴의 경우[26] 원인 제공자를 찾아

---

25) 이 때문에 비른바허는 위험 책임의 윤리학적 정당화가 어렵다고 본다. "왜냐하면 이 경우 잠재적(potential) 원인 제공자에게 부과되는 보상 책임은 행위자가 그 어떤 방식으로도 그것의 등장을 조절할 수 없기 때문이다. … 물론 비인지적으로 혹은 비과실적으로 야기된 손상에 대한 보상 행위(Ersatzleistung)에의 책임을 다른 근거에서 정당화할 수는 있다. 이를 테면 원인 제공자가 손상을 복구시킬 만한 특별히 호조건에 처해 있기 때문에 혹은 당사자가 자신의 손해의 복구를 원인 제공자에게 강력하게 기대하기 때문에 책임지는 것이다." D. Birnbacher, *Grenzen der Vernatwortung*, in : K. Bayertz hg. *Verantwortung. Prinzip oder Problem?*, Darmstadt, 1995, 173. 말하자면 '잘못 때문에' 책임지는 것은 아니지만 '선행으로' 책임질 수는 있다는 것이다.

26) "숲의 죽음, 오존혈 혹은 온실 효과는 이러한 효과를 정확히 추구하는 개인들의 조직적 공동 작업으로부터 결과한 것이 아니라, 이를 목적으로 하지 않는 수많은 비조직적인 개별 행위들의 축적으로부터 결과된 것이다. 자동차로 출근한 사람은 이렇게 출근함을 통해 (주관적으로) 숲에 해를 가하려고 하지 않는다. 그리고 운전자 혼자만 (객관적으로) 이러한 손상을 야기한 것도 아니다. 많은 다른 개별적 운전자들이 연합하여 숲을 손상시키기에 충분한 양의 배기 가스를 산출한 것이다. 물론 이런 集積 효과는 새로운 것이 아니지만 그것의 수효와 영향 범위는 산업 사회라는 조건 하에서 전대미문의 지구적 차원을 띠게 되었다." K. Bayertz, "Herkunft der Verantwortung", in : *Verantwortung. Prinzip oder*

책임을 귀속시키는 것은 거의 불가능하다. 그리고 책임 귀속의 주체가 확정 가능한 경우라 할지라도 생태의 측면에서 보자면 귀속이 무의미한 경우가 많다. 양과 질적 측면에서 비가역적 특성을 드러내는 오늘날 생태 파괴에서 원상 복귀란 거의 불가능하기 때문이다. 뿐만 아니라 손상을 당하는 자가 현세대가 아니라 미래 세대인 경우, 아직 존재하지 않는 미래 세대가 책임을 요구할 수는 없기 때문이다. 저질러진 손상에 대한 제도적 책임의 차원을 넘는 '사회적 책임'의 새로운 차원이 요구되는 이유도 여기에 있다. 아래에서는 먼저 이 책임의 구조를 살펴본 후 이 책임이 존립하는 '제도 이상의 사회적 차원'에 대해 고찰해보겠다.

책임의 새로운 차원은 우선 그것의 대상에서 확인되는데 이 대상이란 '행해진 잘못(생태 파괴)'이 아니라 '행해야 할 것(생태 보존 및 후세대의 존속)'이다. 우리의 경우 저질러진 잘못의 귀속으로서의 '생태 파괴에 대한 책임'이 아니라 행해져야 할 과제를 떠맡음으로서의 '생태 보존, 미래 세대의 존속(소극적으로는 이를 위한 손상 방지)에 대한 책임'이다. 요컨대 제도적 차원의 이상에서 성립하는 새로운 책임 개념은 보상 책임이 아니라 배려(Fürsorge) 및 예방(Prävention)책임이다. 현대 윤리학에서 이러한 책임 개념을 전면적으로 부각시킨 이는 요나스다. 그의 『책임의 원칙』이래 주목되기 시작한 이 책임 개념을 구성하는 주요 계기는 대개 '미래적 사태', '힘' 그리고 '자발성' 세 가지로 분석된다.

이 책임 개념의 일차적 계기는, 요나스에 따르면 책임 대상의 미래성 및 사태 (행위가 아니라) 관련성이다. "이 개념(새로운 책임 개념)은 행해진 것에 대한 사건을 거슬러 올라가는 귀속에 관계하는 것이 아니라 행해져야 할 것의 결정에 관계한다. 이에 따라 나는 일차적으로 나의 행위 및 이 행위의 결과에 대해 책임을 느끼는 것이 아니라 내가 행위할 것을 요구하는 그러한 사태(Sache)에 대

Problem?, K. Bayertz, hg. München, 1995, 54.

해 책임을 느낀다. 예를 들어 타인의 안녕에 대한 책임은 단지 주어진 행위 의도를 그 의도가 과연 도덕적으로 허용 가능한지와 관련하여 검사하는 것이 아니라, 어떤 다른 목적을 위해서 의도되지 않는 그런 행위를 하라고 의무화한다. … 에 대해 책임이 있다고 했을 때, '… 에 대한(für)'은 여기서는 앞의 것, 즉 자기 관계적 책임과는 완전히 다른 의미를 가진다."27) 책임의 대상이 '미래적 사태'라는 점에 이 책임의 새로움이 있다는 것이다. 책임의 대상이 미래적 사태라는 것은 책임을 '미래 지향적(prospektiv)'으로 성격짓는다. 그리고 미래적 '사태'에 대한 책임에는 부작위의 의무가 아닌 작위 의무라는 계기가 포함된다. 부정적 결과에 대해서가 아니라 긍정적인 상태에 대해 책임을 지는 과정에서 이 책임은 '긍정적인' 어떤 사태를, '작위적'으로 산출할 책임이기 때문이다. 그리고 이 책임에서 '미래적 사태'가 관건인 한, 이 책임은 도덕의 목적론적 영역(의무론적 영역이 아니라)에 친화적이다. 이와 관련하여 비른바허의 다음과 같은 지적이 적실하다. "행위에 관계된 과거 지향 책임(Ex-post-Begriff der Verantwortung)과는 반대로 미래 지향 책임 개념은 일차적으로 사건에 관계되거나 상황에 관계된다. 책임의 목적은 일차적으로 특정의 선(Güter)의 산출과 특정의 화(Übel)의 회피이지 ― 도덕의 '의무론적' 영역에서처럼 ― 특정 행위의 수행 혹은 부작위가 아니다."28)

배려 및 예방 책임이 '사태를 작위적으로 산출하거나 보존할 책임'이라는 점은 이 책임의 가장 중요한 두 번째 계기와 관련된다. 그것은 미래적 사태의 '작위적' 실현이 작위 주체의 '힘'을 요구한다는 것이다. "S(책임 주체)에 귀속되는, O(책임의 대상) 혹은 p(책임 대상인 사태)에 대한 책임은 얼마나 S가 O의 안녕 내지는 사태

---

27) H. Jonas, *Das Prinzip Verantwortung*, Frankfurt am Main, 1979, 175.
28) D. Birnbacher, *Grenzen der Vernatwortung*, in : Kurt Bayertz (Hg.), *Verantwortung. Prinzip oder Problem?*, Darmstadt, 1995, 147.

p의 등장에 인과적으로 영향을 미칠 수 있는가의 범위만큼만이다. … 책임은 그 내용과 범위에서 힘에 결부되어 있다. 절대적 무력 (Machtlosigkeit)은 책임을 배제하며 힘이 커짐에 따라 책임 귀속을 위한 논리적 작용 공간도 커진다."[29] 주체의 이러한 목적 실현 능력은 당연히 예견력, 즉 목적에 이르기까지의 인과 계열에 대한 인식 능력을 전제한다. 이 점에서 예견력은 이러한 힘의 최소랄 수 있다. 책임 대상이 생태인 경우 특히 이러한 힘의 조건은 중요하다.[30] 사실 궁극적으로 작위성과 관련된 주체의 힘, 예견력의 크기는 궁극적으로는 책임 대상의 '상태'에 의해 규정된다. 왜냐 하면 책임 대상이 요구하는 힘은 그 크기에서 최소한 그 대상을 위협하는 힘과 같아야 하기 때문이다.[31] 그러므로 집단적 행위로 인해 배가된 위협적 힘에 대해서는 이에 상응하는 힘이 대응할 경우에만 책임이 성립될 것이다. 배려 및 예방 책임으로서의 공적 책임의 가능성은 이러한 힘을 어떻게 확보하느냐에 달려 있는 것이다.

배려 및 예방 책임의 마지막 주요 계기는 '도덕적 자발성'이다. 생태 윤리의 경우 이 책임을 떠맡는 것은 역할 책임의 피안에, 즉 조직 내부에서 '주어진' 과제를 떠맡음의 피안에, 다시 말해 도덕적 자발성에 있기 때문이다. "책임이 그 자체로부터 사회학적 역할 개념의 의미에서 *역할과 결합된*(rollengebunden) 것으로 여겨질 수는 없다."[32] 역할 책임은 조직에 의해 강제되며 대개 이 책임을 다할 의무에는 이에 상응하는 권리가 대응된다. 공장의 기술자는 조

---

29) D. Birnbacher, *Grenzen der Vernatwortung*, 152.

30) S는 한계지어진 힘(*begrenzte Macht*)과 한계지어진 지식(*begrenztes Wissen*)을 지녀야 하는 바 이 한계지어진 힘과 지식이 책임의 가장 중요한 내재적 한계다. *Grenzen der Vernatwortung*, 152.

31) "책임의 대상(Wofür)은 나의 외부에 놓여 있지만 그러나 나의 힘의 작용 범위 내에 있다. 책임의 대상은 나의 힘에 기대거나 아니면 나의 힘에 의해 위협 당한다." H. Jonas, *Das Prinzip Verantwortung*, 174.

32) D. Birnbacher, *Grenzen der Vernatwortung*, 154.

직 내에서 자신의 역할 책임을 다할 때 자신의 권리를 보장받는
다.33) 그러나 배려 및 예방 책임의 의무에는 이러한 권리가 대응되
지 않는다. 이 점은 '권리 없는 의무로서의 미래 세대의 존속에 대
한 책임'에서 단적으로 드러난다. 이 계기는 요나스에서 '비호혜성
(Irreziprozität)'34)으로, 비른바허에서는 다음과 같이 특징지어진
다. "우리가 책임(김. 미래 지향적 책임)에 대해 말하는 경우란 오
직 특정 사물과 관련하여 어떤 주체가 도덕적 *의무*를 가지는 경우
일 뿐이며 그가 이 특정 사물과 관련하여 도덕적 *권리*를 갖는 경우
가 아니다. 도덕적 권리와 허용은 도덕의 영역에는 해당되지만 도
덕적 책임의 영역에는 해당되지 않는다. 어떤 행위자의 도덕적 책
임에 대한 언명은 행위자가 *행해야만 하는(soll)* 것에 의존할 뿐,
행위자가 *행해도 좋은(darf)* 것 혹은 행위자가 *요구(Anspruch)*를
갖는 것에 의존하지는 않는다."35) 예방 및 배려 책임 법적, 사회적
강제가 아니라 자발성, 자기 의무화36)에 근거하는 것이다.

---

33) 만일 그가 자신의 역할 수행으로 인한 공적 손상을 예견하고 이에 대해 공적
관심을 환기시킴(호각 불기)을 통해 이 사태를 미연에 예방하려 한다면 대개 조
직 구성원으로서의 권리를 포기해야 한다. 전문가로서의 과학 기술자의 '사회적
관심 환기의 책임(호각 불기)'에 대해서는 K. Bayertz, "Wissenschaft, Technik
und Verantwortung", in : ders hg. *Praktische Philosophie : Grundorientierun-
gen angewandter Ethik*, Hamburg, 1991, 192. 참조. 그에 의하면 두 가지 이유,
즉 ① 직업적 역할과 결합된 사회에 대한 힘과 ② 이 힘과 결합된 지식 이 양자로
부터 과학자와 기술자들에게는 특수한 도덕적 책임이 부가되는데, 그것은 알림의
책임(Informationsverantwortung)과 방지(Präventionsverantwortung. 호각 불
기)의 책임이다. 이에 비해 역할 책임은, 설령 그것이 비록 생태 예방의 의무(예를
들어 환경부 공직자의 과제로서의 환경 보호)라 할지라도 이 의무는 그의 직업적
억할로 인해 강제되며 그의 업무 방기는 대개 법적 강제력에 의해 대표되는 손상
금지의 윤리 제재 대상이다. 그가 공직 수행의 대가로 권리(예를 들어 보수 등)를
부여받음에도 불구하고 의무를 수행하지 않았기 때문이다.

34) H. Jonas, *Das Prinzip Verantwortung*, 177 참조.

35) D. Birnbacher, *Grenzen der· Vernatwortung*, 147.

36) "책임성은 비관습적인 행위 준비라는 의미에서의 자기 의무화의 발동"이며

새로운 책임 개념이 공공적, 집단적 성격에서 특화된다면, 그 전형이 되는 것은 '정치적 책임'이다. 정치적 책임이야말로 공적, 집단적 차원 차원에서의 배려 및 예방 책임이기 때문이다. 그리고 이러한 정치적 책임은 그것의 성격과 대상에서 제도적 책임과 구별된다. 요컨대 손상 금지의 생태 윤리의 전형이 법적 책임이라면 배려 및 예방 책임의 전형은 정치적 책임이다. 요나스 또한 그의 책임 윤리가 집단적 전체의 행위를 대상으로 하며 "공적인 정치(öffentliche Politik)"37)에 시각을 맞추고 있다는 점을 분명히 한다. 바이에르츠에 의하면 새로운 책임 개념은 '법정 앞에서의 책임'으로부터 '정치적 책임'으로의 패러다임 전환의 산물이다. 근대 이래 책임 정치의 이념은 "통치(Regierung)가 자기만의(eigen) 권력 완전성(Machtvollkommenheit)로부터 존립하는 것도 아니고 더 고차적인 권력 완전성으로부터 존립하는 것도 아니며 따라서 통치는 피치자들에게 해명의 의무를 진다(rechenschaftspflicht)는 사상"38)에서 기인한다는 것이다.

그러나 일찍이 근대 정치를 책임 정치로 성격짓고 그것의 계기들을 전면적으로 부각시킨 이는 막스 베버다. 우선 그의 유명한 구별, 즉 심정 윤리와 책임 윤리의 구별은 대체로 구속성의 방식에서 보상 책임과 배려 책임 간의 구별에 일치한다.39) 그에 의하면 정치(가)에

"책임을 귀속시킨다는 것은 조직에 의해서 일반적인 방식으로는 통제될 수 없는 그러한 문제의 해결을 수행한다는 것이다." "기존이 해법이 통하지 않거나 전혀 새로운 문제에 대해서 책임이 요구된다." F.-X. Kaufmann, *Der Ruf nach Verantwortung. Risiko und Ethik in einer unüberschaubaren Welt*, Freiburg, 1992, 67.

37) *Das Prinzip Verantwortung*, 37.

38) Bayertz, "Herkunft der Verantwortung", 37, 그래서 대통령과 국왕의 차이는 책임의 유무에 있다. "책임의 근대적 개념은 정치적 Konzept의 윤리학으로의 삽입으로 생겨났다. 법적 종교적 책임보다 정치적 책임이 오늘날의 책임 개념에 훨씬 더 각인되어 있다." "Herkunft der Verantwortung", 40.

39) 요나스는 베버의 이 구별이 자신의 메타 윤리적 구별인 객관 윤리와 주관

서 요구되는 것은 "사태에 대한 열정적 헌신(leidenschaftliche Hingabe an eine Sache)", "안목(Augenmaß)" 그리고 "책임감 (Verantwortungsgefühl)"[40] 이 세 가지 성질인데 이 세 가지는 우리가 위에서 살펴본 배려 및 예방 책임의 세 계기, 즉 '미래적 사태', 힘(의 요소로서의 지식), 도덕적 자발성에 전적으로 일치한다. 베버도 정치의 에토스는 사태라고 보며 그가 말하는 안목이란 '현실을 거리를 두고 파악하는 능력'에 다름아니다. 그리고 그도 정치가의 책임과 공무원의 책임을 구별하여 특수하게 정치적인 차원을 더 근본화한다. '공무원의 명예는 그에게는 잘못된 것으로 보이는 명령이라 할지라도 관청이 내리는 것이면 양심껏, 마치 자신의 확신에 일치하는 듯이 이행하는 데 있지만, 정치적 지도자의 명예는 그가 행하는 것에 대한, 결코 회피하거나 전가할 수 없는, 자기 책임(Eigenverantwortung)에 있다'[41]는 것이다.

윤리의 구별과 일치하지 않는다고 본다. 베버가 심정 윤리학자로 염두에 두고 있는 당시의 로자 룩셈부르크에서 관건은 (혁명이라는) 사태이지 행위의 방식이 아니었다는 것이다. 베버에 대한 요나스의 언급은 *Das Prinzip Verantwortung*, 398-399 참조. 그러나 내가 보기에 베버가 심정 윤리의 예를 잘못 들었을 수는 있어도 베버가 (요나스가 말한 대로) 심정 윤리의 의미를 단지 정치적 급진주의에 국한시킨 것 같지는 않다. 오히려 베버의 심정 윤리에 대한 묘사는 요나스가 책임 윤리와 대비시키고 싶었던 심정 윤리의 특징을 드러낸다. "심정 윤리적으로 행위하는 사람(예를 들어 예수)은 "옳게 행위하고 결과는 신에게 맡긴다." 그러나 책임 윤리적으로 행위하는 사람에게서 관건은 결과(로서의 사태)다. M. Weber, "Politik als Beruf", in : *Gesamtausgabe* Bd. 17, Tübingen, 1992, 237.

40) "Politik als Beruf", 227. 베버에 의하면 '무책임성은 정치가가 힘을 오직 그 자체만을 위해 소유하고 내용적 목적을 위해 소유하지 않는다'는 데 존립한다. 그러므로 그의 책임감은 자신의 권리의 피안에 있는 도덕적 자발성과 연결된다고 볼 수 있다.

41) "Politik als Beruf", 190.

5. 맺음말

요약하자면 이렇다. 첫째, 현대 과학 기술은 구조적으로 가치 관련적이므로 윤리학의 대상이 되어야 하며 이때의 생태 윤리학은 개인 윤리가 아니라 집단 윤리여야 한다. 그리고 이 집단 윤리도 제도적 차원과 그 이상의 차원으로 차별화되어야 한다.

둘째, 주로 법적 차원에 존립하는 전통적 책임 개념은 과거의 일어난 행위 결과, 부정적인 결과에 관계한다. 하지 말았어야 할 의무를 표현하는 이 책임은 보상 책임으로 요약된다. 이 책임이 생태 윤리에서 유효하기 위해서는 '책임의 주체의 제도나 조직으로의 확대', '책임 귀속 기준으로서의 고의성의 탈락'이 전제되어야 한다.

셋째, 생태 윤리에서 오늘날 주목되는 책임의 새로운 차원은 '산출 혹은 보존 되어야 할 긍정적 사태에 대한 배려 및 예방 책임'이며 여기서는 책임 주체의 힘과 도덕적 자발성이 관건이다. 그리고 이 책임의 고유한 장소는 정치다.

마지막으로 위의 두 책임의 관계에 대해 언급해본다면 다음과 같다. 보상 책임은 주체의 자발성의 여부에 관계없이 법적으로 강제된다. 그러나 집단 윤리의 예방 및 배려 책임은 사회적 강제가 아니라 자발성, 자기 의무화에 근거한다는 점에서 구속력의 근원과 관련하여 보상 책임과 구별된다. 그러므로 적용의 우선 순위는 보상 책임에 있다. 사실 소위 새로운 책임 개념은 '선행(善行)의 원칙' 일종으로 우리에게 어느 정도 친숙한 것이다. 그래서 보상 책임이 근대 이래의 '손상 금지의 사회 윤리'에 속한다면 예방 및 배려 책임은 '연대성의 사회 윤리'에 속한다. 요컨대 '연대성의 사회 윤리'의 근본 규범인 선행의 원칙은 의무 수행의 대가로 권리를 보장받는 호혜적 의무가 아니며 따라서 수행자의 권리가 문제되지 않으므로 이 의무는 법적 강제의 대상이 결코 아니다.[42]

요나스의 책임 개념은 과연 자신이 주장한 대로 '새로운' 개념인가? 배려 책임의 핵심적 계기는 위에서 고찰하였듯이 이미 막스 베버에 의해 밝혀졌다고 보아야 한다. 내가 보기에 요나스 책임 윤리의 새로운 점은 베버적 '정치적 책임'을 '우리 시대의 과학 기술적 행위의 도전과 관련하여' 전면에 부각시켰다는 점에 있는 것 같다. 이에 더하여 요나스가 책임의 당위를 주관주의가 아니라 객관주의적으로 근거짓는 다는 점이 부가될 수 있을 것이다.[43] 요컨대 정치적 배려 책임을 '집단적 과학 기술 행위'에 대한 윤리적 대응으로 전면적으로 부각시키면서 '비근대적 방식으로' 근거짓는다는 점에 그의 윤리학의 '새로움'이 있다는 것이다.

□ 참고 문헌

김종국, 「보편주의 윤리학에서 개인과 사회 ― 칸트와 밀의 경우」, 『철학연구』 제61집, 철학연구회, 서울, 2003.
김종국, 「도덕형이상학(칸트)에 대한 사회 윤리적 독해」, 『철학연

---

42) 손상 금지의 사회 윤리와 연대성의 사회 윤리의 구별 및 관계에 대해서는 김종국, 「보편주의 윤리학에서 개인과 사회 ― 칸트와 밀의 경우」, 『철학 연구』 제61집, 철학연구회, 서울, 2003 ; 김종국, 「도덕형이상학(칸트)에 대한 사회 윤리적 독해」, 『철학연구』 제81집, 대한철학회, 2002 참조.

43) 두 번째 부분은 본 논문의 주제가 아니었다. 잘 알려진 대로 이와 관련한 가치론적 논쟁은 인간중심주의 대 탈인간중심주의 간의 논쟁이다. 요나스에 의하면 "인간의 인간에 대한 책임이 우선이다." *Das Prinzip Verantwortung*, 184. 왜냐 하면 인간만이 다른 생명체를 보호할 수 있기 때문이다. 즉, '다른 생명체에 대한 책임 능력을 지닌 인간'에 대한 책임이 우선이다. *Das Prinzip Verantwortung*, 184 참조. 요나스는 인간 외적 생명의 도덕적 가치를 용인한다는 점에서 탈인간중심주의자로 분류되기도 하고 인간에 대한 책임을 우선시한다는 점에서 '약한 인간중심주의자'로 분류되기도 한다. V. Hösle, "Ethik und Ontologie bei Hans Jonas", in : *Ethik für die Zukunft*, München, 1994, 113 참조. 그러나 이 경우에도 우선적 책임의 대상이 '다른 생명체에 대핸 책임 능력을 지닌 인간'이라는 점의 유의되어야 한다.

구』 제81집, 대한철학회, 2002.

Baumgartner. H. M. "Brauchen wir eine 'neue Ethik'?", in : *Zeitschrift für medizinische Ethik*, 1994.

Bayertz. K. "Herkunft der Verantwortung", in : *Verantwortung. Prinzip oder Problem?*, K. Bayertz, hg. München, 1995.

Bayertz, K. "Praktische Philosophie als angewandte Ethik", in : *Praktische Philosophie : Grundorientierungen angewandter Ethik*, K. Bayertz, hg. Hamburg, 1991.

Bayertz, K. "Wissenschaft, Technik und Verantwortung", in : *Praktische Philosophie : Grundorientierungen angewandter Ethik*, K. Bayertz, hg. Hamburg, 1991.

Birnbacher, D. "Grenzen der Vernatwortung", in : Kurt Bayertz, hg. *Verantwortung. Prinzip oder Problem?*, Darmstadt, 1995.

Gehlen, A. *Moral und Hypermoral*, Frankfurt am Main, 1973.

Hösle, V. "Ethik und Ontologie bei Hans Jonas", in : *Ethik für die Zukunft*, München, 1994.

Jonas, H. *Das Prinzip Verantwortung*, Frankfurt am Main, 1979.

Jonas, H. *Technik, Medizin und Ethik*, Frankfurt am Main, 1987.

Kaufmann, F. X. *Der Ruf nach Verantwortung. Risiko und Ethik in einer unüberschaubaren Welt*, Freiburg, 1992.

Krohn, W. "Gesellschaft als Labor. Die Erzeugung sozialer Risiken durch experimentale Forschung", in : *Soziale Welt* 40, 1989.

Kühl, K. *Strafrecht*, München, 1997.

Lenk, H. u. Maring, M. "Wer soll Verantwortung tragen?", in : *Verantwortung. Prinzip oder Problem?*, K. Bayertz, hg. München, 1995.

Luhmann, N. *Soziologie des Risikos*, Berlin, 1991.

Weber, M. "Politik als Beruf", in : *Gesamtausgabe* Bd. 17, Tübingen, 1992.

제 12 장
에코아나키즘과 생태적 공공성*
— 노장철학의 사유 공간을 중심으로

김 용 수

1. 글을 시작하며

오늘날 철학 분야에서 새로운 영역의 윤리로 등장한 생태 윤리 또는 환경 윤리의 생태 지향적, 환경 친화적 윤리는 기존 윤리학의 목적 규정과는 전혀 다른 새로운 윤리적 실천 규정을 요청하고 있다. 기존 윤리학이 '제도와 관습의 재구성'이었다면 생태 윤리는 오늘날 생태계 및 환경의 위기가 도래한 근본적 원인이 과학이나 기술에 있지 않고 인간의 잘못된 사고[1]에 있다고 생각한다. 그러므

---

* 이 논문은 2002년도 기초 학문 육성 인문 사회 분야 지원 사업의 일환으로 한국학술진흥재단의 지원(KRF-2002-074-AM1031)에 의해 연구된 것으로, 「에코아나키즘과 생태 공공성 — 노장 사상의 사유 공간을 중심으로」라는 제목으로 『철학연구』(고려대 철학연구소) 제29집에 실렸던 것임.
1) 현재 생태학적 위기와 관련하여 제기되는 원인으로는 데카르트적 이원론, 기계론적 자연관, 인간중심주의, 이성중심주의 등이 있다. 그것에 대한 대안으로 모색되고 있는 관점은 일원론적인 형이상학, 유기체적 자연관, 생태중심주의 혹은 다른 이성에의 모색 등이 있다.

로 생태학적 위기의 극복을 위하여 우리는 먼저 자연 환경에 대한 올바른 이해와 미래 사회에 대한 새로운 전망을 가져야 한다. 즉, 자연과 인간에 대한 새로운 이해를 바탕으로, 진정한 생태적 세계관을 건립해야 할 것이다. 이것을 위해서는 생태학적 전략이 필요한데, 필자는 이것을 성취하기 위한 방법론적 기획으로는 '에코아나키즘'을 구사할 것이며, 그것이 목적하는 바는 '생태적 공공성'에 있다.

생태 윤리는 공공성의 기반 위에 존립한다. 그러나 여기서 말하는 공공성이란 제도화된, 강자에 의해 강요된 공공성이 아니라 윤리적 보편성에 근거한 공공성을 말한다. 과거 윤리학의 편협한 의미 영역을 완전히 개방하여, 전 우주의 생명을 포괄할 수 있는 윤리학의 영역의 성립 여부에 대한 가능적 대안으로서 '생태 공공성'을 제시하고자 한다. 이러한 '생태 공공성'이 성립하기 위한 최소요건은 논리적 정당성을 통한 합의 가능성이 가장 높은 영역을 선택의 기준요건으로 삼는 것이다. 인간학의 지형도에 사로잡힌 국부적 특수성에서 기원한 인간윤리를 원형으로 삼는 보편성이 아니라, 우주 안의 모든 생명을 포괄할 수 있는 보편생명을 원형으로 삼으며, 보편 생명의 윤리적 토대를 생태학의 범주에서 실현하려는 '생태 공공성'을 지향한 것이다.

'에코아나키즘(eco-anarchism)'은 중심의 해체를 통해 개체 생명의 해방을 지향한다. 이 사상은 '에코테러리즘(eco-terrorism)'이나 '에코파시즘(eco-fascism)'[2]에 반대하면서, 생태 환경에 대한 제도화된 폭력에 강한 저항의 깃발을 내건다. '에코아나키즘'은 제도화된 공공성의 불합리한 행사로 인해 야기된 생태적 위기에 대한 관리 책임의 문제에 대해 강한 비판적 의식을 공유하고, 그것의 해체를 통한 원상으로의 복귀를 시도한다. '에코아나키즘'은 또 다

---

2) 자넷 빌·피터 스타우든마이어 지음, 김상영 옮김, 『에코파시즘 : 독일 경험으로부터의 교훈』, 책으로만나는세상, 2003.

른 의미로는 '녹색아나키즘(Green-anarchism)'3)이다. 기존의 폭력화된 제도 윤리의 폭력성을 고발하고, 그것의 해체를 통한 생태 윤리로의 회귀를 선언한다. 이런 논의를 통하여 공공성의 새로운 기준을 마련 하고자 한다. 인위적인 사적 합리성이 아니라, 자연성을 바탕으로 한 공적 합리성의 가능 여부에 대하여 타진하고자 한다. 생태학의 영역에서 제시될 수 있는 윤리적 기준을 찾고 그것을 기반으로 공적 합리성의 모델을 세워본다. 생태 윤리가 미래적으로 지향해야 할 공공성의 새로운 성격, 즉 윤리적 대안으로서의 '생태 공공성'의 성립 가능성에 대하여 탐구할 것이다.

필자는 '생태 공공성'을 먼저 동양적 문맥에서 노장 사상과 아나키즘의 친화성을 토대로, 오늘날 부각되고 있는 생태 아나키즘의 주요 개념이 노장적 맥락에서 어떻게 이해될 수 있는지를 '자유(自由)'・'자치(自治)'・'자연(自然)'이라는 개념 하에서 살펴볼 것이다.4) '자유'는 아나키즘의 인간성에 관한 축약된 논의며 동시에 노

---

3) 에코아나키즘은 다른 말로 사회생태주의(social ecology)라고 부를 수 있으며, 그것을 생태사회주의 또는 사회주의적 생태주의자(socialist ecologists)와 구별하기 위해, 전자는 녹색-녹색주의자(Green-Greens)라고 부르고 후자의 경우는 적색-녹색주의자(Red-Greens)라고 부르기도 한다(티모시 도일・더그 맥케이컨 지음(이유진 옮김), 『환경정치학』, 65-66쪽 참고). 사회생태주의는 생태 문제를 주로 아나키즘적으로 해결하려고 시도하는데, 그 대표자가 머레이 북친이며 그는 사회생태주의가 스스로 아나키즘에 근거한다고 밝히고 있다. 사회생태주의 내지 에코아나키즘의 원리로서 제시되는 것은 ① 근대 민족국가의 무시 / 폐지. 분권화된 지역 공동체에 최대한의 정치적・경제적 독자성 부여. ② 아나키즘의 정치철학과 생태학이 중심 원리. 양자가 상호간에 영향을 미침. ③ 어떠한 형태의 인간/인간 외적인 지배도 거부. ④ 풀뿌리 운동 / 의회 외적인 운동을 적극 지지. ⑤ 목표와 수단의 일관성이다(티모시 도일・더그 맥케이컨 지음 / 이유진 옮김, 『환경정치학』, 60-61쪽). 구승회 교수는 '새로운 사회 비판적 생태관'으로서, 에코아나키즘을 들면서, 그 세 가지 원칙으로 '휴머니즘의 원칙', '희망의 원칙', '필요의 원칙으로의 전화'를 제시하고 있다. 그 구체적인 내용에 대해서는 다음의 책을 참고할 것. 구승회, 『생태철학과 환경 윤리』, 동국대 출판부, 2001, 135-144쪽.
4) 아나키즘을 정의하는 삼위일체적 요소로서 자유, 자치, 자연의 사상이라고 말하는 것은 기본적으로 박홍규 교수의 저서 『아나키즘 이야기』(이학사, 2004)에서

장적 인간 본성에 대한 이해이기도 하다. 그 양자간의 인간 본성에 대한 탐색을 통하여, '자유'라는 고리가 양 사상을 연결시키는 매듭이라는 것을 제시할 것이다. 또한 '자치'라는 개념은 사회적 아나키즘이 지향했던 사회적 이상이기도 하다. 이러한 결론이 노장 사상 속의 이상적 공동체에서 추구하는 '자치'와의 어떤 근사성을 지니고 있음을 말할 것이다. 그리고 마지막으로 오늘날 생태 문제와 함께 늘 대두되는 '자연'이라는 개념을 생태 아나키즘의 측면에서 간단히 살펴보고, 노장 사상 속에서 발견되는 생태 문제에 대한 새로운 처방을 찾아보고자 한다.5)

'자유'는 인간이 본성적으로 자연스럽게 추구하는 선천적인 지향이며, 그러한 자유에 대한 개체적 지향의 합목적성이 '자치'적 공동체의 출현을 도출하게 되며, 또한 '자유'와 '자치'라는 인간 본성을 토대로 한 자연스런 정치적 틀이 '자연'이라는 생태계의 문제를 치유하게 될 처방이 된다는 것이 필자의 기본적인 구상이다. 그러나 이러한 구상이 공공성을 토대로 사람들의 동의를 얻지 못한다면 아무런 효력을 지니지 못하게 될 것이다. 그러므로 오늘날 생태계의 문제를 치유하는 기본적인 장치로서 '공공성'에 대한 논의를 진행해나갈 것이다. 다만 이런 논의의 바탕에는 다른 두 가지 개념이 이미 기초해 있음을 밝히기 위해, '이성'과 '합리성'이라는 개념을 동반할 것이다. 그러나 생태학적 세계관에서 요구되는 개념은

얻어낸 것이다. 저자가 말하는 것처럼 아나키즘은 참으로 다양해서 그 공통성을 묶기가 상당히 곤란하다는 여지가 있다. 그러나 다양한 아나키즘 관련 저서를 읽어가면서 필자가 얻어낸 결론 역시 아나키즘을 가장 잘 묶어낼 수 있는 세 가지 개념은 위의 자유, 자치, 자연이라는 결론에 도달하게 되었다. 또한 위의 세 개념은 도가 노상 사상과 관련하여, 노장의 생태주의적 확장에서 그 연속성을 발견할 수 있으며, 노장 사상을 에코아나키즘의 틀로서 재구성할 수 있다는 확신이 서게 되었으므로, 필자가 의도적으로 선택한 개념이다.
5) 인간의 자유, 사회의 자치, 생태의 자연이 박홍규 교수의 아나키즘에 대한 기본적인 이해 방식이다. 이와 관련된 논의로는 『아나키즘 이야기』(제2장 왜 아나키즘인가?)를 참조할 것.

기존의 전통적 개념의 틀을 벗어난 새로운 시각과 안목을 필요로 하는 것이 사실이다. 따라서 필자는 생태학적 세계관에 비추어 새롭게 요구되는 '이성'·'합리성'·'공공성'을 '생태 이성'·'생태 합리성'·'생태 공공성'이라고 부르며, 그것의 가치적 규정에 대한 여러 논의를 이끌어내고자 한다.

오늘날 서양의 이성과 합리성에 대한 비판과 반성이 거칠게 일어나고 있으며, 또한 그러한 이성과 합리성에 대한 비판을 통하여 새로운 이성과 합리성이 모색되고 있다. 그러한 일환으로서 당대에 우리가 부닥친 가장 심각한 위협이 문명의 패러다임과 생태 문제와 연관된 문제이고, 그것을 해결하기 위한 방안이 세계관의 전이나 방향 전환이고 보면 동양적 세계관 속에서 생태 이성·생태 합리성·생태 공공성의 문제를 새롭게 모색하는 것이 어쩌면 당연한 귀결일지도 모른다.[6]

이런 개념적 토대 위에 성립하는 노장적 아나키즘이 추구하는 공공성이 바로 오늘날 생태 아나키즘이 세우고자 하는 새로운 세계관의 골조에 해당하는 생태 공공성과 일치한다는 것을 제시할 것이다.

---

[6] 그러나 이러한 동양적 모색에 대하여 머레이 북친은 노골적으로 부정적인 견해를 제시하고 있다. 그 이유를 이진우 교수의 말을 빌리면, "서양 문명의 정신적 밑바탕에 깔려 있는 이원론적 형이상학, 인간중심주의, 자연 지배적 태도, 분석적-담론적 사유는 동양주의를 특징짓는 일원론적 형이상학, 자연중심주의, 자연 친화적 태도, 종합적-직관적 사유와는 분명 모순 관계에 있다"고 보기 때문이다. 즉, "동도서기(東道西器)의 이념은 단지 절충주의적 기형아만 산출할 뿐이다"(이진우,『녹색 사유와 에코토피아』, 문예출판사, 176쪽). 그러나 박이문 교수의 경우는 아시아적 이성 및 합리성의 개념이 생태학적 이성 및 합리성의 개념에 알맞다고 바라본다. 그는 이성 및 합리성의 새로운 정의를 통하여 지역적, 국부적 합리성이 아니라 거시적 시각 속에서 바라볼 때 아시아적 이성 및 합리성은 서양적 이성 및 합리성과 양립 가능한 것으로 제시하고 있으며, 그 양자의 통합 필요성에 대하여 역설하고 있다(박이문,『문명의 미래와 생태학적 세계관』, 183-184쪽). 필자 역시 기본적으로는 박이문 교수의 논의에 동의하며, 그런 기반의 연장 속에서 이 글을 진행시키고 있다.

2. 노장 사상과 에코아나키즘

일반적으로 '아나키'·'아나키스트'·'아나키즘'이란 말은 기존 질서에 대한 강한 불만과 환멸에 사로잡힌 극도의 과격 분자에게 알맞은 냉소적인 용어로 주로 쓰였으며, 또한 그 이념과 행동은 반사회적인 테러리즘이나 니힐리즘, 실현 불가능한 유토피아 사상이나 사회적 신비주의 등과 밀접한 관련을 맺어왔다.[7] 그러나 여기서 간과해서는 안 될 것은 "아나키즘 운동의 실패가 곧 아나키즘의 실패를 뜻하는 것이 아니라는 점"이다.[8] 비록 아나키즘이 제기하는 문제들이 지나치게 극단적이고 기존 질서에 대하여 강한 적개심을 보인다 할지라도 그것이 지향하는 목적에서는 중요한 의미를 갖는다. 그 이유는 "아나키즘의 이념이야말로 어느 시대, 어느 사회를 막론하고 개인의 존엄성과 절대 자유를 갈망하는 인간의 소중한 꿈과 노력의 단적인 표현"이기 때문이다.[9] 특히 오늘날 산업 사회가 직면한 현안들은 아나키즘이 시대착오적인 것이 아니라 오히려 재평가되어야 할 가치 있는 이상임을 입증해준다. 따라서 필자는 아나키즘의 이념은 동양 사회의 역사적 맥락에서도 여전히 유효한 것으로 이해하며, 그것의 역사적 단초를 노장 사상에서 발견하고자 한다. 그러나 노장적 아나키즘에서 찾고자 하는 것은 단순한 이념의 재확인이나 역사적 재구성이 아니라 현대 산업 사회의 생태 문제와 연관되어 발생하는 잘못된 세계관을 치유할 방법론으로서의 아나키즘이다. 필자는 이것을 생태 아나키즘이라고 지칭하고, 노장적 세계관 속에서 그 방법론을 짚어보고자 한다.[10]

---

7) 김은석, 『개인주의적 아나키즘』, 19쪽에서 재인용.

8) 김은석, 『개인주의적 아나키즘』, 19쪽.

9) 김은석, 『개인주의적 아나키즘』, 20쪽.

10) 우리는 이런 주제를 다루기 전에 과연 "노장 사상은 아나키즘으로 분류될 수 있는가?"라는 문제와 더불어 "노자 사상과 장자 사상과의 차별성에도 불구하

1) 아나키와 '자유'

아나키즘의 어원인 아나키(anarchie)는 그리스어 'an'과 'arche'의 합성어로서, 아나르키야(αυαρχια) 혹은 아나르코스(αυαρχος)에서 유래한다. 이 말은 호머와 헤로도투스의 글에서 처음으로 등장하고 그 의미는 '지배자나 지도자의 부재'를 뜻한다. 유리피데스의 경우는 '선장 없는 선원'이라는 의미로, 투키디데스는 '무정부, 무지배, 무규율'을 의미하는 단어로, 크세노폰의 경우는 '집정관이 없는 상태'라는 중립적 맥락으로 사용하였다. 아이퀼로스는 그와 반대로 '전제 지배'라는 매우 부정적 의미로 사용하기도 하였다.11) 피에르 조셉 프루동은 처음으로 자신을 '아나키스트'로 자처하며, 긍정적인 의미로 이 말을 사용하기 시작하였다. 그는『소유란 무엇인가?』라는 처녀작에서 아나키를 "무질서나 혼돈이 아니라, 어떠한 형태의 지배자나 주권자도 없는 상태"를 의미하는 것으로 정의하였다. 다시 말하면 아나키는 인간 본연의 '자연 상태', 즉 '자유'라는 것이다.

서양의 경우 16세기 이래 정치 이론에서 '자연 상태'라는 관념은 사회 질서가 어떻게 구축되어야 하는가, '좋은 사회'는 어떤 것인가,

---

고 여전히 그 둘은 아나키즘일 수 있는가?"라는 의문이 떠오른다. 사실상『노자』나『장자』의 정치적 태도에 대하여, 학자들 상호간의 이견이 여전히 존재하는 것이 사실이다. 즉,『노자』를 자유방임주의로 보는 입장과 정치적 아나키즘으로 보는 입장(Duyvendak, Creel, Maspero, Munro, Graham, Ames, 馮友蘭) 그리고 그에 대한 반론(森三樹三朗: 오상무 교수의 논문 "『노자』의 이상 사회 재고 : '소국과민'을 중심으로"의 註 84에 의거함) 등이 있다. 하지만 이 논문과 관련하여 필자의 입장은 아나키즘의 기본 개념인 '자유' · '자치' · '자연'이라는 이념이 노장에 그대로 실현되고 있으므로, 노장 사상을 하나의 아나키즘으로 묶을 수 있다고 본다. 필자는『노자』의 이상 사회인 '小國寡民'과『장자』의 '無何有之鄕'이나 '至德之世' 등의 사회적 성격과 정치적 경향에 대한 더 상세한 논의는 다른 지면을 통하여 선보이고, 다만 여기서는 지면 관계상 느슨한 논의로 대치할 것이다.

11) 구승회, 제1강 생명운동아카데미 15맥,『에코아나키즘 — 자율적 생태 공동체를 위한 비전』, 「에코아나키즘으로의 초대」.

그리고 정치·사회적 변화를 어떻게 파악해야 하는가 하는 주장을 보여주기 위한 일반적 도구였다. 즉, 여러 이론가들은 자신의 특정 사회 이론을 보여주고 설명하며 정당화하기 위한 도구로서 '자연 상태'라는 개념을 이용하였다. 일반적으로 '자연 상태'는 인간 진화의 단계에서 사회, 국가, 사회 제도, 규칙, 원칙, 규제가 만들어지기 이전의 인간 상태를 표현하는 '사회 이전'의 상태로 언급되었다.[12] 그러나 그러한 자연 상태에 대한 내용 규정에 대해서는 각 사상가마다 달리한다. 그 이유는 그들이 인간의 본성에 대한 분석을 출발점으로 하여, 모든 인간에 공통되는 심리와 행동을 분석함으로써 정치 사회의 규율을 파악해내고자 하였기 때문이다. 그러나 크게 나누어보면 '자연 상태'에 대한 부정적 관점과 긍정적 관점으로 대별해볼 수 있다.

그 하나로 '자연 상태'를 매우 부정적인 극단에서 이해하였던 예로서 서양의 17세기 정치철학자 토마스 홉스(1588~1679)를 들 수 있다. 그는 '자연 상태'를 국가 형성 이전의 인간 사회에 존재했던 것으로, 국가와 정부가 없는 상태, 따라서 법률도 정·부정(正·不正)의 구별도 없는, 로빈슨 크루소와 같은 상태를 '자연 상태'라고 명명한다.[13] 이런 홉스적 견해는 다소 부정적 시각에서 '자연 상태'를 관점화한 것으로서, '자연 상태'가 인간 진화의 긍정적 단계가 아니라, 미개하고 원시적인 야만적 상태를 지칭하는 것으로 본 것이다. 그리고 이 자연 상태에서는 모든 인간의 심신의 능력이 평등하고 또한 자신의 생명을 지키기 위해 어떠한 수단을 사용하여도 무방하므로, 타인을 죽여서라도 자신의 생명을 지킬 권리가 있다고 한다. 이것이 홉스의 유명한 '자연권(自然權)' 사상이다. 그런데 이 자연권은 모든 사람이 가지고 있으므로 생존에 필요한 생활 자료의 획득을 둘러싸고 타인을 죽이는 사태마저 초래한다. 그러므

---

12) 존 배리 지음, 허남혁·추선영 옮김, 『녹색사상사』, 77쪽.

13) 田中 浩·田口富久治 外 지음, 정치사상연구회 옮김, 『국가사상사』, 54쪽.

로 자연 상태에서는 홉스의 이른바 '만인의 만인에 대한 투쟁' 상태
가 불가피해진다고 본다.14)

또 다른 하나의 예로서 존 로크(1632~1704)의 경우도 '자연 상
태' 속의 인간 본성에 대하여 홉스보다는 관대하지만, 여전히 개선
과 진보의 여지를 필요로 하는 매우 기초적이고 빈곤하며 인간의
손을 거치지 않은 '무가치한 것'으로 평가한다. 이것과는 대비적으
로 장 자크 루소의 경우는 '자연 상태'의 인간의 삶에 대하여 긍정
적 시선으로 바라보며, '고상한 야만(noble savage)'이라는 관념을
창출하였다. 그는 그 당시의 계몽주의 사상에 거스르면서 인간이
란 본래 협력적이며 "아메리카나 아프리카의 토착민들의 원시 사
회가 '인간을 위한 최고의' 사회일 뿐 아니라, 문명은 그 자체로 하
나의 은혜가 아니라 항상 이득보다는 비용만을 낳는다"고 주장했
다. 루소는 '고상한 야만'이라는 관념을 갖고서, 문명화되지 않은
인간의 상태가 '야만적'이라는 그 당시의 서구 사회의 지배적 관점
에 대하여 반기를 들었다.15) 루소는 이 시기에 만연했던 '자연적인
것'이 '인공적인 것'보다 저열하다는 관점, 다시 말해 단순한 사회
는 18세기 유럽의 진전된 문명 사회보다 필연적으로 저열할 수밖
에 없다는 관점에 반대한 최초의 사상가였다.

사회적 다윈주의를 표방하는 허버트 스펜서(1820~1903)는 인
간의 자연성 또는 자연 본성이라는 측면을 자본주의의 사적 소유
와 자유 시장 및 경쟁 체제도 인간 본성에 의한 것이라고 정당화하
였다. 그들은 '자연 선택'과 '적자생존'을 주장한 찰스 다윈(1809~
1882)의 이론을 사회 연구에 적용하여, 인간들 사이의 생존을 위한
'자연적' 투쟁에 국가가 거의 간섭하지 않는 사회관을 정당화하고
합법화하는 데 이용하였다. 이런 경향은 주로 '자유방임적' 자본주
의나 고전적 자유 시장적 사회 질서를 정당화하는 데 사용되었으

14) 田中 浩・田口富久治 外 지음, 정치사상연구회 옮김, 『국가사상사』, 55쪽.
15) 존 배리 지음, 허남혁・추선영 옮김, 『녹색사상사』, 79쪽.

며 현재에도 그렇다. 이것은 오늘날 극우파의 자유주의 사회 이론이라고 부를 수 있는 것을 제시하였다. 이는 경제적 경쟁과 자유 시장에 근거하여, (이러한 사회 이론의 핵심 원리이자 가치인) 인간의 자유에 대해 극히 개인주의적인 견해를 표방한다. 그러나 아나키즘은 이들과 다른 입장에서 인간의 자연성, 즉 자연 본성을 이해한다. 현대 아나키즘의 인간성 이해에 통용되는 견해는 주로 크로포트킨(1842~1921)에게서 유래하는데, 그에 의하면 '자연적 조화나 협력'의 상태가 인간성의 전형이라는 것이다. 크로포트킨은 『상호부조론』을 통하여, 상호부조(相互扶助)가 인류 이전 모든 동물의 본능이었고 자연의 법칙이라고 천명하였다. 이런 논의를 따라 세일의 경우는 협동이 인간뿐만 아니라 모든 생명의 본성이라고 보았다.16) 그에 의하면 '적자생존(適者生存)'이란 가장 협동적인 존재의 잔존을 의미한다고 설명한다. 아나키스트들은 인간은 원래 협력적이기 때문에, '인위적인' 국가 제도와 자본주의적 경제 조직이 사라지게 되면 좀더 조화롭고 협력적이며 평등주의적인 사회 질서를 누릴 수 있을 것이라고 생각했다. 이들의 이론은 자유방임적인 경쟁적 자본주의와 불평등한 사회 질서를 지원하기보다는, 자연 속에서 상호 부조, 평등, 조화에 기초한 인간 사회의 모델을 발견할 수 있었던 것이다. 이처럼 아나르코 아나키즘은 인간 본성(human nature)이라는 관점을 그들의 정치 이론에 활용하여, 자신들의 이론적 신조 ― 잘못 형성된 권위에 대한 거부, 법 또는 정부에 관한 이론 및 그에 대한 비판, 모든 악의 개선책, 상호 부조의 개념, 소박성, 분산화, 정치에의 직접 참여, 편리한 삶보다 좋은 삶의 선택 등 ― 의 토대로 삼는다.

오늘날 아나키즘의 정치적 사회적 이념을 생태 문제와 결부하여 해결하고자 하는 북친은 자연이 필연성의 영역으로 파악되는 한, 인간이 자신의 본질을 실현시키기 위해서는 우선 자연으로부터 해

---

16) 박홍규 지음, 『자유·자치·자연 아나키즘 이야기』, 179쪽에서 재인용.

방되어야 한다고 본다. 따라서 전통적으로 자연을 필연적 강제의 영역으로 파악하는 관점을 폐기하고 '자연의 본질은 자유'라는 한스 요나스의 관점을 수용한다.[17] 즉, 자연은 복잡성, 분화, 의식 그리고 궁극적으로는 자유를 향해 발전한다는 것이다. 인간은 자연의 한 부분으로서 자유를 향한 진화 과정에 자연에 호혜적으로 참여하고 있는 것이다. 그에 의하면 "생물학자는 물론 생태학자도 ('투쟁'이 아니라) 공생과 ('경쟁'이 아니라) 참여가 종 진화의 요인이 된다는 생각과 타협"해야만 한다고 말한다.[18] 자연은 잔인하고 무자비하며 맹목적이기보다는 호혜적이고 참여적이며 합목적적일 것이라는 것이다. 그 이유는 자연은 종들의 자유로운 자기 선택에 의한 진화 과정에 다름아니기 때문이다. 초기 단계에서는 진화가 어느 정도 환경의 선택적 힘에 의해 결정되는 것처럼 보이기도 하지만 진화의 본질은 여전히 존재의 능동적인 자기 선택에 근거한다고 북친은 말한다. 이처럼 생명체들은 "자기 자신의 발전 과정에 자기 방향성을 가지고 나름대로 진화의 길을 선택하고 참여할 수 있는 더 다양한 기회를 제공"한다.[19]

그렇다면 노장 사상에서는 '자연 상태'의 인간에 대하여 어떻게 바라보고 있을까? 『노자』나 『장자』의 경우 인위적인 조직이나 제도를 통해서 인간이 어떤 통제나 규율 아래 묶이기 이전의 인간 본연의 모습에 대하여 어떤 생각을 품고 있었을까?

인간본성론 즉, 인성론의 관점에서 볼 때 노자나 장자는 성선설을 견지한다고 볼 수 있다. 『노자』의 경우 인간 본성을 주로 지칭하는 '성(性)'이라는 글자가 하나도 제시되지 않고 있지만 개체 사물

---

17) 이진우, 『녹색 사유와 에코토피아』, 문예출판사, 192쪽.
18) 머레이 북친 지음, 문순홍 옮김, 「자연 속의 자유와 필연」, 『사회생태론의 철학』, 116쪽.
19) 머레이 북친 지음, 문순홍 옮김, 「자연 속의 자유와 필연」, 『사회생태론의 철학』, 114-115쪽.

의 본성을 나타내는 '덕(德)'이라는 말을 분석의 토대로 삼아 살펴볼 때 노장의 인성론의 기본 틀은 자연 상태의 인간의 본성이 완전 무결한 이상적인 모습이라고 전제하는 것임을 알 수 있다. 그것을 보여주는 단적인 이유는 '덕'이라는 말이 노자철학의 체계 내에서는 '도'를 전제로 성립하는 개념이기 때문이라고 할 수 있다. 즉, '도'가 존재 사물의 모든 영역을 아우르는 전체성의 원리라고 한다면 '덕'이란 그러한 전체성의 원리에서 분유된 개체 사물의 원리라고 볼 수 있기 때문이다. '도'가 시간과 공간의 좌표 안에 존재하는 모든 존재의 공통적인 본성이라고 우리가 지칭한다면 '덕'은 우주 본성과의 연결 속에서 개체화된 개별 사물의 본성이라고 할 수 있다. 도가 사상에서 '도'가 완전성과 총체성을 담지하는 영원성의 상징이라면 '덕'은 그 완전성과 총체성이 개별 사물 안으로 구체화된 어떤 능력이나 본질이라고 할 수 있기 때문이다. 따라서 노장 사상 속에서 국가가 개입하기 이전의 '자연 상태' 속의 인간 공동체에 대하여 상당히 긍정적이었다는 것을 우리는 인정할 수 있을 것 같다. 노장 사상은 이상적 공동체의 모습을 제시하면서 인간적 작위에 의한 인간 본성의 변형을 매우 부자연스런 적절하지 못한 경우로 그리고 있기 때문이다. 인간 본연의 모습을 가장 이상적인 상태로 전제하고, 그러한 상태로의 회귀를 강조하는 것[20]이 곳곳에서 발견되기 때문이다.

노장 사상 속에서 발견되는 인간 본연의 모습이 성선설이라고 말할 때 그것은 유가 사상에서 발견되는 성선설의 논리와는 다른 함의를 가진다고 할 수 있다. 유가 사상 속의 성선설은 기본적으로 인간 본성을 도덕적 선악의 토대 위에서 선적인 경향성으로 가는

---

20) 『道德經』. "歸根曰靜, 是謂復命. 復命曰常(16장)", "復歸於無物(14장)", "復歸於嬰兒(28장)", "復歸於樸(28장)." 여기서 말하는 "根"·"命"·"無物"·"嬰兒"·"樸"은 모두 인간 본연의 자연 상태로의 회귀를 지칭하거나 가장 이상적인 '도'의 상태로의 회향을 의미한다. 이러한 것으로 보면 우리는 도가가 인간의 본연에 대한 절대적 믿음이 있었음을 부인할 수 없을 것이다.

결정적 가능성이라는 의미를 함축하고 있지만 도가 사상의 성선설은 단순히 윤리적 도덕적 입장에서 말하는 선(善)이 아니라는 것이다. 유가와 도가의 인성론이 결론적으로 성선설을 견지한다고 말하지만 그 함축 의미는 크게 두 가지 점에서 다르다고 할 수 있다. 하나는 유가의 성선설은 가능성, 경향성으로서의 '성(性)'을 말하지만 도가의 경우는 인간 본성이 가장 이상적인 상태라는 것을 부정하거나 의심하지 않는다. 즉, 인간의 본연은 이미 결정적으로 가장 최선의 상태로서 주어진다고 하는 것을 전제하고 있다는 것이다. 다른 하나는 유가의 '성선(性善)'이 도덕적 완결성을 지향하는 인간 공동체의 이상을 표현한 것이라면 도가의 '성선(性善)'은 후천적인 요소를 통해 인간 본성이 인위적으로 조작되거나 오염되기 이전의 인간 본연의 순수함을 가장 이상적인 최선의 모습이라고 본다. 그것은 도덕적인 선악의 토대 위에서 '선'을 말하는 것이 아니라 본성 그 자체로 완전하다는 '최선(最善)'이라는 문맥에서의 성선이다. 이러한 도가의 인간 본성에 대한 철저한 긍정을 아나키즘의 논리 선상으로 연장해서 살펴볼 때 우리는 그 유사성을 발견할 수 있다.

아나키즘이 인간 본성에 대하여 철저히 긍정하지 못한다면 그 이후로 전개될 논리의 확장은 더 이상 아나키즘의 그것이 될 수 없을 것이다. 아나키즘은 인간 본성이 선천적으로 자유로우며, 도덕적, 사회적, 정치적으로 공동선(公同善 내지 共同善)을 지향한다는 것을 긍정하면서, 그것의 무한한 확장을 지속시켜온 것이다. 이러한 아나키즘의 인간 본연의 모습에 대한 긍정적 관점은 도가 사상의 인간 본연의 상태에 대한 무한한 동경과 이상으로 그 유사성을 우리는 일단 확인할 수 있을 것이다. 아나키즘의 인간본성론이 우주적 차원의 원리와 맞물려서 전개되어온 것은 아니지만 인간의 '자연 상태'에 대한 무한한 신뢰와 동경은 도가의 인간 본성에 대한 신뢰와 맞닿아 있음을 알 수 있다.

생태학과 관련된 이론만 하더라도 다양한 사상 체계가 존재한다. 예를 들면 심층생태주의, 에코페미니즘, 기술 지향적 환경관리주의 등. 그러나 이런 이론들은 독자적으로 '생명 해방'이라는 생태학적 세계관의 변혁을 달성하기에는 다소 미흡한 점이 많다. 오히려 하나의 지배적 담론으로서 생태 문제를 독단적인 이론 지배의 영역 아래 두려는 경향이 있다. 이런 논의의 폐쇄적 구조를 열어 논의에 언제나 개방적인 역할을 할 수 있는 사상으로서 에코아나키즘을 들고자 한다. 그러나 서양의 경우 전통적 아나키즘은 그 어떤 이론보다도 '과격한 해방'을 추구하였던 유토피아적 정치철학이다. 이에 반해 동양의 아나키스트들은 은둔과 피세적 방법으로 자신들의 정신적 유토피아를 건립하고자 하였다. 어떤 실천적 과업을 추구하는 데에서 적극이나 소극적 차이는 있지만 그들이 근본적으로 지향하고자 했던 것은 세계관의 변혁이라는 막중한 과업이었다. 또한 이것을 달성하기 위한 이론적 무기로서 이들이 구사하였던 방법론들을 유심히 살펴봄으로써, 에코토피아의 건립의 자양분으로 삼을 수 있을 것이다. 『장자』의 '제물'의 관점으로 모든 이론 간의 시비 대립을 해소하고, 물아의 대립을 더 크고 넓은 관점으로 해소시키는 장자적 논법은 '방법론적 아나키'라고 할 수 있으며, 장자 역시 동양적 아나키스트라고 할 수 있을 것이다. 그 당시의 사상적 테러를 감행하던 유가, 묵가, 법가의 이론적 수탈과 만행에 대하여, 중심적 사상의 해체를 통한 주변의 가치를 부각시켰던 장자의 논리는 억압받고 지배받는 약자들의 논리를 대변하는 그 자체였다고 할 수 있다. 강력한 이론적 무기를 앞세워 인간성을 수탈하고, 생명들의 가치 척도를 왜곡시켰던 논리들 앞에, 제물의 논리는 분명 지배적 이데올로기를 해체하여 무화시켜버리는 역량을 지닌 것이었다.

2) 아나키즘과 '자치'

필자가 아나키즘(anarchism)을 '무정부주의(無政府主義)'로 번역하지 않는 이유는, 아나키즘이 거쳐온 과정으로서의 역사로 볼 때 결코 적절한 용어라고 할 수 없기 때문이다. '무정부주의'라는 용어가 한자 문화권 내에서 최초로 사용된 것은 명치 10년대 말 서천통철(西川通徹)의 『허무당사정(虛無黨事情)』이고, 그 이후로 아나키즘을 대체로 '무정부주의'로 번역해왔다. 그러나 1936년 스페인 아나키스트들이 인민 전선 정부에 참가한 이후부터 정치에 관여하는 아나키스트들이 출현함에 따라, 아나키가 곧 무정부라는 등식은 더 이상 성립할 수 없게 되었다.[21] 그 후 국내에서는 '무정부주의'라는 번역어 대신에 원어를 그대로 사용하는 추세며, 혹은 그 대안으로서 '무권위주의(無權威主義)'나 '반권위주의(反權威主義)' 또는 '비권위주의(非權威主義)'가 제시되기도 한다. 그러나 이런 용어는 아나키즘에 대한 부정적, 소극적 태도로 인식되기 쉬우므로, 박홍규 교수의 말처럼 "자유롭게, 자치로, 자연과 더불어 사는 사회를 지향하는 것"[22]이라고 정의하는 것이 적절하다고 판단된다. 따라서 필자는 아나키즘이라는 말이 담을 수 있는 의미 외연을 확장시키기 위해 그 용어를 번역하지 않고 사용할 것이다.

프루동은 1840년 그의 주저인 『소유란 무엇인가?』에서, "아나키즘은 인간에 의한 임의의 지배를 허용하지 않는다는 점에서가 아니라 법칙의 권위, 즉 법적 필연성을 인정하지 않는다는 점에서 자유다"라고 말한다. 즉, 아나키즘이라고 해서 어떠한 형태의 통치도 인정하지 않는다는 점에서 자유라는 것이 아니라 어떤 권위나 지배의 형태로서의 정치적 구성체를 인정하지 않는다는 의미에서 그러하다는 말이다. 프루동은 1863년에 발표한 『연방주의적 원리와

---

21) 이호룡, 『한국의 아나키즘』, 지식산업사, 2001, 15쪽.
22) 박홍규, 『아나키즘 이야기』, 46쪽.

혁명당 재건의 필요에 관하여』라는 글에서, 정치적 질서는 권위와 자유라고 하는 이원 대립적 원리에 의해 성립된다고 하면서, 통치 형태를 크게 두 가지로 분류하고 있다. 하나는 '권위적인 제도'로서 '개인에 의한 만인의 통치'를 지향하는 군주제나 족장제(族長制)와 '만인에 의한 만인의 통치'인 공산주의다. 다른 하나는 '자유로운 제도'로서 '각자에 의한 만인의 통치'인 민주주의와 '각자에 의한 각자의 통치'라고 하는 아나키즘으로 구분된다고 주장한다. 여기서 그가 말한 아나키즘은 곧 자치(自治)를 뜻하는 것으로, 정치적 기능이 모두 경제적 기능으로 환원되는 것을 말한다.23) 이러한 아나키즘에 대한 프루동의 설명에서 우리는 정치적 기능을 모두 경제적 기능으로 환원하는 그의 논리를 생태적 자치 기능으로 환원할 수만 있다면 우리가 지향하고자 하는 생태주의와 결부된 아나키즘으로의 변모가 가능할 것이라고 생각된다.

　박홍규 교수의 견해에 의하면 "아나키스트들은 그들의 이데올로기를 '자연적'이라고 주장하고, 그것이 자연 질서와 일치한다고 설명하면서 그들의 이데올로기를 정당화한다. 즉, 아나키를 자연 상태라고 하고 인간은 자연스럽게 독립, 평등, 자기 충족을 요구한다고 설명한다."24) 노장 사상 역시 '자연주의'라고 불리는 것과 마찬가지로 '자연'이라는 이데올로기[다시 말하면 '도(Dao)'의 본연 상태를 지칭하는 '자연'으로서의 '주의(ism)']로 자신들을 정당화한다.25) 그리고 그러한 도의 속성들, 즉 독립성, 평등성, 자기충족성 등을 자신들의 이데올로기로 수용하려고 노력한다. 또한 그는 "아나키즘은 인간 사회를 자연 속에서 독특한 것으로 보지 않고 인간도 다른 종들과 마찬가지로 자연의 생태적인 법칙에 복종해야 한다고 주장한다."26) 이것은 곧 『도덕경』 속의 "자연의 길(道)은 언

23) 박홍규, 『자유 · 자치 · 자연 아나키즘 이야기』, 123쪽.
24) 박홍규, 『자유 · 자치 · 자연 아나키즘 이야기』, 184쪽.
25) 『道德經』, 第25章. "人法地, 地法天, 天法道, 道法自然."

제나 인위적 법칙에 의하지 않으므로 자신의 메커니즘을 유지할 수 있다. 만일 통치자가 이러한 자연의 길을 자신의 통치의 원리로서 받아들인다면 모든 사람들이 저절로 그러한 법칙에 순응하고 따르게 될 것이다"[27]를 연상시킨다. "곧 모든 존재는 자연의 연쇄 속에서 자신의 장소를 가지므로 모든 존재가 자연의 길을 따라야 전체가 훌륭한 상태를 유지하게 되며, 어떤 종이든 자연으로부터 벗어나 연쇄를 파괴하면 재해가 생겨난다는 것이다."[28] 이러한 언명은 과연 어느 것이 노장적 언명이고 어느 것이 서구 아나키스트들의 발언인지를 구분하기 어렵게 만들 정도로 유사성을 띠고 있다. 아나키즘은 사회를 자연적 성장체로 이해하고, 그런 사회 내에 작용하는 균형의 자연 섭리[노장 사상 속의 '자균(自均)'(『道德經』 제32장)이나 '천균(天鈞)'(『莊子 · 齊物論』)에 해당함]를 파악하고, 인위적으로 형성된 인간들의 위계 질서인 권위를 질서의 벗이라기 보다는 저항의 대상으로 받아들인다. 프루동은 자연적 성장체인 사회가 기능하는 '실질적인 제 원리'는 권위와는 무관하며, 그것은 위로부터 부과된 것이 아니라 사회 그 자체의 속성으로부터 연유되는 제 원리에 의한다고 한다. 프루동에 의하면 인간은 자연 본성 상 사회적 존재이므로 자발적, 자연적 성장체인 사회는 스스로의 원리에 의해 조직되며 운영되는 자연스런 공동체라는 것이다. 이런 점에 대하여 크로포트킨도 「근대 과학과 아나키즘」이라는 논문에서, "아나키스트가 이상적이라고 생각하는 사회는 그 구성원의 모든 호혜적 관계가, 법에 의해서나 권위 — 스스로 부과했던 혹은 선거에 의해 부과되었던 — 에 의해서가 아니라 오로지 사회 구성원 사이의 상호 동의 및 사회적 습관이나 전통의 집적에 의해 자율

---

26) 박홍규, 『자유 · 자치 · 자연 아나키즘 이야기』, 187쪽.

27) 『道德經』, 第37章. "道常無爲, 而無不爲. 侯王若能守之, 萬物將自化."

28) 같은 책, 187쪽. 이 문장 또한 『道德經』(제29장)의 다음과 같은 문구를 떠올리게 한다. "天下神器, 不可爲也. 爲者敗之, 執者失之."

적으로 규제되는 그러한 사회다. 그러므로 지배적인 모든 권위를 거부한다"고 강조하고 있다.

노장 사상에서 주로 말하는 자치적 공동체의 원리는 아나키즘처럼 '사회 성원 사이의 상호 동의나 관습 혹은 전통'에서 연유하는 것은 아니지만 어떤 권위나 지배를 거부하는 점에서는 일치한다. 노장 사상에서 말하는 자치의 원리인 '무위의 다스림(無爲之治)'은 그 통치의 원리가 '법자연(法自然)'이라는 자연의 제 원리에서 그 통치의 원형을 찾아낸다는 것이다. 인간들은 땅의 원리를 자신의 본보기로 삼고, 땅은 하늘의 원리를 자신의 모범으로 삼으며, 하늘은 도를 자신의 원리로 삼으며, 도는 다시 '자연'을 자신의 제 원리로서 모방한다.29) 『도덕경』에서 말하는 '자연'이 구체적으로 현상된 대상으로서의 외부적 물리 대상을 직접적으로 지칭하는 것은 아니지만, 그것은 오늘날 일반적으로 말하는 대자연(외부 자연)과 사물의 자연성(내부 자연)을 형성하는 기본적인 원리를 지칭하는 개념이라는 것이다. 그리고 그 추상적 '자연'이 형이상학적 원리로서 개념화된 형태가 '도'인 것이다. 따라서 『도덕경』의 '무위(無爲)'의 다스림이란 다름아닌 '도'의 다스림, 즉 도치주의(道治主義)라고 할 수 있다. 이러한 도치주의의 이상적인 형태에 대하여, 『도덕경』에서는 다음과 같이 언급하고 있다. "최상의 이상적인 통치 형태는 아래의 피치자들이 다만 그것의 존재만을 알고 있을 따름이다.(판본에 따라서는 원문의 '下'가 '不'로 되어 있어, 그것의 존재조차 인식하지 못하는 정치체가 가장 이상적이라고 해석되는 것도 있지만, 그 두 가지 해석이 모두 어떤 지배나 정치적 영향력을 직접적으로 행사하지 않는 통치 형태라는 것은 명백하다.)"30) 여기서 언급되는 이상적인 통치 형태란 다름아닌 자연의 원리를 통치 형태로 구현해낸, 이상적인 정치 원리로서 '무위'의 다스림을 말한 것이다. 그

---

29) 『道德經』, 第25章. "人法地, 地法天, 天法道, 道法自然."
30) 『道德經』, 第17章. "太上, 下知有之. 其次, 親而譽之. 其次, 畏之. 其次, 侮之."

렇다면 구체적으로 '무위'의 다스림이란 무엇인가? 먼저 '무위'를 알기 위해서는 그것의 반대 급부인 '위(爲)'의 문자적인 형태(爪+象)에 대해서 알아야 할 것이다. 그것은 간단히 말해 '코끼리를 사역시켜 거대한 사업을 진행하거나 코끼리를 조련시키는 모습'이다. 중국 고대에 코끼리가 성벽을 축조하거나 수리하는 데 주로 동원되었던 것처럼 인간들이 감당하기 힘든 거대한 노동력을 필요로 하는 사업에 주로 코끼리가 사용되었을 것이다. 그러나 코끼리를 사역하여 성벽을 축조할 경우에도, 코끼리가 감당하기 힘들 정도로 무리한 노동을 진행하게 되면 도리어 그 동물에 의해 해를 입게 마련이다. 훌륭한 조련사는 코끼리의 본성과 능력에 대해 잘 파악하여 순리대로 사업을 진행시켜가는 것이다. 여기서 코끼리는 피치자로서 일반 백성에 해당되며, 조련사는 군주라고 볼 수 있을 것이다. 즉, 통치자로서 군주는 백성들의 본성에 적합하게, 부담을 느끼지 않도록 자율적으로 힘을 행사하도록 도와주는 입장에 서야 하지, 무리하게 어떤 법이나 제도를 통하여 강제하게 되면 오히려 그 존재조차도 위협받게 된다는 논리다. 이것을 사상적 의미에서 정리해보면 다음과 같다.

첫째, 무위(無爲)는 무위(無違)다. 즉, 자연의 원리를 위배하지 않고, 그것에 순응한다는 소극적인 표현이다.[31] 둘째, 무위(無爲)는 무위(無僞)다. 즉, 어떠한 형태의 인위적 작위에 의한 간섭이나 지배를 인정하지 않는다.[32] 따라서 자연의 진실한 모습(眞)에 따라

---

[31] 王弼의 『道德經』 第25章 注에 의하면 다음과 같다. "法自然者, 在方而法方, 在圓而法圓, 於自然無所違也."

[32] 『道德經』, 第29章. "將欲取天下而爲之, 吾見其不得已. 天下神器, 不可爲也. 爲者敗之, 執者失之." 이 말은 천하라는 정치적 세계는 다스림의 대상일 수가 없다는 것이다. 천하는 인간의 능력을 초월해 있는 신묘한 원리, 즉 자연의 원리에 입각해서 운영되는 질서체이므로 인간들의 인위적인 정치적 구성체에 의해 '爲', 즉 '治'의 대상물로 삼아서는 안 된다는 것이다. 그런데 만일 이런 자연의 원리를 위배하고서 인위적인 법률이나 제도를 통하여 통치자 자신의 의지를 실현하고자

행위하는 것이다. 어떤 인위적인 의도나 목적을 가지고 실천에 임하는 것이 아니라 자기 방임적인 어쩌면 자기 중심적인 아집이나 집착을 떨어버린 행위라는 것이다. 내부적으로는 자신의 본연의 질서인 자연 본성에 따라 실천에 임하면서, 외부적으로는 종족 중심적인 논리를 버리는 것이다. 따라서 이것은 동시에 '무사(無私)'의 정신을 실천하는 것이기도 하다. 셋째, 무위(無爲)는 무위(無威)다. 무위는 어떠한 권위적 존재나 지배적 형태를 거부하고 오로지 도의 원리에 의해 자신의 생활을 영위해나갈 뿐이다. 어떤 권위나 지배 체제에 편입되기를 거부하고, 자연의 공평무사한 평등의 질서에 입각하여 행위하는 것이다.[33] 넷째, 무위(無爲)는 무위(無位)다. 무위란 어떤 인간 사회의 위계 질서나 순차적인 자리매김을 거부하고 자연의 방식을 자신의 자리로서 받아들인다. 『도덕경』 속에서 이상적인 통치자로서 '성인(聖人)'이나 '후왕(侯王)'의 존재를 말하지만 적극적인 의미에서 노자가 주장하고자 하는 의도를 살펴보면 그런 '성인'이나 '후왕'의 존재는 형식에 불과한 일종의 가설

한다면 그 궁극은 실패로 끝나고 말 것이라는 노자의 경고 어린 메시지라고 우리는 읽을 수 있다. 또한 『道德經』, 第48章에서는 "取天下常以無事, 及其有事, 不足以取天下"라고 말한다. 여기에서 알 수 있듯이 천하를 '有事', 즉 인간 질서 속의 어떤 구체적 대상물을 처리하는 방식으로는 그것을 다스릴 수 없음을 말한다. 이곳의 '取'는 그 당시의 모든 소국들을 합병하려는 대국주의의 기획에서 상대국들을 '掠取'한다는 의미보다는 통치의 영역으로서, 자신의 질서 편제 아래 두려는 시도로 볼 수 있다. 노자는 천하를 자연의 질서 그 자체에 맡겨서, 그것의 운영 방식에 따라 운영해야지(無事) 인간들의 작의적인 방식으로 자신들의 목적 하에 편입하려는 시도는 모두 무위로 끝나버릴 것임을 암시하고 있다.

33) 『道德經』, 第10章. "愛民治國, 能無爲乎?" 이 말은 통치자로서의 군주가 피치자를 나스리거나 국가를 운영하는 데에서, 자신의 사사로운 이익이나 주관적인 편견에 사로잡혀 잘못된 판단을 내리지 않으려면 마땅히 無爲라는 자연의 원리에 입각한 통치를 선택해야 한다는 것이다. 또 다른 한편으로는 통치자의 통치 원리가 강제하는 인위적인 수단에 의한 것이 아니라 백성들의 자율적 의지(百姓之心)에 따라 구현되도록 하며, 자연적 성장체로서의 국가를 '神器', 즉 스스로 운영되는 유기적 政體로 이해하려는 마인드라고 볼 수 있다.

에 불과하다는 것을 알 수 있다. 다시 말해 노자가 적극적으로 주장하고자 하는 것은 그 당시의 억압적이고 강제적인 통치 수단에 의지하여, 피치자들의 위에 군림한다는 의식을 버리도록 설득하고 있는 것이다. 군주는 허군(虛君), 즉 명목상의 존재일 뿐 그 이면은 강제로 지배하는 군주가 아니라 백성들의 자율적인 의지를 존중하고, 그들 본연의 존재 방식에 따라 운영되는 자율적 공동체를 희망하고 있는 것이다. 따라서 무위의 다스림이란 '무위(無位)의 군주'를 주장하는 것이다. 이런 논리는 자연의 원리를 터득하게 되면 제왕과 같은 지위에 해당하며, 그와 같은 위치에서 우주를 다스리는 존재라는 『장자』「응제왕(應帝王)」의 '제왕(帝王)'과 같은 의미 맥락에서 이해할 수 있다. 진정한 제왕이란 인간세의 위계 질서의 정점에 위치해 있는 '유위(有位)의 제왕'이 아니라 자연의 흐름과 하나가 될 수 있는 '천지정신(天地精神)'(『장자』「천하」편의 말임)을 자신의 내부적 원리로 구현한 사람이야말로 진정으로 자연을 '통치하지 않는 방식으로 통치하는(無治之治)' 제왕이라는 것이다. 즉, 도가의 이상적 제왕은 무위(無位)의 제왕이라는 것이다. 이것은 다시 말하면 도가의 다스림이 타율적으로 외부적 권위에 의해 다스려지는 조직체를 지향하는 것이 아니라 사물 개체들의 본성에 근거한 자율적 공동체를 자연적으로 형성하여, 그 내부에 흐르는 자연의 원리에 입각한 자치주의를 표방하는 것이다. 위로는 통치자의 지배적인 권위를 거부하고(無治), 아래로 자신들의 본연의 내부 의지(자연 본성)에 따라 자율적으로 공동체를 구성하여 다스려 나간다(自治)는 원리이므로, 그것은 '무치지치(無治之治)', 즉 '자치(自治)'라고 할 수 있다.

3) 에코아나키즘과 '자연'

현대 아나키즘의 주류를 이루는 것은 생태주의 안에서의 아나키즘, 즉 생태 아나키즘이다. 아나키즘의 여러 이론적 시도들이 있어 왔으며, 오늘날에도 근대 아나키즘의 맥을 계승하는 다양한 이론이 존재하지만 그 가운데 가장 괄목할 만한 사상 조류는 에코아나키즘이다. 현대 에코아나키즘의 유형은 크게 두 가지 정도로 분류된다. 하나는 머레이 북친을 효시로 하는 사회생태주의이고, 다른 하나의 유형은 생태자치주의다. 전자는 환경적 퇴화의 사회적 기원을 강조함으로써 계층제에 따른 인간에 의한 인간의 지배가 인간에 의한 자연의 지배를 초래했다고 본다. 따라서 사회생태주의는 자유에 입각한 비계층적 관계를 주장한다. 후자는 다시 금욕주의와 생물지역주의로 나뉘는데, 로작과 루돌프는 전자를 대표하며 수도원적 생활 태도를 통해 복잡한 사회로부터 해방되어야 한다고 주장한다. 이에 반해 생물지역주의는 공통의 속성을 갖는 지리적 지역에서 인간과 장소 간의 친밀한 생물적 공동체를 구축하려고 하며, 세일은 그 대표자다.[34]

아나키즘적 사유를 생태 공간에 접목하여, 공적 도덕을 모색하려는 움직임들이 우리 사회에서도 일어나고 있다. 그 예로서 구승회의 주장을 보면 다음과 같다. "민족국가 모델의 변화와 사회 구조의 변형은 자연스럽게 공적 도덕의 토대를 바꾸라고 요구하고 있다. 즉, 자본주의 생산 양식에 적합한 경쟁, 타협, 합리성이라는 공적 도덕은 생태(학)주의 시대를 맞이하여 연대, 결속, 보편적 관용이라는 '생태(학)적 도덕'을 요청하고 있다."[35] "공적 영역에서 세계화가 지속될수록, 사적인 생활 세계는 더욱 '탈중심화', '지역 분산화'할 것이고, '우주적 사유와 국지적 행동'이라는 존재 방식은 생태(학)적으로 뿐만 아니라 다문화주의 시대의 공존의 법칙이기도 하다."[36]

에코아나키즘은 사회생태주의의 한 형태로서 생태 위기의 원인

---

34) 박홍규, 『아나키즘 이야기』, 104-105쪽 참조.
35) 구승회, 『에코아나키즘으로의 초대』, 생명운동아카데미 15맥.
36) 구승회, 『에코아나키즘으로의 초대』, 생명운동아카데미 15맥.

이 일정한 사회적 요인에 있다고 진단한다. 특히 그들은 인간의 지배와 자연의 파괴가 몇몇 인간이 다른 인간을 지배하고 통제하는 '지배'와 '위계'라는 사회적 유형에서 기인한다고 본다. 즉, 사회 구조가 타자의 이익을 위해 사회 구성원을 억압하도록 기능한다고 주장한다. 또한 억압적인 사회 구조는 자연계에 대한 지배를 포함하여 일체의 지배 형태를 조장하는 사고 방식과 생활 방식을 강화하도록 기능한다.

머레이 북친은 이것을 다음과 같이 요약하고 있다. "인간에 의한 자연의 지배라는 관념은 인간에 의한 인간의 지배에 뿌리를 둔다."[37) 이러한 입장에서 환경 파괴는 인간의 지배 형태의 일종인 자연에 대한 인간의 지배로 이해될 수 있다. 이런 생태계의 위기를 좀더 잘 이해하기 위해서는 일반적인 인간의 인간에 대한 지배 형태를 이해할 필요가 있다. 즉, 생태 문제를 제대로 다루기 위한 대안으로서 사회정치철학의 근본 문제를 다루어야 한다. 사회 안에 존재하는 지배와 억압의 유형을 규명하고 분석해야 하며, 정의의 철학적 관점에서 이러한 유형들을 평가해야 한다. 따라서 대안적인 생태적 입장은 모든 인간이 지배와 억압에서 자유로운 사회 정의의 모델에 기반하여야 한다.[38)

사회생태주의자들은 환경 파괴를 일반적이고 광범위한 지배와 위계 형태의 하나로 본다. 지배와 위계 형태에는 사유재산권, 자본주의, 관료주의, 국가뿐만 아니라 인종주의, 성차별주의, 계급 구조 등의 사회적 관행과 사회 구조가 모두 포함된다. 이들 사회적 관행과 제도는 일정 인간이 다른 인간에 대해 권력과 지배를 행사하는 사회적 위계를 확립한다. 사회생태주의자들은 정의에 대한 아나키스트적 관점을 옹호한다. 그것에 의하면 자유는 외적 강제와 심리

---

37) Bookchin, Murray, *The Ecology of Freedom*, Paolo Alto, Chesire Books, 1982, 1쪽.
38) J. R. 데자르뎅 지음, 김명식 옮김, 『환경 윤리의 이론과 전망』, 325쪽.

적 조작이 없는 상태로 자유야말로 정의의 본질적 요소라고 본다.

19세기의 아나키즘이 개인, 사회, 국가의 권위로부터의 해방을 목표로 하고 있었다면, 이것은 정치적 테두리 안에서의 개인 해방, 민족 해방, 계급 해방을 지향하는 인간 중심적 논의였다고 할 수 있다. 즉, 정치적 아나키즘의 진정한 목표는 개인, 민족, 계급이라는 인간 해방을 통하여 '이상 사회를 건설'하려는 의식의 진화가 이론화된 것이라고 할 수 있을 것이다. 그러나 오늘날의 생태계의 위기는 이런 사회적·정치적 맥락에서의 '인간 해방'을 요구하는 것이 아니라, 해방의 대상을 '환경 또는 생태계'로 잡고 있다. 인간들의 기술과 과학이라는 장비로 인한 수탈과 착취로부터 '생태계'를 해방시키기 위해서는 근본적으로 자연관이나 세계관의 변혁이 요청되고 있다. 이러한 세계관을 포괄적으로 담을 수 있는 이론적 지평이 오늘날 새롭게 부각되고 있는 에코아나키즘 운동이며, 이것을 통하여 좀더 구체적으로는 생태계를 구성하는 다양한 생물 종, 즉 '생명 해방'을 목표로 삼고 있다. 인간만의 해방이 아니라 인간을 제외한 그 외의 모든 생명을 그 무엇의 간섭이나 지배로부터도 벗어나도록 해야 한다는 강령을 지니고 있는 것이다.

에코토피아는 생태계의 조화와 균형만이 기능하고, 지배와 피지배라는 정치적 역학 관계가 사라진 자율적 공동체다. 국가 권력을 넘어선 '자유로운 개인의 자율적 연합'이라는 유토피아적 이상 사회의 건설을 목표로 삼고, 뭇 생명들이 평등하게 대우받는 세상을 열어나가는 실천적 이상향이다. 과거의 정치적 아나키스트들의 이상향이 이념적이었다면 생태적 아나키스트가 건설하고자 하는 이상향은 실천적 가능성을 지닌 공동체 마을의 실현이 될 것이다.

3. 생태 이성, 생태 합리성, 생태 공공성

1) 이성(理性)과 '도(道)'

먼저 이성에 대한 사전적 정의를 보면, "우리말 '이성(理性)'은 프랑스어 / 영어의 레종(raison) / 리즌(reason)이라는 낱말의 번역 며, 이 프랑스어 / 영어의 어원은 '계산 / 비례'를 뜻하는 라틴어 라 티오(ratio)며, 이 라틴어는 '일관성 있는 논리적 담론 또는 그 담론 에 담긴 진리'를 뜻하는 그리스어 로고스(logos)라는 낱말의 번역 이다. 로고스는 '계시적 담론'으로서의 미토스(mythos)나 즐거움 이나 설득을 목적으로 하는 '수사학적 담론'과 대치된다."[39] 이처 럼 '이성'은 '로고스'라는 서양의 문화적 전통에서 자라나온 개념으 로, 그 구조적 틀 안에서 자리매김하는 것이 적절할 것이다. 그러나 서양의 사유 전통이 로고스중심주의라고 한다면 동양의 사유 방식 을 자리매김할 수 있는 그와 대치할 수 있는 개념은 무엇이 있을 까? 박이문 교수에 의하면 "그리스어의 로고스, 라틴어의 라티오, 프랑스어 / 영어의 이성에 가까운 동양적 개념으로서는 한자인 '지 (智)', '각오(覺悟. buddhi)', '현량(現量. paksa)', '도(道)', '이(理)', '성(性)', 산스크리트어인 '다르마(dharma) / 법' 등을 들 수 있고, 따 라서 서양의 '이성'이라는 낱말은 '각오', '현량', '도', '이', '성', '다르 마' 등의 낱말로 대치할 수 있을 것 같다"고 한다.[40] 여기에서 불교 적 개념을 제외한,[41] 서양의 '이성' 개념에 대치되는 중국철학적 개

---

39) 박이문, 『이성의 시련』, 41쪽.

40) 박이문, 『이성의 시련』, 41-42쪽.

41) 고려대 철학연구소의 '공적 합리성 연구단'의 중간발표회에서 본 논문을 발표 할 때 조성택 교수는 박이문 교수가 서양의 '이성'에 대치할 수 있는 개념으로서, 불교에서 적출한 개념들(각오 · 현량 · 다르마)은 서양의 '이성'이라는 개념에 대 치하기 어려운 것들이라는 지적이 있었다. 이에 본인은 이러한 지적에 공감하며, 불교적인 개념은 고려의 대상에서 제외하고자 한다. 그러나 본 논문의 초점은

넘은 '도', '이', '성' 등이며, 그것을 『노자』와 관련해본다면 '도'를 말할 수 있을 것이다. 그러나 서양의 '로고스'와『노자』의 '도' 사이에는 여전히 많은 차이가 존재한다. 그러나 그 차이는 더 이상 건널 수 없는 심연이라기보다는, 서양의 도구적, 분석적 이성의 분열과 위기를 치유하거나 보완할 수 있는 '도'가 가진 긍정적이고 적극적 가치라고 볼 수 있을 것이다. 따라서 필자는 서양의 형식으로서의 '이성'의 틀에, 중국철학의 '도'라는 내용으로 새롭게 재구성한 생태적 이성을 제시할 것이다. 그 이점은 '도'가 가진 보편성(普遍性), 변증성(辨證性), 전일성(全一性), 심미성(審美性) 등을 그 특징으로 들 수 있을 것이다. 그것을 이성의 이름 아래 다시 쓰면 '변증법적 이성', '심미적 이성', '전일적 이성'이라고 부를 수 있는 내용을 그 특징으로 삼는 생태적 이성으로 탄생할 수 있을 것이다.

박이문 교수는 생태적 이성으로서 '미학적 이성'을 제시하고 있으며, 머레이 북친의 경우는 '변증법적 이성'이 곧 생태 이성의 성격이라고 주장하며 자신들의 진술에 대한 논증을 펼치고 있다. 그런데 박이문은 동양적 이성을 생태적 이성의 성격을 규정할 대안이라고 긍정적인 처방을 제시하는 반면, 머레이 북친은 생태 문제와 관련하여 동양적 신비주의에서 그 대안을 찾는 것에 대하여 상당한 반발심을 보이고 있다.42) 그러나 머레이 북친의 문장을 자세

여전히 노장 사상의 '도'와 '로고스'이므로, 필자가 그것의 상관성을 인정하는 한, 위의 인용문을 그대로 제시하고자 한다.

42) 서구의 전통적 이성(또는 '관습 이성')이라는 분석적, 도구적 이성과 대별되는 새로운 대안으로서 제시되는 생태적 이성이나 합리성을 모색하고 있는 사람들로는 사회생태주의의 대표자로, '변증법적 이성'을 외치는 머레이 북친(Murray Bookchin), 문순홍 옮김, 『사회생태론의 철학』(솔, 1997)이 있다. 또한 하버마스의 의사소통합리성을 인간과 자연의 관계에 확대 적용하여, 인간중심주의가 아닌 '비인간중심주의'의 입장에서 생태 합리성을 정초하고자 시도하는 드라이젝(J. Dryzeck, "Ecological Rationality", *International journal of Environmental Studies*, vol.21 (1983) 및 "Green Reason : Communicative Ethics for the Biosphere", *Environmental Ethics*, vol.12 (1990))이 있으며, 그 외에도 생태 합리

히 보면 그는 동양적 문헌에 대한 진술이 상당히 부정확하며, 그러한 편견은 동양적 사유 방식에 대한 무지(無知)에서 비롯한 것임을 우리는 쉽게 알 수 있다. 필자는 앞의 생태적 이성에 대한 그 대안적 규정들이 모두 『노자』나 『장자』 속에 출현하는 '도'라는 개념으로 포괄될 수 있을 것이라고 생각한다.

'도'는 존재론적 속성과 동시에 인식 주체의 인식론적 속성을 동시에 갖는 개념이라는 것이다. 즉, 존재의 속성이면서 인식의 틀로서 기능한다는 것이다. 존재의 속성으로서 말하는 '도'의 성격은 동양적 문맥에서는 너무나 당연시되므로, 여기서 인식의 틀로서 기능하는 '도'에 대하여 간단한 예를 들어보면 『장자』의 '도의 차원에서 현상을 살핀다(以道觀之)'를 말할 수 있다. 요컨대 노장적 관점에서 제시될 수 있는 생태적 이성의 성격은 '이도관지'에서 제시될 수 있는,[43] 탈중심적, 전일적, 포괄적, 변증적 관점을 그 특성으로 제시할 수 있을 것이다. 그 특성을 자세히 살펴보면 다음과 같다.

첫째, 탈자적(脫自的) 관점이란 탈중심적 이성에 입각한 인식의 틀을 말한다. 이것은 반(反)인간중심주의적 관점이 아니라 탈(脫)인간중심주의의 관점에서, 전체 생태계의 신진 대사를 보려는 입장을 견지하려는 것이다. '즉자(卽自)'나 '대자(對自)' 혹은 '즉대자(卽對自)'적 관점이 아니라 '탈자(脫自)'적이란 관점의 자기초월성

성을 이론화하려는 시도로서 바틀렛(Bartlett, R. V, "Ecological Rationality : Reason and Environmental Policy", *Environmental Ethics*, vol.8(1986))의 경우 등이 있다. 국내에서는 박이문이 생태학적 세계관의 건립에 기여할 새로운 이성과 합리성으로서 '미학적 이성'을 말하고 있다(박이문, 『문명의 미래와 생태학적 세계관』, 152-186쪽을 참조할 것). 그리고 사회학의 영역에서 '생태학적 합리성'에 대한 논의로서, 루만(Luhmann)의 '체계합리성'의 틀을 유지하면서 동일성/차이의 차이에 기초한 성찰을 통해 조율된 집합적 학습 과정을 열어주는 생태학적 합리성이 환경 문제를 해소할 수 있는 대안으로 제시하는 노진철 교수(최병두·김종달 외, 『현대 환경 문제의 재인식 — 학제적 접근』, 한울아카데미, 2003, 35-40쪽) 등이 있다.

43) 王德有, 『以道觀之 : 莊子哲學的視覺』(人民出版社)를 참조할 것.

을 염두에 둔 표현이다. 그 예로 우리는『장자』속의 우화적인 이야기들, 즉 '정저지와(井底之蛙)', '북해약(北海若)', '이기양양조(以己養養鳥)'와 같은 우화적 이야기를 통해 그러한 관점을 이해할 수 있을 것이다. 그러한 이야기 속에서 말하고자 하는 것은 성찰적 반성을 통해 자신이 견지해온 인간학적 편협한 관점을 초월할 것을 요구한다. 둘째, 전일적 관점이란 전일적 이성에 입각한 인식의 틀을 말한다.『장자』의 "도통위일(道通爲一)", "천지여아병생(天地與我竝生), 만물여아위일(萬物與我爲一)", "통천하일기(通天下一氣)", "독여천지정신왕래(獨與天地精神往來)"와 같은 표현들을 통해, 우리는 그것들이 강조하고자 하는 것이 자연과 인간은 하나(天人合一)라는 일체감이라는 것을 알 수 있다. 장자가 제시하는 천지정신(天地精神), 일기(一氣), 일화(一化) 등은 현존재로서의 인간이 온 우주 생명과 더불어 교감하며, 동류 의식을 가지고 상호 교류하라는 것이다. 전체로서의 대우주, 즉 생태계 전체와 소우주로서의 우리는 자연의 일부로서 관계하고 있다는 관점을 제시한다. 이것은 인식에서 뿐만 아니라 존재론적 측면에서도 생명은 동일한 원천(一氣)에서 발원하였으며, 동일한 생태계의 상호 연관성 속에서 변화 성장(一化)한다는 것이다. 따라서 온 인류는 천지정신, 즉 모든 생명체를 품고 그것들과의 일체적 연관성 속에서 사고를 진행하자는 논리다. 셋째, 통합적 관점44)이란 변화하는 현상의 다양한 측면을 전체적으로 포괄하면서, 더 고차적 입장에서 문제를 관조하며, 그 해결책을 강구하는 방법을 말한다. 넷째, 변증적 관점이란 현상의 존재 사물들의 변화하는 모습이 기계적인 인과 관계에 의한 질서의 재편이라기보다는 유기체의 변증적 변화의 관점에서 설명할 수 있을 것이다.45) 다섯째, 심미적 관점46)이란 심미적 이성으로 사물을 분석

---

44)『莊子·齊物論』. "彼是莫得其偶, 爲之道樞."

45)『莊子·秋水』. "道無終始, 物有死生, 不恃其成, 一虛一滿, 不位乎其形, 年不可擧, 時不可止, 消息盈虛, 終則有始, 是以語大義之方, 論萬物之理也, 若驟若馳, 無

적으로 대립적인 구조에서 탐구하는 것이 아니라 사물이 가진 내재적 가치를 발견하려는 심미안을 가지고, 사물을 전체적으로 관조하는 이성의 인식 방법을 말한다. 사물의 가치는 그것을 작은 가치로 미세하게 분할한다고 발견되는 것이 아니라 전체로서의 개체 사물에 본질적으로 내재되어 있는 고유한 가치다. 따라서 실험실의 현미경을 통해 발견되거나 화학적 분석에 의해 그 실체가 밝혀지는 것이 아니다. 그것은 우리 안에 있는 그 무엇으로 찾아가는 것이다.

2) 합리성과 '법자연'

도가 사상 내부적 체계 속에서 '생태 합리성'은 어떻게 구성될 수 있을까? 우선적으로 합리성이라는 개념적 정의를 찾아보면 다음과 같다. "'합리성'의 일차적 의미는 이미 그 존재가 전제된 '이성에 맞는' 혹은 '이성에 의해서 도출된' 존재 혹은 신념의 속성을 의미하기 때문이다. 논리적으로 이성의 개념은 합리성의 개념에 선행한다."[47] 혹은 "'이성'은 영원히 고정된 사유의 형이상학적 틀, 즉 사유의 보편적 논리 구조를 뜻했으며, '합리성'은 그러한 구조 형식을 따라 전개된 사유 형태를 지칭"[48]한다. 이런 정의에 입각해 볼 때, 우리는 먼저 '합리성'에 선행하는 '이성'을 찾는 것이 순서일 것이다. 우리는 이미 위에서 서양의 '이성'에 대치할 수 있는 도가적 개념으로 '도'를 선택했으므로, 그것에 의하면 '합리성'이란 '도'에 맞는, '도'에 의해서 도출된 존재 혹은 신념의 속성이, 노장에서 말하는 이성이라면 그것에 부응하는 합리성이란 곧 합'도'성(合'道'

動而不變, 無時而不移, 何爲乎? 何不爲乎? 夫固將自化."
46) 『莊子·知北遊』. "天地有大美而不言, 四時有成法而不議, 萬物有成理而不說. 聖人者, 原天地之美, 而達萬物之理, 是故至人無爲, 大聖不作, 觀於天地之謂也."
47) 박이문, 『이성의 시련』, 43쪽.
48) 박이문, 『문명의 미래와 생태학적 세계관』, 119쪽.

性)이 될 것이다.

'도'라는 체계는 곧 '자연'의 체계이므로, 이 체계에 부합하여 기능하거나 활동하는 것을 합자연(合自然), 순자연(順自然), 응자연(應自然)이라고 할 수 있다. 그러므로 우리는 '자연'이라는 준거 틀에 부합하는 논리나 원리를 합리적이라고 말할 수 있다. 필자가 보기에, 생태 이성의 기본적 성격이 노장의 '이도관지'를 크게 벗어나지 않으므로, 그 기본적 준거 틀은 '도(道)'라고 할 수 있다. 그렇다면 노장에서 말하는 '도'라는 준거 틀은 어떻게 이해되는 것일까? 먼저 『노자』 속에서 '도'의 원리로서 제시되는 '자연' 개념을 중심으로, 유소감(劉笑敢)의 분석을 통해서 살펴보면 다음과 같다.[49]

첫째는 자발성의 원리(自己如此: '스스로 그러한' 상태)다. 이것은 어떤 주체가 외부 세계의 직접적 작용이나 강한 영향을 받지 않고 존재하거나 발전하는 상태일 경우로서, 운동의 원인이 내재적이라는 것을 말한다. 둘째는 원초성의 원리(本來如此: '본래 그러한' 상태)다. 변화와 관련하여, 자연은 원래 상태의 평정하고 안정된 지속을 유지하지, 급격한 변화의 결과가 아니다. 자연은 외부에서 강제적으로 가해지는 간섭을 배제할 수 있다. 셋째는 연속성, 지속성의 원리(通常如此: '늘 그러한' 상태)다. 이것은 사물이 현재의 상태를 안정적으로 지속하려는 것으로, 사물이 자신의 발전 궤도의 안정성을 확보할 수 있다. 이로 인해 사물은 변화 형식의 원만성을 유지할 수 있으며, 생존이나 발전 방향에 돌연한 변화를 경험하지 않게 된다. 넷째는 예측 가능성의 원리(勢當如此: '그러할 수밖에 없는' 상태)다. 이것은 자연 상태란 사물 자신에게 고유한 자신의 내재적 발전 추세에 따라 스스로를 전개시켜나가므로, 그 사물에 지나치게 간섭하거나 외부적으로 역량을 가하지 않는다면 자신의 원래의 추세대로 변화하고 발전해나간다는 것이다. 외부적 역량은 주체의 변화에 미치는 영향력이 간접적이고, 사물 자체의 안정성과 균

---

49) 劉笑敢, 『老子』, 東大圖書公社, 제3장을 참조할 것.

형을 유지하는 것은 내부적 원인에서 기인한다는 것이다.

일단 『노자』에 나타난 '자연'이라는 용어를 토대로, '자연'이라는 말이 지닌 그 의미를 추적해보면 이상의 네 가지 원리로 정리된다. 따라서 우리는 『노자』적 문맥에서 '합리적'이라고 할 때, 우리는 위의 네 가지 원리에 입각해서 자신의 신념이나 사유를 전개할 경우다. 즉, 합'리'적(合'理'的)의 '리'는 곧 '도'지'리'('道'之'理')를 의미하며, 그것은 다시 '자연'지'리'('自然'之'理')로 환원할 수 있다. 그 '자연'의 '리'를 『노자』적 문맥에 나타난 자료를 중심으로 살펴보면 위와 같다. 따라서 우리는 도가적 문맥에서 '합리적'이라는 준거 틀은 주로 위의 네 가지 원리에 입각해 있음을 알 수 있다.

우선, 자발성의 원리로서의 '자연'은 '타연(他然)'이나 '사연(使然)'의 반대 원리라고 할 수 있다. 개체 사물은 자기 원인에 의해 자생자성(自生自成)하는 존재며, 이것은 '도(道)'의 '자본자근(自本自根)'(『장자』)의 성격이 현상의 존재 사물에 실현된 결과라고 할 수 있다. 따라서 존재 사물들은 외부적 역량으로서 주재자(主宰者. 神)나 창조주(造物主)에 의존하는 것 없이, 스스로의 내부 기제에 의해 자발적으로 운동한다는 것(自因)이다. 둘째, 원초성의 원리로서의 '자연'이란 '천연(天然)'이나 '본연(本然)'을 의미한다. 원래의 재질에 인공적인 힘이 외부에서 가해져 변형된 가공물이 아니라 본래 그대로의 본질을 간직하고 있는 상태라는 뜻이다. 셋째, 지속성의 원리로서의 '자연'은 '상연(常然)'을 뜻한다. 어떠한 본질을 늘 변함없이 간직하고 있다는 의미와 더불어 어떠한 변형이 가해지더라도 스스로의 자균 작용(自均作用)에 의해 균형을 유지할 수 있다는 항상성을 내부에 지니고 있음을 말한다. 넷째, 예측 가능성으로서의 '자연'이란 곧 '필연'을 말한다. 즉, 존재 사물은 늘 현상 속에서 변화하고 있지만 그러한 변화는 어떤 규칙적인 법칙성이나 질서를 유지하고 있으므로, 그것에 대한 예측이 가능하다는 것이다. 그러한 법칙의 제일성(齊一性)은 바로 자연과학의 토대가 되는 자연 법칙과 연관된다고 할 수 있다. 이처럼 우리는 노장적 문맥에서 '법자연'은 곧 '합리성'의 다른 표현이며, '자연의 원리'를 따르는 것과 '자연'의 시스템 안에서 행위할 때 합리적이라는 말이 따라붙을 수 있다는 것을 알 수 있다. 헤겔의 "가장 현실적인 것이 가장 합리적이며, 가장 합리적인 것은 가장 현실적이다"는 말을, 도가적 문맥에서 변형시켜 적용해보면 "가장 합리적인 것은 가장 자연적이며, 가장 자연적인 것은 가장 합리적이다"고 할 수 있을 것이다.

3) 공공성과 '불인(不仁)'·'무친(無親)'·'무사(無私)'

『여씨춘추』에서 '공(公)' 개념과 관련하여 언급된 노담(老聃)의 이야기를 보면 다음과 같다.

> 초나라 사람(荊人) 중에 활을 잃어버린 사람이 있었는데, 그는 더 이상 그것을 찾으려 애쓰지 않았다. 그리고는 말하길, "초나라 사람이 잃어버리고, 초나라 사람이 줍게 되면 됐지, 무엇 때문에 이를 다시 찾으려 하겠는가?"라고 하였다. 공자는 이 얘기를 듣고서 "(그의 말에서) '초나라'라는 말을 빼버리면 좋을 것이다"고 말하였다. 그러자 노담은 이 이야기를 듣고는 "그의 말에서 '사람'이라는 말을 버린다면 더욱 좋을 것이다"고 하였다. 그러므로 (이러한 관점의 확대로 볼 때) 노담의 사상이 가장 공평무사(公平無私)하다.[50]

위에서 활을 잃어버린 당사자의 입장은 일반적인 이해 관계(득실)를 따지는 관점은 벗어나 있다. 즉, 작은 마을이나 고을 단위의 지역적 범위에서 사유하는 관점을 탈피하여, 민족이나 국적의 입장에서 사물을 바라보고 있다. 공자는 이에 한 단계 더 나아가 민족

---

50) 『呂氏春秋·孟春紀第一·貴公』. "荊人有遺弓者, 而不肯索, 曰:'荊人遺之, 荊人得之, 又何索焉?' 孔子聞之曰:'去其荊而可矣.' 老聃聞之曰:'去其人而可矣.' 故老聃則至公矣."

이나 국적을 벗어나 인간이라는 유적 토대 위에서 자신의 관점을 비치고 있다. 더 나아가 노담의 경우는 인간이라는 종족주의마저 버리고 세계주의 혹은 천하주의의 관점을 내비치고 있다. 물론 이러한 비유는 전국 말기에 꾸며진 이야기이지만 일반인, 형인(荊人), 공자, 노담의 관점은 많은 시사를 던져준다. 일반인이 개인과 지역적 특수성에 사로잡힌 지역주의를 대표한다면 형인은 민족주의 혹은 국가주의에 머물러 있음을 시사한다. 또한 공자는 국가주의를 벗어나, 천하를 주유하며 인의라는 도덕 학설을 전파하였지만 역시 인간이라는 종족주의의 한계를 벗어나지 못하고 있는 것이다. 그러나 노담은 인간중심주의적인 관점마저 벗어던지고, 전체 세계를 향해 자신의 사상을 지향하고 있다고 볼 수 있다. 여기서 우리는 공정성이나 공평성을 말할 때 그 관점의 범위가 넓어짐에 따라 더욱 공정성이나 공평성을 인정하고 있다는 것을 알 수 있다.

공공성과 관련하여『도덕경』에서 '공(公)'이라는 개념을 찾아보면 다음과 같다.

자연의 변함없는 법칙성(常)을 인식하면 모든 일에서 그 원리를 두루 적용(容)할 수 있다. 자연의 원리를 적용할 수 있으면 공평무사(公)하게 일을 처리할 수 있다. 공평무사하게 일을 처리하게 되면 (자유의 왕국의) 제왕(王)[51]이 될 수 있으며, 그러한 제왕은 전체 자연의 시스템과 한 몸이 된다. 전체 자연의 시스템과 한 몸이 되면 언제나 자연의 법칙(도)과 부합되는 삶을 살 수 있다. 그리하면 오래도록 장구(久)할 수 있다.[52]

'공(公)'은 공평하다는 의미다. 그러나『도덕경』속의 '공'은 자연의 원리인 자연의 순환하는 운동의 법칙성과 그것의 항상성(常)을

---

51) 이 부분의 '王'이 '全'자 또는 '生'자가 殘缺로 인해 '王'자로 오기된 것이라고 말하는 경우가 있지만 그것들은 모두 추론에 의한 것일 뿐 정확한 결론을 내릴 수 없다. 따라서 필자는 판본 그대로 '王'자로 이해하고자 한다.
52)『道德經』, 제16장. "知常容, 容乃公, 公乃王, 王乃天, 天乃道, 道乃久."

터득함으로써 생겨나오는 '공정'이며 '공평'이다. 그리고 그러한 자연의 '공평'성을 실현하는 존재는 '왕'이라는 이미지와 결부된다. 일반적으로 중국 고대에서 제왕이라는 존재는 인간세의 위계 질서상 정점에 위치해 있는 가장 자유로운 존재다. 그러나 도가적 맥락에서 말하는 제왕의 의미는 전체 자연계의 이법을 자유로이 운용할 수 있는 이상적 인격이다. 따라서 여기서 말하는 '왕'이란 노장 사상 속에서 거론되는 자연의 진실한 이법을 터득하여, 가장 자유로운 자를 지칭하는 것이다. 그들에게 진정한 제왕이란, 자연을 곧 필연으로 인식하는 일반인들의 의식과는 달리, 자연의 이법을 터득하고, 자연의 부득이함에 순응함으로써 자유롭게 자신을 운신할 수 있는 존재를 제왕 혹은 제왕의 위격(位格)으로서 간주한다. 그는 현실의 인간 세상을 다스리는 작위적 법도나 제도를 통하여 자신을 자유롭게 만드는 것이 아니라, 전체 우주의 생태 순환적 이치를 통하여 자신을 구현하는 존재라는 점에서 자연 세계, 즉 필연의 영역에서 가장 자유로운 제왕이라는 것이다.[53] 그리고 그러한 자연의 원리란 '천지도(天之道)'로 표현되고 있는데, 다음과 같다.

> 자연의 원리는 (다른 사물과) 다투지 않지만 언제나 승리를 잘 취하고, 언어의 방식을 취하지는 않지만 잘 응대한다. 요청하지 않아도 (만물들이) 저절로 귀의하며, 넓은 아량으로 (무심한 듯하지만 사심이 없이 공평하게) 만물들을 위해 빠짐없이 고려한다. 자연의 그물은 넓고 넓어서, 성글지만 어느 하나도 빠뜨리지 않는다.[54]

즉, 자연의 조화로운 이법은 인간들처럼 경쟁의 방식이나 투쟁

---

53) 곽상의 '應帝王'에 대한 주를 보면 다음과 같다. "夫無心而任乎自化者, 應爲帝王也." 그리고 그 '無心'에 대한 곽상의 주를 찾아보면 "無心, 則物各自主其知也"(應帝王)라고 적고 있다.

54) 『道德經』, 第73章. "天之道, 不爭而善勝, 不言而善應, 不召而自來, 坦然而善謀. 天網恢恢, 疏而不失."

의 방식을 취하지 않지만(不爭) 늘 언제나 존재 사물들이 자신의 이법을 따를 수밖에 없도록 한다(善勝). 자연의 방식은 인간들처럼 법률이나 제도적 명령을 통해 강제하지 않지만 사물들이 별 탈 없이 자연스럽게 성장한다. 또한 존재 사물들을 억지로 지배하거나 복종시키려고 하지 않아도, 그들은 스스로 자발적으로 자연의 원리에 순응한다. 자연의 원리는 공평무사하여, 모든 만물을 평등하게 대우하며 그 어느 것도 남김없이 잘 성장하도록 도모한다. 이러한 자연의 원리가 미치는 영역은 전 생태계에 걸쳐 있다는 말이다.

요컨대 노장 사상에서 말하는 공공성을 정리하면 다음의 세 가지로 요약된다.

첫째는 '불인(不仁)'성이다. '인(仁)'이란 유가의 가장 기본적인 핵심적 덕목을 의미하며, 그것은 "인자(仁者), 인야(人也)"라는 말처럼 인간의 도덕적 본질을 지칭하는 개념이다. 또한 그것은 인간에 대한 애정을 뜻하기도 한다. 그러나 노자는 자연 질서의 총체로서의 천지가 불인(不仁)한 것처럼 성인도 불인(不仁)을 자신의 원리로 받아들이라고 말한다.[55] 자연의 질서는 인간중심주의에서 배태된 도덕성, 즉 인의 학설에 입각하여 영위되는 것이 아니다. 따라서 자연의 질서는 만물에 대하여 냉혹할 정도로 공정하게 대우한다. 이러한 자연의 이법을 자신의 원리로서 받아들이는 성인은 통치자로서 피치자인 백성들에 대하여, 백성들 각각이 자신들의 목적을 추구하는 데 자유롭도록 방임한다. 둘째는 '무친(無親)'성이다. 자연의 원리는 모든 사물들에게 평등하게 적용되는 것이지, 유가의 종법적 질서처럼 친소(親疎)의 혈연적 혹은 종족적 기반 위에서 성립하는 공공성이 아니다. 인간이라는 종족, 혈연이라는 유대성을 탈피하여 더 넓은 영역에서 생명들과 관계하는 질서다. 셋째는 '무사(無私)'성이다. 노장에서 말하는 '사(私)'란 곧 인위적인 질서나 주관적인 견해에 입각한 것을 말하고, '무사(無私)'란 곧 '공

---

55) 『道德經』, 第5章. "天地不仁, 以萬物爲芻狗 ; 聖人不仁, 以百姓爲芻狗."

(公)'으로 사물의 자연 본성대로 삶을 영위하도록 자치적 질서에 맡기는 것을 뜻한다.『장자응제왕(莊子應帝王)』의 원문 "순물자연이무용사언(順物自然而無容私焉), 이천하치의(而天下治矣)"에 대한 곽상의 주를 보면, "임성자생(任性自生), 공야(公也). 심욕익지(心欲益之), 사야(私也). 용사과부족이생생(容私果不足以生生), 이순공내전야(而順公乃全也)"라고 하고 있다. 이것은 사물이 자신의 고유한 자연 본성대로 삶을 영위하도록 놓아두는 것이 곧 공정이요 공평이라는 것이다. 그런데 (통치자가) 주관적 마음으로 무언가를 덧보태고자 한다면 그것은 이미 주관적인 행위라는 것이다. 이처럼 주관적인 목적이나 행위를 허용하게 되면 이로써는 생명들이 살아가게 하기에 부족한 면이 있으므로 공정의 원리, 즉 사물의 자연 본성에 맡기는 것이야말로 생명들의 삶을 온전히 보전하는 것이라는 말이다.

노장 사상에서 공공성이라는 개념은 그것의 사회 정치적 권역이라는 틀에서 벗어나, 그 권역을 생명의 영역에까지 확대함으로써, 공공성의 의미 영역을 최대한 확장하고 있다. 그것은 인위적으로 설정된 공공성의 해체를 통하여, 또 다른 차원에서 새로운 공공성을 획득하고자 한다. 그것이 지향하는 것은 기존의 권력과 지배의 위계 질서 속에서 성립하는 '사회적 공공성'이 아니라 조직이나 제도가 필요 없고, 인간적인 작위가 개입할 여지가 없는 '생태적 공공성'의 획득을 지향하는 개념이다. 이것은 우주 자연이라는 광대한 영역에서 가능할 수 있는 범우주적 공공성으로서, 단순히 인간들이 삶을 의탁하고 사는 사회 정치적 권역에서의 좁은 의미의 공공성이 아니다. 온 우주 생명이 생태 윤리적으로 자유롭고 평등하게 생존·생활할 수 있는 에코토피아를 지향하며, 그 내부 공간의 조화로운 질서를 발견하여 자치적 입법 강령으로 세우는 기획이기도 하다. 그것을 필자는 '생태적 공공성'이라 이름하고, 그것의 성격과 내용에 대하여, 특히 동양의 노장적 아나키즘의 역사 속에서 조감

해봄으로써 그 의미 맥락을 구성하여, 오늘날 생태 윤리의 실천적 준거로서 활용하고자 한다.

4. 글을 맺으며

아나키즘은 인간의 '자유', 사회의 '자치', 생태의 '자연'이라는 맥락과 밀접한 연관을 가진다. 또한 동시에 그 개념들은 노장적 사유 공간에서도 그 핵심적 자리를 차지하고 있다. '자유'라는 개념은 아나키즘의 인간론을 설명하는 동시에 노장의 인성론을 설명할 수 있는 개념이며, '자치'는 아나키즘의 사회 정치론이면서 노장 사상의 그것이기도 하다. 또한 '자연'도 아나키즘의 자연관이면서 노장 사상의 자연관을 말하는 키워드인 것이다. 이 두 사상 간에는 분명 시간적 공간적 거리가 존재한다. 그러나 오늘날 새롭게 대두되는 에코아나키즘이라는 운동을 자리매김하는 데는 동서양을 구분할 필요는 없는 것이다. 오늘을 사는 우리는 동서양을 함께 경험하면서, 현대를 공유하고 미래의 생태를 책임져야 할 세대이기 때문이다.

'이성'·'합리성'·'공공성'은 각각의 문화적 전통에 따라 서로 다른 의미로 사용되고 있다. 그러나 현대를 살아가는 우리들에게는 또한 익숙한 것이면서도 동시에 낯설게 여겨지는 개념들이기도 하다. 그 이유는 오늘날 우리의 가치들이 서구적 가치들에 의해 포위되어 있으므로 익숙한 것 같지만, 다시 동양인으로서의 우리의 정체성을 가지고 서양의 정신을 바라보게 되면 역시 타자로 놓일 수밖에 없으므로 낯선 것일 수밖에 없다. 그러나 오늘의 지구 생태계는 전지구적 사고를 요구한다. 전체 생태계의 유기적 상관성이라는 테제를 놓고서 동서양이 함께 고민하고 있는 것이다. 따라서 우리는 영원히 타자로 놓일 수도 없다. 따라서 필자는 오늘의 대안적 '이성'·'합리성'·'공공성'으로서 '생태 이성'·'생태 합리성'·'생태 공공성'을 모색하려는 시도를 동양적 전통 가운데 하나인 노장적 사유 공간 안에서 시도해보았다. 그러한 시도가 많은 사유의 불일치와 간극을 발생시키는 위험한 대비이기도 하지만 그것은 동시에 우리 안에서 '서양'을 새롭게 자리매김할 수 있는 기회이기도 하다. 우리는 노장 사상을 아나키즘과 대비시키고 그것들이 이념적 동질성을 지니고 있음을 통하여, 오늘날의 에코아나키즘을 구축하는 데 자양분으로서 삼을 수 있을 것이다.

□ 참고 문헌

『노자(老子)』, 왕필의 『노자주(老子注)』.
『장자(莊子)』, 곽상의 『장자주(莊子注)』.
티모시 도일・더그 맥케이컨 지음(이유진 옮김), 『환경정치학』, 한울아카데미, 2001.
이진우, 『녹색 사유와 에코토피아』, 문예출판사, 1998.
존 배리 지음, 허남혁・추선영 옮김, 『녹색사상사』, 이매진, 2004.
박홍규 지음, 『자유・자치・자연 아나키즘 이야기』, 이학사, 2004.
콜린 워드 지음, 김정아 옮김, 『아나키즘, 대안의 상상력』, 돌베개, 2004.
김은석 지음, 『개인주의적 아나키즘』, 우물이 있는 집, 2004.
로버트 폴 볼프 지음, 임홍순 옮김, 『아나키즘 : 국가 권력을 넘어서』, 책세상, 2001.
이호룡, 『한국의 아나키즘 — 사상편』, 지식산업사, 2001.
폴 애브리치, 하승우 옮김, 『아나키스트의 초상』, 갈무리, 2004.
앤드루 돕슨, 정용화 옮김, 『녹색 정치 사상』, 민음사, 1991.
한국불교환경교육원 엮음, 『동양 사상과 환경 문제』, 모색, 1996.
박이문, 『문명의 미래와 생태학적 세계관』, 당대출판사, 1997.

박이문, 『이성의 시련』, 문학과지성사, 2001.

구승회, 『생태철학과 환경 윤리』, 동국대 출판부, 2001.

구승회, 제1강 생명운동아카데미 15맥, 『에코아나키즘 — 자율적 생태공동체를 위한 비전』, 「에코아나키즘으로의 초대」.

머레이 북친, 문순홍 역, 『사회생태론의 철학』, 솔, 1997.

머레이 북친, 구승회 옮김, 『휴머니즘의 옹호』, 민음사, 2002.

지넷 빌・피터 스타우든마이어, 김상영 옮김, 『에코파시즘』, 책으로만나는세상, 2003.

최병두, 김종달 외, 『현대 환경 문제의 재인식 — 학제적 접근』, 한울아카데미, 2003.

장동진 외 지음, 한국정치사상학회 편, 『이상국가론 : 동양과 서양』, 연세대 출판부, 2004.

陳正炎・林其錟 저, 李成珪 역, 『중국의 유토피아 사상(改題 : 中國大同思想硏究)』, 지식산업사, 1990.

田中 浩・田口富久治 外 지음, 정치사상연구회 옮김, 『국가사상사』, 거름, 1985.

劉笑敢 著, 『老子』, 東大圖書公社, 1997.

馮濠祥 著, 『人, 自然與文化』, 人民文學出版社, 1996.

王德有, 『以道觀之 : 莊子哲學的視覺』, 人民出版社, 1998.

Bartlett, R. V, "Ecological Rationality : Reason and Environmental Policy", *Environmental Ethics*, vol. 8, 1986.

Bookchin, Murray, *The Ecology of Freedom*, Paolo Alto, Chesire Books, 1982

Dryzek, J. S, "Ecological Rationality", *International journal of Environmental Studies*, vol. 21, 1983.

제 13 장

성리학에서 대두된 '공적 영역'에 대한 여성주의적 접근*
— 임윤지당의 학문 형성 과정을 통하여

김 미 영

1. 문제 제기

본 연구는 성리학적 이념이 지배하던 시기에 대두된 공적 영역을 해명하기 위해서는 먼저 성리학자들이 자신들의 이념을 실현하기 위해 창출한 다양한 사회 활동에 대한 검토가 필요하다는 문제의식 하에서 출발하였다. 여기서 공적 영역이란 리(理)를 담론하고 구현시킬 수 있는 곳을 의미한다. 즉, 이 영역은 유학자들의 이상인 안으로는 성인의 인격을 갖추고(內聖) 밖으로는 유가 원리에 의해 다스려지는 사회(外王)를 실현하기 위해 작동하는 이념의 구현장을 말한다. 따라서 밖으로는 정치적 심의 기구 역할을 하는 조정 내의 공론장으로부터, 안으로는 종법을 실현하기 위한 문중에 이르기까지 다종다양한 공적 영역이 존재하게 된다. 그러나 이처럼

* 이 논문은 2002년도 기초 학문 육성 인문 사회 분야 지원 사업의 일환으로 한국학술진흥재단의 지원(KRF-2002-074-AM1031)에 의해 연구된 것으로, 『철학연구』(고려대 철학연구소) 제29집에 실렸던 것임.

층차를 달리하는 다양한 공적 영역은 단절적으로 존재하는 것이 아니라, 공적 합리성의 담지자인 군자 및 이를 중심으로 형성된 사승 관계에 의하여 서로 밀접하게 연관되고 있다.

　그러나 성리학적 이념 체계에서 여성은 공공성과 대립되는 위치에 존재한다. 즉, 성리학적 이념 체계에서 여성／남성은 음／양에 은유되면서, 음(陰)에 부과된 특질과 양(陽)에 부과된 특질이 그대로 여성과 남성의 역할로 고정된다. 특히 성리학 체계에서는 음은 사적인 존재로 보고, 양은 공적인 존재로 보기 때문에 음인 여성은 공적인 공간으로 나아갈 수 있는 길이 존재론적으로 차단되어 있다.[1] 즉, 공적인 공간에서 의리를 담론하기 위해서는 개인적인 욕심에 가려지지 않고 공정한 마음 자세를 유지해야 하는데 음-여성-소인은 존재론적으로 사적인 특성을 부여받고 있으므로 의리를 담론하는 공적인 영역에 나아갈 수 없다는 것이다. 하지만 성리학이 지배 이념으로 자리를 잡았던 17세기 조선시대에 활동한 임윤지당은 여성으로서 문집의 간행을 통하여 공적인 영역에서 의리를 담론할 수 있는 자격을 부여받게 된다. 이에 본고에서는 임윤지당이 사후 그녀의 동생 임정주에 의하여 성리학자로 인정을 받으며 문집을 간행하게 된 계기점들을 검토해보면서 철저히 성리학적 문맥에 따라 자신의 삶을 영위한 임윤지당의 예가 성리학에서 바라보는 여성관에 어떠한 변형을 줄 수 있을까 하는 문제를 검토해보기로 하겠다.

　성리학이 지배적이던 조선시대에 여성에게는 금기시되었던 영역인 학문 영역에 도전하며 자신의 사상을 펼쳐 보인 독특한 이력 때문인지 임윤지당에 대한 연구는 대부분 여성 문학을 하는 분들을 중심으로 연구가 되어왔다. 최근 10년간의 연구를 중심으로 살펴보면 다음과 같다. 김미란 선생의 「조선 후기 여류 문학의 실학

---

1) 김미영, 「'음'에 부과된 사적 특성에 대한 여성주의적 접근」, 『철학』 제72집, 2002년 가을.

적 특질」2)이라든지, 박현숙 선생의 「임윤지당론」,3) 그리고 김보희 선생의 「서구 에코페미니즘과 임윤지당의 철학 사상 비교」4) 등이 그것이다. 그러나 이 글들 속에서는 임윤지당의 성리설에 대한 정치한 분석이 이루어지지 않은 채 여성으로서 학문을 한 의의를 중심으로 임윤지당을 조명하고 있다. 또한 서지학 분야에서는 최연미 선생이 「임윤지당의 생애와 『윤지당 유고』」5)라는 글 속에서 현전하는 조선시대 여성 시문집과 비교했을 때 한시보다는 논(論), 설(說), 경의(經義) 등의 문체를 다룬 점, 그리고 다른 여성들의 시문집의 경우 대부분 부록으로 간행되는 데 비해 독립적인 문집으로 간행된 예라든지, 간행 시기도 사후 3년 만에 자손이 아닌 동생에 의해서 이루어졌다는 점 등 다른 여성 시문집과의 차별성을 잘 설명하고 있다. 그리고 『임윤지당 유고』를 번역한 이영춘 선생은 『임윤지당』6)이라는 번역서 앞부분에 윤지당의 생애와 학문이라는 이름 하에 문집에 나오는 글들을 중심으로 여성 성리학자로서의 윤지당의 면모를 잘 그리고 있다.

그러나 선행하는 여러 연구들은 정작 임윤지당 스스로 심취하여 연구했던 성리학과 자신의 삶 속에서 성리학을 어떠한 방식으로 구현했는가와 관련하여 정치한 분석을 하고 있지 못하다. 당대에는 보기 드물게 여성으로서 학문을 하였다는 이유만으로 그녀를 진보적으로 설명하거나, 뭔가 기존의 성리학자들과는 다른 모습을 부각시키기 위해 노력하고 있을 뿐이다. 그러나 본고에서는 임윤

---

2) 김미란, 「조선 후기 여류 문학의 실학적 특질」, 『동방학지』 제84권, 1994.

3) 박현숙, 「임윤지당론」, 『여성문학연구』(한국여성문학학회) 제9권, 2003.

4) 김보희, 「서구 에코페미니즘과 임윤지당의 철학 사상 비교」, 『비교문학』(한국비교문학회) 제31권, 2003.

5) 최연미, 「임윤지당의 생애와 『윤지당 유고』」, 『서지학연구』 제17권, 1999.

6) 이영춘, 『임윤지당』, 혜안, 1998년(본고의 번역은 이영춘 선생의 번역에 따랐다. 단 사상을 논하는 부분 본고 3장에서 인용되고 있는 원문들은 논자가 재번역하였음을 밝힌다).

지당이 성리학을 연구하면서 이루어낸 성취 및 이를 자신의 삶 속에서 구현시키는 과정에서의 갈등 등을 중심으로 임윤지당의 학문 형성 과정을 조망해보겠다. 그리고 이를 토대로 여성인 임윤지당이 학자로서 자신의 정체성을 어떠한 방식으로 정립하였는가를 살펴봄으로써 성리학이 지닌 남성 중심성과 이에 대한 여성 성리학자의 태도를 분석해보겠다. 이러한 갈등의 중심에는 바로 공적 영역으로의 길이 차단되어 있는 여성에 대한 성리학의 관점이 주요하게 작동하고 있음을 볼 수 있게 될 것이다. 그 속에서 여성인 임윤지당이 자신의 학문을 세상에 내놓게 되는 과정이 지닌 의미를 검토해보고자 한다.

2. 임윤지당의 학문 형성 과정

오늘날 임윤지당의 생애 및 학문을 엿볼 수 있는 것은 『윤지당유고』라는 그녀의 문집을 통해서다. 『윤지당유고』는 그녀의 동생인 임정주에 의해서 간행되었다. 물론 임윤지당 스스로 "이제 노년에 이르러 나도 죽을 날이 얼마 남지 않았다. 문득 하루아침에 갑자기 죽으면, 아마도 초목과 같이 썩어버릴 것이다. 그래서 집안 일을 하는 틈틈이 여가가 날 때마다 글로 써두었다"[7]고 하는 것을 보면, 자신의 사상이 개인적인 것으로 끝나지 않길 바라는 마음에서 문집은 이루어졌다고 볼 수 있다.

그러나 임윤지당은 자신이 여성이라는 이유만으로 자신이 성리학이라는 학문에 몰두하는 것에 항상 경계의 마음을 늦추지 않았다. 이는 그녀가 자신의 문집 초고를 정서하여 동생에게 보내면서 "나는 어릴 때부터 성리의 학문이 있음을 알았다. 조금 자라서는

---

7) 『임윤지당』, 「文草謄送溪上時短引」.

고기 맛이 입을 즐겁게 하듯이 학문을 좋아하여 그만두려 해도 할수 없었다. 이에 감히 아녀자의 분수에 구애되지 않고 경전에 기록된 것과 성현의 교훈을 마음을 다해 탐구하였다"[8]고 하면서 자신의 감회를 적고 있다. 따라서 그녀는 학문을 해나가는 데 자질이 뛰어났지만, 이를 드러내놓을 수 없었다. 이는 동생 임정주가 누이에 대해 기록한 글을 보면 더욱 분명해진다.

유인(윤지당)은 단정하고 한결같으시며 성실하고 장엄하셨다. 어릴때부터 빠른 말이나 황급한 거동이 없었고 천성이 총명하고 영리하셨다. 여러 오빠 형제들을 따라 경전과 역사 공부하는 것을 옆에서 배웠고 때때로 토론을 제기하였는데 사람들을 놀라게 하는 말이 많았다. 둘째형님께서 기특히 여기시고 『효경』, 『열녀전』, 『소학』, 『사서』 등의 책을 가르치셨는데 누님이 매우 기뻐하셨다. 낮에는 종일토록 여자의 일을 다하고 밤중이 되면 소리를 낮추어 책을 읽으셨다. 뜻이 목소리를 따르듯 하고 정신이 책장을 뚫을 듯하셨다. 그러나 학식을 깊이 감추어 비운 듯이 하였기 때문에 친척들 중에서도 그러한 사실을 아는 사람이 드물었다.[9]

이렇듯 임윤지당이 성리학을 알게 되고 또 연구할 수 있는 계기를 마련해준 것은 어디까지나 조선의 6대가 중 한 사람인 임성주라는 대학자를 배출한 그녀의 집안 학풍에 의한다고 볼 수 있다. 여성이었기 때문에 공적인 영역에서 학문을 논할 수 없는 상황이었으므로, 집안에서 이렇듯 학문의 길을 열어주지 않았다면 아무리 학문에 재능이 있다 할지라도 그녀로서도 어찌할 수 없었을 것이다. 따라서 자신이 공부하는 것에 대하여 다른 사람들이 눈치채지 못하도록 여성에게 주어진 일들을 다하면서 남이 보지 않을 때 공부하였던 것이다.

---

8) 『임윤지당』, 「文草謄送溪上時短引」.
9) 『임윤지당』, 「遺事」 1.

이는 『윤지당유고』 중 『대학』과 『중용』의 의미를 밝혀 설명한 경의(經義) 편 후기에 "여성의 처지로 함께 강론하고 질정할 사람이 없었다"[10]고 하면서 아쉬움을 토로하고 있는 곳에서도 읽을 수 있는 부분이다. 그녀가 학문을 논할 수 있었던 사람은 유일하게 집안 형제들이었다. 특히 임성주는 그녀를 학문의 길로 이끌어준 장본인이며 학문적 대화 상대였다. 따라서 임성주가 세상을 떠나자 올린 제문 속에 "저는 어려서부터 오라버니의 지극한 우애를 받고 바른 방향으로 인도하는 가르침을 입었습니다. 제가 조금이나마 수신할 줄 알아서 죄와 과오에 빠지지 않게 된 것은 오라버니의 가르침 덕분입니다. 남녀가 비록 하는 일은 다르지만, 하늘이 부여한 성품은 언제나 같은 것입니다. 이 때문에 경전을 공부하다가 그 뜻에 의문이 있으면, 오라버니께서 반드시 친절하게 가르쳐주어 제가 완전히 깨우친 다음에야 그만두었습니다. 병오년 이후에는 의심나는 것을 편지로 왕복하여 문의하면서 만년의 즐거움으로 삼았습니다"[11]고 하는 글 속에서도 분명하게 드러난다. 당시 학문의 토론은 주로 편지를 통해 서로의 의견을 교환하는 과정에서 이루어졌다는 점을 염두에 둔다면, 여성이었기 때문에 다른 남성 학자들과 서신 교환을 하며 자신의 사상을 발표하고 토론하는 것은 엄두도 내지 못했을 것이다.

이렇듯 성리학적 이념 때문에 공적 영역에서 자신의 뜻을 펼 수 없었지만, 이러한 제약에 대하여 임윤지당은 성리학적 이념을 비판하기보다는 그것을 내면화시키면서 자신의 학문 방향을 설정하게 된다. 따라서 그녀는 "남자의 원리는 강건한 것이고, 여자의 원리는 유순한 것이니 각기 그 법칙이 있다. 성녀 태사와 성인 문왕께서 하신 업적이 달랐던 것은 서로 그 분수가 달랐기 때문이었다. 그러나 다같이 천성대로 최선을 다하셨던 것은 그 원리가 같기 때

---

10) 『임윤지당』, 「經義」.
11) 『임윤지당』, 「祭仲氏鹿門先生文」.

문이다. 입장을 바꾸어놓았더라면 두 분이 또 거기에서 최선을 다하셨을 것이다. 그러므로 부인으로 태어나서 태임과 태사의 도덕 실천을 자임하지 않으면 이는 자포자기한 사람이다 하셨다."[12] 이처럼 그녀는 남자와 여자의 원리는 다르지만, 결국 도덕 실천을 통해 자신의 본성을 드러내는 데 목적이 있다는 점에서는 마찬가지라는 입장을 취한다. 따라서 이에 의거하여 자신이 하는 학문의 방향 역시 도덕 실천을 위한 심신 수양에 한정시킨다. 후기에서 시동생이 임윤지당이 생전에 하신 말씀을 회고하며 "유인(임윤지당)이 일찍이 말씀하시기를 부녀자들이 서적에 몰두하고 문장을 짓는 데 노력하는 것은 법도에 크게 어긋난다. 그러나『소학』이나『사서』등의 책을 읽고 심신을 수양하는 자산으로 삼는다면 무방하다고 하셨다"[13]고 하는 글 속에 잘 나타나 있다.

이는 당시 남성 학자들이 여성이 학문하는 것을 백안시하던 상황을 염두에 둔다면 이에 대응하는 나름대로의 정당화 논리가 될 수 있다. 즉, 당시 성호 이익(1681~1763)은 부인의 가르침을 논하면서 "책을 읽고 그 뜻을 강론하는 것은 장부의 일이다. 부인은 아침저녁으로 그리고 추울 때와 더울 때 드리는 공양과 귀신과 빈객을 접대해야 하니 어느 겨를에 책을 대하여 읊고 암송하겠는가!"[14]라고 하고 있으며, 이덕무(1741~1793)는 "부인은 시사(詩詞)를 지어서 외부에 퍼지게 해서는 안 된다"[15]고 하는 것을 보면 남성 유학자들의 배타성을 읽을 수 있다.

그러나 이 시기에 이러한 경계의 말이 자주 나오게 된 것은 임윤지당뿐만 아니라 당시 여성들이 그 이전까지는 남성들의 전유물로

---

12)『임윤지당』,「遺事」15.

13)『임윤지당』,「後記」.

14) 이익,『星湖僿說』권3,「婦人之敎」(「윤지당의 생애와『윤지당유고』」에서 재인용).

15) 이덕무,『士小節』권7,「事物」(「윤지당의 생애와『윤지당유고』」에서 재인용).

생각되었던 학문 세계에 관심을 가지고 참여하고자 하는 의욕들이 높았음을 반영한 것으로도 볼 수 있다. 이는 임윤지당의 둘째 오빠인 임성주의 절친한 친구였던 송능상의 부인이 죽자 임윤지당이 그녀에 대한 전기를 쓴 글을 보면 그 당시의 대략의 상황을 엿볼 수 있다. 임윤지당은 다음과 같이 쓰고 있다. "한씨는 비단 식견과 행실이 탁월하였을 뿐만 아니라 문예에도 재주가 있었다. 친정 부친이 세속의 구구한 소리를 믿고 글을 가르치지 않았으나, 혼자서 사서삼경의 경서와 역사책들을 배우고 어지간히 그 뜻에 통달하였다. 불행히도 단명하여 일찍 죽으니 어찌 애석하지 아니 하겠는가?"16) 이 글 속에서 윤지당은 송씨 부인과 교류하면서 서로 학문에 대해서 논하였다는 것을 알 수 있다. 따라서 당시 조선 여성들은 남성 지식인들이 여자가 글을 읽고 논하는 것을 꺼렸음에도 글을 읽고 논하는 데 적극적인 여성들의 층이 생각보다 두터웠을 것으로 생각된다.

그 중에서 여성에게 학문적으로 개방적이었던 집안에서 태어난 임윤지당은 성리학자로서의 자신의 삶을 살 수가 있었을 것이다. 그러나 당시 여성이 학문하는 것에 부정적인 시선이 많았으므로 임윤지당은 여성도 공부를 통하여 성인의 인격에 도달하여야 하는 사명을 갖고 태어났다고 하며, 자신의 성리학설 연구에 의의를 부여하고 있다. 따라서 그녀의 논설은 대부분 성인의 인격을 지향하는 공부론에 초점이 모아지게 된다. 그리고 그 강조점 역시 임성주와는 다르게 된다. 그럼 그녀의 논설을 중심으로 하여 성인의 인격을 지향하는 학문인 성학(聖學)에 대한 관점을 살펴보고, 이에 여성이라는 실존이 어떠한 방식으로 개재되고 있는가를 살펴보도록 하겠다.

---

16) 『임윤지당』, 「宋氏(能相)婦」.

3. 임윤지당의 성학관(聖學觀)과 여성

앞서 살펴볼 수 있었듯이 임윤지당이 성리학에 몰두하면서 강구한 것은 다른 성리학자들과 마찬가지로 도덕 인격의 확보에 있었다. 그녀는 도덕 인격을 확보하는 공부에는 남녀의 차별이 있을 수 없음을 피력한다. 따라서 그녀는 '자신의 사욕을 극복하여 예를 회복하면 인하게 된다(克己復禮爲仁)'는 의미를 밝힌 후 "아! 내 비록 부인이지만, 부여받은 본성은 결코 남녀의 차이가 없다. 비록 안연이 배운 것을 배울 수 없다고 할지라도, 성인을 흠모하는 뜻은 간절하다. 그러므로 내가 본 것을 대략 서술하여 이로써 뜻을 밝혔다"[17]로 글을 맺고 있다. 이는 임윤지당이 성리학적 이념에서 사적인 특성으로 여성에게 부과한 한계를 끌어안으면서 도덕 실천을 위한 인간 본성에 대한 탐구를 해나가고 있다는 것을 보여주는 예다. 따라서 윤지당은 당시 학계에서 논란이 되고 있던 인물성동이론(人物性同異論)이나 성범심동이론(聖凡心同異論)의 문제에 대하여 자신 나름의 통찰에 의거하여 자신의 의견을 개진하고 있다. 그녀에게서 이러한 학문 연구는 모두 성인의 인격을 흠모하여 성인이 되고자 하는 간절한 노력의 결과로 볼 수 있다. 따라서 그녀는 공부를 하는 데 가장 중요한 것은 '뜻을 세우는 것(立志)'이라 한다.

후세에 위대한 현인이 없는 것은 단지 뜻을 세운 것이 견고하지 못했기 때문이다. 정자와 장재 이래 기질지성의 설이 있으니, 진실로 기질의 치우친 것에 따라서 기질을 변화하려는 공부를 한다면, 유약한 사람은 강인한 사람으로 변화될 수 있고, 어리석은 사람은 명철한 사람으로 변화될 수 있을 것이며, 혼탁한 사람은 맑고 깨끗하게 변화될 수 있다. 기질을 변화할 수 없다면, 끝내 이에서 끝날 것이다. 인을 행하고

---

17) 『임윤지당』, 「克己復禮爲仁說」. "噫! 我雖婦人, 而所受之性, 則初無男女之殊. 縱不能學顏淵之所學, 而其慕聖之志則切, 故略敍所見而逃此, 以寓意焉."

행하지 못하는 것은 오직 나에게 달려 있을 따름이다. 그러므로 뜻을 세워 독실하게 행하는 것보다 중요한 것은 없다고 말한다.18)

이처럼 성인의 인격을 갖추기 위해 가장 절실한 문제로 기질 변화를 제기하고 있는 임윤지당은 기질 변화를 위해서는 우선적으로 인간 의지가 중요하다는 점을 거듭 강조한다. 따라서 그녀 스스로도 자신의 기질 변화를 위해 부단히 애를 쓰게 된다.

내 본성은 조급하여 어려서부터 마음에 불편한 것이 있으면 참을 수가 없었다. 자라면서 그 단점을 자각하고 힘써 제거하려 했으나 그 단점의 뿌리는 아직도 남아 있어 때때로 조금씩 드러나니 어떻게 할 수가 없다. … 그러므로 글을 써서 스스로 경계로 삼고자 한다. 그 글은 다음과 같다. … 오직 몸을 닦아 한결같이 하늘의 이치에 따르겠네. 온갖 근심을 생각지 말고 분수를 지킨다면 편안해질 것이다. 어떻게 편안해질 것인가? 인내를 덕으로 삼아야 할 것이다. 어떻게 인내할 것인가? 뜻을 세워 반드시 독실하게 행해야 할 것이다. 위대하도다! 의지여! 모든 일의 영수로다. 인간의 모든 감정이 법도에 맞으며 모든 몸가짐이 명령을 따르네, 그 뜻을 세운다면 익힘이 본성과 같이 이루어질 것이다.19)

이렇듯 자신이 타고난 기질에 의거하여 공부해서, 이를 맑고 깨끗한 기질로 변화시킬 수 있어야 한다는 주장은 당시 학계의 주요

---

18) 『임윤지당』, 「克己復禮爲仁說」. "後世之無大賢者, 職以立志之不固也. 自程張以來, 有氣質之性之說, 誠能隨其偏而加變化之功, 則柔者可變而爲强, 愚者可變而爲明, 濁駁者可變而爲淸粹矣. 不能變之, 則終於斯而已也. 爲仁與不能爲仁, 惟在於我. 故曰莫大乎立志篤行."

19) 『임윤지당』, 「忍箴」「忍箴」. "余本性躁越, 自幼時, 心有所不便, 則不能含忍. 比其長也, 自覺其病, 用力克去, 而病根尙在, 時或微發, 奈他不得...故因箴以自警, 詞曰...惟有修身, 一聽于天. 無思百憂, 守分斯安. 何以安之? 忍之爲德. 何以忍之? 立志必篤. 大哉志兮! 萬事之領. 七情順軌, 百體從令. 能立厥志, 習與性成."

논란거리였던 인물성동이론과 성범심동이론에 대한 자신의 입장과 연관되어 있다. 단적으로 그녀가 주장하고 있는 인성과 물성은 다르며, 성인의 마음과 일반 사람의 마음이 같다는 이론은 기질 변화를 통해서 성인의 인격을 구현할 수 있다는 방향으로 나아가게 된다. 그녀는 먼저 본체에서는 인성과 물성이 같지만, 작용의 측면에서 인성과 물성이 달라진다고 주장하는 인물성동론의 입장을 다음과 같이 비판한다.

만일 본성이 없는 사물이 있다고 한다면 조화의 도가 끊어진 지 이미 오래되었을 것이다. 대개 리에는 통하고 막히며 치우치고 온전함을 말할 수 없지만, 기에는 통하고 막히며 치우치고 온전함이 없을 수 없다. 그러므로 통하고 온전한 것에 떨어진 것은 리가 그 체를 온전히 하여 인의예지가 본연의 성이 된다. 반면 치우치고 막힌 것에 떨어진 것은 기에 의해 질곡되어 리가 그에 따라 치우치게 되니 오행 중 각각 하나의 것을 본연의 성으로 삼게 된다. 무릇 하늘이 사물을 낳을 때 반드시 그 법칙이 있게 하였으니, 형기가 다르다면 법칙도 각각 같지 않은 것이 이치의 마땅함이다. 또한 어찌 체는 온전하지만 용이 이르지 않는다고 말할 수 있겠는가?[20]

따라서 당시 학자들이 리일분수를 해석하면서, 리일은 리로 보지만 분수는 기로 보는 생각을 비판하며, 분수 역시 리로 보아야 한다고 주장한다.[21] 즉, 그녀가 분수도 리로 보아야 한다고 했을

---

20) 『임윤지당』, 「理氣心性說」, 304쪽. "若有無性之物, 則造化之道熄已久矣. 蓋理無通塞偏全之可言, 而氣則不能無通塞偏全, 故其墮在通全者, 理全其體, 而仁義禮智爲本然之性. 其墮在偏塞者, 則爲氣所梏, 理隨而偏, 而五行各一爲本然之性. 夫天之生物必有其則, 形氣旣殊, 則則各不同, 亦理所當然者也. 又何可謂體全而用不達乎?"

21) 『임윤지당』, 「理氣心性說」, 305쪽. "此於理一分殊四字上着眼, 却自分明. 理一之理, 固理也, 而分殊之理, 獨非理乎? 分殊字亦當屬理字, 今人多屬氣字, 看以爲一者理也, 分者氣也, 至有體全用不達之語, 誤矣."

때 분수리란 바로 이 세상의 만물이 부여받고 태어난 성, 즉 본연지
성이라 할 수 있다. 그녀는 이 세상 만물이 부여받은 본연지성의
차별성은 바로 품부받은 기질의 통하고 막히며 치우치고 온전함의
차이에 따라 나온 것이라 보았다. 따라서 그녀는 기의 운동 작용인
양능(良能)과 오행의 특성인 성정(性情) 밖에서 별도로 태극의 존
재를 찾지 않고 기의 양능과 오행의 성정이 바로 태극이 태극이
되는 이유라고 본다.22) 따라서 막히고 치우친 기질을 타고난 동식
물의 경우는 마음의 의지에 의해서 자신의 기질을 변화시킬 수 있
는 공부가 성립될 수 없으나, 오직 인간만은 통하고 온전한 기질을
타고났으므로 자신의 의지에 의하여 타고난 기질을 변화시킬 수
있는 공부가 성립될 수 있다고 본다.23) 따라서 인간이라면 모두

---

22)『임윤지당』,「理氣心性說」, 303쪽. "夫陰陽異位, 動靜異時, 而皆不能離乎太極.
四時異序, 五行異質, 而皆莫能外乎太極. … 合散屈伸, 乃陰陽之良能也. 生長收藏,
卽五行之性情也. 良能也, 性情也, 卽太極之所以爲太極也, 而所謂太極者皆卽夫陰
陽五行, 而不離不雜而爲言爾. 非陰陽五行之外, 別有一箇太極, 超然上面, 而生陰
生陽, 而又生五行也. 此卽所謂道體也.

23) 마음이란 것은 담일한 신명이다. 담일한 신명은 바로 천지가 사물을 낳는
마음이다. 사람과 사물은 이 사이에서 태어나 모두 이 사물을 낳는 마음을 얻어서
마음으로 삼았으니 그 마음이 갖춘 리는 의당 같지 않음이 없다. 단지 금수는
치우치고 막힌 기를 얻어서 그 마음이 텅 비고 막힌 것을 가로질러 있어 천지의
마음을 온전히 할 수 없다. 그러므로 비록 혈기로 인해서 약간 지각이 있기는
하지만 갖춘 성은 그에 따라 치우치고 어둡게 되지 않을 수 없다. 초목의 경우는
혈기를 베풀 것도 없으니 마음이란 그 안에서 맥락과 이치를 약간 찾을 수 있어
생기가 유통하는 것에 지나지 않는다. 그러므로 무성했다 시들고 꽃폈다가 지는
것 이외에 별도로 마음을 찾을 곳이 없다. 갖춘 성은 막히고 막혀서 치우쳤다는
하나의 말로는 말하기에 부족하다. 사람의 마음의 경우는 천지가 사물을 낳는
마음을 얻었으니, 비록 만물과 일체라고는 하지만 오직 바르고 통한 기질의 품부
와 치우치고 막힌 기는 나누어져서 사람과 사물의 차이가 된다.『임윤지당』,「이
기심성설」, 306쪽. "夫所謂心者, 湛一之神明也. 湛一之神明者, 卽天地生物之心也.
人物之生於兩間者, 同得此生物之心以爲心, 則其心所具之理, 宜無不同, 而只是禽
獸得氣之偏且塞, 而其心橫其歞窒, 無以全其天地之心, 故雖因血氣而略有知覺, 而
所具之性, 自不得不隨而偏暗. 草木則並與血氣而無之, 所謂心者, 不過裏面脈理微

자신의 기질을 변화시킬 수 있는 능력을 지닌 동일한 마음을 타고 난다고 한다.

이와 같은 기질 변화를 위한 공부는 자연스럽게 각각의 만물에게 마음의 역할은 무엇인가를 묻게 한다. 따라서 그녀가 성인의 마음과 일반 사람들의 마음은 하나라고 하면서 누구나 성인의 인격을 향해 나아가 공부할 수 있다는 입장을 견지할 수 있는 것은 각각의 사람들이 부여받은 기품은 비록 천차만별이지만, 사람이 부여받은 통하고 바른 기, 즉 담일한 본체의 측면은 동일하다고 보기 때문이다. 따라서 아무리 어리석은 사람이라 할지라도 담일한 본체를 가린 탁박한 찌꺼기들을 제거하기만 하면 성인의 인격에 이를 수 있음을 강조한다.

> 사람의 기품은 비록 가지런하지 않다고 하지만, 부여받은 담일한 본체를 소급해서 올라가보면 성인과 범인은 동일하다. 다만 유기(游氣)가 응취될 즈음에 탁박한 찌꺼기들이 섞여서 범인이 되었을 뿐이다. 진실로 다른 사람이 한 번 힘쓸 때 자신은 천 번이라도 하겠다는 공부를 하여 그 찌꺼기들이 섞여 있는 것을 제거한다면 본체의 담일한 것이 어디로 가겠는가? 내 마음속에서 본연의 인함이 바로 회복될 수 있을 것이다. 그렇다면 공부를 하는 데 무엇을 먼저 해야 하는가? 뜻을 세워 독실하게 행하는 것보다 중요한 것은 없다.[24]

그녀는 성인의 의미를 '크게 쌓아올려 변화하게 된다(大而化之)'는 의미로 설명한다. 즉, 성인이란 일반 사람들과 다른 부류의 사람

有可尋, 而生氣流通而已, 故榮悴開謝之外, 別無討心處, 而其所具之性, 塞之又塞, 偏之一字, 又不足言也. 至若人之心, 則其得天地生物之心, 雖曰與萬物一體, 而唯其正通之稟, 與偏塞之氣, 判而爲人物之大界分."

24)『임윤지당』,「克己復禮爲仁」. "人之氣稟, 雖曰不齊, 源其所受湛一之本體, 則聖凡一也. 但游氣凝聚之際, 濁駁查滓雜糅而爲凡人爾. 誠能用人一己千之功, 去其査滓之雜, 則本體之湛一者, 焉往哉? 自在吾腔子裏, 而本然之仁, 斯可復矣. 然則其用功, 奚先焉? 曰莫大乎立志篤行."

이 아니라 성인이 되겠다는 뜻을 세워서 자신의 기질을 변화시킨다면 이러한 사람이 바로 성인이라는 의미다.[25] 이러한 성인관은 우주 만물을 모두 제자리에 있게끔 안배하는 역할자로서의 의미에 중심이 놓여 있지 않고, 개별자들이 자신이 처한 상황 속에서 자기 개혁을 통한 본연성의 회복을 강조하므로 개인의 실존적인 결단이라 할 수 있는 의지를 강조하는 것이라 할 수 있다.

이러한 임윤지당의 인물성이론과 성범심동론은 그의 둘째 오빠인 임성주의 만년정론을 계승한 것이다. 임성주는 1759년에 김원행(金元行)에게 편지하여 이전에 낙론의 인물성동론 입장을 지지하던 것을 철회하면서 그 잘못된 점을 설파하고, 「녹려잡지(鹿廬雜識)」를 지어 자신의 바뀐 생각을 기술한다. 이때 주장하는 것이 인물성이론과 성범심동론이었다. 따라서 「녹려잡지」에서는 김삼연이 인물성동론의 입장에서 사람과 금수의 본성과 도에 대하여 질

---

25) 성인과 나는 같은 부류다. 일반 사람들과 성인은 모두 이 태극의 리를 얻어서 성으로 삼았을 따름이다. 단지 기품에 구속되고, 물욕에 가려져서, 지혜로운 자와 어리석은 자, 현자와 불초자의 차이가 있는 것이다. 그러나 부여받은 본성은 동일하다. 그러므로 깨달은 사람은 나의 본성이 요순과 같아 구하면 반드시 얻을 수 있음을 알아 길가는 사람들이 집을 찾고 밥을 먹는 사람들이 배부른 것을 구하는 것과 같이 성에 이를 것을 반드시 기약한다. 무릇 성인이란 말은 크게 쌓아올려 변화하게 된다는 명칭에 지나지 않는다. 맹자는 사람들은 모두 요순이 될 수 있다고 하였으니, 일반 사람도 요순이 될 수 있는데, 안자와 같이 아성의 자질을 가진 사람이랴? 비록 그렇다고 할지라도 성인이 되고자 한다면 마땅히 먼저 안자가 즐거워한 것을 구해야 하며, 안자가 즐거워한 것을 구하고자 한다면 마땅히 먼저 안자가 배우기 좋아하던 것을 배워야 한다. 배우길 좋아하던 것은 무엇인가? 네 가지 하지 말아야 하는 것일 따름이다. 네 가지 하지 말아야 할 것은 마땅히 널리 배우고 검속하는 공부에서 시작해야 한다. 『임윤지당』,「論顏子所樂」. "聖人與我, 同類者也. 衆人與聖, 同得此太極之理, 以爲性耳. 特爲氣稟所拘, 物欲所蔽, 有知愚賢不肖之等, 然其所受之本性則同矣. 是以覺者知吾性之與堯舜同, 而求必得之, 如行者之尋家, 食者之求飽, 以期必至於性. 夫聖之爲言, 不過大而化之之名而已. 孟子曰 人皆可以爲堯舜. 凡人尙可以爲堯舜, 況顏子亞聖之資乎? 雖然, 欲爲聖, 當先求顏子之所樂, 欲求顏子之所樂, 當先學顏子之好學. 好學如之何? 四勿而已. 四勿當自博約始."

문한 것에 대하여 "체는 온전하지만, 용이 이르지 않은 것일 따름"이라고 한 주장을 비판하고 있으며, 사람이 금수와 다른 것은 마음이지 성이 아니라고 하는 관점 등을 비판하면서 인물성동론을 비판한다. 이 비판에 적용되는 관점은 바로 심성 일치와 성도(性道) 일치라고 할 수 있다. 즉, 전자에 대해서는 각각의 사물에 따라 다르게 나타나는 도는 바로 본성을 따른 것이므로 이를 체용으로 나누어 체에는 온전하게 갖추어져 있으나 도에서 갈려진다는 입장에 동의할 수 없다는 것이다. 그리고 후자에 대해서는 심을 말하면 성은 이미 그 안에 있으므로 이를 나눌 수 없다는 입장이다. 이렇게 볼 수 있었던 것은 바로 기 밖에 따로 리의 존재가 있지 않다고 하는 입장을 반영한 것이다. 이처럼 당시 논란거리가 되었던 인물성동이론이나 성범심동이론과 관련된 입장에 대하여 윤지당은 임성주의 설을 계승하고 있다는 것을 알 수 있다.

그러나 차이점을 들자면 윤지당의 경우는 기질을 변화하는 데 가장 중요한 것으로 입지(立志)를 강조한다는 것이다. 반면 임성주의 경우는 "이치를 궁구하여 성을 다하게 되면 기질의 탁박한 것은 저절로 소멸되어 인위적인 삿된 뜻과 기필하는 싹이 조금도 없게 되어 위로는 소리개가 날고 아래에서는 물고기가 뛰놀듯이 일용지간에 전체가 혼연하게 될 것이다. 이것이 바로 몸뚱어리는 비록 사람이지만 혼연한 하나의 천리라고 말한 것이다. … 덕이 기를 이긴다는 것을 이에서 볼 수 있다"[26]고 하여 탁박한 기질의 변화는 기의 본연, 즉 자연성의 회복이라는 점을 강조한다. 이 자연성의 회복을 위해서는 이치를 탐구하여 각각의 만물의 본성을 모두 구현시키는 공부가 선행되어야 한다.

허다한 조화를 내어 허다한 인물을 얻는 것은 단지 하나의 기(氣)일 따름이다. 다시금 리(理)자를 둘 약간의 틈도 없다. 단지 이 기의 능력

---

26) 『녹문집』 19권, 散錄.

이 이와 같이 성대하며 이와 같이 작용하는 것은 누가 그렇게 시킨 것인가? 단지 저절로 그렇게 된 것이라고 할 수밖에 없다. 이 저절로 그러한 곳(자연처)을 성인은 도(道)라고 하고 리(理)라고 한 것이다. 기는 원래 공허한 것이 아니고 전체가 밝게 융합되고 표리가 관철되는 것이니 모두 생의(生意)다. 그러므로 이 기가 한 번 움직이면 만물을 낳고, 한 번 고요하게 되면 만물을 수렴하게 된다. 만물을 낳게 되면 원(元)이 되고 형(亨)이 되며, 만물을 수렴하면 이(利)가 되고 정(貞)이 된다. 이 것이 곧 기의 성정(性情)이니 자연에서 나온 것으로 당연의 법칙이 되는 것이다. 이 당연처에 대하여 성인은 또한 도라고 하고 리라고 한다. 그러므로 이른바 자연과 당연은 또한 별개의 경계가 있는 것이 아니고 단지 기에서 말한 것이다.[27]

결국 임성주는 그렇게 하지 않는데도 그렇게 되는 자연처를 기의 본연처로 본다. 이렇듯 탁박한 찌꺼기들이 묻어 있지 않은 담일한 본체는 미발시에 얻어질 수 있다고 본다.[28] 끊임없이 약동하는 기의 본연성의 회복을 강조하며, 본연의 회복이 결국은 인간이 마땅히 해야 할 당위의 실천으로 자연스럽게 옮아갈 수 있다는 것이다. 이것의 다른 표현이 본체가 바로 공부이고, 공부가 바로 본체라고 하는 그의 주장이다. 그리고 이러한 본체가 바로 공부라고 하는 임성주의 주장은 그의 동생인 임정주에게 이어져 "본체와 공부 사이에는 능소의 구별이 있을 뿐"이라는 주장으로 나아가게 된다.[29]
그러나 인간의 의지 지향을 강조하는 임윤지당의 경우는 심의 적극적인 역할로서의 입지와 그 지향 대상으로 리를 강조한다.

허령신명하며 변화불측한 것은 심이며, 허령신명하고 변화불측케 하는 바의 것은 리다. 리는 행함이 없으나 심은 행함이 있고, 리는 자취

---

27) 『녹문집』 19권, 「녹려잡지」.

28) 『녹문집』, 「행장」.

29) 김현, 「녹문 임성주의 철학 사상」, 고려대 박사 학위 논문, 1992, 165쪽 참조.

가 없으나 심은 자취가 있다. 리가 아니면 발할 것이 없으며, 심이 아니면 발할 수가 없다. 어찌 리기를 혼동하여 성이 홀로 발하고 심이 홀로 발하는 이치가 있겠는가? 이는 비록 선현의 론이 있다 할지라도 나는 감히 믿지 못하겠다. 오로지 기록하여 이로써 아는 자를 기다려보겠다.[30]

임윤지당 역시 심 밖에 성이 따로 있고, 기 밖에 리가 따로 있다고 하는 주장은 반대하지만, 그렇다고 임성주처럼 이상 인격을 실현하는 데 기의 본연성 회복에 의해 리를 구현한다고 하는 방식에 치중하지 않는다. 오히려 그녀는 기질 변화를 위한 인간의 강인한 의지의 중요성을 거듭 강조하고 있다. 이는 전통 사회에서 여성으로서 평탄치만은 않은 삶을 살아오면서 그 속에서 성리학 공부에 매진해나간 임윤지당의 실존적 경험에서 나온 것으로 볼 수도 있을 것이다. 이처럼 그녀는 도덕 실천에서 개인의 의지에 주목하면서 마음의 역할을 강조한다. 이는 임성주가 기의 본연처를 강조하면서 성리학에서 말하는 리의 구현인 이 세상 만물이 자신의 본성으로 그대로 구현하는 상태를 기의 자연성에서 찾는 것과는 차이를 보인다.

이러한 차이는 결국 이들의 학문하는 자세와도 연결된다고 할 수 있다. 임성주는 여느 유학자와 마찬가지로 내성외왕의 이상을 마음에 품고 이 세계에 구현되어야 할 이상향에 관심이 있었다면, 여성인 임윤지당의 경우는 자기 개인의 도덕적 완성을 지향하는 것에 모든 관심이 모아져 있으므로 초점이 개개인의 도덕 인격 확보에 관심이 모아져 있다고 할 수 있다. 이러한 차이는 우연적인 것이라기보다는 임윤지당 스스로 여성의 입장에서 마련할 수 있는

---

30) 『임윤지당』, 「人心道心四端七情說」, 310쪽. "故其虛靈神明變化不測者心也, 而所以能虛靈神明變化不測者理也. 理無爲而心有爲, 理無迹而心有迹. 非理, 無所發, 非心, 不能發. 安有以理氣之混融者, 而有性獨發心獨發之理乎哉? 此雖有先賢之論, 吾斯之未敢信也. 聊識以待知者."

학문적 입지를 개인의 도덕 수양에 둔 것에 그 연원이 있다고 할 수 있다. 이와 같은 차이는 성학을 정초시키는 데 여성이라는 계기점이 그 방향 설정에 영향을 미친 것으로 해석해볼 수도 있다. 그렇다고 의지를 강조하는 임윤지당의 성리학과 '여성'이라는 실존이 필연적인 연관 하에 있다는 의미는 아니다. 단지 성리학의 공부론을 전개해나가는 과정에서 개인의 기질변화에 초점을 맞추어 기질변화를 위한 인간 의지를 더욱 강조하게 된 배경에 자신의 실존적 경험이 영향을 미쳤을 것이라는 의미다.

그러면 다음으로는 이렇게 어려운 역경을 이기고서 학문적 성취를 이룬 임윤지당의 학문 형성 과정이 지닌 의미를 살펴보도록 하겠다.

4. 임윤지당의 학문 형성 과정에 나타난 '공적 영역'과 여성의 삶

조선시대 성리학자들이 학파를 형성해나가는 과정은 주로 사승 관계를 통해서다. 또한 자신의 학설이 유통되는 길은 임금 앞에서 경에 대하여 논하는 경연장이나, 나라의 중대 사안이 있을 때 자신의 의견을 개진하는 소를 올리거나, 또는 서로 주고받는 서간을 통해서다. 따라서 대부분 학자들의 문집에는 이러한 글들이 실려 있다. 그러나 임윤지당의 경우 시동생의 발문에 나오는 회고의 글을 보면 공적인 영역에 나아가 자신의 의견을 개진하는 것은 물론이고, 개인적인 공부를 하는 것도 마음대로 하지 못하는 처지였다는 것을 알 수 있다. 그 발문에 시동생은 임윤지당을 회고하면서 "우리 가문에 시집오셔서 서적을 가까이하는 기색을 보인 적이 없었고, 일상 생활 속의 대화에서도 문장에 관해 말하는 일이 없이 오직 부인의 직분에만 힘쓰실 뿐이었다"고 하고 있다. 여기서 결혼한 후에는 자신의 학문에 대한 열정을 포기하거나 감추고 살 수밖에 없는 당시 여성의 모습을 볼 수 있다. 이는 결혼하기 전 동생 임성주에 의해서 회고되는 모습과는 매우 다르다.

> 형제들이 어머니 곁에 모여 앉아 때로는 경전과 역사책의 뜻을 논하기도 하고, 때로는 고금의 인물과 정치의 잘잘못을 논평할 때도 있었다. 누님은 천천히 한마디 말로 그 시비를 결단하셨는데, 모든 것이 착착 들어맞으셨다. 여러 오빠들이 탄식하며 "네가 대장부로 태어나지 못한 것이 한스럽다"고 하였다.[31]

이처럼 임윤지당은 결혼 전에는 집안에서 형제들과 자유롭게 학문에 대해서 서로 논할 수 있었지만, 시집간 뒤로는 부녀자로서 집안에서 해야 할 일들에 전념하고 공부는 다른 사람들이 알지 못하도록 밤에 틈틈이 하였다는 것을 알 수 있다. 따라서 이영춘 선생은 당시 사회에서 임윤지당이 학문을 할 수 있었던 것은 그녀의 평탄치 못했던 삶의 결과일 수도 있다고까지 말한다. 즉, 부친이 일찍 작고하신 후 어려운 가정 형편이었지만, 둘째 오빠인 임성주의 지도 하에 학문적인 분위기 속에서 성장하였다는 것과, 넉넉한 집안에 시집갔지만 27세에 남편을 여의고, 47세에 시어머니도 작고하여 집안의 어른이 되었다는 점 등이 그녀의 학문 생활을 용이하게 하였으리라는 것이다.[32] 물론 가장 중요한 자산이 된 것은 자신의 학문에 대한 열정이었지만, 이러한 배경도 매우 중요하였을 것이다. 임윤지당은 그렇게 의지의 중요성을 강조하는지도 모르겠다. 스스로의 삶에서 온갖 역경을 헤쳐나가면서 오로지 학문에 대한 의지를 가지고 꿋꿋하게 학문의 길을 걸어갔기 때문에 조선시대 유일한 여성 성리학자로서 자리매김될 수 있었던 것이다.

---

31) 『임윤지당』, 「遺事」 6.
32) 이영춘, 「윤지당의 생애와 학문」, 『임윤지당』, 42-44쪽 참조.

하지만 남녀가 유별한 시대에 자신의 생각을 공적 영역에 유통시키는 것은 생각도 못했을 것이다. 특히 그녀는 자신의 일상 생활 속에서 성리학적 이념에 의해서 부여된 여성으로서의 본분을 조금도 소홀히 하지 않으면서 살아왔기 때문에 더욱이 엄두도 못 냈을 것이다. 이는 임종시에 자부에게 집안 일을 바르게 단속하고, 남녀의 출입을 굳게 삼가도록 하라며 조금 후 태연히 돌아가셨다[33]는 기록을 보면 더욱 분명히 알 수 있다. 하지만 앞서도 보았듯이 송능상의 부인과는 서로 학문에 대하여 논하였을 것으로 추정되므로 아마도 뜻이 맞는 여성들과는 서로 학문에 대해서 논했을 것이다.

하지만 공적인 영역에서 성인의 학에 대해 서로 논할 수 있는 장이 없었다는 아쉬움은 상당히 컸을 것이다. 또한 공적인 영역에서 학문에 대해 서로 논할 수 있는 길이 차단되어 있으므로 남성 성리학자들의 글과 달리 임윤지당의 글 속에서는 당대 학자들을 구체적으로 거론하며 자신의 논의를 펼치는 방식을 취하고 있지 않다. 다만 호발설(互發說)과 체전용부달론(體全用不達論)을 구체적인 인물을 거론하지 않고 비판하면서 자신의 논점을 전개하는 정도에 불과하다.

이러한 상황에서 당대 대학자인 둘째 오빠 임성주와 학문에 대해 서로 토론할 수 있었다는 것은 임윤지당의 학문 형성 과정에 매우 중요한 의미를 지닌다. 더욱이 임성주는 1782년에 관직에서 물러난 후 가족들과 함께 5년간 임윤지당이 머물고 있던 원주로 내려와서 지냈으므로 이때 서로간에 왕래하면서 학문적인 교유도 용이했을 것이다. 따라서 임정주가 윤지당의 학문을 가학의 연장선상에서 이해하고 있는 것은 너무나 자연스러운 결과라 할 수 있다. 임정주는 임윤지당의 학문의 계보를 다음과 같이 설명한다.

누님의 학문은 유래가 있다. 우리 고조부이신 평안감사 금시당께서

---

33) 『임윤지당』, 「言行錄」 19.

는 사계 선생 문하에서 수학하여 마음을 스승으로 삼으라는 교훈을 들으셨다. 선친이신 함흥판관 노은공께서는 백부인신 참봉공과 함께 황강(권상하) 선생의 문하에 출입하여 직(直)에 대한 가르침을 받으셨다. 둘째 형님 성천부사 녹문공은 도암(이재) 선생의 문하에서 도는 잠시도 떠날 수 없다는 철학을 전수받으셨고 누님은 형님에게서 수학하였다. 가문에서 전승된 학문 연원이 유구하고 그 영향이 이와 같이 심원하였다. 그러므로 필경에 성취하신 것이 그와 같이 성대하고도 쉬웠다. 비록 옛날의 어진 부녀들에게서 찾아보아도 비견할 사람이 드물 것이다. 이것이 어찌 다만 천품이 높아서 저절로 도에 가까워져 그렇게 되었겠는가?[34]

이처럼 당시 성리학자였던 임정주는 자신의 누나인 임윤지당의 학문적 성취를 인정하면서 그 학문적 성취의 배경으로 가문에서 전승된 학문 연원을 들고 있다. 그녀의 문집이 이 세상에 발간되어 나온 것도 바로 유구한 가문의 학문 전통을 후대에 전하려 하는 생각에서였을 것이다. 따라서 임정주는 가문에서 전승된 학문의 전통에 대한 자부심을 가지고서 "1789년 청산(靑山) 현감으로 부임한 이래 집안의 문집들을 간행하게 된다. 1794년에 부친 임적(任適)의 『노은집(老隱集)』4권 2책과 임경주(任敬周)의 『청천자고(靑川子稿)』3권 1책을 간행하였으며, 1796년에는 누이의 『윤지당유고(允摯堂遺稿)』2권 1책을 간행하였다. 1795년에는 이민보(李敏輔)의 서문과 임육(任焴)의 발문을 붙여 청산에서 『녹문집』26권 13책을 활자로 간행하였다."[35] 이처럼 임정주가 집안의 문집을 간행하게 된 것은 17세기 이후 향촌 사회에서 사대부의 신분을 유지하기 위한 노력의 일환으로 사당을 세우고 문집을 간행하는 일에 힘쓰던 사조와 맥을 같이 하는 것이라 볼 수 있다.

문집 발간은 17세기 이후 조선 사회에 급격하게 증가하게 된

---

34) 『임윤지당』, 「遺事」 14.

35) 신용남, 「녹문집해제」(민족문화추진회).

다.36) 이러한 사조에 대하여 홍한주(1798~1868)는, "가세가 한미해지고 조정의 벼슬을 얻지 못하게 되면 실로 문족(門族)을 지켜나가고 고을에서 호령하면서 편호(編戶)와 구별되기 어렵기 때문에 조상 중에서 글을 알고 점잖다는 소리를 듣던 이가 평소 지었던 시와 편지를 모아서 판각하여 모 선생 유고라고 칭한다"37)고 하며 이름도 알려지지 않은 사람들의 문집을 무분별하게 발간하는 사조를 비판적으로 보고 있다. 그러나 문집 발간을 통하여 가문을 드러내려 하는 의식이 팽배하였기 때문에 여성인 임윤지당의 문집도 발간이 가능했다고도 볼 수 있다. 그리고 임윤지당의 경우 사후 문집이 세상에 나오게 되면서 비로소 공적 영역에 그 모습을 드러낼 수 있었다고 보아도 과언이 아닐 것이다.

이는 성리학에 내재된 남성 중심적 질서에 반대하는 여권 신장을 위한 운동을 통해서 이루어낸 성취라기보다는 오히려 집안에서 여성으로서 해야 할 덕을 충실히 수행하면서 이루어낸 성취라고 할 수 있다. 즉, 그녀는 자신이 여성으로 태어났다는 것을 부정하기보다는 여성 존재도 결국 성인의 인격을 추구하는 성리학을 탐구할 수 있다고 하는 성찰을 통해 학문적 결실을 보게 되었다. 이는 문집 간행에 중심 역할을 한 동생 임정주나 시동생 신광우가 임윤지당을 회고하는 글 속에서 그녀를 칭송하면서 항상 여성으로서 해야 할 본분을 충실히 수행한 모습을 강조하고 있는 것을 보면 알 수 있다. 이는 그녀 스스로 남녀 유별에 토대를 둔 가족 질서를 중시한 것에서 기인한다고 볼 수 있다. 따라서 그녀 역시 가문을 매우 중시하였으며, 이러한 태도가 오히려 그녀의 학문을 형성시킨 근간이 된 것이다. 학문을 중시했던 그녀는 스스로 선조가 남긴 업적을 후손들이 소중하게 여겨야 한다고 하며 남편이 필사하던

---

36) 신승운, 「유교 사회의 출판 문화 ─ 특히 조선시대의 문집 편찬과 간행을 중심으로」, 『대동문화연구』 제39집, 2001 참조.

37) 홍한주, 『智水拈筆』 권6(신승운, 「유교 사회의 출판 문화」에서 재인용).

책을 뒤를 이어 필사하게 된다. 그녀는 남편이 마무리짓지 못한 시경을 필사하며 다음과 같은 말을 덧붙이고 있다.

내가 순절하지도 못한 부녀자의 처지에서 남편이 필사하던 책의 뒤를 이어 쓰는 것은 매우 외람된 일인 줄 알고 있다. 그러나 남편이 남긴 것이라고는 이것밖에 없다. 나의 쇠잔한 목숨이 끊어지기 전에 책으로 완성해놓지 못하면 그 분의 남기신 흔적이 점차 없어질 것이 아니겠는가! … 작업을 마치고 튼튼하게 장정하여 고리짝에 보관해두었다. 아아, 조상의 유물을 소중하게 여길 사람은 바로 자손들이다. 이제 누가 있어 이를 귀중히 여길 것인가! 비통하다![38]

이렇듯 조선시대에 친족 체계라 할 수 있는 가문은 사적인 가정 영역에 귀속되는 것이 아니라, 향촌 사회를 이끌어나가는 담론을 형성하고 전파하는 중요한 역할을 하는 공적 영역이라 할 수 있다. 그리고 여성에게 주어질 수 있는 공적 영역에서의 사회 활동은 대부분 이 영역을 벗어날 수 없다고 보아야 할 것이다. 따라서 사유의 중심도 친족 질서 속에 놓여 있는 자신의 실존에 놓여 있게 된다. 이는 임윤지당의 학문 형성 과정에서 매우 뚜렷하게 드러난다. 그러나 이 영역은 은폐되어 있는 영역이기보다는 사회의 담론을 창출하는 직접적인 단위가 되는 영역이므로 점점 이 영역에 참여하려는 수가 늘어나게 된다. 이는 문집 발행이 급격히 늘어나는 추세를 보아도 알 수 있을 것이다. 이에 당시 보수적인 남성들은 여성들이 공적 영역에 자신의 담론을 유포하는 것에 부정적이긴 했지만, 친족으로부터 인정받는 여성들의 글들도 문집 발행시 고려의 대상이 되었던 것이다.

이러한 여성들의 성취는 체재에 적극적으로 순응하고 기여하면서 사회 변화와 맞물려 점차적인 변화 속에서 이루어낸 성취들로

---

38)『임윤지당』, 「續書先夫子所寫詩經後」.

볼 수 있다. 그러나 앞서도 보았듯이 사회 변화란 가문을 중시하는 유가적인 의식의 확대 재생산에서 나온 것이다. 후대로 가면서 여성들의 문집이 발간되는 등 여성의 활동이 공적 영역으로 확대되었다고 해석될 수 있으나, 남녀 유별을 중요한 행위 원칙으로 삼았던 유학자들은 공적 영역에서 공론을 형성하는 과정에 여성이 참여할 수 있는 길을 차단하고 있었다. 단지 남성을 통해서 밖에 자신의 의지를 관철시킬 수 없는 구조였다고 볼 수 있다. 따라서 임윤지당은 송능상의 부인을 칭찬할 때 그녀의 학식으로 남편을 분발시킬 수 있었던 점을 지적하고 있다. 이는 신하는 스스로 자신의 명예를 드높여야 하는 것이 아니라 임금을 분발시켜 도덕 정치를 행할 수 있도록 해야 한다는 것과 동일한 원리라 할 수 있다.

이처럼 정치권에서 행해지는 공론 역시 실질적인 결정을 내리는 임금의 의지를 분발시키기 위한 장치라 할 수 있다. 그러나 차이점은 가족 체계 내에서 결정을 내리는 주도권을 쥔 가장의 뜻을 분발시키기 위한 장치는 제도라기보다는 내조라고 하는 개인적인 여덕에 한정되어 있다는 점일 것이다. 임윤지당의 경우는 성리학에서 요구하는 여덕을 통해 가족 구성원들로부터 인정을 받은 예이므로 그의 문집 발간도 순탄할 수 있었다는 것이다.

이처럼 임윤지당의 학문 형성 과정에서 볼 수 있었듯이 성리학적 질서 체계에서 공적 영역에서 여성 활동 영역을 확보하기란 쉽지 않다. 그리고 이 틀은 워낙 견고하므로 가족의 영역을 넘어서까지 활동 영역을 넓히려 하는 것을 용납하지 못했다. 따라서 여성 성리학자라는 이름을 부여받을 수 있는 임윤지당의 경우는 당시로서는 매우 예외적인 경우로 볼 수 있다. 이러한 예외적인 예가 가능했던 것은 앞서의 논의에서도 언급했듯이 자유롭게 학문 영역에 접근할 수 있게끔 해준 집안 분위기와 학문에 대한 열정 등 임윤지당 개인이 처한 상황적 요인과 조선 성리학계에 가문에서 학문적 역량이 뛰어난 자를 배출함으로써 가문의 명성을 높일 수 있다는 가문을 중시하는 의식이 중첩되면서 가능했다고 볼 수 있다. 따라서 임윤지당의 출현에 여성주의적 계기점은 중요한 요인으로 부각되지 못한다. 그러나 그럼에도 여성적 관점에서 볼 때 임윤지당의 사례는 성리학적 이념이 양산해내던 부정적인 측면인 권위주의 및 남성중심주의를 양산해내는 기저에 깔려 있는 양-군자-남성과 음-소인-여성이라는 은유에 문제 제기를 할 수 있는 계기점으로 작용할 수 있다고 본다. 즉, 임윤지당이 여성주의적 자각에 의해서 부각되었거나, 그 이론적 취향이 여성주의적 시각을 가지고 있다고 볼 수는 없지만, 적어도 도덕 군자는 남성의 전유물이라고 생각하는 유가적인 은유를 넘어설 수 있는 성찰의 계기는 줄 수 있다고 생각한다. 그러나 기질 변화를 위하여 의지를 강조하는 그녀의 학문 경향이 성리학의 공부론에서 다양한 담론을 창출하지 못하였다는 점은 아쉬움으로 남는다. 이는 본질적으로 성리학의 제약을 뛰어넘지 못한 결과 이루어진 것으로 볼 수 있을 것이다.

□ 참고 문헌

『녹문집』.
『윤지당유고』.

김미영, 「'음'에 부과된 사적 특성에 대한 여성주의적 접근」, 『철학』 제72집, 2002년 가을.
김미란, 「조선 후기 여류 문학의 실학적 특질」, 『동방학지』 제84권, 1994.
박현숙, 「임윤지당론」, 『여성문학연구』(한국여성문학학회) 제9권, 2003.
최연미, 「임윤지당의 생애와 『윤지당 유고』」, 『서지학연구』 제17권, 1999.

이영춘, 『임윤지당』, 혜안, 1998.

신승운, 「유교 사회의 출판 문화 — 특히 조선시대의 문집 편찬과 간행을 중심으로」, 『대동문화연구』제39집, 2001.

신용남, 「녹문집해제」(민족문화추진회).

김현, 「녹문 임성주의 철학 사상」, 고려대 박사 학위 논문, 1992.

제 14 장
포스트모더니즘과 페미니즘*
— 신체의 정치학에 대한 현대적 담론들

장 문 정

1. 서론 : 여성들의 차이와 포스트-모더니즘

1970~1980년대 페미니즘은 그동안 주류 가치 체계에 반영되지 못했던 여성들의 차별적 경험과 고통에 주의를 환기시키면서 그러한 차별에서 벗어나는 정치적 방법들을 모색하는 일련의 체계적인 저항 운동으로 성장했다. 이 운동의 성패는 다양한 인종, 계급, 종교, 국가에 속해 있는 가능한 많은 여성들의 공통된 결집을 이끌어 내는 데 있기 때문에 페미니즘은 그러한 상황 속의 여성들의 재현을 우선적 과제로 삼을 수밖에 없다. 그러나 재현은 말하는 자의 편에서 이루어지게 마련이고, 페미니즘의 '여성'은 비교적 담론 형성 체계로의 접근이 가능했던 서양의 백인, 중간 계급 여성의 손에

* 이 논문은 2002년도 기초 학문 육성 인문 사회 분야 지원 사업의 일환으로 한국학술진흥재단의 지원(KRF-2002-074-AM1031)에 의해 연구된 것으로, 「포스트모더니즘과 페미니즘 — 현대 페미니즘 정치학의 가능성과 공공성」이라는 제목으로 『철학연구』(고려대 철학연구소) 제29집에 실렸던 것을 수정 · 보완한 것임.

서 구체화되었다. 가부장적 권력은 국가나 종교, 자본주의와 같은 광범위한 권력 형태들과의 교묘한 결탁 관계 속에 있기 때문에 페미니스트들의 정치적 연대는 이러한 다양한 권력 형태의 장벽들을 넘어서 범세계적으로 '모든' 여성들의 결집을 요청해야 했다. 문제는 이 이질적인 장벽들 속에서 동일하게 여성임을 공감하고 단합하게 만들 수 있는 '보편적 여성'의 확립이라는 정치적 긴급함 속에서 그저 서구식 모델에 불과한 지역적 '여성'이 마치 보편적인 것인 양 둔갑되고 그렇게 권리 부여된다는 데 있었다.

페미니즘의 짧은 역사에서 일어났던 이 사건은 서양 페미니스트들이 밝혀낸 가부장주의의 여성 억압 방식, 즉 남성적인 것에 지나지 않는 것을 보편적인 것으로 특권화하면서 그렇지 못한 것을 위계적으로 배제시켜버리는 이른바 동일자의 메커니즘과 다르지 않다. 페미니즘 담론상에서 서구식 여성이 특권화된 모델로서 작동하는 가운데 유색 인종, 타문화, 타종교권, 타계급권의 여성들은 지워진다. 게다가 식민주의 권력이 이러한 제3의 지역에 이식됨으로써 특권화된 '서구식' 여성이 제3세계 여성들에게 덧씌워지면서 그녀들을 새로운 방식으로 억압하게 되었다. 여성들이 공유하는 경험을 강조해야만 했던 페미니즘 정치학이 결국 그녀들이 그토록 가열차게 맞서 싸워왔던 적들을 닮아간다고 하는 아이러니컬한 상황은 페미니즘의 자기정체성을 훼손할 수 있을 정도의 혹독한 자기 비판을 가져왔다. 더욱이 가부장주의적 권력과 여타 권력들의 결합을 통해 새롭게 여성에게 가해지는 상이한 억압의 양상들은 기존의 단일하고 보편적인 억압 모델로는 접근할 수 없게 됨으로써 '페미니즘'은 현실적인 여성들의 해방과는 거리가 있는 유한 계급의 살롱(salon) 담론으로 여겨지기에 이르렀다. 이쯤 되면 페미니즘은 범여성들의 자매애는커녕 동지가 되어야 할 여성들이 서로의 적들로 분열되는 상황에 직면하게 될 것이다. 이와 맞물려 페미니즘의 분열은 남성적 가치를 특권화하고 대변하던 서양의 철학적 사유가 자신의 경계를 끊임없이 교란시키고 확장시켰던 타자들을 자신 안에 받아들이게 되는 이른바 포스트-모더니즘과의 조우를 통해 더욱 가속화되었다.

그러나 페미니즘은 1970~1980년대 이론과 논쟁의 전례 없는 풍요로움의 대가로 자기 비판으로 분열되는 운명을 감내하면서도 생산적인 교훈을 얻을 수 있었다. 그것은 여성들의 차이의 발견, 즉 기존의 페미니즘 담론이 담아내지 못하는 현실적 여성들의 이질적 육체들이다. 여성과 남성의 차이에서 시작한 페미니즘 담론은 그 차이를 재현하려는 시도가 한계를 드러내면서 여성들의 차이에서 다시 뿌리를 내리게 되었다. 이런 페미니즘의 분열은 담론의 자기 안정성과 자기 동력을 견제하면서 페미니즘이 시작되었던 바로 그 지점으로 페미니즘을 끊임없이 회귀하도록 만드는, 담론 바깥의 현실을 끊임없이 조회하도록 이끄는 페미니즘의 고유의 미덕으로 받아들일 수 있다.

페미니즘의 태생 자체가 재현의 경계에 놓여 있는 차이들에 있으며 페미니즘 정치학은 그 차이들을 재현의 장으로 끌어올림으로써 추동된다. 분명 새로운 페미니즘 정치학을 위해서 현대 페미니스트들은 이른바 차이와 복수성을 옹호하는 포스트-모더니즘이라는 담론 체계를 전유해야 할 필요가 있다. 그러나 포스트-모더니즘이 페미니즘은 아니다. 그녀들은 남성 포스트-모더니스트들의 작업들 속에 숨어 있는 남근이성중심주의적 덫을 제거하고 그것을 새롭게 변형시켜야 한다. 특히 그녀들은 차이 혹은 '여성적인 것'을 철학적 항목으로 일반화함으로써 차이를 발생시키는 육체, 즉 현실적인 여성을 지우는 가부장주의적인 관성을 경계하면서 '차이'를 담론의 장으로 구체화시키고 존중하는 법을 모색해야 한다. 더불어 차이가 페미니즘 담론 안으로 적극적으로 유입되면서 페미니즘 정치학이 빠지게 되는 딜레마와 자기 해체에 대한 우려에 대해서도 페미니스트들은 고민해야 한다.

2. 재현에서 차이의 지도로

차이는 재현의 경계에 있기 때문에 담론의 장에서 운위되기는 해도, 담론으로 포착될 수는 없는 것이다. 여성들이 남성 중심적 역사에서 그들의 도우미나 그늘 혹은 부정적 의미로 존재해왔지만, 정작 여성을 여성으로 존재하도록 만드는 어떤 긍정적인 것은 침묵 속에 있었던 것과 마찬가지로 말이다. 우리가 수많은 담론의 분절과 그 사이를 주목하는 순간, 즉 그 담론을 누가 어떻게 만들었는가에 대해서 의문을 품는 순간, 차이는 담론의 표면 위로 부상하게 되고 담론은 변형되거나 분열된다.[1]

페미니즘은 차이와 관련하여 여러 층위를 가지고 있다. 그 첫 번째 층위는 남성과 여성의 '차이'다. 여기서 1세대 페미니즘이 출발했으나 그 중 한편은 차이를 재현하는 다른 지역을 모색하였던 반면, 다른 한편은 차이를 지우고 기존의 동일한 재현 체계에 들어가려고 노력했다. 두 번째 층위는 페미니즘 담론의 분절에 대한 의문이 제기되면서 담론 수면 위에 오른 여성들 간의 차이다. 여기서는 각기 다른 지역적 경계들이 설정되고 그 경계 안에서 각각의 다른 여성들이 재현되기 시작했고 이러한 재현의 이질성은 1세대 페미니즘과 가부장적 지배 체제의 불편한 관계처럼 분열된 페미니즘들을 서로 적대적으로 만들기도 했다. 계속해서 층위는 더 분화될 수 있는데, 동일한 지역적 경계 내에서 재현된 '여성'에서 벗어나는 차이들, 더 나아가 동일한 나의 경계 내에서 재현된 '나'에서 벗어나는 차이들과 같이 말이다. 아직 페미니즘의 제도적 담론의 분화가 거기에 미치지 못한다 하더라도 서로 동일한 국적, 문화, 계급 내의 동일한 여성들이라도 그러한 지역 경계가 담아내지 못하는 차이들 때문에 서로 싸우고 적대하는 여성들은 많다.[2] 개인의 주체성의

---

1) 데리다의 경우, 양 요소 사이에 억압되었던 이 차이를 드러냄으로써 기존 텍스트의 의미를 해체하고 새로운 의미들을 일어나게 한다.

경우만 하더라도, 동일한 '나'는 그 안의 서로 다른 '나'로 이루어진 이질적인 것들의 집합체에 지나지 않기 때문이다.

각각의 층위에서 발생하는 차이들에 대한 적대적 태도는 각 경계들을 상위 층위의 경계로 환원시킴으로써 해소 가능하다고 생각될 수도 있다. 그러나 그처럼 차이들을 무효화하는 더 큰, 동일한 체계의 고안이야말로 남근 이성 중심적 사유의 특징이다. 이런 사유에서 차이들은 해소되는 것이 아니라 그보다 더 큰 경계를 설정하고 유지하도록 만드는 환상이 작동되면서 망각되고 지워질 뿐이다.[3] 결국 그 모든 차이들을 조화롭게 반영하는 체계적 재현은 있을 수 없다. 그 차이들은 마치 우리가 지도를 읽듯이, 각 지역들의 경계와 분절을 눈과 손으로 따라가면서 확인해야만 발견될 수 있는 것들이기 때문이다. 지도는 체계적 재현이 아니라 발견의 기록이며, 따라서 그것은 체계와 달리 새로운 길이 생성되고 폐지될 때마다 수정되어야만 하는 완성되지 않은 것이다.

지도에는 길들이 있고, 그러한 길들로 인하여 다른 지역들, 즉 차별적인 의미 지역들이 생성될 수 있다. 지도는 우리가 한 지역

---

2) 대표적으로 고부 갈등을 들 수 있다. 동일하게 가부장적 억압 하에 있을 뿐만 아니라 동일한 문화, 동일한 계급, 동일한 국적에서 일어나는 일이기 때문에 여성들의 차이는 설명하기 힘들다. 기껏해야 가부장주의가 타자를 인정하지 않는 동일성의 체계이기 때문에 그러한 가부장적 체계의 영향 속에서 여성들이 서로를 인정하지 못하고 적대하게 된다고 설명하는 것이 고작이다. 무엇보다 이는 문화, 계급, 국적과 같은 권력과 다른 층위의 미시적인 권력선의 분화가 통과하면서 여성들을 갈라놓는 경우인데, 중요한 것은 그러한 미시적인 권력선들과 다른 권력들의 관계를 분명하게 그려냄으로써 서로 다른 관계 속에 있는 여성들이 그러한 관계들을 인식하고 탈출구를 발견하도록 만드는 일이다.

3) 한국이 IMF 위기를 맞이했을 때, 그 위기 극복의 상징적 미적 퍼포먼스로서 일어났던 '금 모으기 운동'은 주로 중산층, 하층 계급의 여성들이 소유하고 있었던 금붙이들의 동원이었다. 또한 IMF 국가적 위기라는 명목 아래, 노동의 유연성을 위해서 우선적으로 여성들이 해고당하면서 가장의 보호라는 명분이 작동되기도 했다. 한국 여성의 권리는 한국이라는 이른바 '국가의 이해' 앞에서 쉽게 망각될 수 있음을 보여주는 사례들이다.

안에 머물러 있지 않고 다른 지역으로 이동하고자 할 때 필요한 것이다. 문제는 우리가 경계를 넘어 다른 의미들을 접하게 될 때, 그리고 그 다름을 의미의 단절로서 받아들이고 그것을 없애려고 할 때 발생한다. 언어학자들에 의하면 의미란 차이에 의해서 발생한다. 마찬가지로 차이를 일으키는 경계는 새로운 의사 소통의 발생 과정을 위한 '관계'의 경계이지 단절의 경계가 아니다. 다르기 때문에 관계 맺을 수 있다.

따라서 차이에 대한 페미니스트들의 최선의 태도는 경계들과 그것들의 관계들을 인정하고 이해하는 일이다. 길들이 각 지역들을 구획하는 방식을 확인하고 그 길이 다른 파생적 길들과 어떤 지점에서 만나고 분산되는지를 잘 이해할 수 있는 지형학자라면 길을 잃고 헤매는 일은 없다.[4] 상공 비행적 시선에서 굵은 길들의 방향과 그것이 당도하게 되는 큰 지역들은 잘 보이지만, 그 길과 통해 있을 많은 작은 길들과 그것들의 분기점들은 잘 보이지 않는 법이다. 마찬가지로 여성들의 차이라는 복잡한 그물에서 현대 페미니스트들이 길을 잃지 않는 방법은 그 차이들이 그려져 있는 지도 전체를 한눈에 보는 것이 아니라 그녀의 육체가 처해 있는 지점을 지도에서 확인하고 그 지점으로부터 꼼꼼하게 길을 따라가는 것이다. 실제 그녀의 육체가 구체적으로 정박해 있는 시공적인 위치가 바로 그녀의 시선이 시작되는 특이한 지점이 되어야 한다. 길, 시간과 공간, 의미들은 육체가 이동하면서 생성되는 것이기 때문이다.

---

4) 페미니스트들은 자신들을 통과하는 수많은 권력선들의 얽힘과 분절을 따라서 자신이 정박해 있는 특이한 지역을 넘어 더 많은 지역들을 이동함으로써 지역적 경계를 존중하되 그 안에만 머물러 있지 않다. 페미니스트가 페미니즘의 지도를 만드는 이유는 다른 지역의 페미니스트들과 분열되거나 적대함으로써 차이들을 지우고 하나의 의미로 통합되기 위해서가 아니라 그녀들과 관계 맺고 대화함으로써 차이들을 공유하고 존중하기 위해서다.

3. 차이와 주체의 재개념화

1) 페미니즘과 주체의 문제

페미니즘은 무엇보다 '여성들'의 통합적인 자기 목소리일 것이다. 페미니즘과 여성의 관계는 단지 페미니즘의 의제(議題. agenda)가 여성이라는 사실에만 있는 것이 아니라 여성을 그러한 담론의 책임자로 표명하는 일이기도 하다. 페미니즘 담론을 포함하여 모든 말은 그 말을 가능하게 한 발화 주체, 그래서 그 말을 책임지고 실천해야 하는 그런 주체가 그 말의 바깥에 존재한다는 가정 하에서 작동한다. 우리는 페미니즘의 지도를 이야기하면서 그 지도 위에는 나타나 있지 않지만, 그 바깥의 지도를 보는 현실의 주체(육체)를 암시했다. 바로 이러한 주체를 통해서만 이론과 실천, 언어와 현실이 조우할 수 있기 때문이다. 주체란 이 대립되는 세계에서 이행의 문턱과 같은 매우 중요한 역할을 하고 있다.5)

그러나 '어디에나 존재하지만 어디에도 없는', 그런 점에서 마치 신을 닮은 이 '바깥'의 보이지 않는 초월자가 어처구니없이 진짜 신처럼 위상 세워진 적이 있었다. 기독교의 신은 육체를 가지지 않으며 전지전능하다. 서구의 근대 철학은 우리의 사유(담론) 안에 들어오는 모든 존재자들의 배후에는 가장 근본적인 근거로서 그것들을 가능하게 하는 사유하는 주체가 있다는 통찰에서 출발했다. 그러나 모든 존재자들의 지배자의 위치로 서 있고자 하는 가부장적 욕망과 환상으로 인해 이 온당한 코페르니쿠스적 통찰은 주체

---

5) 담론 자체의 진위가 중요한 것이 아니라 담론의 주체가 취하고 그것을 실행에 옮김으로써 담론의 이데올로기와 주체의 이데올로기가 재생산, 유지되고 진리로 만들어진다는 알튀세의 통찰을 상기해보면, 담론과 그 바깥의 현실의 일치 문제는 현실을 따라잡을 수 있는 담론 체계의 정교함에 있다기보다는 주체의 참여의 문제가 될 것이다. Louis Althusser, *Lenin and philosophy and other essays*, Monthly Review Press, 1971, 이진수 역, 백의, 1991, 164-165쪽 참조.

가 육체 없는 투명한 정신으로, 그것이 지배하는 세계가 조작 가능한 무력한 대상들로 허구화되면서 남성적 환상의 최고 형식으로 정착했다.6) 이 주체는— 지도를 보는— 육체를 가진 '지금 여기'의 '나'가 아니다. 실제로 담론 체계에 접근할 수 있었던 남성 지배자들이 그러한 왕좌에 올랐다. 그것은 담론과 그 바깥의 현실을 잇는 문턱으로서가 아니라 담론의 초월적 지배자로 등극함으로써 사실상 '나'의 육체를 포함하여 담론을 지탱시키는 바깥의 현실을 추방시키고 담론만 남기게 된다. 세상은 담론의 세계로서, 이미 주체의 손아귀에 있다. 곧 담론화될, 담론 바깥의 세계(육체들)는 이 막강한 주체에 의해 늘 정복당할 준비가 되어 있다.7)

그렇게 마음대로 할 수 있음, 부단히 전진할 수 있는 주체의 자기 권리에 대한 자각이 바로 근대 계몽주의의 중심에 있다. 담론을 해독하는 주체는 그것을 작동시키는 보이지 않는 주체를 실제 자신과 동일시하게 되는데,8) 여성들도 그러한 계몽주의적 담론을 자기 발화로 만들면서 자신을 남성처럼 누구의 지배도 받지 않는 독립적인 위치에 놓고자 열망했을 것이다.9) 역사적으로 페미니즘은 근

6) "코페르니쿠스적 전회는 남성적 상상의 최종적 효과를 지닌다. … 전체를 지배하는 퍼스펙티브, 가장 큰 힘의 힘이 발생하면서 그는 근거를 도려내고 그가 바라본다고 주장하는 기반과의 경험적 관계를 잘라낸다. 사변한다는 것, 사색한다는 것." L. Irigaray, *Speculum of the Other Women*, Gillian C. Gill trs., Cornell University Press, Ithaca, New York, 1985, 133쪽.
7) 자본주의와 근대 서양철학의 상관 관계를 통한 남성이성 중심적 권력의 육체에 대한 전횡과 왜곡에 대해서는 졸고, 「공사 영역과 페미니즘— 육체를 둘러싼 근대 가부장적 관리 체제」, 『대동철학』 제26집, 2004, 6을 참조.
8) 따라서 말하는 주체는 사유하는 주체와 달리 부동의 중심으로 존재하는 것이 아니라 분열되어 있고 변화한다. 즉, 비어 있는 주체의 자리에 다양한 육체들이 대입될 수 있다.
9) 교육받은 특권층의 여성 주체들이 지배 담론 체계의 형성에 참여할 수 있음에도 불구하고 수많은 비특권층의 여성들의 문제들을 담아내지 못하는 것은 여성으로서의 자기 육체를 지우고 남성과 동일하게 일해야만 존립할 수 있었기 때문이다. 그녀들은 자신을 육체를 지우지 못하고 살고 있는 수많은 비특권층 여성들

대 계몽주의적 인권 운동의 파생적 운동으로 시작되었기 때문에 페미니즘 담론의 발화자는 여성을 억압하고 그것을 유지시키는 가부장적인 허구의 주체라는 아이러니컬한 구조를 가지게 된다.[10] 따라서 페미니스트들이 이러한 주체의 구조로 작동되는 담론들을 생산하고 소비하는 한에서, 그녀들이 진정한 마음으로 여성 억압을 재현하고 그 해방을 모색한다 하더라도, 그것들은 결국에는 남성 담론에 환원되고 말 것이며, 실제 페미니즘 담론이 겨냥하고 담아내야 할 현실적 여성들은 담론 바깥으로 밀려서 소외되는 결과를 가져오게 될 것이다. 남성과 여성의 평등 모델에 근거하는 페미니즘에서 여성 주체는 현실의 여성들과는 거리가 있다.

이처럼 서구 철학에서의 주체와 담론의 본질적인 남근적 관계 때문에, 즉 여성을 담론화하려는 어떤 시도도 결국 여성을 담아내는 데 실패할 것이기 때문에, 여성은 오히려 담론 바깥에서 비역사적인 — 혹은 초역사적 — 존재로 남아 있기를 선택해야만 한다는 역설에 직면하기도 했다. 그러나 이는 담론의 가부장적 구조를 숙명으로 받아들임으로써 여성 스스로 패배주의적으로 가부장적 지배를 선택하게 만들고 영구화시키고자 하는, 즉 페미니즘 정치학을 무력화하는 가부장주의적 속임수다.[11]

보다는 지배층의 투명한 남성 주체에 동일시할 것이다.

10) 페미니즘과 이러한 주체와의 비판적 관계에 대해서는 졸고, 「공사 영역과 페미니즘 — 육체를 둘러싼 근대 가부장적 관리 체제」, 『대동철학』 제26집, 2004, 6, 214-215쪽 참조.

11) 일부 남성 포스트-모더니스트들에 의해서 진행되었는데, 대표적으로 라캉은 여성을 억압적인 상징계의 구원처럼 다루었지만, 여성을 상징계 바깥에 있는 실재계에 놓음으로써 페미니즘을 지우려 했다. 또한 데리다도 자신의 해체 철학을 철학의 여성되기로 명명하리만치 서구 형이상학의 남근이성주의적 성격을 통렬히 비난했지만, 이를 통해 실제로 담론의 수면 위에서 가열차게 운동하는 '조용하지 않은' 페미니스트들을 남성이 되고 싶어하는 여성이라고 비웃기도 했다. Derrida, *Éperons, Les styles de Nietzsche*, Flammarion, Paris, 1978, 김다은 · 황순희 역, 동문선, 1998 참조.

여성들은 반드시 담론 위로 올라와야 하며 그것이 바로 역사에서 여성의 해방이 갖는 의미다. 따라서 문제는 페미니즘이 어떻게 남성 담론에 환원되지 않으면서 온당하게 여성들을 재현하는 담론으로 존재할 수 있는가 하는 점에 있다. 그렇다면 아예 주체 개념을 버리고 비역사의 세계로, 담론의 죽음을 선택하는 쪽보다는 비록 미완성에 지나지 않을지라도, 주체를 재개념화하고 그러한 주체에 의해 이전과 차별적으로 작동되는 담론을 계발하는 것이 더 낫지 않겠는가? 페미니즘 담론은 현실적인 여성들의 차이를 담아낼 수 있을 정도로 폭이 넓은 것이어야 하는데, 그래야만 페미니즘 정치학이 남성 담론에서 밀려나 있었던 여성들을 새 담론의 장으로 끌어들이고 그녀들을 새 담론의 주체로 불러모아서 그 담론의 실천자로 만들 수 있기 때문이다. 따라서 그것들은 하나로 만족될 수가 없다. 그러나 다수의 담론들 각각이 서로 화해 불가능한 관계에 놓여 있다 하더라도 페미니즘의 이름으로 담론들의 차이는 사이좋게 공존될 수 있어야 한다. 이러한 페미니즘의 조건들 자체가 가부장주의적 담론과 다른 점이다. 그러나 이러한 입장을 견지하는 데에서 해결해야 하는 문제는 동일한 페미니즘의 이름 아래 그처럼 다양한 페미니즘들을 소집할 수 있는 근거는 무엇인가 하는 데 있다.

어떤 담론이든지 그것은 그것을 '말하는 자의 위치'가 설정됨으로써 작동되기 마련이다.[12] 모든 담론은 일정한 관점(perspective)이나 입장(position)을 가지는데, 그런 점에서 사유하는 주체 모델을 통해 주어졌던 담론의 중립적, 객관적 위상은 형이상학적 허구에 지나지 않는다. 따라서 페미니즘 정치학의 조건은 담론을 말하는 자의 위치(location)가 여성[13]으로 세워졌을 때 충족될 수 있을

---

12) 언어학적 통찰에 힘입어 포스트-구조주의자들은 서구 근대 철학을 통해서 전횡했던 사유하는 주체의 모델을 버리고 대신 말하는 주체를 세우고 있다.
13) 남성이 자신의 육체를 지우고 스스로를 정신적 존재로 승격시켰던 반면, 여성은 육체를 떠나서는 정의될 수 없다. 따라서 여성이란 동일한 인간 범주에 들어가

것이다. 즉, 여성이라는 동일한 입장을 가지면 동일한 담론의 경계 안에 들어올 수 있다. 물론 여기서도 서구 근대 철학의 정식, 즉 담론을 담론으로서 작동 가능하게 만드는 근본적인 근거가 (담론의) 주체라고 하는 정식이 반복되고 있다. 문제는 담론의 근거가 주체라는 사실에 있는 것이 아니라 그런 주체의 성격에 있다. 페미니즘의 주체는 '육체로 존재하는 여성'으로 세워져야 한다는 사실에서 분명히 다르기 때문이다.14) 그런 여성만이 여성으로서의 입장(position)을 가질 수 있다. 신은 입장을 갖지 않는다. 육체를 가지고 육체가 대지와 맺는 시공적, 구체적 관계가 바로 입장이기 때문이다. 육체는 자신을 둘러싸고 있는 다른 육체들과 여러 관계 속에 있듯이, 입장은 하나일 수가 없으며 각각의 입장 역시 다시 여러 노선들로 분화될 수 있다. 입장론은 담론의 차이들을 억압하지 않기 때문이다.15)

는 남성과 대칭되는 존재가 아니라 남성들(인간들) 바깥의 육체로서, 전혀 이질적으로 존재하는 것이다.

14) 포스트-모더니스트들은 남근이성중심적 주체를 비판한다는 점에서 페미니즘과 동일한 문제 의식을 공유하고 있다. 포스트-모던의 '주체의 죽음'은 이 특권적 주체가 작동하면서 밀어낸 타자들에 대한 권리가 이데올로기적으로 옹호되면서 최고의 지배 담론인 서구 철학에 대한 비판의 준거점으로서 설정된 것이다. 이는 물론 담론의 주체를 살해하여 담론을 고삐 풀린 후레자식으로 만들어버리거나 담론 바깥에 있는 주체의 초월적 위상의 수정을 의미하는 것이 아니다. 그것은 담론 바깥에 있는 주체에서 육체를 지워버리는 남성적 환상의 종식을 의미한다. 따라서 포스트-모던 혹은 포스트-구조주의적 사상가들은 부동의 초월자로서의 주체를 육체가 생성 소멸되듯이, 분열적이며 다중적인 주체들로 새롭게 정립하고 그러한 새로운 주체들의 담론들을 계발한다는 점에서 공통노선을 취하고 있다.

15) 따라서 1990년대부터 부상하고 있는 새로운 페미니즘 이론가들은 여성 주체성의 다양한 정의 변수들, 즉 인종, 계급, 국적, 문화를 비롯하여 더 미세하게는 나이, 성적 선호, 생활 양식 등을 따라 담론 작업을 진행시키고 있다.

2) 여성 육체의 발견과 육체 주체

주체의 재개념화는 동일한 여성 입장으로서의 통합적 페미니즘 뿐만 아니라 현대 한국의 페미니즘의 근거로서도 절실히 요구되는 현안이다. 즉, 남근 이성 중심적 주체가 세계 보편적인 단일한 정신으로서 설정되었다면, 새로운 주체는 차이들을 지우거나 배제하지 않는 주체로서 세워질 것이기 때문이다. 그러나 담론 바깥에서 그 것을 가능하게 한다는 공통적 근거 외에는 옛 주체와 단절해야 하는 이 새로운 개념을 어떻게 하면 찾을 수 있는가? 재개념화는 문제가 되는 개념이 '형성되는' 과정을 계보학적으로 드러냄으로써 그 변형의 근거를 마련하는 일부터 시작되어야 하며,16) 이는 이미 1970~1980년대의 페미니스트들의 치열한 작업을 통해 주체의 남근 이성 중심적 성격이 폭로되면서 다양한 성과물들로 축적되어 있는 상태다. 그렇다면 우리는 그것을 토대로 하여 정신이 탄생했던 그 지점으로 되돌아가서 그 탄생의 반기억(countermemory)을 끄집어낼 수 있다.17)

무엇보다 정신이 주체의 자리에 앉으면서 지워진 것은 육체였다.18) 나는 엄연히 육체로 존재하지만, 육체는 주체 담론에서 항상

---

16) 가부장제와 주체 개념에 대한 하나의 계보학적 접근으로서 학진 공적 합리성 1, 2차 연도 논문들을 참조. 졸고,『여성성, 그 타자성의 역사 ― 가부장제 이데올로기의 계보학』,『대동철학』제20집 ;『공사 영역과 페미니즘』,『대동철학』제26집.

17) 반기억(countermemory), 계보학(geneology)의 개념은 푸코를 따른다. 역사는 필연적으로 과거에 대한 매우 선별적인 지식들과 기억들을 전달하는 일종의 집단적 장기 기억이다. 따라서 역사의 해석은 지배의 한 형식이 되는데, 그런 점에서 반기억은 이러한 지배 방식에 동화되기를 거부하면서 이런 기억 작용 속에서 망각되었던 것을 끄집어내어 역사와 기억을 변형시키는 것이다. 계보학도 이런 견지에서 승자의 입장에서 기술된 역사와 대립적으로 승자의 합리화 속에서 망각되었던 그러한 권력들의 통합, 분산 과정을 드러내줌으로써 지배 체제의 합리성에 의문을 제기한다.

18) 대표적으로 니체의 도덕 계보학은 죄의식이 신체의 기억에서 생겨난 것이라

배제되어 왔다. 이는 실제 육체로 존재하는 것들의 위상과도 직결되는데, 대지, 과학의 대상이 되는 세계들, 여성, 언어 등은 항상 주체의 지배 대상이 되며, 주체에 의해 결정된 의미들로 존재한다. 그러나 동시에 그것들은 주체의 손아귀에서 빠져나감으로써 주체를 그르치기도 한다. 페미니즘을 제외하고 이 육체들의 환유적 연결이 이루어진, 그리고 주체 영광의 역사에서 주체의 실수를 연구하기 시작한 최초의 남성 지배 담론이 정신분석학이다. 물론 정신분석학의 목적은 주체의 형성 과정을 밝힘으로써 병리적 주체를 치료하고 주체를 더 강화시키는 데 있다는 점에서 철저히 남근적이다. 그러나 정신분석학이 그동안 지배 담론에서 지워져 있었던 육체(혹은 육체를 가능하게 하는 힘, 리비도)를 통해 자아가 형성되는 일종의 계보학적 과정을 보여주고 있다는 점에서, 또한 병리적 자아는 정신의 결여가 아니며 주체는 결코 초월적이거나 결정된 의미로 주어지는 것이 아니라는 사실을 보여주고 있다는 점에서 지배적 주체 담론의 해체로 작용한다. 이는 근대 사유의 비판 기획에 의해 근대 담론의 위기를 타개하기 위해 마련된 자구책들 중 하나이기도 하다.

그러나 정신분석학자들이 그것을 의식했든 안 했든, 주체의 권역을 확장시키기 위해서 계발된 무의식은 역설적으로 의식의 확장을 꾀했기보다는 의식 바깥의 육체의 존재를 일깨우는 결과를 가져왔다. 무의식은 육체와 마찬가지로 언어가 투명하게 통과할 수 없는 곳이다. 라캉에 따르면 이러한 언어의 실패를 통해 무의식이 형성되고 그런 무의식에 의해 언어가 구조화된다. 마치 의사 소통의 실패에 의해 그동안 망각된 언어 육체의 두께가 비로소 보이고 그러한 육체에 의해 실패를 만회하려는 새로운 의미의 창조가 가능하듯이 말이다. 정신분석학에서 무의식의 발견은 그동안 잊혀져 온 육체에 대한 온당한 관심을 불러일으키면서, 정신이 육체를 지

고 말하고 있다.

배하고 분절시키는 것이 아니라 거꾸로 육체가 정신을 구조화시키고 있음을 폭로한다.

대지는 인간을 양육시킨다. 이 사실을 망각하면서 거꾸로 자신이 대지를 지배, 보호하고 있다고 외치는 그 인간마저도 실상은 대지가 없으면 살 수 없는 나약한 존재다. 인간은 대지가 자신의 발밑에 놓여 있다는 착각을 하면서 그 대지를 소유하기 위해 그것을 구획하고 길을 내서 이름을 붙인다. 라캉의 용어로 그것이 상징계다. 그러나 대지는 소유될 수 없으며 지도는 언제나 불완전하다. 대지가 없었다면 그들은 지도를 만들지 않았겠지만, 또한 지도의 불완전성이 계속해서 지도를 만들게 한다. 이러한 불가능성과 좌절을 인식해야만 지도 속에서 침묵하는 광대한 대지를 느낄 수 있다. 이 침묵하는 대지, 이 육체는 라캉의 용어에서 실재계로 불린다. 그것은 상징계의 틈, 즉 오이디푸스적 아들의 불가능한 꿈인 동시에 상징계의 근거, 오이디푸스적 아들을 잉태하고 양육했던 어머니이기도 하다.

이 관계는 주체와 여성의 관계에서도 구체화될 수 있다. 남성은 자신의 육체를 지우고 언어와 함께 정신적 존재로 거듭나는 비약을 감행했던 반면, 여성의 경우 임신, 육아는 인간의 삶을 가능하게 하는 근본 조건이기 때문에 육체는 지워지기 힘들었다. 그리고 그같은 여성의 육체적 특성들은 여성 종속의 합리화의 근거로서 부각되면서 여성을 남성과 달리 육체로 존재하게 만들었다. 육체는 언어가 태어난 곳인 동시에 그르치는 곳이다. 즉, 여성 육체에서 일어나는 사건들에 남성의 이름이 채워짐으로써 여성들의 욕망 역시 상징계 안에서 순환하게 된다 하더라도 정신분석학에서 상징계 일탈과 무의식 발견의 중요 무대로 역할한 것은 그런 지배에 온전히 농락당할 수 없는 말없이 뒤틀린 여성의 히스테리적 육체들, 욕망들이었다.

역설적으로 페미니스트들이 정치적 지향으로서 상정해야 할 '여성'은 상징계 안에서 순환하는 길들여진 여성이 아니라 날(lived) 육체로 존재하는 그런 여성들이어야 했다. 남성 정신분석학자 라캉은 '여성'을 어둠의 실재계 속으로 밀어넣는 동시에 그런 실재계를 남성 주체를 가능하게 하는 근원적 틈으로서 의미 부여했다. 식수(Sixous), 이리가라이(Irygaray), 크리스테바(Kristeva)와 같은 정신분석학적 페미니스트들은 상당 부분 라캉을 따르면서도 남성들에게 유리한 침묵의 육체보다는 '말하는 육체'를 발견해야 한다는 당위에서 그와 결별했다. 그리하여 라캉이 그러했듯이, 그녀들은 언어학적 발견들과 보조를 같이하는데, 이제까지 남근 중심적 언어 체계에서 존재할 수 없었던 여성적 글쓰기가 그동안 잊혀졌던 언어의 육체에 대한 발견 속에서 찾아졌던 것처럼 그녀들은 가부장적 권력의 그늘 아래에서 막혀있고 왜곡되어 있었던 여성의 육체들, 욕망들을 복권시키고 제대로 흐르게 하여 그것들 스스로 말하도록 해야 했다.

먼저 그녀들은 남성 신체의 구조를 특권화하는 정신분석학의 남근적 성격을 지목하고 그 안에서 무시되어 왔던 여성의 특이한 신체적 특징과 그것의 임상적, 경험적 의미를 발견하고 심화시키는 일을 중요시했다. 이를테면 정신분석학에서 페니스(penis)가 주체 형성 메커니즘의 특권적 계기로 작용하는 반면, 여성의 유방이나 자궁에 대한 언급은 거의 없거나 왜곡되어 있다.[19] 유방이나 자궁은 끊임없이 부드럽게 흐르게 하며 열려 있다는 점에서 페니스와 다르다. 또한 반드시 구멍을 필요로 하는 페니스의 쾌락과 달리 클리토리스나 질은 '하나면서도 둘'로 존재함으로써 자기 충족적인 쾌락을 가질 수 있다. 남성의 쾌락은 페니스에 집중되어 있고 시각

---

19) 이를테면 자궁 오르가슴은 남성 페니스의 쾌락이 극대화되는 장소가 자궁이기 때문에 이성애 옹호와 남성들의 이해를 위해서 주장될 뿐이다. 자궁보다는 질을 통해서 오르가슴을 더 잘 느끼는 여성들의 경험은 여기서 무시되거나 적절하지 못한 것으로 치부된다.

중심적인 데 반해서 여성의 쾌락은 다양한 신체 부분들을 통해서 일어나고 이러한 다른 신체들로의 이행을 가능하게 하는 촉각에 특히 예민하다. 그런 점에서 여성 육체는 쾌락(의미)의 다양성을 허용한다는 점에서 남성 육체와 다르다. 그녀들은 이러한 신체적 특징을 통해서 뿐만 아니라 정신분석학에서 침묵 속에 있었던 어머니의 역할 그리고 어머니와 여아의 관계, 아이가 상징계에 들어가기 전 어머니와의 행복한 동일시의 단계인 전오이디푸스기를 페미니즘적으로 전유(appropriation)하고 발전시킴으로써 여성이 가부장적인 상징계에서 벗어나는 길을 모색했다.

공통적으로 그녀들은 주체 형성의 전 단계로서 전오이디푸스기의 어머니와의 육체적 경험에 주목했는데, 특히 크리스테바는 이 단계야말로 상징계와 주체 형성을 가능하게 하는 필수적인 조건으로서 의미 부여했다.[20] 아버지의 이름에 의해 거세되는 상징계의 육체들의 단절과 대조적으로 경계 없이 흘러넘치는 어머니의 육체는 상징계의 육체를 가능하게 하면서도 동시에 그것을 파괴하게도 한다. 식수는 이러한 여성의 육체를 비유적 상징으로 삼아 체계 안에서 거세되면서 억압되는 의미 체계에 대항하여 어머니의 젖과 생리혈처럼 흘러넘치는 의미의 과잉을, 가부장적인 교환 경제에 대항하여 어머니의 양육 방식을 닮은 선물 경제를 페미니즘의 전략으로서 주장했다. 이리가라이도 여성 성기의 이미지를 중의적으로 확장하여 열려 있으면서 흐르게 하고 둘이면서 하나인 여성들의 육체들, 즉 '우리의 두 입술이 말하게' 하는 페미니즘을 주장했다.[21]

그러나 이러한 페미니스트의 입장, 즉 여성의 정체성을 타고난 육체로부터 설명하고자 하는 입장은 고질적인 본질주의의 비난을

---

20) 그녀는 그것을 코라(chora) 혹은 기호계로 명명하고 상징계와 변증법적 관계에 있는 것으로 설정했다. 크리스테바, 『시적 언어의 혁명』, 김인환 역, 동문선.
21) Luce Irigaray, *Je-Tu-Nous*, Grasset, 1990.

통과해야만 한다. 남성과의 평등 모델을 제외하고, 남성과의 차이에 근거하여 여성을 정의하려는 모든 시도는 본질주의 비판에서 자유롭지 못하다. 그러나 여성이 남성과 다른 육체로 존재하고 이러한 여성 육체가 자기를 둘러싸는 다른 육체들과의 관계 속에서 일종의 차별적 의미를 생산해낸다는 것은 현사실성(facticité)이다. 즉, 그것은 주어진 하나의 사실이지 어떤 식의 본질 규정이 아니다. 여성의 생물학적 특징에 근거해 여성 종속을 합리화하려는 가부장적 논리에 대항하여 페미니스트들은 여성성이 생물학적으로 결정된 것이 아니라 사회 구조적으로 형성된 것이라는 공통된 입장을 견지해 왔고, 정신분석적 페미니스트들의 성차화된(sexual difference) 주체 개념 역시 이 입장에서 후퇴하는 것이 아니다. 남성과 다른 여성의 몸이 하나의 결정된 의미만을 가지고 있는 것은 아니기 때문이다. 하나의 기호(육체)는 하나의 의미로 결정되어 있지 않으며 그것이 다양한 의미에 개방되어 있다는 것이 육체를 재발견한 기호학의 생산적인 통찰이기도 하다. 성차화된 주체 개념은 주체 개념의 육체적 근거만을 강조하는 것이 아니라 권력이 지나가면서 그러한 육체를 절단하고 봉합하여 만들어놓은 이데올로기화된 사회적 구조와 의미까지 포함하는 것이다. 육체는 선험적으로 존재할 수가 없는데, 육체는 언제나 '지금' '여기'의 육체며 끊임없이 흐르고 변화한다. 따라서 본질주의 비판에 직면하여 페미니스트가 회피하고 경계해야 할 것은 성차화된 주체 개념 자체가 아니라 그것이 본질주의적으로 변질되는 것이다.22)

---

22) 본질주의는 여성 종속의 결정론적 명분으로 각색될 수 있기 때문에 비판된다. 그러나 그 본질주의를 피하고자 여성 종속의 역사적 조건, 사회적 조건에 지나치게 의존할 경우, 페미니즘을 추동시키는 '여성'은 어디에도 존재하지 않게 된다. 그런 점에서 로지 브라이오도티(Rosi Braiodotti)는 육체에 근거를 둔 본질주의를 페미니즘 이론의 인식론적 토대로서 정면으로 받아들일 것을 권고한다. "나는 여성들로 만들어져 온 정의들의 총체를 나의 역사적 본질인 것으로 인식하고자 나 스스로 나, 여성을 취하는 바다. 이제 책임성에 기초하여 나의 젠더를 생각하

메를로-퐁티는 사회적 정체성, 사회적 의미가 주어진 육체로부터 기인한다는 사실을 분명하게 보여주고 있다는 점에서 정신분석학자들에게 찬성했지만, 그러한 사실 못지 않게 그가 일관되게 강조한 것은 육체로부터 파생된 사회적 의미는 결코 결정될 수 없다는 것, 즉 육체의 의미는 애매하며 열려져 있다는 사실이었다.[23] 남성 정신분석학자들은 주체가 유아를 둘러싸는 가부장적 가족 구도에서 '형성'되는 것임을 보여줌으로써 주체성이 유동적일 수 있다는 가능성을 보여주었지만, 동시에 그러한 가족 극장을 특권화함으로써 그러한 주체가 사회적으로 결정된 것이라는 느낌을 주도록 방임했다. 육체의 의미는 '반복되는' 사회적 실천 속에서 그 애매성과 다양성이 희석됨으로써 하나로 고정되는 경향이 있다. 그러나 동시에 그렇기 때문에 육체의 고정된 의미는 '다른' 실천을 통해 다른 의미들로 해체될 수 있다. 게다가 제도적으로 주체에게 다양한 실천의 선택이 보장된다면, 육체는 차이를 존중하면서 개방적으로 다양한 의미들을 열어줄 수 있는 문턱으로 작용할 수 있다.

그런 점에서 페미니스트들의 여성 육체의 재발견은 자신의 육체를 지우고 정신적 존재로 비상하고자 했던 남성들에게서 볼 수 없었던 차이의 공존과 평화로운 다원성의 논리를 보여주고 그것을 전략화하는 것이다. 가부장적인 역사적 조건 아래에서 여성들은 육체들을 지배하고 조작하기보다는 육체 안에서 육체에 순응하면

며 담론의 질서가 그것을 설명할 수 있게끔 만듦으로써 게임의 규칙을 바꾸어낼 수 있다." 그녀의 어법을 따르자면, 남성에게 환원되지 않는 여성 주체를 찾으려는 모든 시도는 '본질주의적이지 않을 여유가 없다.' 다만 우리는 이 '자기 확신적인 이중 부정'이 본질주의자가 되어야 한다는 식으로 바꿔 읽히지 않도록 경계해야 하며 우리 스스로 본질주의적인 종합에 이르고자 하는 유혹에서 벗어나야 한다. Rosi Braidotti, *Nomadic subject : Embodiment and sexual differance in contemporary feminist theory*, 1994, 박미선 역, 여이연, 2004, 290-292쪽 참조.
23) Maurice Merleau-Ponty, *Phénomènologie de la pérception*, Gallimard, 1945 참조.

서 살고 육체를 통해서 사유함으로써 페미니즘이 주문하는 육체의 논리를 체현할 수 있는 충분한 가능성을 가지고 있다. 물론 이러한 육체 주체는 여성 주체의 해명으로서 뿐만 아니라 남성적 주체의 해체, 즉 남성의 육체의 해방[24]으로도 작용해야 한다. 그런 점에서 정신분석학적 페미니스트들이 여성 육체로부터 차이의 존중과 다원성의 담론을 이끌어낸 것은 페니스 특권화에 반대하면서 그것과 대칭적으로 여성의 육체를 새로운 주체 담론에서 특권적 위치로 올려놓기 위해서가 아니라 가부장적 세계에서 은폐되고 억압되어 있는 육체의 논리를 여성 육체들의 이미지를 통해서 상징적으로 보여주고자 함이었다. 더불어 그녀들이 남성 철학자들이 무시하고 간과했던 성차적 육체를 통해서 육체 주체를 담론화함으로써 젠더 관계에 무심한, 그래서 만의 하나 육체 주체를 구체적 문맥에서 멀어지게 하고 무성적이고 보편적인 주체로 퇴행시킬지도 모를 그들보다 더 철저히 나아간 것이다.

3) 육체 권력과 차이의 정치

육체 주체는 결정되어 있지 않기 때문에 무엇이든 될 수 있다.[25] 그러나 그 육체의 할 수 있음, 즉 힘(power)은 근대 주체처럼 육체들 위에서 육체들을 지배하고 억압하는 것이 아니다. 힘은 육체를

---

24) 이는 이중적 의미를 지닌다. 이는 거세공포증에 의해 상징계에 예속되어 있는 남성 자신의 분열된 육체들뿐만 아니라 그러나 남성 주체가 지배하고 거세하는 다른 육체들의 해방까지 포함한다.

25) 그런 점에서 데카르트의 Je pense는 On peux로 바뀌어야 한다. 이 주체 개념은 메를로-퐁티의 살(chair)의 개념을 통해서 쉽게 이해될 수 있다. 육체는 일정한 형상을 상기시키는 반면 살은 유동적이며 무정형이기 때문에 일정한 형상을 가능하게 하는 육체로서의 이미지에 적합하다. 크리스테바는 이를 언어학적 통찰과 결합하여 '기호계'라 하기도 하고 플라톤의 우주론을 상기하며 '코라'라고 하기도 했다.

벗어날 수 없는데, 육체는 그러한 힘이 없다면 이미 육체가 아니기 때문이다.26) 육체 주체는 항상 구체적 문맥 속에, 즉 육체들과의 관계 속에서만 존재한다. 우리가 권력이라고 부르는 것들은 그런 육체들의 힘에 지나지 않는다. 그러나 그런 힘들의 관계가 체계적, 통합적 형태를 띠게 되면서,27) 그 힘들의 효과가 가시화되고 그것을 가능하게 한 육체들이 지워짐으로써28) 권력은 마치 육체들을 초월하여 존재하는 것처럼 보이게 된다.29)

육체가 항상 다른 육체들과의 관계 속에 있듯이, 권력 또한 다른 권력과의 관계 속에 얽혀서 결합과 분리를 반복한다. 따라서 권력은 주체가 소유하여 남을 억압하는 데 사용되는 일종의 악마적 도구와 같은 것으로서는 인식될 수 없는데, 권력은 육체가 그러하듯이 그저 자기 증식할 뿐이다. 그런 점에서 권력을 억압 공식으로만 설명하는 것은 권력의 자기 증식의 다양한 수단들 중 하나에 불과한 것을 특화시킴으로써 다른 증식 수단들에 무지하게 되고 그럼으로써 권력의 외연을 축소시키고 그것의 작동 방식을 이해하지

---

26) 그런 의미에서 육체 주체는 정신분석학에서 말하는 욕망(desire)의 주체이기도 하다.

27) 육체적 힘들의 통합적 관계에 대한 연구는 메를로-퐁티의『지각의 현상학』에서 부분적으로 기술된다. 이는 20세기 전반의 존 휴링스 잭스(John Hughlings Jackson), 헨리 헤드(Henry Head), 겔브(Gelb), 골드스타인(Goldstein)과 같은 신경생리학자들의 연구 성과들의 현상학적 독해며, 이 전통은 정신분석학자들에 의해 다시 변용되어 계승된다. 그런 점에서 엘리자베스 그로츠(Elizabeth Grosz)의『뫼비우스의 띠로서 몸(Volatile bodies : Toward a corporeal feminism)』(Indian Univ. Press, 1994)』(임옥희 역, 여이연, 2001)은 이러한 과학적인 전통의 맥락을 꼼꼼하게 검토함으로써 주체의 육체성을 섬세하게 추적한다.

28) 이는 마치 우리가 책을 읽을 때, 우리가 물질적인 문자들의 응시를 통해 문자들의 의미들을 이해하는 순간, 그것을 가능하게 했던 문자들의 물질성이 잊혀지는 것과 마찬가지다. 또 우리가 그림의 형상을 보는 순간 그 형상을 가능하게 했던 거친 붓 자국, 물감 흘린 흔적 등은 더 이상 보이지 않는 것과 마찬가지다.

29) 힘과 권력은 동일한 것이나 우리말 어감은 다르다. 따라서 필자는 정치적인 의미로서 권력이라는 용어를, 물리적 작용으로서 힘이라는 용어를 사용하겠다.

못하게 만들 우려가 있다.[30)]

　근대 주체는 자기 육체를 지움으로써 자신이 권력의 효과에 지나지 않다는 사실을 은폐했을 뿐만 아니라 마치 보편적이고 정당한 주체인 것처럼 육체들 위를 상공 비행하면서 폭력적으로 행사하는 권력적 행태들도 은폐해왔다. 따라서 육체의 발견과 더불어 권력의 재인식이야말로 포스트-모던의 핵심적인 문제가 될 수밖에 없는데, 그런 점에서 은폐되어 있었던 가부장주의적 권력 관계를 정면으로 다루고 있는 페미니즘이 포스트-모더니즘과 공모한다는 것은 자연스러운 일이었다.

　페미니즘이 육체를 둘러싸고 이 육체들을 통해서 벌어지는 은폐된 권력 관계들을 드러내 밝힌다는 점에서 육체는 페미니즘 인식론의 토대로 작용한다. 그러나 그와 동시에 페미니즘이 그러한 권력 관계들에 저항하는 새로운 권력으로도 작용해야 한다는 점에서 육체는 페미니즘 정치학의 토대이기도 하다. 이 정치학의 토대가 가부장적 권력을 무찌르기 위해 그에 필적하는 또 다른 권력으로 키워진 여성 육체를 의미하지 않음은 물론이다. 왜냐 하면 이는 페미니스트들이 그동안 그녀들을 억압했던 적들과 닮아가는 아이러니컬한 상황에 직면하는 것이고, 이런 식의 해방이 이루어진다 해도 그녀들 역시 이제 더 이상 그녀들이 아닌 또 다른 '남성들', 즉 타자들의 저항에 직면해야만 하는 가부장적 권력의 새로운 얼굴이

---

30) 이런 점에서 본고는 마르크스의 전통적인 권력 개념을 비판하며 새로운 권력 개념을 여는 푸코의 견해를 따른다. 마르크스 권력 개념은 주체에 환원되는 인간학적 개념이며 권력의 속성을 억압으로 보고 사법적 체제의 권력만 권력으로 상정했던 반면, 푸코는 권력의 억압적 기능은 권력의 속성 중 일부, 그것도 권력이 쇠퇴하는 징후로서 포착할 뿐, 권력의 속성은 관계 맺고 증식, 확장하는 데 있다는 입장을 가진다. 따라서 거대 권력, 사법 체제의 권력만 존재하는 것이 아니라 여러 육체들이 얽혀 있는 곳이라면 어디든지 작고 복합적인 권력들이 존재하게 된다. 따라서 푸코는 이처럼 그동안 인식되지 못했던 곳의 미시 권력 관계를 주목함으로써 비정치적으로 생각되었던 문제들을 새롭게 인식할 수 있는 계기를 만들어주었다.

될 뿐이기 때문이다. 그런 점에서 마르크스적인 권력 모델은 여전히 가부장적이다.

반면, 새로운 페미니즘 정치학에서 담론의 주체는 자기의 육체를 부인하지 않기 때문에 권력을 처단해야 할 대상으로 여기지 않고 긍정하며 또 권력 없는 순수한 지대를 꿈꾸지도 않는다. 육체가 그러하듯이 권력은 항상 복수형으로 존재하며 그것들은 자기를 증식, 보존하기 위해 공모와 결합, 분리와 파생을 반복하며 부단히 움직일 뿐 어떤 인성도 가지고 있지 않다.

그래서 1970년대 페미니스트 이론가들이 가정했던 순수한 가부장적 권력은 어디에도 존재하지 않는다. 게다가 권력은 주로 담론 — 그 역시 육체를 가지고 있으므로 — 과 손을 잡거나 담론 자체가 권력이 됨으로써 페미니스트들이 맞서 싸워야 할 대상조차도 애매하게 되어버린다. 또 페미니즘 역시 가부장적인 지배 담론에서 이질적으로(차이로서) 파생된 담론으로서, 하나의 저항 '권력'일 뿐만 아니라 그마저도 서로 다른 여성 육체들의 분열선들을 따라서 차이를 가진 작은 파생적 담론들로 나누어지게 되는데, 이러한 파생적 증식은 푸코적 권력 개념에 의하면 지극히 당연한 일이다. 그리고 페미니즘 담론의 주체는 이러한 권력들의 그물 관계들을 초월하는 위치에 서 있기는커녕 오히려 그 관계 속에 끼어 빠져나올 수도 없고 마땅히 그래야 한다. 이렇게 페미니즘의 주체가 초라해지는 것, 그래서 그 담론의 정당성 역시 이 전체 관계망에 따라 흔들리게 된다는 것 역시, 포스트-모더니스트인 그녀가 감수해야 하는 일이다. 그렇다면 이런 상황에서 그녀의 선택은 그 속에서 권력들과 놀이하는 방법밖에는 없지 않은가?

권력들과 놀이하는 것은 권력들을 숭배하는 것과는 전혀 다른 것이다. 그것은 권력들을 긍정하고 그 권력의 놀음을 냉철하게 파악한 후, 그러한 관계 속에 적극적으로 개입하여 변형시키는 것을 의미한다. 페미니즘 정치학의 육체 주체들은 힘을 가지고 있으며 이 힘들이 전략적으로 잘 모아질 수 있다면 정치 권력화되어 이 권력망들을 변화시킬 수도 있고 그 자신들이 새로운 권력으로 등록될 수도 있다. 이러한 작업은 흔히 우리가 생각하는 혁명가의 비장한 실천과는 너무나 동떨어져 있는데, 이는 마치 막혀 있는 흐름을 뚫어주는 배관공처럼 권력이 비대해져 물류의 흐름을 방해하고 정체시키는 것을 막고 권력의 새로운 길을 내주는 일이기 때문이다. 결국 가부장적 권력의 작용 효과로서 일어나는 여성 억압은 다른 권력들과의 관계 속에서 더 복잡해지고 다양해지고 있으며 이러한 권력들의 파생적인 저항 담론으로서의 페미니즘 역시 여성들의 욕망들을 흐르지 못하게 막는 비대한 권력 관계의 틈(차이)을 뚫고 새롭게 흐름을 만드는 권력들로 작용해야 한다.

포스트-모더니즘과의 이론적 공모를 꾀한 페미니즘 정치학은 여성 육체를 통과하는 다양한 권력들의 존재와 여성들의 차이로 인한 페미니즘의 분열을 해명하고 정당화시켜주는 이점이 있다. 그러나 반면 그것은 페미니즘을 수많은 담론-권력들 중 하나에 불과한 것으로 만듦으로써 광범위한 반향을 가져왔던 '보편적 여성'의 자매애에 기초한 페미니즘 정치학의 좌절을 가져올 뿐만 아니라, 페미니즘 권력이 다른 힘센 권력들이 그려놓은 미시 권력들의 역학 관계 속에서 우선권에서 밀려나고 가치 절하되는 것을 막을 수 없음으로써 페미니즘 정치학은 그 현실적 영향력을 잃어버린 담론뿐인 정치학이 될지 모른다는 우려를 떨치기 어렵다.

이러한 비판에 대한 페미니즘의 방어는 다분히 정치적이다. 즉, 포스트-모던적 청소부 역할을 원활히 수행하기 위해서라도 페미니즘 정치학은 가부장적 권력에 효과적으로 대항할 수 있는 단합된 페미니즘의 필요, 즉 다양한 파생적 페미니즘들을 한곳에 소집시켜 거대 권력으로 성장시켜야 할 필요를 무시할 수 없게 되었다. 그런 점에서 페미니스트들은 이 '잠정적' 소집을 위해 현실 육체로 존재하지 않는 보편적 여성에 대한 재현, 즉 대문자 여성에 대한 담론의 필요성을 부인하지 않는다. 그러나 그것은 결코 재현될 수 없는 재현, 빈칸으로 존재할 뿐이며, 다만 소문자 여성들, 즉 현실적 여성들의 힘들을 유도하는 규제적(regulative)인 것으로 작용할 뿐이다.

페미니즘 정치학의 현실적 장벽은 이에 그치지 않는다. 페미니즘 정치 권력들의 차이와 복수성을 인정한다는 포스트-모던의 담론상의 원칙은 실제로 지도 바깥에서 타육체들을 병합하며 비대해진 자본주의적인 가부장적 권력들과 그것의 자기 증식적 파생 권력들의 존재를 합리화시킴으로써 페미니즘 내부에서 그것들을 공식적으로 인정하게 만들 위험이 있기 때문이다. 그런 점에서 포스트-모던의 논리는 얼굴을 바꿔가면서 침투하는 거대 자본 권력들의 후기 근대적 생존 논리를 옹호해주고 있다고 비판받을 충분한 이유가 있다.

다른 한편으로 포스트-모더니즘은 새로운 지배 담론으로 등극하면서 일반화된 차이와 복수성의 철학적 개념 등록은 오히려 차이들을 박제화시키고 절대화시킴으로써 차이들을 차이들로 작동하지 못하도록 막을 가능성이 있다. 이를테면 지배 담론의 주체는 자기를 살찌우기 위해서 자기 논리의 근거로서 '다른' 여성들을 명분적으로 이용할 뿐, 그녀들과 관계하여 그녀들 스스로 말하게 하는 것이 아니라 그녀들 대신 말함으로써 그녀들을 여전히 담론의 가장자리로 밀어낼 수 있다.31)

---

31) 이런 경향은 니체를 위시한 라캉, 데리다와 같은 철학자들과 그들의 이념적 추종자들에게서 드러난다. 그들은 포스트-모던의 특징을 여성적인 것으로 공공연히 묘사하고 그것을 또한 근대적 남성 문화의 질병, 자기 합법화의 위기로 얘기하지만, 이러한 여성적인 것은 실제 여성과는 아무 연관도 없으며, 남성 장애를 여성적인 가치로 바꾸어버리는 전형적인 가부장적 태도를 드러낼 뿐이다. 이에 대한 반동으로서 데리다 학자 가야트리 스피박은 차이가 일반화된 철학으로 유통되는 것을 경계하면서 제3세계 하위 주체에게 말 걸기, 그러한 주체의 말하기를 주장한다. 가야트리 스피박, 『다른 세상에서』, 태혜숙 역, 여이연, 2003.

결국 이러한 폐해들, 즉 담론 내부와 그 바깥의 현실 사이의 괴리에서 기인한 폐해들은 담론의 주체가 담론만 바라보고 있는 한에서는 극복되지 않는다. 담론과 현실은 분명 다른 질서들이다. 말은 현실을 지시하기 위해서 생겨난 것이고 이러한 말의 기원을 포스트-모던 시대에 기억하기란 쉬운 일이 아니다. 그러나 담론이 자기 논리를 가지고 자기 증식적으로 생산하여 구축해놓은 문화적, 기호적 환경에서 생존해야 하는, 더욱이 담론이 현실을 지시하는 것이 아니라 거꾸로 현실이 담론을 지시함으로써 담론 자체가 현실이 되고 그 경계마저도 사라지는 이른바 포스트 ─ 모던적 상황의 후기 ─ 현대인들이라 하더라도[32] 그 / 그녀들이 여전히 주체로서 살아남기를 포기하지 않는다면, 특히 가부장적인 담론의 바깥에서 비판적으로 서 있고자 하는 페미니스트라면, 담론 바깥의 현실에 대한 긴장을 포기해서는 안 된다.

주체란 담론 바깥의, 그래서 초월적인 존재다. 그것이 육체라 하더라도 담론 바깥에 존재해야만 주체가 될 수 있다는 사실은 변함이 없다. 다만 육체 주체는 담론 바깥에 존재할 수 있는 '동시에' 담론과 하나로 결합될 수 있는 존재라는 점에서 정신 주체와 다르다. 이러한 이탈과 결합의 키아즘적 진동이야말로 메를로-퐁티가 강조한 육체 주체의 특징이기도 하다 가부장적 담론을 비판하기

---

32) 대표적으로 보드리야르가 포스트-모던의 특징을 그렇게 기술했다. 말과 사물의 이질성과 그 상관 관계에 대한 언급은 후기-구조주의자들의 주요 쟁점들 가운데 하나였다. 근대인들은 사물에 근거를 둔 말과 사물의 일치를 모색했던 반면, 메를로-퐁티, 라캉, 푸코, 바르트 같은 이들은 말과 사물의 다른 질서들을 강조했으나 말에 우선을 둘 것인지, 사물에 우선을 둘 것인지에 대해서 입장을 달리하기도 한다. 이른바 포스트-모던적 상황에 대한 기술적 입장을 견지하고 있는 학자들은 사물보다는 말의 우위성을 강조하는 반면, 규정적 입장에서는 사물의 우위성을 강조하는 경향이 있다. 필자는 기술적이지 않은 관점에서 사물에 우위성을 두고자 한다. 더욱이 담론이 발달한 서구 유럽의 경우와 달리 제3세계의 경우는 포스트-모던적 해석 틀로서 설명되지 않는 고유한 현실의 두께들이 분명 존재하며 그에 대한 서구적 담론과 다른 담론들이 계발되어야 한다는 입장에서.

위해서 페미니즘의 육체 주체는 항상 그 담론 바깥에 있기만을 고집해서는 안 되었는데, 오히려 그 담론과 결합함으로써 그것을 적극적으로 이해하여 틈(차이)을 발견할 수 있어야만 거기서 빠져나와 해체/변형 담론인 페미니즘을 말할 수 있었기 때문이다. 이렇게 부단히 진동함으로써만 주체는 차이를 체현할 수 있다. 그러나 주체가 이러한 육체와의 결합/이탈의 진동을 끝내고 하나의 육체나 권력에 정착하려 든다면, 그것이야말로 육체 주체의 죽음이다. 육체를 계속해서 바깥으로 향하게 하는 힘이야말로 육체를 육체로서 존재하게 하는 것이기 때문이다.

이처럼 포스트-모던적 환경에서 주체의 문제는 간단치가 않은데, 또 다른 문제가 제기될 수 있다. 우리가 담론적 환경에 둘러싸여 있는 포스트-모던적 영향권에서 벗어날 수 없는 한에서, 담론 바깥이 또 다른 담론에 불과하다면, 담론 주체가 뿌리를 내려야 할 현실은 도대체 어디에 있다는 말인가? 육체 주체는 현실의 사물-육체와 얽혀 있을 수도, 담론-육체와 얽혀 있을 수도 있지만, 문제는 육체 주체는 현실의 육체와 담론의 육체를 구별할 어떤 기준도 가지고 있지 않다는 것이다. 담론과 현실의 구별이 무너지는 포스트-모던의 예언은 옳았지만, 그것은 이미 데카르트가 주체를 발견하기 위해 사유의 실험을 하는 과정에서 얻었던, 그리고 지웠던 통찰이기도 하다.[33] 그럼에도 불구하고 데카르트가 그러했듯이, 우리는 지금 여기가 꿈이라는 의심 속에 있지 않다. 왜냐 하면 그는 성찰이라는 행위를 '지금 여기서' 실천함으로써 성찰하는 주체를

----

33) 생각하는 나의 주체 구조는 불행히도 영원히 퇴행할 수 있는데, 생각하는 나를 생각하는 나를 생각하는 나를 … 따라서 먼저 번의 주체가 나중의 주체에 의해 마치 꿈처럼 부정되지만, 이 나중의 주체는 성찰이 계속되는 한에서 계속 꿈으로 부정될 가능성은 남아 있는 것이다. 데카르트 본인도 지금 분명하게 현전하고 있는 '이것'이 꿈일 가능성을 부인할 수 없음을 토로한다. Décarte, *Méditations touchant la première philosophie*, en Aeuvre philosophiques 2 Éditions de F. Alquié, Dunod, Paris, 1996, p.405.

꿈에서 현실로 호명(interpellation)했기 때문이다. 알튀세는 그저 이데올로기에 지나지 않는 주체가 현실적인 육체적 두께로 존재할 수 있게 만드는 것이 바로 '나'의 실천임을 통찰해냈으며 그러한 육체 주체의 호명 작업이야말로 수많은 이데올로기들이 재생산, 유지되는 견고한 물질적 생산 구조임을 분석했다.[34]

그렇다면 현실은 저기 멀리 있는 것이 아니라 육체 주체가 다른 육체들과 충돌하는 바로 그 경계의 지점에서 살아나기 시작할 것이다.[35] 실천이란 그 경계에 대한 예민한 의식을 가지고 타자와 만나고 관계를 맺고 하나가 되는 일이다. 따라서 담론의 경계에 있는 '차이'는 주체의 실천을 만남으로써 긍정적으로 존재하지 않는 '틈의 존재'에서 육체적 두께를 가진 '현실의 존재'로 다시 태어나게 된다. 마치 지도에, 지도 바깥에서 지도를 보는 주체의 실천을 통해서 새로운 길이 생겨나게 되듯이 말이다. 무엇보다 1970년대 페미니스트들을 새롭게 이끌어야만 했던 현실이란 기존 페미니즘 담론을 분열시키고 변형시켰던 담론 바깥의 실제 서로 다른 여성들의 육체들이었다. 그 여성들이 페미니즘의 주체들에게 보이기 시작했을 때, 그 여성들이 그 주체들과 말하고 얽히기 시작할 때,

---

34) 이데올로기 중 가장 근본적인 이데올로기인 주체의 경우, 생일 잔치, 이름짓기, 주민 번호 부여, 성인식과 같이 관습화된 우리의 호명 의식들에 의해 혹은 작게는 이름을 부르거나 '여보게'나 '너' 하고 부를 때 부르는 사람이 뒤돌아 바라봄으로써, 즉 그 호명을 받아들이는 사소한 행위만으로도 자신을 주체화하는 이데올로기를 몸소 실천하게 된다. 그럼으로써 주체를 현실적 구조로 만들고 재생산, 유지시키게 되는 것이다. Louis Althusser, *Lenin and philosophy and other essays*, Monthly Review Press, 1971, 이진수 역, 백의 1991, 164-165쪽 참조.
35) 존재하는 모든 육체를 다 지각할 수는 없으며 지각할 수 있다고 해서 다 말할 수 있는 것은 아니다. 말할 수 없는 것은 언제나 침묵 속에서 그렇게 '지금 여기에' 존재하게 마련이다. 그리고 그러한 현실이 바로 담론을 변형시킬 것이다. 정신분석자에게서 주체로 하여금 상징계에서 끝없이 순환하게 만드는 것이 어둠의 실재계였던 것처럼, 지형학자에게서 주체로 하여금 부단히 지도에서 길을 내고 고치게 만드는 것이 침묵하는 대지였던 것처럼, 현실은 그렇게 담론의 부정처럼 담론을 형성하게 하고 분열하게 하는 담론의 틈이기도 하다.

그것은 저기 바깥의 '이야기'에서 생생한 현실로 마침내 존재하기 시작했던 것이다. 그리고 새로운 페미니즘 담론은 그러한 현실을 지시하는 담론의 역할을 충실히 이행해야 했다. 이제 그 담론을 실천하는 이른바 포스트-모더니즘적 페미니스트들은 그 경계에서 존재하는 차이들, 현실의 목소리를 긴장하여 경청하고 그것을 담론화하려고 노력해야 한다. 이러한 페미니스트의 삶은 담론에 갇혀서 차이들을 가지고 유희하는 담론생산가들과는 전혀 다른 것이다. 이렇게 페미니스트의 삶이 현실의 두터운 두께를 존중할 수 있을 때만, '차이의 정치학'은 회의주의와 혼란만을 부추기는 부정의 정치학에서 현실을 구출하고 변화시킬 수 있는 긍정적 힘을 가진 실천의 정치학으로 자리매김할 수 있다.

4. 결론 : 차이의 정치학의 가능성과 공공성

주체의 재개념화 문제는 한국 페미니스트에게도 당면한 문제인데, 그것은 현대 한국 여성의 차이를 보편 여성에 환원시키지 않고 담론으로 존재하게 하면서도 그녀를 전지구적 권력 지도 속에 참여시키기 위한 이론적 작업이기 때문이다. 페미니즘의 주체에 대한 새로운 인식 속에서 현대 한국 여성들은 스스로가 그 담론의 주체가 되어 자신이 처해 있는 차이들과 정면으로 대면해야 한다. 이는 물론 1970년대 보편주의적 페미니즘 담론이나 서구 페미니즘 자체를 우리의 현실에 들어맞지 않는다고 폐기 처분하고 맨땅에서 시작할 것을 권유하는 것이 아니다. 그것이 서구적이라 하더라도 담론을 가지고 작업하지 않는다면 그 경계에서 존재하게 되는 차이들을 발견할 수도 없기 때문이다. 따라서 페미니스트들은 많은 담론들, 이데올로기들 속으로 들어가야 하며 또 반드시 나와야 한다. 왜냐 하면 아무리 한국적이라 하더라도 그것은 현대 한국 여성을 완벽하게 재현할 수 없음을 잊어서는 안 되는데, 담론은 현실과 다른 것이기 때문이다. 담론 바깥을 바라보는 주체에게만 현실이 존재할 수 있다. 담론에서 버려진 이 바깥의 현실에 대한 책임감이 바로 주체의 존재 이유이기 때문이다.

이처럼 주체가 바로잡힐 때만이, 새로운 페미니즘 담론의 공공성이 확보될 수 있다. 남근 이성 중심적인 근대 주체는 담론의 보편성을 담보하는 공공적 주체로서 권리 주장되었지만, 그것은 수많은 타자들을 짓밟고 그들을 역사에서 지움으로써만 그렇게 존재할 수 있었다. 페미니즘은 그러한 거짓된 공공성의 가면을 벗겨내고 여성들의 권리를 주장하는 담론들 중 하나다. 그렇다면 페미니즘은 여성들만의 이해 관계만을 재현한다는 점에서, 더욱이 포스트-모던적 영향과 더불어 작은 담론들로 유통되는 것을 받아들인다는 점에서, 어찌되었든 근대 주체가 주장했던 그 보편성을 포기하는 것이며 페미니즘 담론의 공공성도 더불어 포기하는 것이 아닌가 물을 수 있다. 이 문제에서 핵심은 근대 주체의 허구성이 드러난 이 마당에, 하나의 담론이 모든 현실들을 담아내야 한다는 의미에서의 담론의 공공성은 분명히 포기되어야 한다는 것이다. 이제 공공성은 근대 주체가 그러했듯이 주체에게 있다. 그러나 주체의 막강한 권력에 있는 것이 아니라 현실을 바라보는 주체의 '무한한' 책임의 태도에 있다. 이러한 주체의 책임이 망각되지 않는 한에서, 즉 담론이 열려진 담론인 한에서, 가능성으로서 공공성은 확보되어 있는 것이다. 그런 점에서 현대 한국의 페미니스트들은 단지 현대 한국의 여성에게만 관심을 두는 것이 아니라 국적, 문화, 계급, 역사를 초월한 다양한 여성들, 그리고 다양한 남성들까지 따뜻한 시선으로 바라보고 있다고 말할 수 있다. 그것이 전지구적인 차이의 지도가 만들어지는 이유인 것이다.

□ 참고 문헌

Louis Althusser, *Lenin and philosophy and other essays*, Monthly Review Press, 1971, 이진수 역, 백의 1991.

Rosi Braiodotti, *Nomadic subject : Embodiment and sexual differance in contemporary feminist theory*, 1994, 박미선 역, 여이연, 2004.

Décarte, *Méditations touchant la première philosophie*, en Aeuvre philosophiques 2 Éditions de F. Alquié, Dunod, Paris, 1996.

Derrida, *Éperons, Les styles de Nietzsche*, Flammarion, Paris, 1978, 김다은·환순희 역, 동문선, 1988.

Luce Irigaray, *Je-Tu-Nous*, Grasset, 1990.

_____, *Speculum of the Other Women*, Gillian C. Gill trs., Cornell University Press, Ithaca, New York, 1985.

Elizabeth Grosz, *Volatile bodies : Toward a corporeal feminism*, Indian Univ. Press, 1994, 『뫼비우스의 띠로서 몸』, 임옥희 역, 여이연, 2001.

Julia Kristeva, *La Révolution du langage poétique*, Seuil, 1974, 『시적 언어의 혁명』, 김인환 역, 동문선, 2000.

Maurice Merleau-Ponty, *Phénomènologie de la pérception*, Gallimard, 1945.

_____, *Le visible et l'invisible*, Gallimard, 1964.

Ruth Milkman, *Gender at Work : The Dynamics of job segregation by sex during worldwar II*, University of Illinois Press, 1987, 『젠더와 노동』, 이화여대 출판부, 2001.

Gayatri chakravorty Spivak, *In other worlds : Essays in cultural politics*, Routledge, part of Taylor & Francis Books, Inc., 1987,『다른 세상에서』, 태혜숙 역, 여이연, 2003.

Caroline Ramazanoglu ed., *Up Against Foucault, Explorations of some tensions between Foucault and feminism*, Routledge, 1993,『푸코와 페미니즘, 그 긴장과 갈등』, 최영 외 역, 동문선, 1997.

_____, *Feminism and the contradictions of oppression*, Moonye Publishing co., 1989,『페미니즘, 무엇이 문제인가』, 김정선 역, 문예출판사, 1997.

우에노 치즈코,『내셔널리즘과 젠더(*Nationalism to gender*)』, 이선이 역, 박종철출판사, 1999.

김미영,『유교문화와 여성』, 살림, 2004.

장문정,「성적 존재로서의 신체 — 메를로-뽕띠의 프로이트 읽기와 페미니즘」,『대동철학』제13집, 2001. 6.

_____,「여성성, 그 타자성의 역사 — 가부장제 이데올로기의 계보학」,『대동철학』제20집, 2003. 3.

_____,「공사 영역과 페미니즘 — 육체를 둘러싼 근대 가부장적 관리 체제」,『대동철학』제26집, 2004. 6.

『여/성 이론』제2호, 여성문화이론연구소.

제 15 장
근대 한국의 공사관(公私觀)*
─ 국가 철학을 중심으로

오 상 무

1. 머리말

최근 한국 사회는 급격한 변화를 겪으면서 중대한 국가적 문제들에 대한 반성적 사고를 요구하고 있다. 예를 들어, 금융 위기 이후의 IMF 체제의 도래와 새로운 정권의 등장 등을 거치면서 신자유주의, 과거사 진상 규명 등의 문제들이 논의되고 있다. 이러한 다양한 논의들의 초점은 두 가지 방향으로 전개되고 있다. 하나는 어떠한 사회로 나아가는 것이 바람직한가 하는 것이고, 다른 하나는 과거사를 어떻게 평가할 것인가 하는 것이다. 이 두 가지 물음은 사실 서로 연관되어 있다. 어떠한 사회로 나아가야 하는가 하는 문제에 대한 대답은 현재의 한국 사회 및 그 사회를 잉태한 과거사에

* 이 논문은 2002년도 기초 학문 육성 인문 사회 분야 지원 사업의 일환으로 한국학술진흥재단의 지원(KRF-2002-074-AM1031)에 의해 연구된 것으로, 「현대 한국의 국가철학 ─ 안호상을 중심으로」라는 제목으로 『범한철학회』제36집에 실렸던 것을 일부 수정한 것임.

대한 정확한 이해를 전제로 한다. 또 과거사에 대한 평가는 현재와 미래에 대한 비전과의 관련 속에서 가능하다.

흥미로운 사실은 이러한 논의들이 모두 국가와 관련되어 있다는 점이다. 예를 들어, 신자유주의에 대한 찬반 양론은 국가의 역할에 대한 이해와 관련이 있다. 과거사 진상 규명은 주로 과거 '국가 권력의 인권 침해나 불법 행위'를 규명하는 데 초점을 맞추고 있는데, 이는 국가의 목적에 대한 이해와 관련되어 있다. 국가가 국민 개개인을 위해 존재하는가, 아니면 국가나 민족을 위해 개개인이 존재하는가 하는 물음에 대한 대답이 다르다면 과거 국가 권력의 행위에 대한 평가 자체가 달라질 수 있다.

본고는 이러한 현실적 문제 의식 속에서 한국의 국가 철학이 어떻게 정초되었는가를 탐구해보고자 한다. 시기적으로는 대략 해방 후부터 제1공화국 끝까지다. 이 시기가 중요한 이유는 남한의 국가 철학의 기본적 틀이 마련되었기 때문이다. 해방 이전에도 근대 국가에 대한 철학적 논의가 없었던 것은 아니지만, 헌법에 기초하여 국가를 실질적으로 건립하는 과정 속에서 논의가 진행된 것은 이 시기의 일이다. 국가 철학은 국가에 대한 근본적인 관점과 태도에 관한 것이기 때문에, 세계관의 변동을 겪지 않는 한 그 근본 내용이 잘 바뀌지 않는다. 따라서 이 시기의 국가 철학에 대한 탐구는 한국의 국가 철학의 현재의 모습을 이해하고 미래의 발전 방향을 모색하는 데 매우 중요하다고 할 수 있다.

한국의 국가 철학을 고찰하는 방법은 여러 가지가 있을 수 있을 것이다. 예를 들어, 대한민국의 헌법이나 헌법학자들의 사상을 중심으로 고찰할 수 있다. 이러한 접근 방법은 의의가 없는 것은 아니지만 일정한 한계를 지닌다. 특히 헌법이 구체적 정치 현실 속에서 쟁취된 것이 아니라 수입된 것일 때, 이는 단순히 형식에 불과할 수 있기 때문이다. 또한 건국 초기의 헌법학자가 철학을 직접적으로 다룬 내용이 풍부하지 않기 때문에 국가 철학의 전모를 드러내기가 어렵다.

그래서 논자는 안호상의 국가 철학을 중심으로 이 문제를 살펴보고자 한다.[1] 그 이유는 다음 두 가지다. 첫째, 안호상은 건국 초기의 가장 대표적인 철학자라는 점이다. 그는 현대식 철학 교육을 체계적으로 받은 초창기 극소수 철학자 중의 한 사람으로서 국가 철학에 관하여 비교적 체계적인 저술을 남겼다.[2] 둘째, 그는 단순한 강단 철학자가 아니라 현실 사회의 구체적 실천 속에서 건국 초기의 국가 철학의 이념적 토대를 제공하였다. 예를 들어, 이승만 정권 때 국시(國是)이자 자유당의 당시(黨是) 그리고 각종 관변 단체의 지도 이념인 일민주의(一民主義)의 이론적 기초를 마련하였고, 초대 교육부장관을 지내면서 남한 식 국가 교육 이념을 확립하였다. 이후의 학생 교육에 절대적인 영향을 미친 학도호국단도 그가 창설한 것이었다.[3] 안호상이 한국 근대 철학사에서 차지하는

---

1) 안호상(1902~1999년)의 국가 철학은 늦어도 1960년대 초까지는 완성된 것으로 보이며, 그 이후의 내용은 그에 대한 부연 설명적 성격이 강하다. 따라서 본고는 1960년대 초까지의 국가 철학을 중점적으로 다루지만, 1960년대 초반 이후의 저작 내용 중에서 초기 저작에 대한 부연 설명의 성격이 강할 경우 자료로 활용할 것이다. 또 1960년대 초까지의 작품간에도 세부적으로 약간의 사상적 차이가 있을 수도 있겠지만, 그러한 미세한 변화의 추이가 아니라 이 시기의 작품 전체에 관통하는 논리적·이론적 구조를 드러내는 데 목표를 둘 것이다.

2) 안호상은 1929년 독일 예나대에서 「헤르만 로체의 관계 문제를 위한 의미」라는 논문으로 박사 학위를 취득하였다. 박사 학위 취득 전 일본 正則영어학교와 중국 同濟醫工大學에서의 유학 경험이 있었으며, 박사 학위 취득 후 영국 옥스퍼드대와 일본 교토대에서의 연구 경험이 있다(안호상, 『政界投身後의 가장 큰 受難』, 『내가 걸어온 길, 내가 걸어갈 길』, 71-82쪽 / 신광연 정리, 「나의 인생 회고 ― 초대 문교부장관 安浩相 박사」, 83-87쪽 / 윤사순·이광래, 『우리 사상 100년』, 318쪽).

3) 안호상이 이승만 정권 초기의 대표적 이데올로그였다는 사실은 의심의 여지가 없다. 이 점에 대해서는 서중석, 「이승만 정부 초기의 일민주의」/「자유당 창당과 정치 이념」/ 김수자, 「이승만의 一民主義의 제창과 논리」/ 김혜수, 「정부 수립 직후 이승만 정권의 통치 이념 정립 과정」/ 연정은, 「안호상의 일민주의와 정치·교육 활동」 등을 참조할 것. 이 논문들은 주로 정치 세력의 역학 관계, 특히

비중이 이렇게 큼에도 불구하고 그의 국가 철학에 대한 조명이 거의 이루어져 있지 않다.[4]

본고는 국가란 무엇인가에 대한 안호상의 직접적인 대답보다는 국가가 어떻게 건립되는가(제1절), 국가는 무엇 또는 누구를 위해 건립되고 존립하는가(제2절), 국가와 개인의 관계는 어떠한가(제3절), 국가는 현실적으로 어떻게 작동하는가(제4절) 등에 대한 견해를 고찰함으로써 그의 국가 철학의 특징을 밝혀보고자 한다.

2. 국가의 건립

국가는 어떻게 건립되었던 것일까? 안호상에 의하면, 가족설, 신의설(神意說), 재산설, 실력설, 심리설, 계약설 등이 있는데, 각 학설들은 일면 타당성이 있으나 전면적이지 않다. 세계 여러 국가들의 발생이 다양한 원인과 동기에서 비롯되었기 때문에 단지 한 가지 원인만 가지고 그들의 기원을 일률적으로 설명하기 어렵다는

'조선민족청년단'(일명 '족청') 계열의 숙청을 기준으로 일민주의가 반공만 강조하는 이념으로 대체되었다는 입장을 취한다. 그러나 정치 세력간의 역학 관계의 변화와 이념의 변화는 서로 연관되면서도 구별된다는 것을 염두에 두어야 한다. 특히 이념을 공유하는 정치 세력간의 역학 관계 변화는 이념적 변화를 수반하지 않는다. 이러한 의미에서 '족청' 계열 숙청 후의 이념의 변화에 못지 않게 그 연속성에도 주목해야 할 것이다. 예를 들어, '족청' 계열 숙청 후에도 일민주의는 자유당의 기본 강령으로 계속 남아 있었고, 안호상이 저술한 문교부 검정 교과서『정치와 사회』(1956년 출판)에도 그 기본 사상이 그대로 서술되어 있다. 그리고 안호상이『정치와 사회』(1956년),『문화의 창조』(1956년),『국가 생활(원제 : 나라 생활)』(1956년 초판) 등 문교부 검정 교과서를 집필하였다는 것 자체가 그의 영향력이 1950년대 후반에도 계속되고 있음을 보여준다.

4) 그의 국가 철학 전반에 관한 연구 성과는 아직 없다. 그의 사상을 다룬 글 자체가 다음 몇 편에 불과하다. 엄정식, 「안호상의 종교적 민족주의」 / 하유식, 「안호상의 一民主義 연구」 / 연정은, 「안호상의 일민주의와 정치·교육 사상」. 이외에 각주 3)에 언급된 논문들에서 그의 사상이 부분적으로 언급되었다.

것이 그 이유다.[5]

흥미로운 것은 그가 여러 가지 설 중에서 특히 계약설을 중점적으로 비판한다는 점이다. "개인들의 자유로운 계약을 통하여 자기들의 사회 혹은 나라를 만들었다"[6]고 주장하는 계약설을 비판하는 근본적인 이유는 국가의 성립에 대한 철학적 이해와 관련되어 있다. 그에 의하면, 계약설은 개인주의에 기초해 있는데[7] 개인주의는 다음과 같은 입장에 서 있다. '개인과 사회의 관계는 원자(Atom)와 물체의 관계와 같다. 더 쪼갤 수 없는 원자들이 모여 한 물체가 되듯이, 더 쪼갤 수 없는 개인들이 모여 한 사회가 된다. 원자가 물체의 맨 밑 단위이듯이, 개인은 사회의 맨 밑 단위로서 사회의 참된 밑덩이(基體)며, 오직 하나의 실재다. 개인은 사회의 참된 실재요, 사회는 단순히 개인과 개인의 관계로서 된 허상에 지나지 않는다.'[8]

그러나 안호상은 이러한 견해에 대해 다음과 같이 비판한다.

"한 전체로서의 온덩이가 부분으로서의 낱덩이들의 모여 합친 종합이 아닌 것은, 저 전체는 이 종합 밖에 혹은 위에 어떤 무엇이 더 있는 까닭이다. 이 더 있는 어떤 무엇은 아무 다른 것이 아니라, 전체성(全體性)이 제 안에 지닌 내적 통일 원리(內的統一原理), 곧 부분들을 통일하는 법칙성 또는 목적성이다."[9]

다시 말하면, 온덩이가 단순히 낱덩이들의 기계적인 집합에 불과한 것이 아니라 각 낱덩이들을 통일시키는 내적 통일 원리(=목적성)를 가지고 있다는 것이다. 이러한 내적 통일 원리는 온덩이가 각 낱덩이들을 유기적으로 결합시켜 하나의 유기체를 형성할 수

---

5) 안호상, 『哲學槪論』, 223-224쪽.
6) 앞의 책, 225쪽.
7) 앞의 책, 225쪽.
8) 안호상, 『人生과 哲學과 敎育』, 195쪽.
9) 앞의 책, 217쪽.

있게 한다. 이 때문에 온덩이는 그것을 구성하는 낱덩이들로는 환원될 수 없는 자신만의 고유한 속성을 지니게 된다. "온덩이로서의 전체는 낱덩이로서의 부분들의 기계적 총합이 아니라 도리어 이들의 기능적 또는 유기적 통일체다. 이 통일 전체는 부분들의 기계적 총합에 의해서는 도저히 설명할 수 없는 한 새 성질을 가졌다."10) 결국 그는 유기체론의 입장에 서서 국가계약설을 비판하고 있음을 알 수 있다.

이러한 사고를 국가관에 적용하면 국가유기체설이 된다. 이는 그가 개인('나')으로 구성되는 국가를 '나'의 몸의 각 부분들로 구성되는 '나'에 비유하여 설명하는 다음의 인용문에서 명확히 드러난다. "'나'라는 것은 내 육체의 각 부분들과 정신의 각 현상들의 통일된 온덩이 혹은 전체다. 이 전체의 각 부분은 낱덩이(個體)이로서 서로 유기적 관계(有機的關係)를 가졌다. 그래서 '나'라는 것은 나의 여러 부분들의 전체로서(인)[의] 주체며 나다. '나라'라는 것은 여러 낱덩이들로서(인)[의] 낱사람들의 유기적 온덩이 혹은 전체인 까닭에, 그것은 여러 나들 혹은 우리의 전체요 주체인 나다. 그러므로 '나'라는 것은 '나' 한 사람의 주체며 '나'요, '나라'는 여러 '나'들의 '나'로서 우리의 '나'라는 것이다."11) '나'는 나의 육체적·정신적 부분들의 유기적 통일체이듯이, 국가는 국가의 구성원인 개인들의 유기적 통일체라는 것이다.12)

이처럼 국가가 건립될 수 있는 이유는 국가의 측면에서 보면 자신의 고유한 내적 통일 원리 때문이다. 그런데 인간의 측면에서는 어떻게 생각할 수 있을 것인가? 다시 말하면 인간은 어떠한 이유 때문에 국가를 건립할 수 있는가? 안호상은 다음과 같이 말한다.

---

10) 앞의 책, 215-216쪽.

11) 안호상, 『哲學槪論』, 221쪽.

12) 안호상, 『(고등공민) 정치와 사회』, 179쪽.

"사람은 물리학자(物理學者)의 추상적(抽象的) 생각으로써 말하는 원자(原子)와 같이 홀로 떨어져 외로이 헤매는 것이 아니라, 그는 벌써 날 때부터 남들과 필연적(必然的) 서로 관계(相互關係)를 갖고 났다. 사람은 서로 뭉치며 합치(社)며 모여(會)서 사는 본능(本能)을 가진 까닭에, 그는 본래 사회적 동물(社會的動物)이다."13)

여기서 우리는 인간의 두 가지 특징을 확인할 수 있다. 첫째, 인간은 독립적으로 존재하는 원자적 개인이 아니라 태어날 때부터 타인과 상호 의존 관계에 놓여 있다. 둘째, 인간은 본능에 의해 사회를 형성하는 사회적 동물이다. 인간의 이러한 특성 때문에 유기체로서의 사회를 형성한다는 것이다.

그런데 "사람은 결코 단지 사회만을 가지며, 사회 생활만을 하는 데서만 만족을 느끼지 아니 하고, 도리어 더 높고 고차적(高次的)인 협동체(協同體)인 나라를 바라고 또 요구한다."14) 안호상에 의하면, 국가는 인류의 생활 공동체 중에 가장 완전한 것이다.15) 인간은 바로 이 국가를 건립하기를 욕구하는 것이다. 그래서 안호상은 "사람은 폴리스적(Polis的. 그리스말 'Polis'는 社會, 都市, 國家 등의 뜻 : 저자 주) 동물(動物)로서 '초온 폴리티콘(Zoon politikon)', 곧 국가적, 정치적, 사회적 동물이다"16)고 주장한다.

안호상은 '일민(一民)' 개념을 통해 국가를 형성하는 인간의 특징을 더욱더 구체적으로 설명한다. 그렇다면 국가를 형성하는 구체적 인간, 즉 일민은 무슨 의미인가?

---

13) 안호상, 『世界新思潮論』 上, 173쪽.

14) 앞의 책, 174-175쪽.

15) 안호상, 『民族의 소리』, 146쪽. 안호상에 의하면, 사회와 국가를 구분할 수 있는 명확한 기준은 주권을 가지고 있느냐의 여부다. 사회는 영토와 사람이라는 두 가지 요소로 구성되지만, 국가는 영토와 사람과 주권이라는 세 가지 요소로 구성된다는 것이다(안호상, 『世界新思潮論』 上, 175쪽).

16) 안호상, 『哲學槪論』, 229쪽.

"일민의 '일(一)'은 한 일(一) 자로서 '하나'라는 뜻이며, 또 '민(民)'은 백성 민(民) 자로서 백 가지(百種) 성씨(姓氏)들이란 말인데, 그것은 곧 여러 사람들 혹은 뭇(衆) 사람들이 모이어 뭉쳤다는 의미다. 뭇사람들의 무리로서의 백성은 아무런 서로 관계(相互關係)가 없는 사람들의 떼와 무리가 아니라, 도리어 그것은 벌써 일정한 땅 위에서 혹은 지역 안에서 모여 살며 뭉쳐 사는 사람들의 떼요 무리인 것이다. 또 이 일민(一民)의 '민'은 일가와 친척(親戚)과 같이 같은 한 겨레요 한 민족(民族)이라는 뜻까지 갖고 있다."17)

일민이란 한 백성이자 한 민족을 의미한다. 한 백성이란 단지 고립적 개인의 합이 아니라 이미 서로간에 긴밀한 관계를 맺고 있는 사람 무리인 것이다. 즉, 강조점이 개별성이 아니라 군집성(집단성)에 있다. 이러한 일민의 군집적 성격은 그것의 또 다른 의미, 즉 한 민족성에서 더 선명하게 드러난다. 본래 백성이란 국가의 구성원인 국민을 의미하므로 민족과 동일한 개념이 아니다. 그러나 일민은 국민과 민족이라는 두 가지 의미를 동시에 갖는다. 일민은 한 민족이므로 한 핏줄이다. "한 겨레인 일민은 반드시 한 핏줄(同一血統)이다. 이 한 핏줄이라는 것이 일민에는 절대적 요소다."18) 일민은 한 민족이고 한 핏줄이기 때문에 일민들은 고립적이고 분산적인 원자적 개인들의 물리적 집합체가 아니라 서로간에 강한 결집성을 갖는 유기적 집단이다.19)

---

17) 안호상, 『世界新思潮論』上, 99쪽.

18) 안호상, 『일민주의의 본바탕』, 26쪽.

19) '一民'은 한국이라는 특정 영역에 한정해서 말할 때는 단군의 자손으로서의 한 민족 한 백성이라는 의미를 지니고(안호상, 『일민주의의 본바탕』, 24쪽 / 『(고등 공민) 정치와 사회』, 8, 170쪽. / 『國民倫理學』, 118쪽), 세계 전체와 관련해서 말할 때는 인류 공동의 조상으로서의 '한얼님'(=하느님)의 자손으로서의 한 민족 한 백성의 의미를 지닌다(안호상, 『世界新思潮論』上, 98, 165쪽). 일민 개념의 중층적 의미는 매우 중요한 역할을 한다. 우선 단군의 자손으로서의 일민 개념은 한국민의 단일 민족적 성격을 부각시켜 강력한 민족국가의 구성을 용이하게 한

결국 국가의 구성 분자는 서로 독립적인 원자적 개인이 아니라 서로 강한 결집성을 갖는 유기적 집단이다. 바꾸어 말하면 국가는 자유롭고 독립적인 개인들의 공동체가 아니라 강한 결집성을 갖는 유기적 집단(민족)의 공동체다.

3. 국가의 목적

국가는 무엇을 위해 건립되었으며 또 무엇을 위해 존립하는가? 즉, 국가의 목적이 무엇인가? 구체적으로 말하자면, 국가는 그 자체의 목적을 갖는가 아니면 국가를 구성하는 개인의 도구에 불과한가? 국가 자체의 목적이 있다면 무엇인가? 이 절에서는 이에 대한 안호상의 견해를 살펴보자.

그는 국가가 자유롭고 독립적인 개인들의 공동체가 아니라고 보기 때문에 국가를 국가 구성원들의 이익 실현을 위한 도구에 불과하다는 도구적 국가관을 비판한다. 그는 다음과 같이 말한다. "모든 개인들이 다 같은 평등한 자리에서 저마다 저의 자유와 권리, 안전과 행복을 누릴 권리가 있으며, 또 나라는 개인들의 이 목적을 위하여 있다는 것이 자본주의의 개인주의적 민주주의자들의 사회 이론이요 나라 철학(國家哲學)이다."[20] 자본주의의 국가관에 의하면, 국가란 개인들의 이익과 행복을 추구하기 위한 수단에 불과하

다. 반면 한얼님(=하느님)의 자손으로서의 일민 개념은 한국 민족의 민족국가라는 협소한 범위를 넘어 세계 인류 공동체로 나아갈 수 있게 한다. 물론 그 세계 인류 공동체란 국가의 부정을 통해서 이루어지는 것은 아니다. 그것은 어디까지나 국가들의 연합체다. 안호상에 의하면, 국가는 공동체 중에 가장 합리적이고 완전한 것이며, 국가적 공동 생활 없이 세계적 공동 생활은 없다(안호상, 『民族의 소리』, 146-148쪽). 결국 안호상은 민족주의적 입장에 서 있으면서도 세계 인류 공동체로서의 세계국가연합체를 부정하지는 않았다고 할 수 있다.

20) 안호상, 『청년과 민족통일』, 271쪽.

는 것이다. 더 정확히 말하면, "자본주의 사회에서 나라는 자본가(資本家)들의 이익과 재산의 증식 기구(增殖機構)며 보호 기관"[21]이라는 것이다.

그에 의하면, 이러한 자본주의 국가관은 개인주의에 기초해 있다. "개인주의적 인생관과 윤리관(倫理觀)은 자본주의의 밑바닥이요 본줄기다."[22] 그는 이러한 개인주의에 바탕을 둔 자본주의 국가관은 국가 존립의 위기를 초래한다고 비판한다. '자본주의 국가관에 따르면, 각 개인은 자신의 행복을 위하여 자신의 능력대로 돈을 벌 자유와 권리를 가졌다. 이 자유와 권리는 하늘이 부여한 것으로서 국가가 이를 제한할 수는 없다. 개인주의적 자유 경쟁의 사회에서는 약육강식의 원리에 따라 부유한 사람은 더욱 부유해지고 가난한 사람은 더욱 가난해진다.'[23] '그런데 부유한 사람은 돈벌이에 눈이 어두워서, 그리고 가난한 사람은 가난에 치여 국가에 대한 충성심이 사라진다. 그렇게 되면 국가가 위태롭게 된다. 더구나 인생의 최고 목적을 개인들의 돈벌이에 두기 때문에 돈벌이에 이용 가치가 없으면 조국과 민족을 경시하게 된다.'[24]

그러나 주의해야 할 것은 안호상은 자본주의의 가장 본질적 내용이라고 할 수 있는 개인적 소유를 결코 부정하지 않는다는 점이다. 오히려 "개인의 점유욕(占有慾)과 소유욕(所有慾)은 사람의 본성(本性)이며 또 본능(本能)이다", "사람은 저를 위하고, 또 제가 이(利)된다는 욕심과 희망(希望)에서 살며 일한다"고 주장한다. 그렇기 때문에 개인적 소유를 부정하는 공산주의는 "사람의 이러한 천연의 본성을 모르며, 또 잊어버리고 된 하나의 감정주의요, 공상

---

21) 안호상, 『人生과 哲學과 敎育』, 162-163쪽.
22) 앞의 책, 162쪽.
23) 안호상, 『청년과 민족 통일』, 271-272쪽. 이와 유사한 내용이 『世界新思潮論』 上(1952년), 12-14쪽에도 보인다.
24) 안호상, 『世界新思潮論』 上, 11-13쪽.

주의"라고 비판한다.25) 그는 다만 인간의 소유욕이 국가와 국민 전체의 공동 복리와 운명을 생각하지 않고 오로지 자기 혼자만의 이익만을 생각하는 개인주의적 자본주의를 부정하고 있는 것이다.26) 이러한 태도는 다음과 같은 그의 일민주의 경제관에도 그대로 나타난다.

> "일민주의(一民主義)는 개인의 소유와 이익은 절대로 승인하며 보장한다. 그러나 민족 이익이 개인 이익에 앞선다 혹은 민족 이익이 개인 이익보다 더 크다. 이것이야말로 일민(主義)의 경제책(經濟策)의 변치 못할 원칙이다."27)

그의 비판의 초점이 자본주의 자체가 아니라 개인의 이익을 가장 중요시하는 개인주의적 자본주의에 있는 것이다. 따라서 그가 비록 '자본주의'라는 용어를 쓰면서 이를 비판하고 있을지라도, 그의 주장을 반(反)자본주의라고 단정하는 것은 타당하지 않다.28) 안호상은 이러한 도구적 국가관에 대한 비판의 바탕 위에서 국가는 국가 자체의 목적을 갖는다고 주장한다.29) 이는 사실상 국가

---

25) 앞의 책, 13, 17쪽.

26) 앞의 책, 14쪽.

27) 안호상, 『일민주의의 본바탕』, 76쪽.

28) 기존의 연구자들 중에는 안호상 사상의 反자본주의적 성격을 강조하면서 이를 파시즘과 연관시켜 설명하는 경우가 많다(서중석, 「이승만 정부 초기의 일민주의」, 175-183쪽 / 연정희, 「안호상의 일민주의와 정치·교육 활동」, 8·12·36쪽). 그러나 민족과 국가의 이익을 개인의 이익보다 중시한다고 해서 反자본주의라고 단정할 수는 없다. 자본주의의 근본 성격인 개인적 소유를 인정하는 한 자본주의에 속하기 때문이다.

29) 그는 국가를 개인의 이익을 위한 도구라고 보는 자본주의 국가관이든 계급의 이익을 위한 도구라고 보는 공산주의 국가관이든 모두 오류라고 주장한다. 공산주의 국가관에 대한 비판은 그의 여러 저작에서 자주 등장하는데, 그 대표적인 부분인 다음과 같다. 안호상, 『世界新思潮論』上, 13-19, 22-24쪽 / 『民族의 소리』, 153-154쪽 / 『人生과 哲學과 教育』, 171, 182, 199-200쪽.

의 속성에 대한 그의 사고로부터 필연적으로 도출된다. 앞 절에서 이미 논의하였듯이, 국가는 그 구성원인 개인들로 환원될 수 없는 자기의 내적 통일 원리를 가지고 있다. 이 통일 원리는 각 부분(개인)들을 통일하는 목적성이다. 국가의 내적 통일 원리, 즉 목적성은 개인들로는 환원될 수 없는 자신의 고유성이다. 국가는 그 자신의 고유한 목적성을 갖는 것이다.

그렇다면 국가 자체의 목적이란 무엇인가? 그는 다음과 같이 말한다. "'사람을 크게 유익하게 함'은 곧 사람과 백성을 주체와 본위로 하는 인본주의(人本主義)와 민본주의(民本主義)인 사람주의와 백성주의로서, 이것이 곧 모든 나라들의 목적이요 본질이다."[30] '사람을 크게 유익하게 함', 즉 '홍익인간(弘益人間)'이 국가의 목적이라는 것이다. 이는 모든 국가들의 목적, 즉 보편 목적이다.

안호상에 의하면, '홍익인간'이 모든 국가의 보편 목적이지만, 각 국가들은 이 보편 목적을 달성하기 위한 자신만의 특수 목적을 지닌다. 각 국가들은 각기 특수한 상황에 처해 있기 때문이다. 예를 들어, 한국의 특수한 목적은 통일·독립의 부강한 국가의 건설이다. 한국은 통일·독립의 부강한 국가의 건설이라는 자신의 특수 목적(=개별 사명)을 통하여 '사람을 크게 유익하게 함'이라는 국가의 보편 목적(=보편 사명)을 실현한다는 것이다.[31]

안호상에 의하면, 국가의 보편 목적과 특수 목적은 한국의 전통에서 그 근거를 찾을 수 있다. '사람을 크게 유익하게 함'이란 단군의 건국 이념이고,[32] 민족 통일과 국가 통일은 신라(화랑)의 근본 정신이다. 특히 화랑은 민족 통일과 국가 통일이라는 신라의 특수 목적을 통하여 사람을 크게 유익하게 하는 보편 목적을 이루기 위해 자신의 생명까지도 희생했다는 것을 찬양한다.[33] 이러한 논리

---

30) 안호상, 『(고등 공민) 정치와 사회』, 93쪽.

31) 앞의 책, 93-94쪽.

32) 안호상, 『世界新思潮論』 上, 111쪽 /『(고등 공민) 정치와 사회』, 8쪽, 15쪽.

를 현실 정치에 적용시킨다면 국가의 목적을 위해서는 개인의 어떠한 희생도 가능하다는 결론에 이른다. 그러나 국가와 개인의 관계에 대한 견해는 매우 중요하므로 절을 바꾸어서 상세하게 논의해보고자 한다.

4. 국가와 개인

국가와 개인의 관계는 어떠한가? 국가가 우선인가 개인이 우선인가? 이 절에서는 중점적으로 이러한 문제들에 대한 안호상의 견해를 살펴보자.

안호상은 국가와 개인은 기본적으로 상호 의존적 관계에 있다고 주장한다. "국가와 개인이란(라는) 흡사(히) 집과 기둥과도 같아서 온 집이 무너지는데 기둥만이 서 있을 수 없듯이, 기둥이 다 넘어지고 집만이 남아 있을 수는 없다. 개인들과 국가는 항상 흥망을 다 같이 하고 있다."[34] 집이 없으면 기둥이 없고, 기둥이 없으면 집이 없다. 마찬가지로 국가가 없으면 개인이 없고, 개인이 없으면 국가가 없다는 것이다.

국가와 개인의 상호 의존성과 그 이유는 다음 인용문에서 좀더 명확히 나타난다. "'나'라는 것이 병들 적에 내 몸의 부분들이 따라 병들 듯이, 내 '나라'가 병들 적에 '나'라는 것이 따라 병들게 된다. 그리고 한 유기체(有機體)의 한 부분이 나빠질 적에 그것이 곧 전체에 나쁜 영향을 주듯이, '나'라는 것이 나빠질 적에 그것이 곧바로 '나라'에 나쁜 영향을 주게 된다."[35] 국가가 병들면 개인('나')도 병들게 되고, 개인이 나쁘면 국가도 나쁘게 된다. 국가와 개인은

---

33) 안호상, 『世界新思潮論』 上, 117-118쪽 / 『(고등 공민) 정치와 사회』, 17-18쪽.
34) 안호상, 「勞動의 本質과 槪念 ─ 일의 哲學적 살핌」, 『哲學論叢』, 196-197쪽.
35) 안호상, 『哲學槪論』, 221쪽.

상호 의존적 관계에 있다. 왜 그러한가? 그것은 국가가 개인들의 유기적 결합으로 형성된 유기체이기 때문이다.

국가와 개인은 이처럼 상호 의존적 관계에 있으므로 국가를 위하는 것이 개인을 위하는 것이고 개인을 위하는 것이 국가를 위하는 것이 된다. "만일 개인이 자기를 위하여 참으로 잘한 일이라면, 그것이 곧 국가를 위한 것이며 또 사회를 위하여 잘한 일이면 그것은 반드시 자기를 또한 위한 것이 될 것이다. 이와 반대로 개인을 위하여 잘못한 일은 항상 국가에 대하여 해를 주며 또 국가에 대하여 잘못한 일은 반드시 개인에까지 악영향을 주는 법이다."[36]

그러나 주목할 만한 사실은 그가 국가와 개인 간의 상호 의존성을 주장하면서도 개인에 대한 국가의 우선성을 배제하지 않는다는 점이다. 인용문이 중복되는 느낌이 있지만, 논의를 위해 다시 한 번 그의 주장을 인용해보자.

> "'나'라는 것은 내 육체의 각 부분들과 정신의 각 현상들의 통일된 온덩이 혹은 전체다. 이 전체의 각 부분은 낱덩(個體)이로서 서로 유기적 관계(有機的關係)를 가졌다. 그래서 '나'라는 것은 나의 여러 부분들의 전체로서(인)[의] 주체며 나다. '나라'라는 것은 여러 낱덩이들로서(인)[의] 낱사람들의 유기적 온덩이 혹은 전체인 까닭에, 그것은 여러 나들 혹은 우리의 전체요 주체인 나다. 그러므로 '나'라는 것은 '나' 한 사람의 주체며 '나'요, '나라'는 여러 '나'들의 '나'로서 우리의 '나'라는 것이다."[37]

안호상에 의하면, '나'는 전체이고, '나'를 구성하는 육체적·정신적 요소들은 부분이듯이, 국가는 전체이고, 국가를 구성하는 개인들은 부분이다. '나'를 구성하는 육체적·정신적 요소들은 오직 '나'

---

36) 안호상, 「勞動의 本質과 槪念 ― 일의 哲學적 살핌」, 『哲學論叢』, 196쪽.
37) 안호상, 『哲學槪論』, 221쪽.

라는 통일체의 부분으로서만 의미를 지니며 그 자신의 자기 완결성은 지니지 못한다. 마찬가지로 개인은 국가의 부분으로서만 의미가 있으며 그 자신의 자기완결성을 지니지 못한다. 이러한 의미에서 국가는 개인보다 우월하다.

이러한 사고는 전체와 부분에 대한 다음과 같은 태도를 통하여 더욱 분명하게 드러난다.

> "전체는 부분들에 대하여 그들의 자리를 정하며 가치를 붙여주는 것으로서, 부분들에 대하여 논리적 먼저성(先在性)과 가치적 우위성(優位性)을 가졌다. 그러므로 각 부분은 오직 전체에서만 참으로 하나의 부분으로서의 있음과 가치와 또 의미를 가지게 되는데, 그것은 이제 말한 생물체(生物體)와 나라 혹은 사회의 본질에서 잘 알 수 있다."[38]

부분은 전체의 부분으로서만 의미와 가치를 지닌다. 그러므로 전체는 부분에 대하여 논리적으로 선재(先在)하고 가치적으로 우월하다. 국가는 전체이고 개인은 부분이다. 따라서 국가는 개인보다 논리적으로 선재하고 가치적으로 우월하다. 이러한 사고는 '국가가 개인의 이익으로는 환원되지 않는 국가 자체의 고유의 목적을 지닌다'는 사상과 결합하여 그의 전체주의적 사고의 토대를 형성하고 있다.

국가가 개인보다 우월하기 때문에 국가의 이익은 개인의 이익보다 우선한다. 안호상은 이 점을 반복해서 강조한다. "개인이 없어서는 되지 아니 하지마는, 그것보다 더 없지 못할 것은 개인들의 전체인 국가며 또 현재의 일시적인 이득이 중하지마는 그것보다 더 중한 것은 일시를 초월한 영구의 이득이다." "우리가 하여 둔 일의 결과가 비록 우리의 한 개인의 현재 이익은 주지 못할지라도 국가 전체와 또 우리 후생(厚生)에 주는 이익은 형언할 수 없이 큰

---

38) 안호상, 『人生과 哲學과 敎育』, 217쪽.

것은 더 말할 필요가 없다. 그러므로 우리는 노동의 가치 척도를 단지 노동하는 그 한 개인의 일시적 이해 득실에서가 아니라 항상 국가 전체의 구원(久遠)한 이해 득실에다가 두지 않으면 안 된다."[39]

개인에 대한 국가의 우위를 주장하는 태도는 그의 자유관에서도 명확히 드러난다. 그는 '개인의 자유가 있고난 뒤에 국가가 자유로운가, 아니면 국가가 자유로운 뒤에 개인이 자유로운가?'라고 자문한 뒤, 개인의 자유가 있고난 뒤에 국가가 자유롭다는 이론은 타당하지 않다고 주장한다. "제 한 몸이 자유로우려면, 제 겨레와 제 나라가 언제나 남의 나라로부터 독립해 자유로워야 한다." "제 한 사람이 자유롭게 되기 위하여서 제 겨레와 제 나라를 자유롭게 하여야 한다. 제 겨레가 자유롭지 못하고 제 한 몸이 자유롭겠다는 것은 이론과 실제가 다 맞지 않는 하나의 공상(空想)이다."[40] 즉, 국가의 자유는 개인의 자유를 얻기 위한 선결 조건이라는 것이다.

왜 그러한가? 안호상은 다음과 같이 말한다. '나는 없어져도 국가(우리)는 있을 수 있지만, 국가가 없으면 나는 없다. 만약 국가가 없으면 나의 자유를 주장할 수 없게 된다. 그러므로 나의 자유를 말할 수 있으려면 국가의 자유가 있어야만 한다. 한마디로 말하면, 국가의 주권이 없으면 국민 개인의 자유는 없기 때문이다.'[41] 개인에 대한 국가의 우위성이 자유에 대한 견해에서도 그대로 나타나고 있는 것이다.

본래 정치적 자유는 개인과 국가의 관계 문제에서 전형적으로 발생한다. 국가로부터의 자유든 국가에의 자유든 그것은 개인과 국가의 관계 문제다. 그러나 안호상은 개인과 국가의 관계가 아니라 개인, 그 개인이 속해 있는 국가 그리고 다른 국가라는 3자와의 관계 속에서 자유의 문제를 다룬다. 그는 개인의 자유를 그가 속한

---

39) 안호상, 「勞動의 本質과 槪念 — 일의 哲學적 살핌」, 『哲學論叢』, 195쪽.

40) 안호상, 『世界新思潮論』 中, 133-134쪽.

41) 안호상, 『世界新思潮論』 上, 176-177쪽.

국가 권력으로부터 어떻게 지킬 것인가를 문제삼는 것이 아니라 자기가 속한 국가의 자유를 다른 국가의 간섭으로부터 어떻게 지킬 것인가를 문제삼고 있는 것이다. 엄밀한 의미에서 이는 개인의 자유 문제가 아니라 국가의 주권 문제다. 그는 국가의 주권 문제가 개인의 자유 문제보다 더 중요하다고 보는 것이다. 이는 내부보다 외부의 적으로부터의 위협을 더 강하게 느낄 때 생기는 현상이다.

안호상은 개인의 자유 자체를 부정하지는 않는다. 그는 신체의 자유, 거주의 자유, 신앙의 자유, 통신의 자유, 언론·집회·결사의 자유, 학문과 예술의 자유 등 서구 민주주의 국가에서 인정하는 일반적 자유를 모두 헌법에 보장된 것으로 인정한다.42) 오히려 공산주의 국가에서 이러한 자유들을 부정한다는 점을 들어 신랄하게 비판하고 있다.43) 이러한 점에서 그를 개인의 자유를 완전히 부정한다는 의미의 파시스트라고 단정하기는 힘들다. 하지만 그는 전체주의적 사고의 기초 위에서 국가의 주권 문제가 개인의 자유 문제보다 더 중요하다고 보기 때문에 개인의 자유는 언제든지 국가의 이름으로 배제되거나 억압될 가능성을 지니고 있다. 특히 서구의 자유주의를 직접적으로 비판하는 그의 입장44)을 고려할 때, 그렇게 될 가능성이 농후하다고 할 수 있다.

5. 국가의 작동 형태

이 절에서는 국가의 작동 형태, 그 중에서도 민주주의에 대해서 살펴보고자 한다. 민주주의라는 개념은 사람이나 나라에 따라 각기 다른 의미로 사용된다. 안호상은 민주주의에 관한 역사적·체

---

42) 안호상, 『(고등 공민) 정치와 사회』, 112-115쪽.
43) 안호상, 『世界新思潮論』 中, 110-111쪽.
44) 안호상, 『民族의 소리』, 24쪽.

계적 고찰을 통하여 민주주의에는 세 종류가 있다고 본다. 서구 민주주의, 소련 민주주의, 일민 민주주의가 그것이다. 그는 그 중에서 일민 민주주의야말로 진정한 민주주의라고 주장한다.[45]

일민 민주주의 특징은 크게 세 가지 측면에서 설명될 수 있다. 첫째, 국가의 주권은 국민 전체(一民)에게 있다. 둘째, 국민 전체(一民)를 위한 정치를 한다. 셋째, 도의(道義) 정치를 한다.

일민 민주주의는 우선 국가의 주권이 국민 전체에게 있음을 천명한다. '대한민국의 주권은 국민에게 있고, 모든 권력은 국민으로부터 나온다'는 헌법의 내용이 이 점을 명확히 하고 있다는 것이다. 이 점에서 국가의 주권이 군주 일인에게 있는 전제군주제나 특정 계급에게 있는 공산주의적 민주주의와 다르다.[46] 뿐만 아니라 서구 민주주의와도 구별된다. 서구 민주주의는 형식적으로는 모든 개인들이 다같이 평등하게 국가 정치에 참여할 권리가 있음을 주장하지만, 실질적으로는 돈에 의해 참가가 제한되는 민주주의라는 것이 그 이유다.[47] 서구 민주주의가 돈에 의해 지배되기 때문에 실질적으로 국가의 주권이 국민 전체에게 있다고 볼 수 없는 데 반해서 일민 민주주의는 실질적으로 국가의 주권이 국민 전체에게 있다는 것이 그의 주장이다. 요컨대 서구 민주주의에서 주장하는 '주권재민(主權在民)'의 원칙을 실질적이고 철저하게 실천하는 것이 일민 민주주의라는 것이다.

---

45) 안호상, 『민주주의의 역사와 종류』, 10-54쪽.

46) 안호상, 『(고등 공민) 정치와 사회』, 14-15쪽 / 『민주주의의 역사와 종류』, 45-46쪽.

47) 그는 이러한 서구 민주주의의 특징은 그것의 역사와 현실에서도 확인될 수 있다고 주장한다. 예를 들어, 19세기 후반부터 20세기 초반에 걸쳐 시작된 보통 선거가 이루어지기 전에 영국이나 프랑스 등의 국가에서는 재산이나 납세의 유무에 의해 선거권의 유무가 결정되었다. 뿐만 아니라 완전한 보통 선거가 이루어진 다음에도 서구 민주주의는 모든 활동이 돈에 의해 지배된다. 선거에서 돈의 힘에 의해 당락이 결정되고, 행정 관리들은 자본가의 영향과 지배를 받는 것이 그 단적인 예다(앞의 책, 17-18쪽, 20-21쪽).

일민 민주주의는 또 국민 전체를 위한 정치를 주장한다. "참된 완전한 민주주의는 어떠한 계급과 당파가 아니라 항상 한 겨레요 한 백성인 일민의 것으로서 일민주의적 민주주의(一民主義的民主主義)다. 이 민주주의라야만 억만 사람(億萬人)의 자유를 다같이 보호 유지할 것으로써 그것은 오직 하나의 참된 민주주의다."[48] 안호상에 의하면, 이 점에서도 일민민주주의는 서구 민주주의와 구별된다. 서구 민주주의는 개인의 자유와 권리, 행복과 안전을 주목적으로 한다.[49] 서구 민주주의가 이처럼 개인을 위하는 것인 데 반해서 일민 민주주의는 국민 전체를 위한다는 것이다.

여기서 흥미로운 점은 서구 민주주의 역시 일반적으로 국민 전체를 위한다는 것을 천명한다는 것이다. 그렇다면 안호상의 국민 전체와 서구 민주주의의 국민 전체는 어떻게 다른가? 그것은 국가를 형성하는 국민의 성격에 대한 이해의 차이와 관련이 있다. 안호상이 생각하는 서구 민주주의에서는 국가를 형성하는 국민은 원자적이다. 즉, 국민 각자는 모두 독립된 개체로서 국가를 형성할 때는 물리적으로 결합한다. 그래서 국가는 하나의 유기적 통일체가 아니며, 국민들은 서로 파편적으로 존재한다. 국민은 독립된 개체로서의 개인이고, 국민 전체는 개별적 존재로서의 국민들의 총합이다.

그러나 일민 민주주의에서 말하는 국민은 "원자와 같이 홀로 떨어져 외로이 헤매는 것이 아니라, 그는 벌써 날 때부터 남들과 필연적 서로 관계(相互關係)를 갖고 났다." 국민들간에 상호 유기적 관계를 갖는 것이다. 그리고 그러한 결합을 더욱 긴밀하게 만드는 것

---

48) 앞의 책, 29쪽.

49) 안호상에 의하면, 서구 민주주의 특징은 고대 그리스로부터 근대에 이르기까지 일관되게 나타난다. 예를 들어, '고대 그리스는 하나의 통일된 민족국가가 아니라 하나의 도시가 하나의 국가를 이루었기 때문에 특정 도시국가 사람들은 자신이 속한 도시국가(예를 들어, 아테네)의 자유만 알았지 그리스 전체의 자유는 몰랐다. 그들은 기본적으로 분파주의, 개인주의적 사고를 가지고 있었던 것이다. 또 서구의 근대 민주주의 역시 개인주의에 바탕을 둔 것이다(앞의 책, 16-17쪽).

은 단순한 인간이 아니라 일민(一民. 한 민족), 즉 동일 혈통이라는 점이다. 본래 한 할아버지의 자손이기 때문에 국민들은 강력한 유기적 통일체를 이룬다. 따라서 국민 전체란 독립된 개체로서의 개인들의 총합이 아니라 유기적 통일을 이루어 그 자체가 하나의 독자적 성격을 갖는 국민통일체, 민족통일체다. 결국 서구 민주주의가 개인에 중점이 있다면, 일민 민주주의는 국민 전체, 민족 전체에 중점이 있다. 안호상이 일민 민주주의를 민족주의적 민주주의라고 부른 것도 이 때문이다.[50]

그러나 이처럼 국민 전체에 의한, 국민 전체를 위한 정치가 되려면 한 가지 전제가 필요하다. 즉, 국민들은 국민 전체를 위하는 사람을 선출해야 하고, 선출된 사람은 또 국민 전체를 위하여 일해야 한다. 만약 국민들 중에서 자신 혹은 자신이 속한 소집단의 이익만 실현시켜줄 대표자를 뽑는다거나 선출된 사람 중에 국민 전체의 이익을 무시하고 자신 혹은 자신이 속한 소집단의 이익만 위해 일할 수 있기 때문이다. 그래서 안호상은 도의 정치를 주장한다. "뽑히는 사람들만이 양심과 이성(理性)과 또 능력을 남달리 가질 것은 더 말할 것도 없고, 뽑는 사람 자신들도 또한 어느 정도로 양심적이고 이성적이어야 할 것이다."[51] 즉, 선출하는 사람과 선출되는 사람 모두가 도의적인 사람이 되어야 한다. 여기서의 도의는 개인의 이익을 버리고 오직 조국과 민족을 생각하는 것이다.[52]

결론적으로 말해서 일민 민주주의란 국가와 민족을 중심으로 하는 민주주의라고 할 수 있다. 주권자도 일민, 즉 국민 전체, 민족 전체이고, 선출된 사람도 국민 전체, 민족 전체를 위하여 일하며, 선출하는 사람도 오직 후보자가 국민 전체, 민족 전체를 위하여 일할 사람인가를 가지고 지지 여부를 판단해야 한다. 이러한 태도는

---

50) 안호상, 『人生과 哲學과 教育』, 230쪽 /『청년과 민족 통일』, 257쪽.

51) 안호상, 『청년과 민족 통일』, 283쪽.

52) 안호상, 『(고등 공민) 정치와 사회』, 184쪽 /『일민주의의 본바탕』, 42-43쪽.

제국주의 열강의 침략과 식민지적 경험 속에서 개인과 국가의 관계보다 국가와 국가 혹은 민족과 민족의 관계에 더 중점을 둘 수밖에 없던 시대적 상황과 무관하지 않은 것으로 보인다.

안호상은 서구 민주 정치의 근본 원리, 즉 국민 자치(주권재민, 대의 정치, 복수정당제 등), 입헌 정치, 삼권 분립을 전적으로 수용하고 있기 때문에[53] 그의 민주주의를 파시즘으로 단정하기는 어렵다. 그러나 국가와 민족을 우선시하는 사고의 틀 속에서 서구 민주주의를 받아들이고 있기 때문에, 국가와 민족의 이름으로 그것을 왜곡하거나 부정할 가능성을 내포하고 있다고 할 수 있다.

6. 맺음말

지금까지의 논의에 의하면, 안호상의 국가 철학의 특징은 국가 유기체설에 기초한 전체주의, 구체적으로는 반(反)개인주의, 국가·민족중심주의에 있다고 할 수 있다. 그는 개인주의에 기초한 국가계약설을 비판하고, 국가는 자기 고유의 내적 통일 원리에 의해서 건립된 유기체라고 주장한다. 국가를 구성하는 인간도 자기 독립적인 원자적 개인이 아니라 생래적으로 서로 긴밀한 연관을 맺는 인간, 구체적으로 말하자면 혈연으로 뭉쳐진 하나의 민족(一民)이다. 그래서 그는 국가의 목적을 단지 개인의 이익을 위한 도구라고 보는, 개인주의에 기초한 국가관을 비판하고, 국가는 자신의 고유한 목적을 갖는다고 주장한다. 국가와 개인의 관계에서 기본적으로 국가와 개인은 상호 의존적이라고 하면서도 개인보다 국가가 우선한다고 본다. 국가는 전체이고 개인은 부분이기 때문이다. 이를 바탕으로 국가의 이익과 자유가 개인의 이익과 자유보다 우

---

53) 안호상, 『(고등 공민) 정치와 사회』, 26-35, 110-128쪽 / 『국가 생활(원제 : 나라 생활)』, 16-26, 71-72쪽.

선한다고 주장한다. 또 개인주의에 기초한 서구 민주주의를 비판하고 국가·민족 중심의 민주주의를 제창한다.

그가 개인의 이익과 자유 자체를 부정하지 않는다는 점, 그리고 국민 자치(주권재민, 대의 정치, 복수정당제), 입헌 정치, 삼권 분립 등을 주장한다는 점에서 볼 때, 그의 국가 철학을 파시즘으로 단정하기는 어렵다. 그러나 그의 국가 철학은 기본적으로 국가유기체설에 기초한 반개인주의, 국가·민족중심주의의 특징을 지니기 때문에 언제든지 전체, 즉 국가와 민족의 이름으로 개인의 이익과 자유 그리고 민주 정치의 기본 원리들이 부정될 가능성을 지니고 있다.

국가유기체설에 기초한 전체주의 국가 철학이 미국식 교육을 받은 이승만의 이념적 토대가 되었다는 것은 아이러니가 아닐 수 없다. 이러한 국가 철학이 한국 사회에 쉽게 정착할 수 있었던 이유는 무엇일까? 현실적인 측면에서 보자면, 근대적 개인이 역사의 주체로 등장할 만한 사회적 기반이 마련되지 않았다는 점, 그리고 제국주의의 침략과 식민지 경험을 거치면서 개인과 국가 간의 관계가 아니라 국가와 국가, 민족과 민족 간의 문제로 초점이 이동했다는 점 등에서 그 이유를 찾을 수 있을 것이다. 사상적 측면에서 보자면, 한국의 전통 사상 자체가 기본적으로 유기체론적 사고를 기반으로 하고 있었고, 해방 이전에 이질적인 개인주의보다는 독일이나 일본의 전체주의 사상이나 국가유기체설 등 자기 친화성이 강한 것들을 이미 수용하고 있었던[54] 데 기인할 것이다. 안호상의 국가 철학은 이처럼 사상사적 연속성을 지니고 있었기 때문에 한국 사회에 쉽게 뿌리를 내렸던 것이다.

그렇다면 안호상의 국가 철학이 확립된 이후 한국의 국가 철학이 어떻게 발전해나갔는가? 이에 대한 탐구는 본고의 결론을 기초

---

54) 이에 대해서는 신일철, 『신채호의 역사 사상 연구』 / 김효전, 『근대 한국의 국가 사상』 / 신용하, 『한말 애국 계몽 운동의 사회사』 / 전복희, 『사회진화론과 국가 사상』 / 박찬승, 「20세기 韓國 國家主義의 起源」 등을 참조할 것.

로 해서 진행되어야 할 것이다. 후대의 국가 철학은 그 전대의 국가 철학의 토대 위에 건립되기 때문이다. 안호상의 국가 철학이 대한민국 초기에 매우 중요한 이념적 토대가 되었을 뿐만 아니라 사상사적 연속성을 지니고 있었다는 점을 고려할 때, 그것은 한 정권 시기의 일시적인 유행 사조가 아니라 후대에도 강한 영향력을 갖는 사상일 가능성이 매우 크다. 그렇다면 오늘날 한국의 국가 철학은 안호상의 국가 철학과 다르다 해도 그리 멀지 않은 지점에 있을지도 모른다. 이러한 의미에서 현재 한국에서 발견되고 있는 '개인'은 우리에게 매우 낯선 것일 수 있다. 그것은 전체에서 개인으로 중심이 이동하는 세계관적 변화를 의미하기 때문이다.

이 세계관적 충돌의 과정 속에 놓여 있는 우리들은 과거의 전체주의에 대해 어떻게 평가해야 하는가? 전체주의의 견해에 의하면, 국가를 위하는 것이 국민 전체를 위하는 것이고 결과적으로 개인을 위하는 길이기 때문에 국가의 이익과 자유가 개인의 이익과 자유보다 중요하며 나아가 후자를 위해서는 전자가 희생될 수 있다. 이는 개인의 자유와 이익의 제한이라는 방법적 측면에서는 억압적인 것이다. 그러나 그것의 결과가 실제로 국민 전체, 나아가 국민 개개인들의 자유와 이익의 신장으로 나타나는 경우, 우리는 오늘날 누리고 있는 개인의 자유와 이익에 초점을 맞춰야 하는가, 아니면 그러한 신장을 가져오는 데 사용했던 억압적 방법에 초점을 맞춰야 하는가? 이에 대한 입장의 차이에 따라 과거의 역사에 대한 평가가 달라질 것이다.

□ 참고 문헌

김효전, 『근대 한국의 국가 사상』, 서울 : 철학과현실사, 2000.
백종현, 『독일 철학과 20세기 한국의 철학』, 서울 : 철학과현실사,

1998.

신용하, 『한말 애국 계몽 운동의 사회사』, 서울 : 나남, 2004.

신일철, 『신채호의 역사사상 연구』, 서울 : 고려대 출판부, 1981년.

_____ 외, 『자유주의와 한국 사회』, 서울 : 한국경제연구원, 2001.

_____, 『유물론 批判』, 서울 : 文化堂, 1947.

_____, 『우리의 취할 길』, 서울 : 문화당, 1947.

_____, 『哲學論講』, 서울 : 博文出版社, 1948.

_____, 『哲學論叢』, 서울 : 乙酉文化史, 1948.

_____, 『民族의 소리』, 서울 : 文化堂, 1949.

_____, 『일민주의의 본바탕』, 서울 : 一民主義硏究院, 1950.

_____, 『世界新思潮論』上, 부산 : 一民主義普及會總本部, 1952.

_____, 『世界新思潮論』中, 부산 : 일민출판사, 1953.

_____, 『민주주의의 역사와 종류』, 부산 : 一民出版社, 1953, 10-54쪽.

_____, 『(고등공민) 정치와 사회』, 정음사, 1956.

_____, 외, 『내가 걸어온 길, 내가 걸어갈 길』, 서울 : 新太陽社, 1957.

_____, 『문화의 창조』, 서울 : 동국문화사, 1957.

_____, 『哲學槪論』, 서울 : 東國文化史, 1957.

_____, 『민주적 민족론 — 한백성 이론』, 서울 : 어문각, 1961.

_____, 『국가 생활(원제-나라생활)』(1956년 초판), 서울 : 문성각, 1963년 판.

_____, 『人生과 哲學과 敎育』, 서울 : 語文閣, 1964.

_____, 『민족의 주체성과 화랑 얼』, 서울 : 배달문화연구원, 1967.

_____, 『國民倫理學』, 서울 : 培英出版社, 1975.

_____, 『청년과 민족 통일』, 서울 : 培英出版社, 1977.

_____, 『민족정론(민족 사상의 정통론)』, 서울 : 사림원, 1982.

_____, 『민족 사상의 정통과 역사』, 서울 : 한뿌리, 1992.

_____, 『한백성주의의 본바탕과 가치 — 一民主義의 본바탕과 가

치』, 서울 : 대한교과서주식회사, 1994.

_____,『한뫼 안호상 20세기 회고록』, 서울 : 민족문화출판사, 1996.

윤사순・이광래,『우리 사상 100년』, 서울 : 현암사, 2001.

이기상,『서양철학의 수용과 한국철학의 모색』, 서울 : 지식과 산업사, 2002.

이승만,『一民主義槪述』, 서울 : 一民主義普及會, 1949.

장동진,『현대 자유주의 정치철학의 이해』, 서울 : 東明社, 2001.

전복희,『사회진화론과 국가 사상』, 서울 : 한울, 1996.

하유식,「안호상의 一民主義 연구」,『장면과 제2공화국』, 서울 : 국학자료원, 2003.

김수자,「이승만의 一民主義의 제창과 논리」,『한국사상사학』, 한국사상사학회, 2004.

김혜수,「정부 수립 직후 이승만 정권의 통치 이념 정립 과정」,『이대사원』 Vol.22, 이화여자대 사학회, 1995.

박광주,「한국의 국가 이념과 현실 : 자유민주주의 이념과 권위주의적 현실 간의 갈등」,『한국정치학회보』 Vol.22, No.2, 1988.

박명림,「한국의 국가 형성, 1945~1948 : 시각과 해석」,『한국정치학회보』 Vol.29, No.1, 1995.

박준건,「해방 전 일본을 통해 본 서양 사회 사상의 수용 과정에 관한 연구」,『한국 민족 문화』 Vol.16, No.1, 부산대 한국민족문화연구소, 2000.

박찬승,「20세기 韓國 國家主義의 起源」,『한국사 연구』 Vol.117, 한국사연구회, 2002.

서중석,「이승만 정부 초기의 일민주의」,『진단학보』 No.83, 1997.

서중석,「자유당 창당과 정치 이념」,『한국사학』 Vol.41-42, 서울대 인문대학 국사학과, 1999.

손병석,「폴리스는 개인에 우선하는가?」,『철학연구』 Vol.22, 고려대 철학연구소, 1999.

손호철, 「한국 국가론 연구 현황」, 『월간 사회평론』 Vol.92, No.1, 사회평론, 1992.

신광연 정리, 「나의 인생 회고 — 초대 문교부장관 安浩相 박사」, 『통일한국』 통권 제20호, 1985.

엄정식, 「안호상의 종교적 민족주의」, 『철학과 현실』 제36권, 철학문화연구소, 1998.

연정은, 「안호상의 일민주의와 정치·교육 활동」, 『역사연구』 제12집, 역사학연구소, 2003.

이승환, 「한국 및 동양의 공사관과 근대적 변용」, 『정치 사상 연구』 Vol.6, 한국정치사상학회, 2002.

조희영, 「현대 한국의 전기 철학 사상 연구 — 일제 하의 철학 사상을 중심으로」, 『龍鳳論叢』 Vol.4, 전북대 인문과학연구소, 1975.

조희영, 「韓國의 現代 思想에 미친 西洋哲學의 影響 — 韓國에 있어서의 西洋哲學 硏究의 諸 傾向(1931~1968)」, 『철학연구』 제19집, 대한철학회, 1974.

필자 소개

□ 임 홍 빈(연구책임자)

독일 프랑크푸르트대에서 철학 박사 학위를 받았으며, 고려대 철학과 교수, 고려대 철학연구소 소장, 한국철학회 편집위원장으로 있다. 주요 저서로는 『헤겔철학과 근대적 이성』, 『세계화의 철학적 담론』, 『인권의 이념과 아시아가치론』 등이 있다.

□ 김 경 수

독일 베를린 자유대에서 철학 박사 학위를 받은 뒤, 연세대 철학연구소에 박사후과정을 마쳤으며, 지금은 고려대 철학연구소 연구조교수로 있다. 주요 논문으로는 "Zum Begriff der Philosophie im Vormaerz : Untersuchung zu Feuerbach und Marx", 「지형학적 시간과 공간에서의 변증법의 작동 방식, 들뢰즈 독해」, 「차이의 변증법의 생성 과정 : 맑스의 경제-철학 초고(1844)에서의 철학 개념에 관하여」 등이 있으며, 역서로는 『퀸스틀러』, 『모든 종말은 시작이다 : 역사의 시작과 종말에 관한 11가지 철학적 성찰』이 있다.

□ 김미영

고려대에서 철학 박사 학위를 받았으며, 지금은 서울시립대 철학과 조교수로 있다. 주요 논문으로는 「주희의 불교 비판과 공부론 연구」(박사 논문), 「'인심도심설'을 통해본 성리학의 몸 담론 ─ 주희와 이율곡의 논의를 중심으로」, 「'태극 논쟁'에 나타난 주자학과 상산학의 경계」, 「유불일치론에 나타난 함허당 기화의 불교 사상」 등이 있으며, 저서로는 『유교 문화와 여성』 등이 있다.

□ 김용수

중국 북경대에서 철학 박사 학위를 받았으며, 지금은 국립중앙도서관 외국자료추천위원, 경북대 윤리교육과 전임강사로 있다. 주요 논문으로는 「곽상(郭象)은 숭유론자인가? : 곽상철학 중의 '유(有)'와 '무(無)'」, 「조선조 성리학자들의 『노자주(老子注)』 연구」 등이 있다.

□ 김재숙

고려대에서 철학 박사 학위를 받았으며, 지금은 고려대 철학연구소 연구교수로 있다. 주요 논문으로는 「조선 후기 예술론에 나타난 한국 예술철학의 특징」, 「조선시대 예술 : 예술을 통한 이상적 인격미의 추구」, 「위진현학의 미학적 성격」 등이 있다.

□ 김종국

고려대에서 철학 박사 학위를 받았으며, 독일 튀빙겐대 과학윤리연구소 객원연구원과 박사후과정, 고려대 철학연구소 연구교수 등을 지냈으며, 지금은 경인교육대 윤리교육과 교수로 있다. 주요 논문은 "Kants Lügenverbot in sozialethischer Perspektive", "Golden Rule in Eastern Philosophy", "Moralität in der Gott-verlassenen Welt. Theodizeefrage bei Kant und Jonas" 등이 있다.

□ 박 원 재

고려대에서 철학 박사 학위를 받았으며, 지금은 한국국학진흥원 수석연구원으로 있다. 주요 논문으로는 「몸에 대한 장자의 비판적 기호학」, 「서구 사조에 대한 면우학파의 인식과 대응」 등이 있으며, 저서로는 『유학은 어떻게 현실과 만났는가』 등이 있다.

□ 박 재 술

고려대에서 철학 박사 학위를 받았으며, 중국 사회과학원 철학연구소 방문학자를 지낸 뒤, 지금은 고려대 철학연구소 연구조교수로 있다. 주요 논문으로는 「'생(生)'의 과정에서의 감(感)의 의미 — 『역(易)』「계사전(繫辭傳)」을 중심으로」, 「『역(易)』의 덕(德) 의미 고찰」, 「『역(易)』의 '반(反)'에 관한 고찰」 등이 있다.

□ 손 병 석

그리스 아테네대에서 철학 박사 학위를 받았으며, 지금은 고려대 철학과 교수로 있다. 주요 논문으로는 「소크라테스의 아크라시아 불가능성 논제에 대한 아리스토텔레스의 비판」, 「부동의 원동자로서의 신은 목적인이자 작용인이 될 수 있는가?」 등이 있다.

□ 양 운 덕

고려대에서 철학 박사 학위를 받았으며, 지금은 고려대 철학연구소 연구부 교수로 있다. 주요 논문으로는 「헤겔철학에 나타난 개체와 공동체의 변증법」, 「리오타르의 포스트모던 철학」, 「들뢰즈와 가타리의 정신분석 비판」, 「푸코의 권력계보학 : 서구의 근대적 주체는 어떻게 만들어지는가?」, 「근대성과 계몽에 대한 상이한 해석 : 하버마스와 푸코」 등이 있으며, 저서로는 『피노키오는 사람인가 인형인가』(피노키오철학 시리즈), 『현대 철학의 흐름』(공저), 『전통, 근대, 탈근대의 철학적 조명』(공저), 『사회의 상상적 제도』(역서)

등이 있다.

□ 오 상 무

중국 북경대에서 박사 학위를 받았으며, 교토대 박사후과정, 중국 남창대(南昌大) 외국인교수, 용인대 조교수를 거쳐 지금은 고려대 부교수로 있다. 주요 논문으로는 「『老子』의 유(有), 무(無), 도(道)의 관계 재론」, 「황로학·현학·중현학적 사유의 연속성과 단절성 탐구 — 수양론을 중심으로」, 「이하논쟁고(夷夏論爭考)」, 「'부진공론(不眞空論)'의 세계관을 유심주의라고 할 수 있는가? — 격의적(格義的) 이해에 대한 비판적 검토」 등이 있으며, 역서로는 『중국철학사』(제4권 근대편) 등이 있다.

□ 이 승 환

하와이대에서 철학 박사 학위를 받았으며, 고려대 철학과 교수, 한국동양철학회 편집위원장으로 있다. 주요 저서로는 『유가 사상의 사회철학적 재조명』, 『유교 담론의 지형학』 등이 있다.

□ 장 문 정

고려대에서 철학 박사 학위를 받았으며, 고려대 철학연구소 연구조교수로 있다. 주요 논문으로는 「성적 존재로서의 신체」, 「메를로-뽕띠의 철학 예찬」, 「후기 메를로-뽕띠 철학에서 살의 키아즘에 대하여」 등이 있다.

□ 조 성 택

미국 버클리대에서 불교철학 박사 학위를 받았으며, 미국 종교학회 한국 종교 분과 위원, 민족문화연구원 한국사상연구소 소장, 고려대 철학과 교수로 있다. 주요 논문으로는 「서구에서의 불교의 미래 : 불교의 개방성과 친화력에 관한 새로운 실험」, 「새로운 불교학연구의 지평을 위하여」등이 있다.

□ 최준호
고려대에서 철학 박사 학위를 받은 뒤, 독일 하이델베르크대 철학
연구소 객원연구원을 지냈으며, 지금은 고려대 철학연구소 연구교
수로 있다. 주요 논문으로는 「칸트의 미와 숭고」, 「작품 자체의 해
석과 심미적 경험」, 「심미적 경험과 예술」 등이 있다.

3차 연도
새로운 공적 합리성의 모색

초판 1쇄 인쇄 / 2005년 9월 25일
초판 1쇄 발행 / 2005년 9월 30일
■

지은이 / 임 홍 빈 외
펴낸이 / 전 춘 호
펴낸곳 / 철학과현실사
서울특별시 서초구 양재동 338의 10호
전화 579—5908~9
■

등록일자 / 1987년 12월 15일(등록번호 : 제1—583호)
■

ISBN 89-7775-551-4 03150
*잘못된 책은 바꾸어 드립니다.
*지은이와의 협의에 따라 인지를 생략합니다.

값 18,000원